Aufgaben

Aufgaben müssen sein. Sie helfen Dir, tiefer in das Thema einzudringen. Häufig zeigen sie Dir auch, was der Unterrichtsstoff mit Deiner Umwelt zu tun hat.

Einige Aufgaben sind einfach zu beantworten, bei anderen wirst Du knobeln müssen.

Aus Umwelt und Technik

Hier kann's spannend werden. Wer in diesen Bausteinen schmökert, erfährt eine ganze Menge über seine Umwelt – und er erkennt „die Physik" auch im Alltag wieder.

Diese Texte eignen sich auch als Grundlage für kleine Vorträge. Vielleicht hast Du mal Lust dazu?

Oder ist Physik etwa gar nicht Dein Lieblingsfach? Interessieren Dich Umweltprobleme und Themen aus Biologie oder Technik mehr? Dann sind diese Bausteine gerade das Richtige für Dich!

Aus Umwelt und Technik: **Die Abendsonne ist nicht rund!**

Kurz vor Sonnenuntergang erscheint die Sonne etwas „plattgedrückt" – insbesondere bei starkem Abendrot. Ihre senkrechte Achse ist also kürzer als die waagerechte (Bild 11). Wie kommt das?

Die Lufthülle der Erde weist keine scharfe Grenze auf, sondern sie wird zur Erdoberfläche hin immer dichter. Licht, das aus dem Weltall kommt, wird daher nicht einmalig an einer Grenzfläche gebrochen; vielmehr erfolgt die Brechung nach und nach.

Bild 12 zeigt diesen Vorgang in einem **Versuch**: Hier wurde über eine Zuckerlösung vorsichtig Wasser „geschichtet". Die Grenzschicht zwischen beiden Flüssigkeiten wurde dann etwas aufgerührt, so daß ein all-

Aus der Geschichte

Die Erkenntnisse der Physik fielen wahrlich nicht vom Himmel. Manche Forscher brauchten ihr ganzes Leben, ehe sie die Lösung eines Problems fanden. Andere verteidigten Meinungen, die sich später doch als Irrtümer erwiesen. Manchmal war es auch umgekehrt: Ein Forscher fand etwas Richtiges heraus, aber man lächelte nur darüber.

Diese Bausteine berichten von den Leistungen bekannter Forscher und von den Schwierigkeiten, die sie zu überwinden hatten. Du erfährst auch etwas über geschichtliche Zusammenhänge. So wirst Du einen Eindruck davon bekommen, wie sich Wissenschaft und Technik entwickelten und wie sie das Leben der Menschen veränderten.

Aus der Geschichte: **Erste Energiequellen**

Maschinen, wie wir sie heute kennen, gab es im Altertum noch nicht. Man war weitgehend auf Muskelarbeit angewiesen, wenn z.B. Getreide gemahlen, Felder bewässert oder Lasten transportiert wurden. „Energiequellen" waren sehr oft Menschen, in der Antike vor allem Sklaven.

Bild 11 zeigt, wie um 1550 mit einem Pferdegöpel Erz gefördert wurde. Die große Scheibe in der Mitte des Bildes diente als Bremse.

Das Thema im Überblick

Natürlich findest Du diesen Baustein immer am Schluß eines Kapitels. Er besteht aus zwei Teilen:

Unter der Überschrift *Alles klar?* stehen hier Aufgaben, die sich auf das gesamte Kapitel beziehen. Mit ihnen kannst Du prüfen, ob Du in dem Thema wirklich fit bist.

Im Abschnitt *Auf einen Blick* wird alles Wesentliche zusammengefaßt. Du findest hier auch die wichtigsten Versuchsergebnisse und den „roten Faden" des Unterrichts. Das hilft Dir bestimmt vor Tests und dann, wenn Du mal gefehlt hast.

Falls Du trotzdem etwas nicht verstehst, kannst Du in den Info-Bausteinen nachlesen.

Alles klar?

5 An Land sehen Muscheln viel kleiner aus, als sie unter Wasser durch die Taucherbrille hindurch erscheinen. Bild 6 hilft dir bei der Erklärung.

6 Ein Springbrunnen wird von unten beleuchtet. Warum leuchten die gebogenen Wasserstrahlen?

8 Der Rücken vieler Fische ist so gefärbt wie der Meeresboden; ihre Unterseite hat es wie ein Spiegel. Welchen Vorteil hat das für die Fische?

9 Bild 7 zeigt verschiedene Glasprismen. Übertrage die Abbildungen in dein Heft, und ergänze die Lichtwege.

Auf einen Blick

Lichtbrechung an Grenzflächen

Wenn Licht schräg auf die Grenzfläche zwischen zwei lichtdurchlässigen Stoffen fällt, wird es **gebrochen**.

n einem optisch dünneren Stoff in ei... (in Glas) wird ein

Je größer der Einfallswinkel ist, desto st... aus seiner ursprünglichen Richtung Fällt das Licht senkrecht

NATUR UND TECHNIK
Physik
für bayerische Realschulen

8

Cornelsen

Physik

für bayerische Realschulen

8. Jahrgangsstufe

Das Werk wurde erarbeitet von

Christian Hörter, Weilheim

unter Mitarbeit von

Gisela von Brackel, Nürnberg
Friedrich Ilmberger, München
Rolf Maas, Gräfenberg
Siegfried Mäutner *(Beratung)*, München

auf der Grundlage eines Werkes von

Gerd Boysen
Hansgeorg Glunde
Bernd Heepmann
Dr. Harri Heise
Heinz Muckenfuß
Harald Schepers
Wilhem Schröder
Dr. Leonhard Stiegler
Hans-Jürgen Wiesmann

Redaktion

Helmut Dreißig
(redaktionelle Leitung)
Christa Greger
Jürgen Hans Kuchel
Christian Wudel

Ilustration und Gestaltung

Gabriele Heinisch
(Cornelsen)
Yvonne Koglin
Studio Meske
Budde und Fotostudio Mahler
(Auftragsfotos Cornelsen),
alle Berlin

Dierk Ullrich (Layout)

1. Auflage 1994

Alle Drucke dieser Auflage können, weil untereinander unverändert, im Unterricht nebeneinander verwendet werden.

Bestellnummer: 33368

© 1994 Cornelsen Verlag, Berlin

Das Werk und seine Teile sind urheberrechtlich geschützt. Jede Verwertung in anderen als den gesetzlich zugelassenen Fällen bedarf deshalb der vorherigen schriftlichen Einwilligung des Verlages.

Druck: Cornelsen Druck

Inhaltsverzeichnis

Einführung in die Physik

Physik – was ist das? S. 4
1 Experimente – gestern und heute
2 Schon das ist Physik!
3 Schwingungen von Pendeln

Länge und Zeit S. 9
1 Längenmessungen früher und heute
2 Die Zeitmessung

Fläche und Volumen S. 17
1 Wir messen und berechnen Flächen
2 Wir messen und berechnen das Volumen

Eigenschaften und Aufbau der Körper S. 22
1 Aggregatzustände ändern sich
2 Das Teilchenmodell
3 Eigenschaften von festen, flüssigen und gasförmigen Körpern
4 Die Größe der Teilchen

Schallerzeugung und Schallausbreitung S. 28
1 Wie entsteht Schall?
2 Laut und leise – hoch und tief
3 Die Schallausbreitung
4 Wie schnell ist der Schall?
5 Empfang von Schall – Resonanz

Kraft und Masse

Der physikalische Kraftbegriff S. 42
1 Kräfte wirken auf Körper
2 Das Kräftegleichgewicht
3 Kraft und Gegenkraft

Trägheit und Massenanziehung S. 49
1 Körper sind unterschiedlich träge
2 Masse und Gewichtskraft
3 Wie man Massen mißt

Kraft und Kraftmessung S. 56
1 Wir messen Kräfte
2 Kraft und Verformung

Zusammensetzung und Zerlegung von Kräften S. 62
1 Kräfte mit gleicher und entgegengesetzter Richtung
2 Wenn Kräfte einen Winkel bilden …
3 Zerlegung von Kräften

Reibung und Verkehrssicherheit S. 66
Vorsicht, Kurve!

Die Dichte S. 72
Die Dichte – eine Eigenschaft von Stoffen

Bewegungen

Bezugssysteme S. 74
Auf den Standpunkt kommt es an

Gleichförmige und beschleunigte Bewegungen S. 76
1 Die Geschwindigkeit
2 Der Vektorcharakter der Geschwindigkeit
3 Beschleunigte Bewegungen
4 Bremsweg und Anhalteweg

Die Grundgleichung der Mechanik S. 88
1 Wie hängen Kraft und Beschleunigung zusammen?
2 Der freie Fall

Arbeit, Leistung, Energie

Kraftwandler – das Drehmoment S. 94
1 Hebel machen's möglich
2 Schwerpunkt und Gleichgewichtsarten

Einfache Maschinen S. 104
1 Seile und Rollen
2 Die schiefe Ebene

Die Arbeit S. 112
1 Arbeit – physikalisch betrachtet
2 Alle reden von Arbeit …

Die Leistung S. 116
Was bedeutet *Leistung*?

Energie und Energieumwandlungen S. 122
1 Keine Arbeit ohne Energie
2 Energie geht nicht verloren

Mechanik der Flüssigkeiten und Gase

Mechanik der Flüssigkeiten S. 132
1 Der Stempeldruck
2 Der Schweredruck
3 Schweredruck und Gefäßform
4 Der Auftrieb
5 Das Schwimmen

Mechanik der Gase S. 148
1 Eingesperrte Gase
2 Der Schweredruck der Luft und seine Wirkungen
3 Die Messung des Schweredrucks der Luft
4 Pumpen

Einführung in die Elektrizitätslehre

Einfache und knifflige Schaltungen S. 160
1 Die Rolle der Elektrizität in unserem Leben
2 Der elektrische Stromkreis
3 Leiter und Nichtleiter

Wirkungen des elektrischen Stromes S. 164
1 Die Wärmewirkung
2 Die magnetische Wirkung
3 Die Leuchtwirkung
4 Die chemische Wirkung

Modellvorstellung für den elektrischen Strom S. 170
1 Elektrizität aus der Folie?
2 Wenn zwei geladene Körper aufeinandertreffen …
3 Der elektrische Strom in festen Leitern
4 Elektrischer Strom in Flüssigkeiten

Schutzmaßnahmen im Stromnetz S. 178
1 Die Erdung und ihre Gefahren
2 Der „Trick" mit dem dreiadrigen Kabel

Anhang S. 182

Physik – was ist das?

1 Experimente – gestern und heute

○ Vergleiche die Bilder 1 und 2. Welche Geräte erkennst du?
○ Was machen die abgebildeten Personen?
○ Welche Experimente werden jeweils durchgeführt?
○ Welche Fragestellungen könnten den Experimenten zugrunde liegen?

Bild 3 vermittelt einen Einblick in eine moderne, große Versuchsanlage. Sie heißt HERA und ist ein Teil des Forschungszentrums DESY in Hamburg. HERA ist ein ringförmiger, 6 km langer Tunnel, der sich 10 bis 30 m unter der Erde befindet (Bild 4). PETRA ist eine weitere Versuchsanlage.

In dem Tunnel werden in einer Röhre kleinste Materialteilchen fast bis auf Lichtgeschwindigkeit beschleunigt. Man läßt sie bei dieser hohen Geschwindigkeit aufeinanderprallen, um mehr über den inneren Aufbau der Stoffe zu erfahren.

2 Schon das ist Physik!

V 1 Wettrennen sind immer spannend – und ihr Ausgang ist oft ungewiß!

Besorge dir zwei gleiche Getränke- oder Konservendosen. Die eine soll geschlossen und gefüllt, die andere leer sein. Baue ein Brett schräg auf. Auf das Brett sollen beide Dosen nebeneinander passen. Bringe dann die Dosen an den Start (Bild 5).

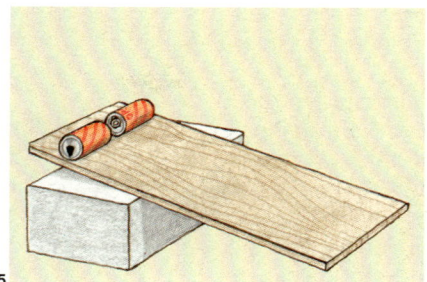
5

a) *Problem 1:* Welche Getränkedose ist zuerst am unteren Ende des Brettes? Was meinst du? Wie überprüfst du deine Vorhersage?

b) *Problem 2:* Du hast nur ein schmales Brett zur Verfügung, das so breit wie eine Dose ist. Wie kannst du trotzdem deine Vorhersage experimentell überprüfen? Was mußt du dabei alles beachten?

c) *Problem 3:* Wovon könnte es noch abhängen, wie schnell die Dosen über deine „schiefe Ebene" rollen? Überprüfe deine Vermutungen!

Info: Was bedeutet Physik?

Das Wort „Physik" kommt aus dem Griechischen; es ist abgeleitet von gr. *physis:* Natur. Die Wissenschaft Physik beschäftigt sich mit **Vorgängen in der Natur**. Dabei begnügt sich der Physiker nicht mit bloßen Beobachtungen, sondern er formuliert **Vermutungen** über die Abläufe in der Natur und stellt **Fragen** an sie. Die Antworten versucht er durch sinnvoll geplante **Experimente** zu erhalten. Er vergleicht die Abläufe der Versuche und setzt – wenn möglich – **Meßgeräte** ein, da die Beobachtungsmöglichkeiten der menschlichen Sinnesorgane meist unzureichend sind.

Aus der Geschichte: Von den Anfängen der Physik

Die Anfänge der Physik reichen bis ins Altertum zurück. Vor allem die **Griechen** beschäftigten sich bereits mit Fragestellungen der Mechanik (gr. *mechane:* künstliche Vorrichtung, Maschine), Optik (gr. *opter:* Späher) und Akustik (gr. *akouein:* hören). Auch einige Erscheinungen des Magnetismus und der Elektrizität waren bereits damals bekannt. Auch diese Worte stammen aus dem Griechischen.

Die berühmtesten Philosophen dieser Zeit beschäftigten sich auch mit naturwissenschaftlichen Problemen: *Pythagoras* (vermutlich 582 bis 496 v. Chr.), *Demokrit* (um 460–370 v. Chr.), *Aristoteles* (384–322 v. Chr.) und *Archimedes* (vermutlich 287 bis 212 v. Chr.).

Gegen Ende der politischen und wirtschaftlichen Vorherrschaft der Griechen wurden im damals griechischen Alexandria in Ägypten durch *Heron* (tätig um 62 n. Chr.) und durch *Ptolemäus* (tätig 127–145 n. Chr.) bereits systematische Untersuchungen durchgeführt und Naturgesetze wie z. B. das Brechungsgesetz für Licht mit viel mathematischem Wissen formuliert.

Als die **Römer** die Herrschaft über das Mittelmeer erlangt hatten, kam die Entwicklung der Wissenschaften im allgemeinen und speziell die der Physik langsam zum Stillstand. Die Römer, die durch viele Jahrhunderte praktisch die Herren der alten Welt waren, hatten für diese abstrakten Denkweisen wenig übrig.

In der Zeit des **Mittelalters** galt das Hauptinteresse der nachdenkenden Menschen mehr theologischen Themen. Abteien und Klöster waren die geistigen Mittelpunkte. Wissenschaftliche Diskussionen befaßten sich hauptsächlich mit theologischen Fragen. Naturwissenschaftliche Probleme spielten nur eine untergeordnete Rolle. Man beschäftigte sich unter anderem auch mit Fragen, die uns heute eher kurios erscheinen, wie z. B.: „Wieviel Engel können auf der Spitze einer Nadel tanzen?"

Die griechischen Wissenschaften fanden in dieser Zeit Zuflucht in der **arabischen Welt**, die alle Gebiete südlich des Mittelmeers umfaßte und über die Meerenge von Gibraltar nach Spanien vordrang.

In den Ländern nördlich des Mittelmeers faßte naturwissenschaftliches Denken in griechischer Tradition erst im Zeitalter der **Renaissance** Fuß.

Mit *Kopernikus* (1473–1543), *Kepler* (1571–1630) und *Galilei* (1564 bis 1642) begannen sich langsam naturwissenschaftliche Untersuchungsmethoden im heutigen Sinne gegen religiös beeinflußte Deutungsversuche durchzusetzen.

3 Schwingungen von Pendeln

Von *Galileo Galilei* erzählt man, daß sich im Jahre 1582 folgendes zugetragen habe:

Als 18jähriger Medizinstudent besucht er eine Messe im Dom zu Pisa.

Das Dunkel der Kirche wird nur schwach von einigen Kronleuchtern erhellt. Die Leuchter pendeln noch hin und her; offenbar sind sie gerade erst zum Anzünden herabgelassen und anschließend wieder hochgezogen worden.

Das Pendeln fesselt Galileis Aufmerksamkeit. Es kommt ihm so vor, als ob der Leuchter für seinen Weg zwischen den beiden Umkehrpunkten immer die gleiche Zeit benötigt.

Um diese Zeit zu messen, benutzt Galilei seinen eigenen Pulsschlag – so hat er es als Student der Medizin gelernt. Das Schwingen des Leuchters ist inzwischen immer schwächer und der Weg zwischen den Umkehrpunkten immer kürzer geworden.

Trotzdem scheint der Leuchter für diesen kurzen Weg genausoviel Zeit zu benötigen wie für den langen Weg zu Beginn des Pendelns.

Oder schlägt sein Herz vor Aufregung schneller? …

V 2 Überprüfe Galileis Beobachtungen in einem einfachen Versuch.

a) Miß bei einem möglichst langen **Fadenpendel** die Zeit für 20 Schwingungen. (Unter *einer* Schwingung versteht man eine vollständige Hin- und Herbewegung, also z. B. die Bewegung des Pendelkörpers *von einem Umkehrpunkt bis zum anderen Umkehrpunkt und wieder zurück zum Ausgangspunkt.*)

Berechne aus der gestoppten Zeit für 20 Schwingungen die *Schwingungsdauer* (→ Info rechts).

b) Laß das Pendel unterschiedlich weit schwingen, und bestimme jeweils die Schwingungsdauer.

c) Verwende unterschiedlich schwere Pendelkörper. Wie ändert sich die Schwingungsdauer (bei gleichbleibender Fadenlänge)?

d) Wie hängt die Schwingungsdauer von der Fadenlänge ab?

e) Baue ein Pendel, das eine Schwingungsdauer von 2 s hat. (Weil der Pendelkörper von einem zum anderen Umkehrpunkt 1 s braucht, nannte man es früher *Sekundenpendel*.)

V 3 Spanne einen dünnen Gummiring auf (z. B. zwischen zwei Stuhlbeinen). Hänge in der Mitte des Gummibandes einen Körper an (z. B. ein kleines Wägestück), und bringe ihn zum Schwingen.

Wie läßt sich die Schwingungsdauer verändern, ohne daß der Körper ausgewechselt wird?

V 4 Bild 2 zeigt, wie man auch sehr kleine Schwingungen eines Lineals sichtbar machen kann. Verfolge die Spur des Lichtflecks an der Decke.

Wann hat das Lineal eine große (kleine) Schwingungsdauer?

V 5 An eine Schraubenfeder wird zunächst ein 50-g-Wägestück angehängt. Achtung, die Feder darf nicht zu stark gedehnt werden!

a) Bestimme die Schwingungsdauer dieses **Federpendels**.

b) Hängt die Schwingungsdauer davon ab, wie lang der Weg zwischen den Umkehrpunkten ist?

c) Wie ändert sich die Schwingungsdauer, wenn du unterschiedliche Wägestücke an die Feder hängst?

d) Hebe das Wägestück von der Ruhelage aus um 2 cm an, und lasse es dann schwingen. Stelle fest, nach welcher Zeit die Schwingungen wieder aufhören.

Wird diese Zeit länger oder kürzer, wenn das Wägestück in einem Glas Wasser hin und her schwingt? Überprüfe deine Vermutung.

V 6 Die Bewegung des Fadenpendels ist verwandt mit der Kreisbewegung eines Körpers (Bild 3).

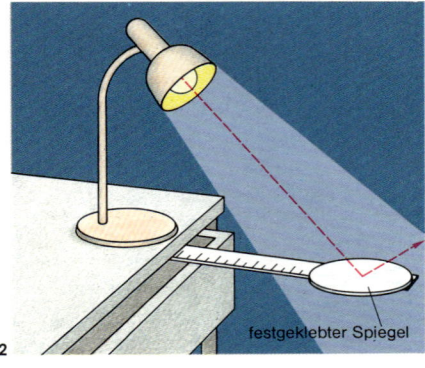

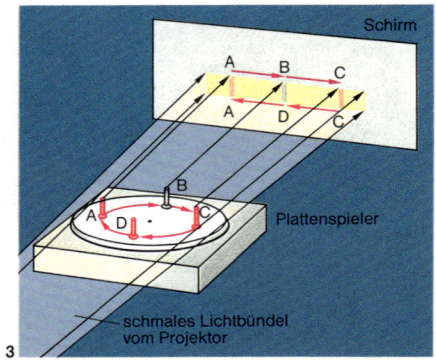

a) Die Kreisbewegung wird im Versuch von einem Stift ausgeführt, der mit Hilfe von Knetgummi auf dem Teller eines Plattenspielers aufgestellt ist.

Beschreibe, wie sich das Schattenbild des Stiftes bewegt.

b) Wie hängen die Bewegungen des Stiftes und des Fadenpendels zusammen?

c) Wie muß der Versuchsaufbau verändert werden, um die Bewegung des Schattenbildes mit der eines Federpendels vergleichen zu können?

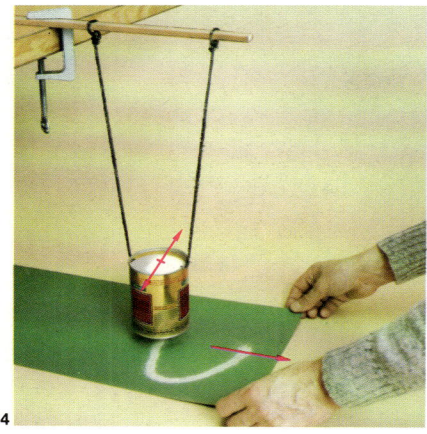

4

V 7 Wie man Pendelschwingungen aufzeichnen kann, zeigt Bild 4.

a) Du brauchst dazu eine große, mit trockenem Sand gefüllte Konservendose, in deren Boden zuvor ein kleines Loch gestochen wurde. Die Dose wird an zwei Schnüren aufgehängt. Die Aufhängung sollte möglichst stabil sein.

Unter das Pendel legst du einen großen Bogen Papier (z. B. etwas Packpapier oder einen Tapetenrest).

b) Beschreibe, wie man das Schwingungsbild erhält.

Info: Amplitude, Schwingungsdauer und Frequenz

Ein Kennzeichen jeder Schwingung ist der *Weg*, den der schwingende Körper zwischen der Ruhelage und einem Umkehrpunkt zurücklegt.

Die Länge des zurückgelegten Weges bezeichnet man als **Schwingungsweite** oder **Amplitude** (Bilder 5–7).

Unter der **Schwingungsdauer** T (oder *Periodendauer*) versteht man die Dauer einer vollständigen Hin- und Herbewegung. Die Schwingungsdauer ist also
○ die Zeit, in der sich ein Körper von einem Umkehrpunkt zum anderen und wieder zurück bewegt (Bild 8), oder
○ die Zeit, die ein Körper benötigt, um auf seiner Bahn den gleichen Punkt ein zweites Mal in derselben Richtung zu durchlaufen (Bilder 9 u. 10).

Ein Pendel, das 10 Schwingungen in 5 s ausführt, hat eine Schwingungsdauer von 0,5 s. Es führt zwei Schwingungen pro Sekunde aus.

Man sagt, seine Frequenz beträgt 2 pro Sekunde oder $\frac{2}{s}$.

Die Anzahl der Schwingungen pro Sekunde nennt man **Frequenz** f:

$$\text{Frequenz} = \frac{\text{Anzahl der Schwingungen}}{\text{Zeit}}.$$

Die **Einhei**t der Frequenz ist $\frac{1}{s}$. Sie wird nach dem aus Hamburg stammenden Physiker *Heinrich Hertz* (1857–1894) auch als **1 Hertz (1 Hz)** bezeichnet.

$$1\,\text{Hz} = \frac{1}{s}.$$

Schwingt ein Pendel in einer Sekunde gerade einmal hin und her, so hat es die Frequenz 1 Hz (Bilder 8–10).

Eine Frequenz von z. B. 50 Hz bedeutet also, daß ein Körper 50 Schwingungen pro Sekunde ausführt. Die Schwingungsdauer dieses Körpers beträgt demnach

$$T = \frac{1}{50}\,\text{s}.$$

Wenn die Schwingungsdauer eines Pendels zum Beispiel 5 s beträgt, so ist seine Frequenz

$$f = \frac{1}{5\,\text{s}} = \frac{1}{5}\,\text{Hz} = 0{,}2\,\text{Hz}.$$

Die Frequenz f ist gleich dem Kehrwert der Schwingungsdauer T:

$$f = \frac{1}{T} \quad \text{oder} \quad T = \frac{1}{f}.$$

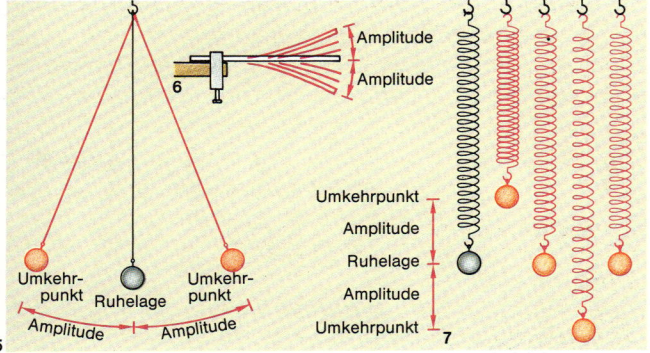

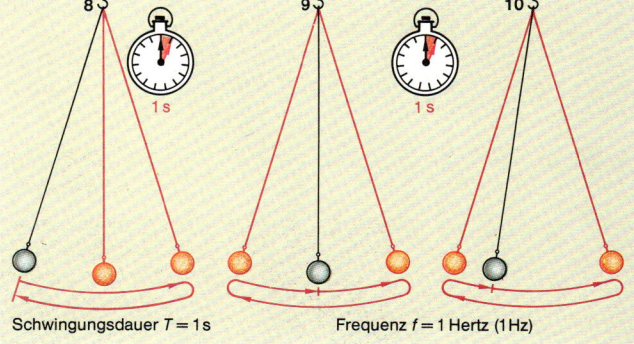

Aufgaben

1 Eine Pendeluhr „geht vor", sie läuft also zu schnell.

Wie muß das Pendel verändert werden?

2 Eine Schiffsschaukel ist einmal mit einer Person, dann mit zwei Personen besetzt. Wie ändert sich die Schwingungsdauer?

3 Eine Stechmücke führt in 0,2 s 60 Flügelschläge aus.

Berechne Schwingungsdauer und Frequenz.

Aus Umwelt und Technik: **Ein Pendel zeigt die Drehung der Erde an**

Man schreibt das Jahr 1852. Seine Exzellenz, der Erzbischof von Köln, hat etwas Einmaliges gestattet. Im Kölner Dom darf an jedem Werktag ab 12 Uhr ein physikalisches Experiment durchgeführt werden:

Für 20 Groschen Eintritt sieht man den berühmten Versuch des Herrn Foucault, durch welchen ein direkter Beweis für die Umdrehung der Erde um ihre Achse geliefert wird – für jeden gleich anschaulich, zur Belehrung des gebildeten Publikums.

An dem Deckengewölbe des Domes hängt an einem dünnen Eisendraht eine 34 Pfund schwere Kugel. Der Draht ist 150 rheinische Fuß lang; das sind ungefähr 48 m. Rund 14 Sekunden braucht das riesige Pendel um einmal hin und her zu schwingen. Allein ein solches Pendel ist schon sehr beeindruckend.

Was in dem Versuch aber eigentlich beobachtet werden soll, ist die **Schwingungsebene** des Pendels – d.h. die Ebene, in der Aufhängedraht und Kugel die Luft durchschneiden.

Nach nur wenigen Minuten bemerken die Zuschauer das Verblüffende: Die Schwingungsebene des Pendels hat sich gegenüber der Umgebung ein wenig gedreht; das Pendel scheint jetzt in einer etwas anderen Richtung zu schwingen – obwohl es im Dom völlig windstill ist.

Unter dem Pendel ist eine Art Winkelmesser aufgestellt (Bild 1). Die Zuschauer können also ablesen, daß sich die Schwingungsebene des Pendels und der Winkelmesser um 11,5° pro Stunde gegeneinander drehen. Wie ist diese überraschende Beobachtung zu erklären?

Der Pendelkörper weicht nur dann von seiner Bahn ab, wenn man auf ihn einwirkt, z. B. wenn man ihn anstößt.

Ohne Einwirkung ändert sich seine Bewegung nicht. Damit behält er auch seine Schwingungsebene bei.

In Wirklichkeit hat sich also nicht das Pendel gegenüber dem Dom gedreht, sondern es war genau umgekehrt: Die Schwingungsebene hat die ganze Zeit über ihre Lage beibehalten – gedreht hat sich vielmehr die Erde und mit ihr der Dom samt Zuschauern und Winkelmesser.

Einer der ersten, die diesen Versuch durchführten, war der französische Physiker *Léon Foucault* (1819 bis 1868). Er selbst gab dazu in seinen Schriften die folgende Erklärung:

„Ich nehme einmal an, der Beobachter befindet sich auf dem Nordpol und läßt ein Pendel schwingen, dessen Aufhängepunkt genau über der Verlängerung der Erdachse liegt (Bild 2). Während das Pendel schwingt, bewegt sich die Erde unaufhörlich von Westen nach Osten. Dem Beobachter erscheint es aber, als ob sich die Schwingungsebene langsam nach Westen verdreht – genauso wie die Sternbilder über ihm. Setzt man die Schwingungen 24 Stunden lang fort, so hat sich die Schwingungsebene scheinbar um 360° gedreht."

Foucault schreibt dann noch weiter, daß die Drehung überall zwischen Pol und Äquator beobachtet werden kann. Allerdings wird die scheinbare Drehung der Schwingungsebene immer langsamer, je näher man dem Äquator kommt. Am Äquator selbst beobachtet man keine Drehung der Schwingungsebene eines Pendels.

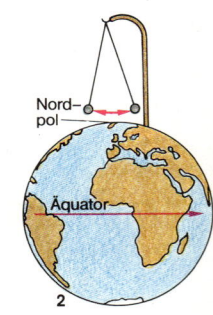

Fragen und Aufgaben zum Text

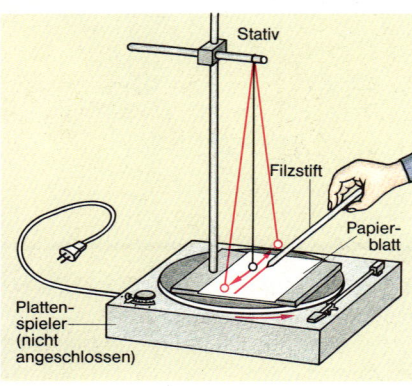

1 Was versteht man unter der *Schwingungsebene* eines Pendels?

2 Am Foucault-Pendel sieht man die Drehung der Erde.
Welche Beobachtungen legen noch die Erddrehung nahe?

3 Folgenden **Versuch** kannst du leicht durchführen: Halte mit ausgestrecktem Arm ein Fadenpendel, und lasse es z. B. parallel zu einer Wand schwingen. Drehe dich nun langsam um deine eigene Achse; achte dabei sorgfältig auf die Lage der Schwingungsebene.

4 Bild 3 zeigt einen **Modellversuch** zum Foucault-Pendel: Der Plattenteller wird langsam von Hand gedreht. Dabei soll die jeweilige Schwingungsrichtung auf dem mitgedrehten Papier markiert werden.
Vergleiche diesen Modellversuch mit dem Versuch von Foucault.

5 Mit diesem **Versuch** läßt sich die Erddrehung im Physikraum zeigen:
Ein langes Fadenpendel hängt von der Decke herab. Der Faden wird mit einem Diaprojektor so beleuchtet, daß sein Schatten auf die Tafel fällt. Dort wird die Lage des Schattenbildes markiert.
Nun wird das Pendel zur Tafel hin ausgelenkt, und zwar so, daß der Schatten weiterhin auf den Kreidestrich fällt. Dann läßt man das Pendel los . . .

Länge und Zeit

1 Längenmessungen früher und heute

Man schreibt das Jahr 1750. Ein Hamburger Kaufmann reist erstmals nach Berlin, um Geschäfte zu machen. Neben anderen Waren will er einen Ballen von 50 Ellen feinsten englischen Tuches verkaufen. Der Schneider, der ihm das Tuch abkaufen will, mißt den Stoff mit seiner Elle nach: nur 43 Ellen!

„Das ist doch unmöglich!" ruft der Kaufmann aus. „Sollte ich mich so geirrt haben?" Noch einmal mißt er den Stoff nach – mit seiner eigenen Hamburger Elle. Und siehe da: 50 Ellen mißt er wieder – und keine Elle weniger …

Aufgaben

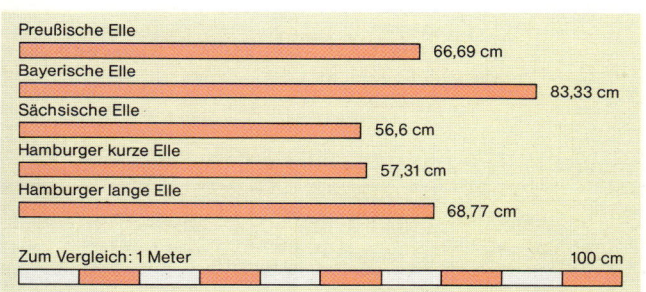

1 Bild 2 zeigt, wie lang eine Elle in den verschiedenen deutschen Ländern war.

Wie kam es dazu, daß die Ellen unterschiedlich lang waren? Welche Probleme ergaben sich daraus?

2 Das Längenmaß *Elle*, das damals gebräuchlich war, hat seinen Namen von einem Teil des Armes (Bild 3). Vergleiche die Länge deiner Elle mit der deines Nachbarn.

3 Im Jahr 1584 wurde ein Vorschlag gemacht, das Längenmaß *Fuß* zu ermitteln (Bild 4). Beschreibe, wie das gemacht werden sollte.

4 Beschreibe, wie heutzutage im Geschäft ein langes Stück Stoff abgemessen wird (Bild 5).

5 Wie oft müßte man einen 1 m langen Maßstab anlegen, um den Stoffballen des Hamburger Kaufmanns zu messen? (Der Kaufmann hatte mit einer Hamburger kurzen Elle gemessen.)

6 „Messen heißt Vergleichen!" Erläutere den Satz an einem Beispiel.

7 Warum ist es zweckmäßig, daß man sich inzwischen auf die Einheit *1 Meter* geeinigt hat?

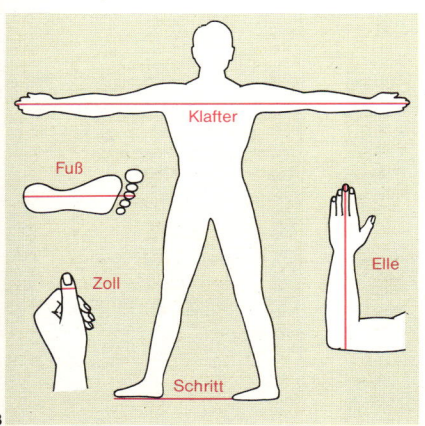

Info: Was ist eine Messung?

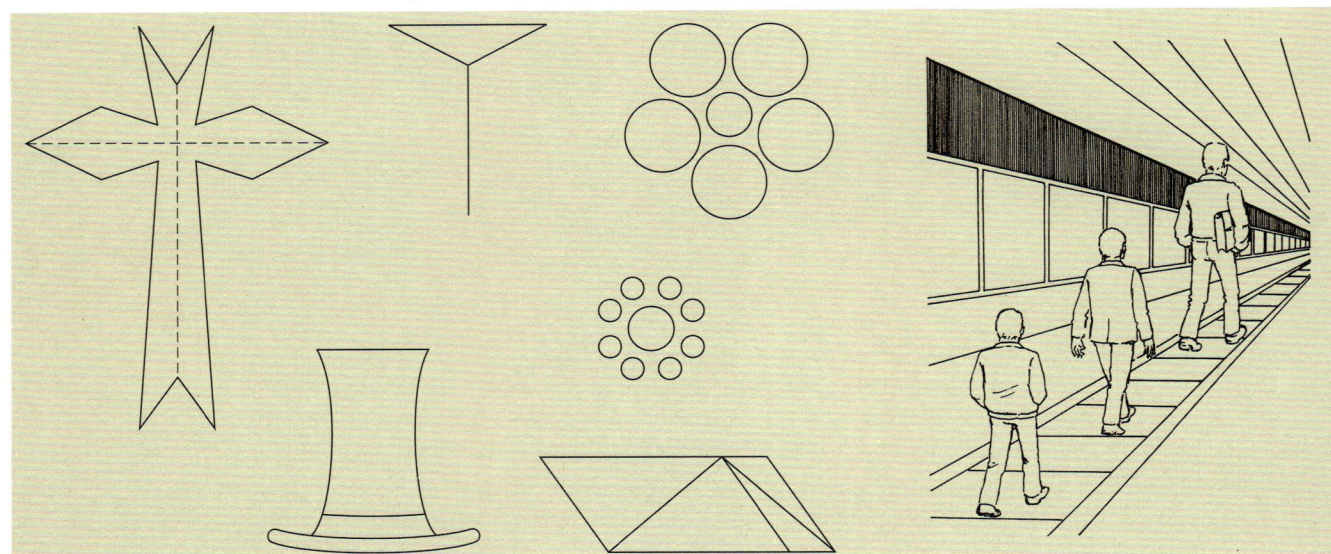

Das Vergleichen von Längen ohne Hilfsmittel ist nicht immer einfach. Bild 1 zeigt Beispiele, bei denen wir uns täuschen lassen.

Benutzt man ein Hilfsmittel, z. B. ein Zündholz, so ist die Entscheidung leicht zu fällen, welche der gezeichneten Figuren die größere oder kleinere Länge hat. Wenn man dazu die erste Strecke auf dem Zündholz markiert, hat man eine *Vergleichslänge* festgelegt. Mit ihr werden die anderen Längen verglichen.

Legt man eine Vergleichslänge verbindlich fest, so spricht man von einer **Einheit** (z. B. Elle, Fuß, Meter). Messen heißt, die zu bestimmende Länge mit der Einheit zu vergleichen. Man muß angeben, wie oft die Einheit in die zu bestimmende Länge hineinpaßt.

Mit dem **Meßverfahren** wird ein Zahlenwert ermittelt, der aussagt, wievielmal die Einheit in der gemessenen Größe enthalten ist. Dieser Zahlenwert heißt auch *Maßzahl*.

Info: Das Meter – eine vereinbarte Längeneinheit

Im Jahr 1875 einigten sich in Paris 17 Staaten darauf, künftig als **Einheit der Länge** nur noch **1 Meter (1 m)** gelten zu lassen. Seither werden bei uns Längen in Meter gemessen.

Als **Symbol** für die *physikalische Größe Länge* wird der Buchstabe s verwandt (von lat. *spatium*: Raum, Länge).

Neben dem Meter sind Bruchteile oder Vielfache des Meters zugelassen, zum Beispiel: 1 Millimeter (1 mm), 1 Zentimeter (1 cm), 1 Dezimeter (1 dm) und 1 Kilometer (1 km).

$1\,m = 1000\,mm = 10^3\,mm$,
$1\,m = 100\,cm = 10^2\,cm$,
$1\,m = 10\,dm$,
$1\,km = 1000\,m = 10^3\,m$.

Um die Längeneinheit 1 Meter festzulegen, wurde das **Urmeter** hergestellt. Das ist ein Stab aus einer Legierung (Metallmischung) von Platin und Iridium mit Markierungen in genau 1 m Abstand. Alle Staaten, die die Längeneinheit 1 Meter eingeführt haben, bekamen Nachbildungen davon.

Heute – im Zeitalter der elektronischen Messungen – hat man das Meter noch genauer festgelegt: Ein Meter ist der Weg, den das Licht in einer ganz bestimmten Zeit zurücklegt, nämlich in $\frac{1}{2{,}997925} \cdot 10^{-8}$ s.

Seit dem 1.1.1978 ist bei uns der Gebrauch anderer Längeneinheiten nicht mehr erlaubt. Trotzdem wirst du bestimmt schon von den folgenden Längeneinheiten gehört haben:
○ Der Klempner mißt den Durchmesser von Rohren in **Zoll (″)**, engl. **Inch (in)**: z. B. 1/2 Zoll (1/2″), 3/4 Zoll (3/4″).
  Umrechnung: 1 Zoll (1″) = 2,54 cm (Bild 2).
○ In der Schiffahrt gibt man Entfernungen in **Seemeilen (sm)** an.
  Umrechnung: 1 Seemeile (1 sm) = 1,852 km = 1852 m.
○ In Amerika werden Entfernungen in **Meilen (mi)** angegeben.
  Umrechnung: 1 Meile = 1,609 km = 1609 m (Bild 3).

Vereinbarung einer Schreibweise
Dehnt man z. B. ein Gummiband, so verändert es seine Länge. Ist das Band vor der Dehnung $s_0 = 30$ cm lang und wird es auf $s_1 = 35$ cm gestreckt, so erfährt es eine **Längenänderung** von 5 cm.

Für diesen Sachverhalt benutzt man eine eigene Schreibweise. Man verwendet zur Angabe der Differenz das Symbol Δ (Delta) und schreibt:

$\Delta s = s_1 - s_0 = 35\,cm - 30\,cm = 5\,cm$.

Aus Umwelt und Technik: Geräte zur Längenmessung

In den Bildern 4–9 sind einige Geräte dargestellt, die zur Längenmessung eingesetzt werden.

Sie unterscheiden sich nicht nur in ihrer Form, sondern auch in ihrem *Meßbereich* und in ihrer *Meßgenauigkeit*.

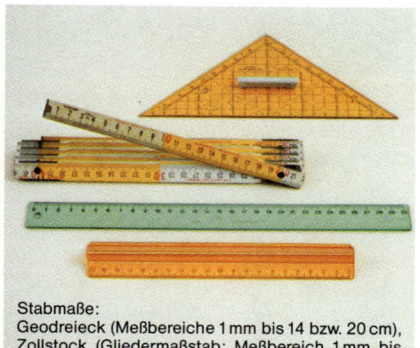

Stabmaße:
Geodreieck (Meßbereiche 1 mm bis 14 bzw. 20 cm), Zollstock (Gliedermaßstab; Meßbereich 1 mm bis 2 m), Lineale (Meßbereiche 1 mm bis 20 bzw. 30 cm)

4

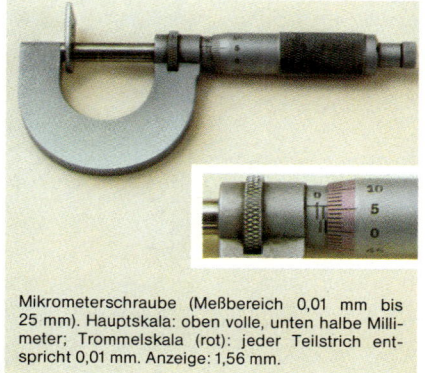

Mikrometerschraube (Meßbereich 0,01 mm bis 25 mm). Hauptskala: oben volle, unten halbe Millimeter; Trommelskala (rot): jeder Teilstrich entspricht 0,01 mm. Anzeige: 1,56 mm.

5

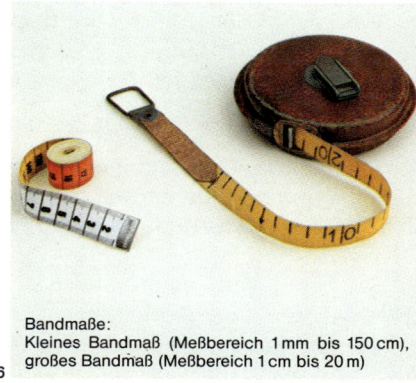

Bandmaße:
Kleines Bandmaß (Meßbereich 1 mm bis 150 cm), großes Bandmaß (Meßbereich 1 cm bis 20 m)

6

Kilometerzähler am Fahrradtachometer (fünf Ziffern unterhalb der Geschwindigkeitsanzeige; Meßbereich 100 m bis 9999,9 km).

7

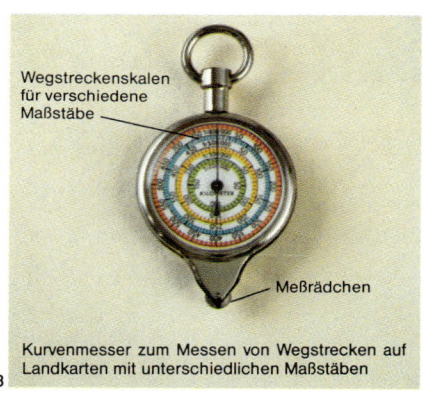

Kurvenmesser zum Messen von Wegstrecken auf Landkarten mit unterschiedlichen Maßstäben

8

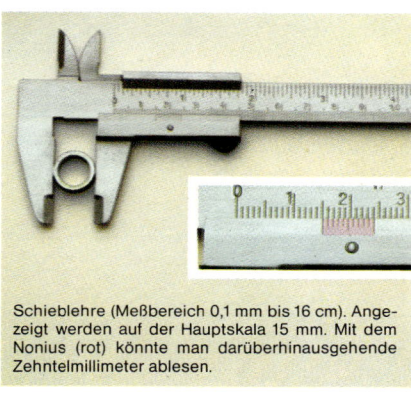

Schieblehre (Meßbereich 0,1 mm bis 16 cm). Angezeigt werden auf der Hauptskala 15 mm. Mit dem Nonius (rot) könnte man darüberhinausgehende Zehntelmillimeter ablesen.

9

Der **Meßbereich** eines Gerätes geht aus der ersten und der letzten Marke seiner Skala hervor. Der „Zollstock" (eigentlich Maßstab) in Bild 4 hat z. B. einen Meßbereich von 1 mm bis 2 m.

Vom Meßbereich hängt es auch ab, welches Gerät man zum Messen einer Länge wählt: Sicherlich wirst du zum Messen beim Weitsprung kein Geodreieck nehmen, und zum Messen der Dicke einer Buchseite suchst du dir bestimmt kein Bandmaß aus.

Die **Meßgenauigkeit** wird hauptsächlich durch die Bauweise des Meßgeräts bestimmt. So unterscheiden sich sich die Meßgeräte Lineal, Schieblehre und Mikrometerschraube im wesentlichen dadurch, daß man mit ihnen Längen mit unterschiedlicher Genauigkeit messen kann: Beim Lineal kann man im allgemeinen die Millimeter ablesen, bei der Schieblehre dagegen auch die Zehntelmillimeter und bei der Mikrometerschraube sogar die Hundertstelmillimeter.

Info: Angabe von Meßergebnissen

Den Durchmesser eines Bleistiftes kann man mit drei verschiedenen Meßgeräten bestimmen: mit einem Lineal, mit einer Schieblehre und mit einer Mikrometerschraube.

Wenn man das Meßergebnis angibt, wird bei der Maßzahl die Meßgenauigkeit berücksichtigt:

Lineal: Die Messung ist nur auf 1 mm genau ablesbar: $d = 8$ mm.

Schieblehre: Die Messung läßt sich mit dem Nonius auf 0,1 mm genau ablesen: $d = 8,1$ mm.

Mikrometerschraube: Auf der Trommelskala kann man auf 0,01 mm genau ablesen: $d = 8,12$ mm.

Der Maßzahl des Meßergebnisses kann man also ansehen, welche Genauigkeit das Meßgerät hatte.

Die *letzte Ziffer* des notierten Meßergebnisses ist durch die Bauart des Meßgerätes, das angewandte Meßverfahren und die Sorgfalt der messenden Person bestimmt. Sie wird **unsichere Stelle** genannt, da sie in der Regel nicht „ganz genau" abgelesen werden kann.

Es ist also ein Unterschied, ob das Ergebnis der Messung $s = 6,0$ cm oder 6 cm lautet!

Länge und Zeit

Aufgaben

1 Bestimme die Dicke eines Blattes dieses Buches, indem du mehrere Blätter zusammen mißt. Welche Ergebnisse und welche Genauigkeiten erreichst du bei Verwendung einer Schieblehre bzw. eines Lineals?

2 Worin liegt der Unterschied folgender Meßergebnisse: $s_1 = 1$ cm, $s_2 = 1{,}0$ cm, $s_3 = 1{,}030$ cm und $s_4 = 1{,}03$ cm?
Mit welchem Meßgerät wurde jeweils vermutlich gemessen?

3 Bei Fahrrädern unterscheidet man z. B. 26er und 28er Räder. Man meint damit den Durchmesser der Räder in Zoll. Miß nach, was du für ein Rad hast.

4 Die Größe von Papierblättern ist genormt und wird in „DIN"-Werten angegeben, z. B.:
DIN A3 = 297 mm · 420 mm,
DIN A4 = 210 mm · 297 mm,
DIN A5 = 148 mm · 210 mm,
DIN A6 = 105 mm · 148 mm.

a) Miß nach, welche Größen deine Hefte und Zeichenblöcke haben.

b) Haben auch deine Bücher DIN-Formate?

5 Miß die Längen verschiedener Gegenstände (z. B. aus deiner Schultasche) zweimal. Lege dazu eine Tabelle nach diesem Muster an:

Gegenstand	1. Messung	2. Messung
?	?	?

Die zweite Messung nimmst du erst *später* vor. Decke vorher die Ergebnisse der ersten Messung ab.

6 Miß mit einem Lineal oder Geodreieck die Länge, die Breite und die Dicke deines Physikbuches. Gib dabei die Meßwerte auf Millimeter genau an.

a) Wenn du deine Meßwerte mit denen deiner Mitschüler vergleichst, wirst du vielleicht überrascht sein: Du wirst feststellen, daß ihr nicht alle dieselben Ergebnisse habt. Überlege, wodurch unterschiedliche Ergebnisse zustande kommen können.

b) Errechne aus mehreren Meßergebnissen den Mittelwert. Dabei kannst du so verfahren:

1. Meßergebnis:	26,0 cm
2. Meßergebnis:	26,6 cm
3. Meßergebnis:	26,0 cm
4. Meßergebnis:	26,3 cm
5. Meßergebnis:	<u>26,1 cm</u>
	131,0 cm

Als Summe der fünf Meßwerte ergibt sich 131,0 cm. Der Mittelwert beträgt: 131,0 cm : 5 = 26,2 cm.

7 Rechne um:

a) 2,50 m (in Dezimeter und Millimeter);

b) 2,5 km, 2,347 km, 0,505 km, 0,05 km (in Meter);

c) 6 mm, 125 mm, 1 mm, 2000 mm (in Zentimeter).

8 Überprüft, ob die Durchschnittsgrößen aus der Tabelle für eure Gruppe (Klasse) zutreffend sind.

Durchschnittsgrößen von Jugendlichen

Lebensalter	Größe der Mädchen	Größe der Jungen
13 Jahre	151 cm	149 cm
14 Jahre	156 cm	154 cm
15 Jahre	160 cm	161 cm
16 Jahre	163 cm	168 cm
17 Jahre	164 cm	172 cm

Aus der Geschichte: Landmesser im alten Ägypten

Im alten Ägypten waren die Landmesser (oder Seilspanner, wie sie auch genannt wurden) hochangesehene Beamte. Nach ihren Angaben mußten die Bauern ihre Steuern an den Pharao entrichten.

Jahr für Jahr vermaßen sie mit ihren Sklaven die fruchtbaren Felder am Nil (Bild 1). Der Nil trat nämlich regelmäßig über die Ufer und spülte

dabei die Grenzsteine weg oder überzog sie mit Schlamm.

Die Bezeichnung *Seilspanner* ist von ihren Meßgeräten abgeleitet:
Sie benutzten lange Seile, die durch eine Reihe von Knoten unterteilt waren. Vermutlich waren solche Seile 100 Ägyptische Ellen lang (ca. 50 m).

Aus der Geschichte: So entstand das Meter

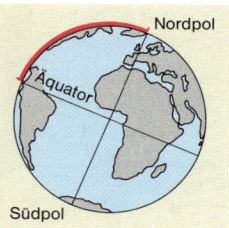

Ein Viertelmeridian entspricht einem Viertel des über die Pole gemessenen Erdumfangs; das sind 10 000 000 m.

2

Noch vor rund 200 Jahren wurden in den meisten Ländern *unterschiedliche* Längenmaße benutzt – sogar von Stadt zu Stadt waren sie manchmal verschieden. Das war vor allem für Kaufleute, die viel herumreisten, recht umständlich. Sie forderten deshalb immer wieder ein Längenmaß, das *überall gültig* sein sollte.

Endlich – im Jahre 1791 – schaffte man es, in Paris eine Kommision zu bilden. Sie hatte die Aufgabe, ein Längenmaß zu finden, das überall auf der Welt benutzt werden sollte.

Es gab verschiedene Vorschläge. Aus ihnen wählte die Kommission schließlich den folgenden aus: Die neue Längeneinheit sollte der 10millionste Teil eines Viertelmeridians sein (Bild 2).

Zu jener Zeit kannte man schon die Länge eines Erdmeridians. Man hatte sie durch Messungen und Berechnungen ermittelt. Um möglichst genaue Werte zu erhalten, beschloß die Kommission, noch einmal nachmessen zu lassen. Sie veranlaßte, daß dazu die Strecke zwischen Dünkirchen (Nordfrankreich) und Barcelona (Spanien) neu vermessen wurde. Das dauerte allein sieben Jahre!

Danach waren 26 europäische Wissenschaftler noch fast zwei Jahre lang damit beschäftigt, die Messungen auszuwerten!

1799 legte die Kommission einen neuen Maßstab vor: Er bestand aus einer Platin-Iridium-Legierung, und seine Länge entsprach dem 10millionsten Teil eines Viertelmeridians. Die neue Längeneinheit nannte man **Meter** (gr. *metron*: das Maß).

Es dauerte noch etwa 75 Jahre, bis sich das Meter durchsetzen konnte: Auf einer Konferenz, die im Jahr 1875 in Paris stattfand, erkannten 17 Staaten die neue Längeneinheit an. Unter den Teilnehmern dieser Konferenz befand sich auch Deutschland.

Das **Urmeter**, das genau nach dem 1799 vorgelegten Maßstab angefertigt wurde, wird bis heute in der Nähe von Paris aufbewahrt. Sein Aufenthaltsort ist ein gut gesicherter Tresor, der in einem Bunker 8 m tief unter der Erde liegt. In diesem Bunker wird die Temperatur immer auf demselben Wert gehalten.

Viele Länder, so auch Deutschland, bekamen Kopien des Urmeters. Die deutsche Kopie liegt in der Physikalisch-Technischen Bundesanstalt in Braunschweig (Bilder 3 u. 4).

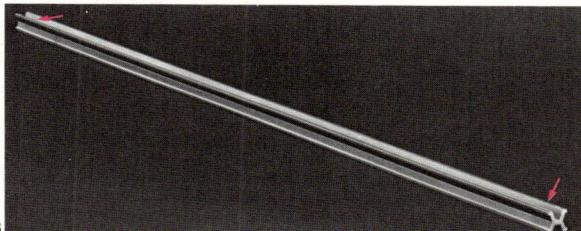

3

Das Urmeter der Bundesrepublik Deutschland:
1 m ist gleich dem Abstand zweier Strichmarken (Pfeile). Bild 10 zeigt eine solche Strichmarke, deren Mittelstrich das eine Ende des Meters markiert. (Seit 1960 wird die Längeneinheit 1 m auf eine bestimmte unveränderliche Eigenschaft des Lichts bezogen, weil das Urmeter für heutige Ansprüche zu ungenau ist.)

4

Fragen und Antworten zum Text

1 Warum forderten vor allem Kaufleute ein einheitliches Längenmaß?

2 Warum wohl dauerte es nach Bildung der Kommission noch 75 Jahre, bis sich die 17 Staaten auf die Einheit 1 Meter einigen konnten?

3 Wieviel Kilometer beträgt der Erdumfang?

2   Die Zeitmessung

Wann fährt der Interregio IR 2193 in München ab? Wie lange braucht er für die Fahrt nach Rosenheim?

Wie unterscheiden sich die Zeitangaben für Abfahrt oder Ankunft und Fahrtdauer?

V 1   Wir führen Zeitmessungen mit einer Stoppuhr durch.

a) Wie lange dauern zehn Pulsschläge?

b) Wie lange dauern sie, nachdem du zehn Kniebeugen gemacht hast?

c) Wie lange dauert eine Schulstunde? Wie genau ist also die Schuluhr?

Aus der Geschichte: Von der Sonnenuhr zur Quarzuhr

Schon vor sehr langer Zeit hatten die Menschen bemerkt, daß sich Schattenlänge und -richtung eines Baumes oder Stabes mit dem Sonnenstand ändern. Diese Beobachtung führte zum Bau von **Sonnenuhren**. Wahrscheinlich wurden die ersten Sonnenuhren vor ungefähr 5000 Jahren von den Ägyptern gebaut (Bild 1).

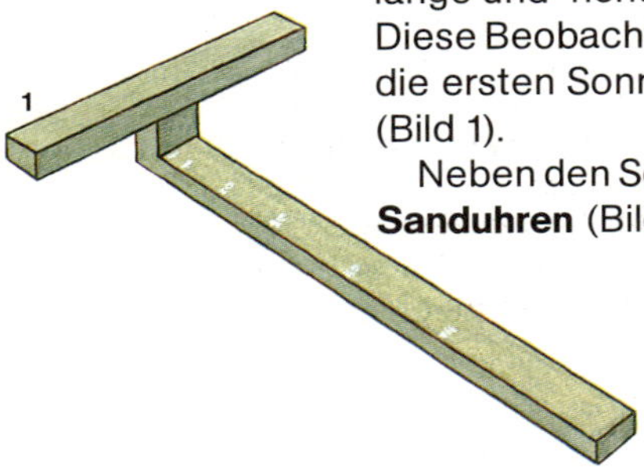

Neben den Sonnenuhren waren auch **Wasseruhren** und **Sanduhren** (Bild 2) in Gebrauch.

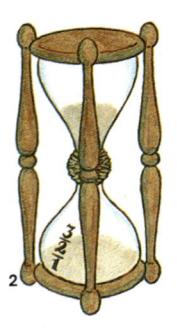

Erst nachdem die **Pendeluhr** (Bild 3) erfunden worden war, konnten Zeiten mit größerer Genauigkeit gemessen werden.

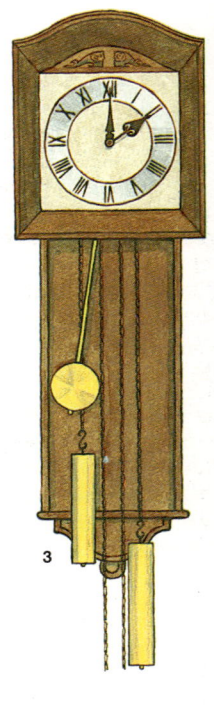

Im Jahre 1742 setzte das englische Parlament sogar einen Preis von 20 000 Pfund aus. Diese Belohnung sollte derjenige erhalten, dem es gelingt, „ein Instrument, das die Zeit genau einhält" zu entwickeln.

20 Jahre dauerte es, bis es dem Engländer *John Harrison* gelang, eine Uhr vorzustellen, die höchsten Ansprüchen genügte: Am Ende einer 61tägigen Schiffsreise von England nach Jamaika ging seine Uhr nur um ganze neun Sekunden nach!

Das war für die damalige Zeit ein phantastisches Ergebnis. Man glaubte an einen Zufall und zahlte ihm nur die Hälfte des Preisgeldes aus. Die zweite Hälfte erhielt er erst, nachdem weitere Uhren („Seechronometer") mit der gleichen Ganggenauigkeit gebaut worden waren (Bild 4).

Viele Uhren, die wir heute benutzen, arbeiten nach dem Prinzip der Pendeluhr. Anstelle des Pendels haben aber vor allem kleinere Uhren eine **Unruh** (Bild 5): Eine Stahlfeder, die beim Aufziehen der Uhr gespannt wird, treibt über Zahnräder den sogenannten Anker an; dieser bewegt sich hin und her. Dabei stößt er die Unruh immer wieder an, so daß sich diese abwechselnd nach der einen und nach der anderen Seite dreht; sie schwingt hin und her, ähnlich wie ein Pendel.

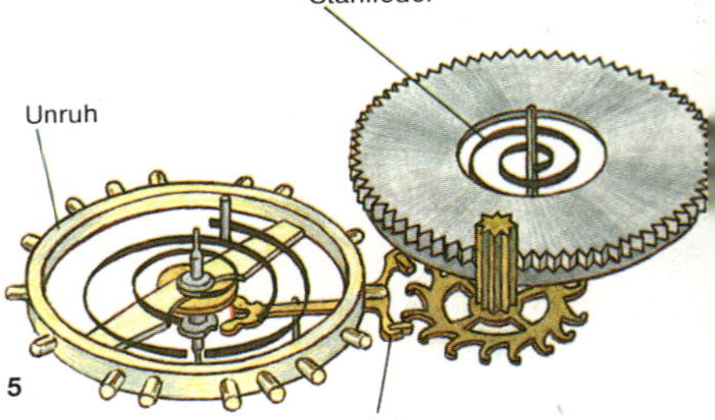

Immer häufiger werden heute **Quarzuhren** (Bild 6) benutzt. Diese Bezeichnung weist schon darauf hin, daß die Uhr durch einen kleinen Quarzkristall gesteuert wird. Dieser Kristall wird mit Hilfe einer winzigen elektrischen Batterie in Schwingungen versetzt. Quarzuhren zeigen die Zeit entweder mit Ziffern an (digital) oder mit Zeigern (analog). Die Genauigkeit von Quarzarmbanduhren liegt bei 1 s in 10 Tagen. Die besten Laborquarzuhren gehen in 100 Jahren um höchstens 1 s falsch.

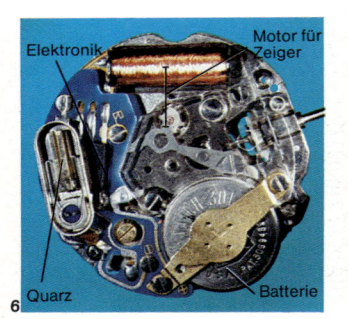

Noch genauer gehen **Atomuhren** (Bild 7). Erst in 30 000 Jahren würden sie um höchstens 1 s falschgehen. Solche Atomuhren stehen z. B. in der Physikalisch-Technischen Bundesanstalt in Braunschweig. Die Zeitmessung mit diesen Uhren ist Grundlage für Zeitsignale, die über den Sender Mainflingen bei Frankfurt verbreitet werden. Mit diesen Signalen werden „Funkuhren" gesteuert.

Info: Die Einheit der Zeit

Zum Messen der physikalischen Größe **Zeit** kann jeder Vorgang herangezogen werden, der sich *in stets gleichen Zeitabständen* wiederholt.

Wenn du messen willst, wie lange irgendeine Tätigkeit dauert, brauchst du ihre Dauer nur mit der Dauer eines solchen Vorgangs zu vergleichen. Du mußt feststellen, wie oft sich dieser Vorgang wiederholt.

Der Wechsel von Tag und Nacht ist solch ein Vorgang, der sich in gleichen Zeitabständen wiederholt.

Wie du sicher weißt, entstehen Tag und Nacht dadurch, daß sich die Erde um ihre eigene Achse dreht (Bild 8). Dadurch ist die Stelle der Erde, auf der du dich gerade befindest, mal der Sonne zugewandt (Tag) und mal der Sonne abgewandt (Nacht).

Ein **Tag** ist vergangen, wenn sich die Erde einmal vollständig um ihre eigene Achse gedreht hat.

Auch die Bewegung der Erde um die Sonne (Bild 9) ist ein Vorgang, der sich ständig in gleichen Zeitabständen wiederholt. Wenn sich die Erde einmal vollständig um die Sonne herumbewegt hat, ist ein **Jahr** vergangen.

Du siehst also: Sowohl ein Tag als auch das Jahr sind als Einheiten der Zeit geeignet.

Nun wäre es aber bei vielen Tätigkeiten und Vorgängen unpraktisch, ihre Dauer in solch großen Einheiten wie Tag und Jahr zu messen: Wie sollte man zum Beispiel die Dauer eines einzelnen Pulsschlages oder die Zeit beim 100-m-Lauf in der Einheit Tag ausdrücken?

Man hat deshalb das Jahr und den Tag in kleinere Zeitabschnitte unterteilt, mit denen man leichter umgehen kann. Du kennst sie sicherlich:

1 Jahr = $365\frac{1}{4}$ Tage,
1 a = $365\frac{1}{4}$ d;

1 Tag = 24 Stunden,
1 d = 24 h;

1 Stunde = 60 Minuten,
1 h = 60 min;

1 Minute = 60 Sekunden,
1 min = 60 s.

Das Einheitenzeichen a ist abgeleitet von lat. *annus*: das Jahr. Das Zeichen d kommt von lat. *dies*: der Tag. Das Zeichen h ist abgeleitet von lat. *hora*: die Stunde.

Als Einheit der Zeit wurde **1 Sekunde (1 s)** festgelegt; das ist der 86 400ste Teil des Tages.

Als Symbol für die physikalische Größe Zeit verwendet man den Buchstaben t (von lat. *tempus*: die Zeit).

Wie die Länge ist auch die Zeit eine **Grundgröße**. Bei der ursprünglichen Festlegung ihrer Einheit war man von keiner anderen Größe abhängig.

Bei der Angabe von Zeiten muß man zwischen einem **Zeitpunkt** t und der **Zeitdifferenz** Δt unterscheiden:

Die Angabe 12 Uhr beschreibt einen Zeitpunkt.

Wenn es um die Dauer eines Vorgangs geht, z. B. von 12 Uhr bis 15 Uhr, ist eine Zeitspanne oder Zeitdifferenz gemeint, man schreibt dann $\Delta t = 3$ h.

Beginnt die Zeitmessung mit dem Anfang der Zeitspanne, so kann man für den Zeitabschnitt auch $t = 3$ h schreiben.

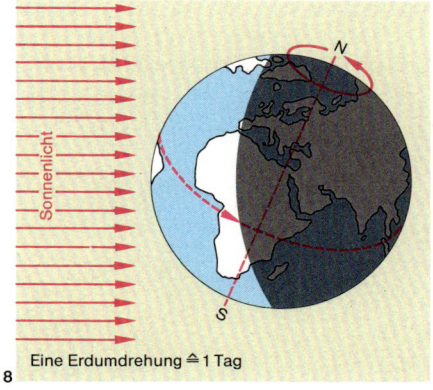
8 Eine Erdumdrehung ≙ 1 Tag

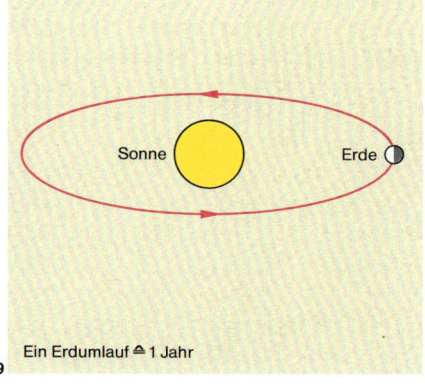
9 Ein Erdumlauf ≙ 1 Jahr

Aufgaben

1 Rechne aus und gib das Ergebnis mit Zehnerpotenzen an:

a) Wie viele Minuten hat der Tag?

b) Wie viele Sekunden hat ein Tag?

c) Und wie viele Sekunden hat eine Stunde?

2 Rechne um:

a) 1 Jahr (in Tage, Stunden, Minuten und Sekunden);

b) 1 h; 1 h 30 min; 2 h 20 min; 3 h 5 min; 4,2 h (jeweils in Minuten);

c) 10 min; 1 h 15 min; 2 h 5,3 min (in Sekunden);

d) 140 s = ? min; 12 min = ? s; 4 h 3,0 min = ? s; 345 h = ? d + ? h; 2520 min = ? h.

3 Welche der folgenden Vorgänge würden sich zur Zeitmessung eignen? Begründe deine Auswahl!

Ebbe und Flut, Blinken einer Warnleuchte, gleichmäßiges Zählen, Atmen, Sonnenaufgang und Sonnenuntergang, Wechsel von Sonnenschein und Regen, Blinklicht eines Autos, Vogelmutter füttert ihre Jungen, Umschalten einer Ampel von Rot auf Grün, Herzschlag, Wechsel der Jahreszeiten.

Länge und Zeit

Alles klar?

1 Wie kann man die Dicke einer Buchseite auch ohne Mikrometerschraube herausbekommen?

2 Stefan mißt die Länge eines Stiftes mit dem Lineal. Er sagt dann, es seien 10,33 cm. Was hältst du von der Angabe?

3 In der Einheit „Fuß" werden beim Fußballspielen auf der Wiese die Tore ausgemessen. Worauf ist zu achten, wenn es dabei ganz gerecht zugehen soll?

4 Finde mit Hilfe einer Landkarte heraus, wie weit es von deinem Wohnort (der nächsten Stadt) bis nach Berlin (Rostock, Leipzig …) ist. Beachte dabei den Maßstab! Miß der Einfachheit halber die *Luftlinie* zwischen den Städten.

1

5 Früher stoppten bei Wettkämpfen immer *mehrere* Zeitnehmer *einen* Läufer (Bild 1).
a) Welchen Grund hatte das?
b) Wieso saßen die Zeitnehmer übereinander und nicht nebeneinander?
c) Welche Zeit wurde für einen Läufer genannt, wenn der erste Zeitnehmer 21,4 s, der zweite 21,3 s und der dritte 21,2 s gemessen hatte?

6 In welchen Einheiten gibt man die folgenden Zeiten am günstigsten an?
Alter der Erde, Alter eines Erwachsenen, Alter eines Säuglings, Dauer der Ferien, Dauer eines Arbeitstages, Belichtungszeiten bei Fotoapparaten, Zeiten für 100-m-Läufe, Zeiten für 10 000-m-Läufe, Dauer eines Handballspiels.

Auf einen Blick

Die Längenmessung

Die Länge einer Strecke wird gemessen, indem man sie mit einer festgelegten Längeneinheit vergleicht.

Die **Einheit** der Länge ist **1 Meter (1 m)**. Auch Bruchteile oder Vielfache des Meters sind zugelassen: Kilometer (km), Dezimeter (dm), Zentimeter (cm), Millimeter (mm).

Es ist zu unterscheiden zwischen einem **Ortspunkt** s und einer **Ortsdifferenz** (Strecke) Δs.

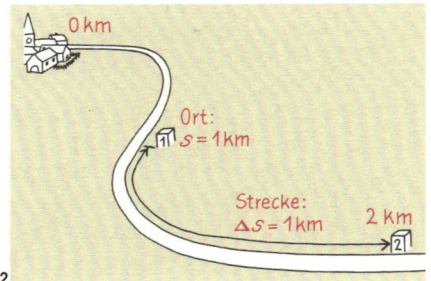

2

Die Zeitmessung

Zeiten werden gemessen, indem man sie mit einer festgelegten Zeiteinheit vergleicht.

Als **Einheit** der Zeit hat man **1 Sekunde (1 s)** festgelegt. Außer der Sekunde sind Vielfache dieser Zeiteinheit gebräuchlich, z. B. Minute (min), Stunde (h) und Tag (d).

Es ist zu unterscheiden zwischen einem **Zeitpunkt** t und einer **Zeitdifferenz** (Zeitspanne) Δt.

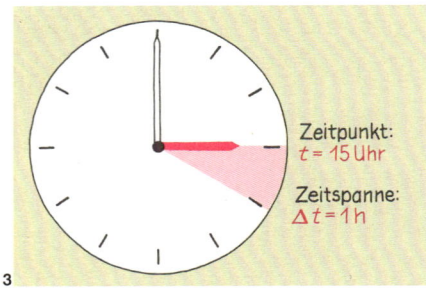

3

Physikalische Größen – Messung – Meßgenauigkeit

Mit physikalischen Mitteln meßbare „Eigenschaften" (z. B. Länge, Zeit) heißen **physikalische Größen**. Sie werden als Produkt aus Zahlenwert und Einheit angegeben:

Physikalische Größe = Zahlenwert · Einheit.

Länge und **Zeit** sind Beispiele für **Grundgrößen** des in der Schule benutzten Größensystems. Die Einheit solcher Grundgrößen kann im Prinzip beliebig festgelegt werden.

Messen einer Größe bedeutet herauszufinden, wievielmal die Einheit in der gemessenen Größe enthalten ist.

Da jedes Meßverfahren unvermeidbar Fehler in sich birgt, ist die **Meßgenauigkeit** begrenzt. Die Genauigkeit, mit der eine Größe gemessen werden konnte, kommt in der Anzahl der angegebenen Stellen zum Ausdruck: Die letzte angegebene Ziffer wird *unsichere Stelle* genannt.

Fläche und Volumen

1 Wir messen und berechnen Flächen

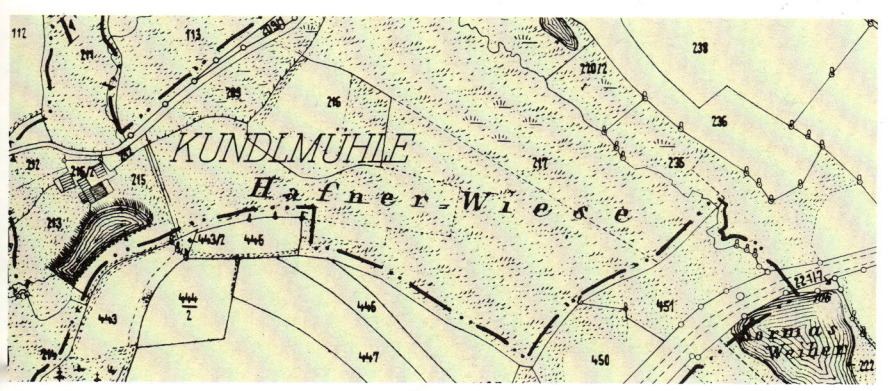

Grundstücke werden genau vermessen und in Flurkarten eingetragen. Jedes Grundstück erhält eine Flurnummer.

In den Grundbuchämtern werden Listen geführt, in denen unter anderem aufgeschrieben wird, wer Eigentümer des Grundstücks ist.

Aufgaben

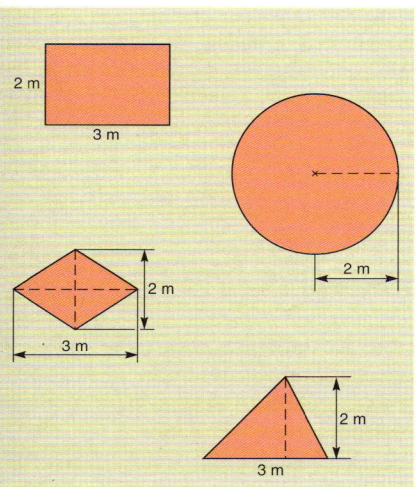

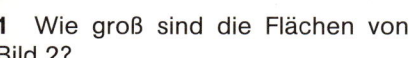

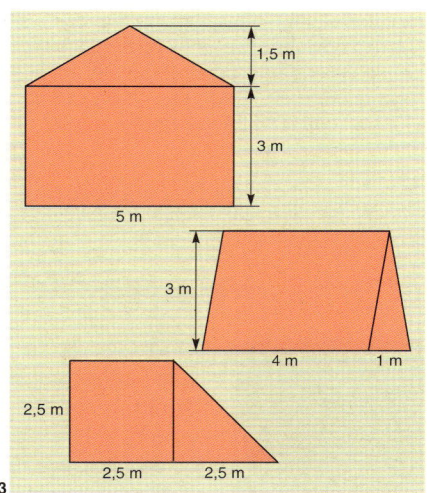

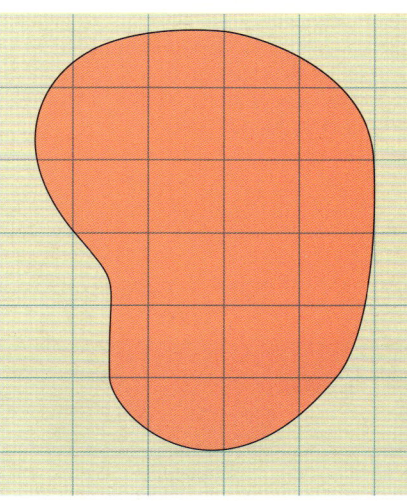

1 Wie groß sind die Flächen von Bild 2?

2 Wie kannst du den Inhalt der Flächen von Bild 3 bestimmen? Beschreibe das Vorgehen. Berechne dann, wie groß die Flächen sind.

3 Über eine unregelmäßig begrenzte Figur ist ein Netz gelegt, dessen Quadrate 1 cm² groß sind (Bild 4). Wie kannst du mit Hilfe dieses Netzes den Flächeninhalt der Figur annähernd bestimmen? Wie läßt sich die Genauigkeit erhöhen?

Info: Die gesetzliche Einheit der Fläche

Die gesetzlich vorgeschriebene Einheit der physikalischen Größe Fläche (A) ist **1 Quadratmeter** (1 m²).

Die Fläche ist eine **abgeleitete Größe**, d. h., das Bestimmen von Flächen läßt sich auf Längenmessungen zurückführen. Daher ist auch die Einheit der Fläche von der Längeneinheit Meter abgeleitet.

Oft werden Flächen in Quadratzentimeter (cm²) und Quadratdezimeter (dm²) angegeben. Bild 5 macht den Zusammenhang zwischen Quadratmeter und Quadratdezimeter deutlich.

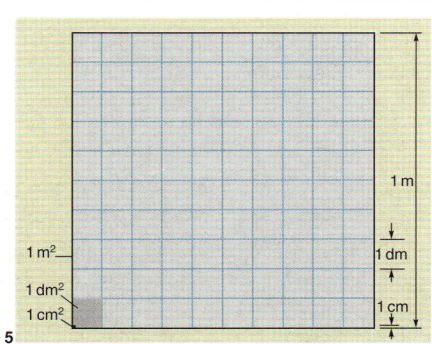

$1\,m^2 = 10^2\,dm^2 = 100\,dm^2$,
$1\,dm^2 = 10^2\,cm^2 = 100\,cm^2$,
$1\,cm^2 = 10^2\,mm^2 = 100\,mm^2$.

$1\,m^2 = 10^4\,cm^2 = 10\,000\,cm^2$
$\quad\;\; = 10^6\,mm^2 = 1\,000\,000\,mm^2$.

Wie groß Grundstücke, Gemeinden oder Staaten sind, gibt man in Ar (a), Hektar (ha) oder Quadratkilometer (km²) an.

$1\,km^2 = 100\,ha$,
$1\,ha\; = 100\,a$,
$1\,a\;\;\; = 100\,m^2$.

Fläche und Volumen

Info: **Flächenmessung und Meßgenauigkeit**

Beispiel: Mit einem Lineal soll bestimmt werden, wie groß die Fläche eines Heftes ist. Mit dem Lineal kann auf 1 mm genau gemessen werden. Messung und Rechnung könnten so aussehen:

Breite des Heftes: $b = 20,9$ cm,
Höhe des Heftes: $h = 29,7$ cm.
Die Berechnung der Fläche ergibt:
$A = b \cdot h = 620,73$ cm^2.

Diese Angabe würde bedeuten, daß die Fläche mit einer Genauigkeit $\frac{1}{100}$ cm^2 = 1 mm^2 bestimmt worden ist. So genau ist das Ergebnis aber gar nicht, wie die folgende Überlegung zeigt:

Die Meßergebnisse hängen von der Genauigkeit des Lineals und der Ablesung ab. Die Ziffern nach dem Komma von $b = 20,\mathbf{9}$ cm und $h = 29,\mathbf{7}$ cm sind hier die *unsicheren Stellen*. Sie sind jeweils die dritten aufgeschriebenen Ziffern der Zahlenwerte. Sicherlich können Breite und Höhe des Heftes in Wirklichkeit wenigstens um einen halben Millimeter größer oder kleiner sein.

Wenn beide Größen um einen halben Millimeter größer sind, erhält man als rechnerischen Wert für den Flächeninhalt:
$A_g = b \cdot h = 20,95$ cm $\cdot$ 29,75 cm
$= 623,2625$ cm^2.
Sind beide Größen um einen halben Millimeter kleiner, erhält man:
$A_k = b \cdot h = 20,85$ cm $\cdot$ 29,65 cm
$= 618,2025$ cm^2.
Das rechnerisch ermittelte Ergebnis $A = 620,73$ cm^2 erscheint nun in anderem Licht. Die wahre Größe der Fläche wird mit einiger Sicherheit zwischen A_g und A_k liegen:
$A_k < A < A_g$,
618,2025 cm$^2 < A <$ 623,2625 cm^2.
Als Ergebnis der Messung $A = 620,73$ cm^2 anzugeben ist demnach physikalisch sinnlos. Das Ergebnis der *Rechnung* täuscht eine Genauigkeit vor, die das eingesetzte Meßgerät nicht hatte. Der Vergleich zwischen den durchgeführten Längenmessungen und der berechneten Fläche zeigt: Die Längenmessungen hat-

ten *drei gültige Ziffern* (letzte Ziffer „unsicher"). Auch das durch Rechnung gefundene Ergebnis für die Fläche kann sinnvollerweise nur mit *drei gültigen Ziffern* angegeben werden: $A = 621$ cm^2.

Merke dir für alle Größen, die in der Physik durch eine Rechnung aus gemessenen Werten ermittelt werden: **Das Ergebnis der Rechnung kann nie genauer sein als die (ungenaueste) Messung, die der Rechnung zugrunde liegt.**

Sinnvollerweise wird diese Regel immer dann angewendet, wenn mit *echten Meßergebnissen* aus Versuchen gerechnet wird.

In Beispielrechnungen und Musteraufgaben wird dagegen mit angenommenen Zahlenwerten gerechnet. Weil dabei kein Meßgerät wirklich benutzt wurde, sind Betrachtungen zur Genauigkeit nur eingeschränkt möglich. In solchen Fällen wird das Ergebnis – in Einklang mit den vorgegebenen Zahlenwerten – sinnvoll gerundet angegeben.

2 Wir messen und berechnen das Volumen

Aus Umwelt und Technik: **Wie groß ist der Kofferraum?**

1

Ein „40-Sprudelkästen"-Kofferraum – kannst du dir darunter etwas vorstellen?

Eine Autozeitschrift benutzte tatsächlich die „Einheit" *1 Sprudelkasten*, um das Volumen von Kofferräumen mehrerer Kombis zu vergleichen (Bild 1). Nun kannst du du dir wahrscheinlich denken, was mit dem „40-Sprudelkästen"-Kofferraum gemeint ist.

Normalerweise wird die Kofferraumgröße von Autos in Liter angegeben. allerdings findet man dabei in Autoprospekten häufig zwei verschiedene Angaben, für einen Kombi z. B. 1831 l und 1525 l.

Wie kommt es zu diesen unterschiedlichen Werten?

Diesen beiden Angaben liegen zwei verschiedene Meßmethoden zugrunde.

Meßmethode 1:
Messung mit *Kugeln* von 5 cm Durchmesser.
Es passen 28 000 solcher Kunststoffkugeln in den Kofferraum. Da jede Kugel ein Volumen von 65,4 cm^3 hat, ergibt sich Gesamtvolumen von 1831 l.

Meßmethode 2:
Messung mit *Quadern* von 200 mm $\cdot$ 100 mm $\cdot$ 50 mm Kantenlänge.
Es passen 1525 Quader in den Kofferraum. Da jeder ein Volumen von 1 Liter hat, ergibt sich Gesamtvolumen von 1525 l.

Fragen und Aufgaben zum Text

1 Welchen Vor- bzw. Nachteil hat die „Einheit" *1 Sprudelkasten* zur Messung von Kofferräumen?

2 Mit welcher der Meßmethoden 1 u. 2 läßt sich das Kofferraumvolumen genauer angeben? Welche ist nützlicher?

3 Wie könnte man das Volumen eines Kofferraums noch genauer messen?

4 Ein Sprudelkasten hat die folgenden Maße: $l = 35$ cm, $b = 27$ cm, $h = 34$ cm.
Berechne das Volumen. Wie viele Kästen passen (höchstens) in den Kombi?

V1 Volumina von Flüssigkeiten lassen sich leicht bestimmen. Miß mit Hilfe eines geeigneten Meßzylinders möglichst genau, wieviel Flüssigkeit in ein Wasserglas und in ein Reagenzglas hineinpaßt. Schätze *vor* jeder Messung das Volumen.
Tasse: 30 ml, 80 ml oder 120 ml?
Wasserglas: 50 ml, 100 ml, 200 ml?
Reagenzglas: 10 ml, 25 ml, 50 ml?

V2 Mit einer Arztspritze (Bild 2) kann man auch kleine Volumina messen. Wieviel Wasser paßt z. B. in einen Fingerhut?

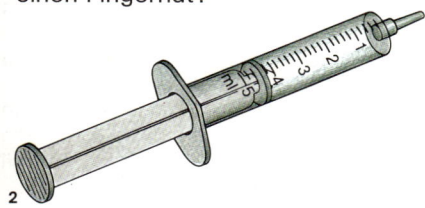

V3 So kannst du messen, wieviel Luft du ausatmest: Du läßt einen großen Meßzylinder (oder Meßbecher) unter Wasser vollaufen. Dann atmest du durch einen Strohhalm unter dem Meßgefäß aus (Bild 3).

V4 Das Volumen eines Holzklotzes läßt sich aus Länge, Breite und Höhe berechnen.
Bei unregelmäßig geformten festen Körpern ist eine solch einfache Berechnung nicht möglich.
In den Bildern 4 u. 5 sind zwei Meßverfahren dargestellt, mit denen man das Volumen fester Körper bestimmen kann:
○ das *Differenzverfahren* und
○ das *Überlaufverfahren*.

a) Beschreibe diese beiden Meßverfahren, und erkläre auch ihre Namen.

b) Miß das Volumen folgender Körper: Zahnpastatube, kleine Kartoffel, Teelöffel, Radiergummi, Holzklotz.

c) Welches Verfahren liefert die genaueren Ergebnisse?

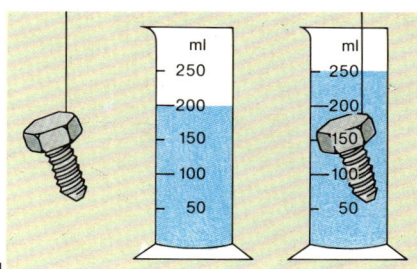

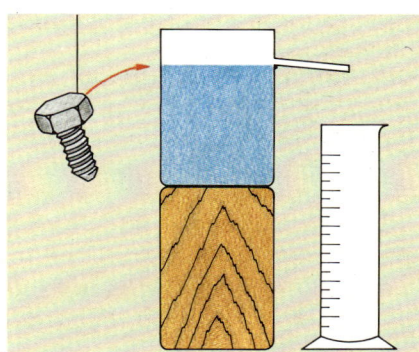

Info: **Die gesetzliche Einheit des Volumens**

Gesetzlich vorgeschrieben ist als Einheit der physikalischen Größe *Volumen* **1 Kubikmeter** (1 m³). Diese Einheit ist von der Längeneinheit Meter abgeleitet. Für das Volumen verwendet man das Formelzeichen V.

Oft wird das Volumen auch in **Liter** (l) angegeben. 1 l = 1 dm³. Den Zusammenhang zwischen m³ und l zeigen die Bilder 6–9.

Gebräuchlich sind auch Volumenangaben in **Milliliter** (ml). 1 ml = 1 cm³.

Für die Umrechnung gelten folgende Zusammenhänge:
$1\ m^3 = 10^3\ dm^3 = 1000\ dm^3 = 1000\ l$.
$1\ dm^3 = 10^3\ cm^3 = 1000\ cm^3 = 1000\ ml$.
$1\ cm^3 = 10^3\ mm^3 = 1000\ mm^3$.

Zwei Beispiele sollen dir die Einheiten Liter und Milliliter anschaulich machen:
In einen Fingerhut passen ungefähr 3 Milliliter. In einen (großen) Eimer passen 10 l.

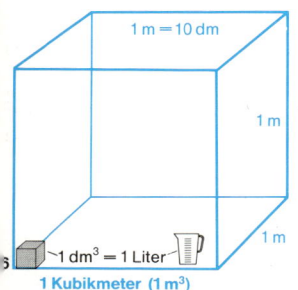

Ein Würfel mit der Kantenlänge 1 m hat das Volumen 1 m³.

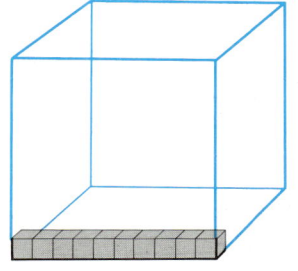

1 Reihe
von dm³-Würfeln
= 10 · 1 dm³
= 10 dm³
= 10 Liter

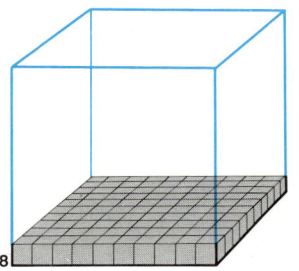

1 Schicht
= 10 Reihen
= 10 · 10 · 1 dm³
= 100 dm³
= 100 Liter

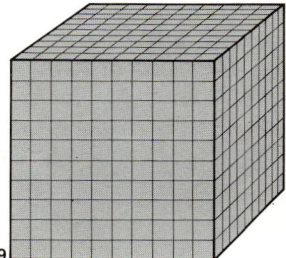

10 Schichten
= 10 · 10 Reihen
= 10 · 10 · 10 · 1 dm³
= 1000 dm³
= 1000 Liter

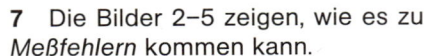

Aufgaben

1 Volumina lassen sich in verschiedenen Einheiten angeben.

a) Rechne in Kubikdezimeter (dm³) um: 150 cm³; 1500 cm³; 15 cm³.

b) Rechne in Kubikzentimeter (cm³) um: 2 dm³; 0,2 dm³; 20 dm³.

c) Rechne in Kubikmeter (m³) um: 500 l; 500 dm³; 50 dm³; 5000 dm³.

d) Rechne um:
30 cm³ = ? dm³; 4000 cm³ = ? l;
30 dm³ = ? cm³; 450 dm³ = ? m³.

2 Auf vielen Flaschen ist das Volumen angegeben. Wieviel Kubikzentimeter Flüssigkeit passen in Flaschen mit folgenden Angaben:
0,7 l; 1 l; 0,5 l; 0,25 l; 1,5 l; 2 l?

3 In der Gebrauchsanweisung eines Pflegemittels für Aquarien steht: „5 ml reichen für 10 Liter Wasser."

Das Aquarium ist 80 cm lang, 50 cm breit und 50 cm hoch.

Berechne, wieviel Pflegemittel benötigt wird.

4 Ein Würfel hat 12 cm lange Kanten. Wie groß ist sein Volumen?

Wie groß ist das Volumen eines Würfels, dessen Kanten doppelt so lang sind?

5 Welchen Rauminhalt hat euer Klassenraum (Wohnzimmer)?

6 Es gibt Meßzylinder mit verschiedenen Skalen und Meßbereichen.

a) Wieviel Flüssigkeit zeigen die Skalen in Bild 1 an?

b) Wieviel ml passen jeweils zwischen zwei Skalenstriche?

7 Die Bilder 2–5 zeigen, wie es zu *Meßfehlern* kommen kann.

Beschreibe jeden Fehler, und gib an, wie man ihn vermeiden kann.

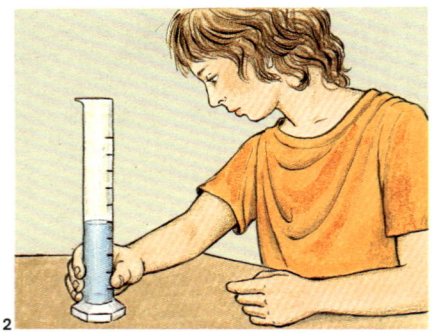

2

3

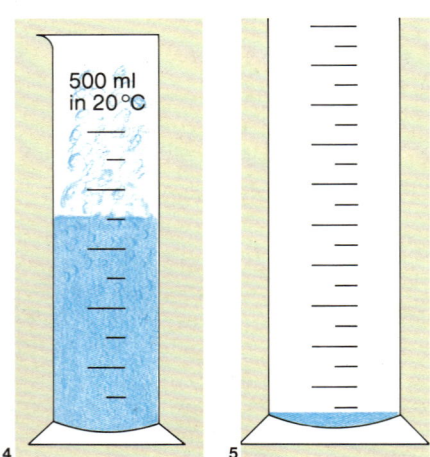

4 5

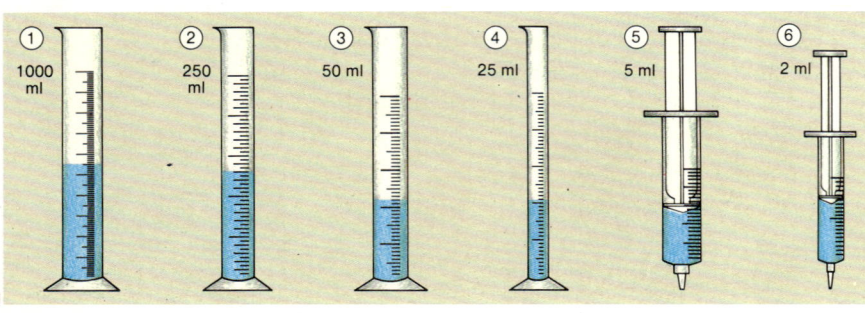

1

8 Wie groß ist das Volumen dieser Körper (in l oder cm³): Stück Butter (250 g), Paket Zucker (1 kg), Physikbuch, Packung Milch oder Saft?

Schätze jedesmal, *bevor* du mißt und rechnest. Vergleiche anschließend die geschätzten und die gemessenen Werte miteinander.

9 Wie läßt sich das Volumen eines Tropfens bestimmen? Beschreibe ein mögliches Meßverfahren.

10 Mit Wasseruhren (Bild 6) wird der Wasserverbrauch gemessen. Das hindurchfließende Wasser setzt ein Zählwerk in Gang. Die Uhr zeigt auf ein Zehntelliter genau an.

Bild 7 zeigt, wie die Wasseruhr abgelesen wird.

a) Lies eure Wasseruhr im Keller ab. Schreibe auf, wieviel Wasser ihr an einem Tag, in einer Woche oder in einem Monat verbraucht.

b) Berechne dann, wieviel Wasser *eine* Person durchschnittlich pro Tag verbraucht hat.

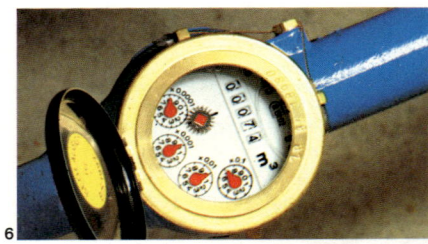

6

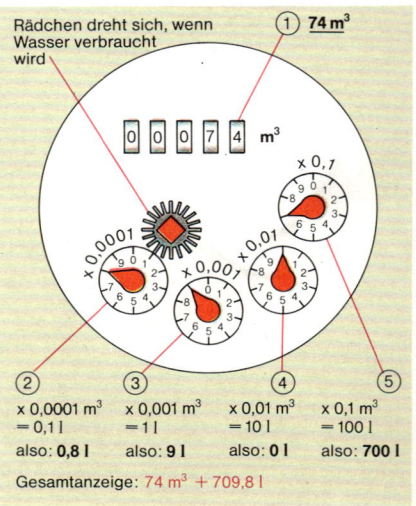

7

Info: Vorsätze und Vorsatzzeichen von Einheiten

Um bei Messungen kleiner und großer Längen, Flächen, Volumina und anderer physikalischer Größen übersichtliche Zahlenwerte zu erhalten, benutzt man die aus der Mathematik bekannten Zehnerpotenzen. Für die Zehnerpotenzen verwendet man Namen, die der Einheit als „Vorname" vorangestellt werden (→ Beispiele und Tabelle).

Beispiele:

Zentimeter: $0{,}01 \text{ m} = \frac{1}{100} \text{ m} = 10^{-2} \text{ m} = 1 \text{ cm}$

Zentiliter: $0{,}01 \text{ l} = \frac{1}{100} \text{ l} = 10^{-2} \text{ l} = 1 \text{ cl}$

Millimeter: $0{,}001 \text{ m} = \frac{1}{1000} \text{ m} = 10^{-3} \text{ m} = 1 \text{ mm}$

Milliliter: $0{,}001 \text{ l} = \frac{1}{1000} \text{ l} = 10^{-3} \text{ l} = 1 \text{ ml}$

Millisekunde: $0{,}001 \text{ s} = \frac{1}{1000} \text{ s} = 10^{-3} \text{ s} = 1 \text{ ms}$

Mikrometer: $0{,}000\,001 \text{ m} = \frac{1}{1\,000\,000} \text{ m} = 10^{-6} \text{ m} = 1 \text{ µm}$

Fragen und Aufgaben zum Text

1 Lies bzw. schreibe mit Vorsatznamen: 20 µm, 3 Mm, 90 Gl, 7 nm, 20 cl, 3 µm, 5 dm, 9 hl, 60 ml, 73 km.

2 Gib jeweils in den genannten Einheiten an:
1,42 m (dm, cm, mm, µm), 2 cm (dm, m, km, mm, µm, nm), 3 µm (mm, cm, m), 20 cl (ml, l, m³).

3 Schreibe mit Vorsatzzeichen:
$l = 3 \cdot 10^6$ m, $A = 7 \cdot 10^{-2}$ m², $V = 7{,}23 \cdot 10^2$ l, $l = 4{,}3 \cdot 10^6$ m, $b = 4{,}3 \cdot 10^{-6}$ m.

4 Schreibe mit Zehnerpotenzen:
$l = 3{,}4$ km, $b = 2{,}7$ mm, $h = 1{,}5$ nm, $d = 8$ µm, $V_1 = 6$ hl, $V_2 = 7$ cl.

Vorsatz	Piko-	Nano-	Mikro-	Milli-	Zenti-	Dezi-		Deka-	Hekto-	Kilo-	Mega-	Giga-	Tera-
Vorsatz-zeichen	p	n	µ	m	c	d		da	h	k	M	G	T
Zehner-potenz	10^{-12}	10^{-9}	10^{-6}	10^{-3}	10^{-2}	10^{-1}	10^0	10^1	10^2	10^3	10^6	10^9	10^{12}

Fläche und Volumen

Auf einen Blick

Die Flächenmessung

Die Einheit der physikalischen Größe **Fläche** A ist **1 Quadratmeter** (1 m²).

Neben dem Quadratmeter sind Bruchteile (z. B. 1 dm²) und Vielfache (z. B. 1 ha) zugelassen.

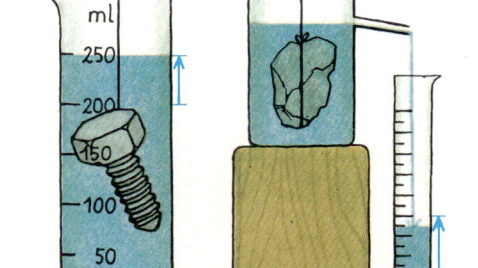

Die Volumenmessung

Die Einheit der physikalischen Größe **Volumen** V ist **1 Kubikmeter** (1 m³).

Neben dem Kubikmeter sind Bruchteile (z. B. 1 cm³) und Vielfache (z. B. 1 km³) zugelassen.

Grundgrößen und abgeleitete Größen

Länge und *Zeit* sind Grundgrößen des physikalischen Größensystems. Dagegen sind Fläche und Volumen **abgeleitete Größen.**
Ihre Einheiten sind von den Einheiten der Grundgröße Länge abhängig und daher nicht beliebig festlegbar.

Die physikalischen Größen Fläche und Volumen lassen sich bei regelmäßig begrenzten Körpern auch durch Berechnungen, bei unregelmäßig begrenzten Körpern nur experimentell bestimmen.

Eigenschaften und Aufbau der Körper

1 Aggregatzustände ändern sich

Festes Wasser, flüssiges Eisen, flüssige Luft und gasförmiges Propan – diese Beispiele zeigen, daß Stoffe in verschiedenen Erscheinungsformen vorkommen.

Diese Erscheinungsformen bezeichnet man als *festen, flüssigen* und *gasförmigen Aggregatzustand*.

V 1 Stelle Wasser in einem Trinkglas ins Gefrierfach eines Kühlschranks. Schau jede halbe Stunde nach dem Wasser. Was beobachtest du?

V 2 Das Wasser in einem halb gefüllten Becherglas wird zum Sieden gebracht. Über das Wasser halten wir (an einem Draht) eine kleine Kerze. Was geschieht?
Was stellst du fest, wenn eine Glasscheibe schräg über die Öffnung des Gefäßes gehalten wird?

V 3 Fülle zerstoßenes Eis, Paraffin und Fixiersalz in je ein Becherglas.
Wie verhalten sich die Stoffe beim Erhitzen im Wasserbad? Beobachte und beschreibe.

V 4 Ein Uhrglas mit Isobutanol wird zum Erwärmen vorsichtig auf warmes Wasser gesetzt.
Laß das Isobutanol anschließend auf Zimmertemperatur abkühlen. Was beobachtest du?

Info: Änderungen des Aggregatzustandes

Gegenstände nennt man in der Physik auch **Körper**. Zu den Körpern gehören Büroklammern, Tische, Häuser, Planeten und Sterne. Aber auch die Limonade in einer Flasche oder die Luft in einem Ballon sind für die Physiker Körper.

Das Material, aus dem ein Körper besteht (z. B. Eisen, Holz, Wasser, Luft), heißt **Stoff**.

Stoffe können in den Aggregatzuständen *fest, flüssig* und *gasförmig* vorkommen.

Viele Stoffe lassen sich von einem Aggregatzustand in einen anderen überführen:

Zum Beispiel kann festes Eisen flüssig und flüssiges Eisen wieder fest werden. In welchem Zustand sich das Eisen befindet, hängt von der Temperatur ab.

Wasser kann zu Wasserdampf werden (also in den gasförmigen Zustand übergehen), und Wasserdampf kann auch wieder in flüssiges Wasser verwandelt werden.

Die Temperaturen, bei denen sich der Aggregatzustand ändert, sind von Stoff zu Stoff verschieden.

Die Übergänge zwischen dem festen und dem flüssigen Aggregatzustand heißen **Schmelzen** und **Erstarren**. Wenn ein Stoff vom flüssigen in den gasförmigen Zustand übergeht, spricht man von **Verdampfen**; den Übergang vom gasförmigen in den flüssigen Zustand nennt man **Kondensieren**.

Manche festen Stoffe werden beim Erhitzen sofort gasförmig. Auch beim Abkühlen überspringen sie den flüssigen Zustand. So geht z. B. festes Iod unmittelbar in den gasförmigen Zustand über (und gasförmiges Iod in den festen).

Bei der Änderung des Aggregatzustandes ändern sich auch viele Stoffeigenschaften.

Fragen und Aufgaben zum Text

1 Schlage nach, bei welchen Temperaturen Eisen, Aluminium und Zinn schmelzen. Bei welchen Temperaturen sieden flüssige Luft, Propan und Wasser?

2 Zu Silvester ist Bleigießen beliebt. Erkläre den Vorgang.

2 Das Teilchenmodell

Viele feste Stoffe kommen als regelmäßig geformte Körper vor; diese Körper heißen *Kristalle*.

V 5 Kristalle lassen sich „züchten".
Du benötigst Seignettesalz (oder Kaliumalaun), Kochsalz und Kupfersulfat.

Jeder der drei Stoffe wird unter Umrühren in einem Gefäß mit warmem, destilliertem Wasser aufgelöst. Du mußt jeweils soviel Salz in das Glas geben, daß ein Teil des Salzes nicht mehr gelöst wird.

Gieße die noch warmen Lösungen ohne den Bodensatz jeweils in ein zweites Gefäß. In die Lösungen hängst du Wollfäden, die an Bleistiften befestigt sind. Beim Abkühlen kannst du nach einiger Zeit kleine Kristalle an den Wollfäden entdecken.

Um größere Kristalle zu erhalten, mußt du von den Wollfäden alle Kristalle bis auf zwei oder drei abstreifen. Gieße dann die Salzlösungen noch einmal in andere Gefäße um, und hänge die kleinen Kristalle hinein. Nun brauchst du nur ein paar Tage zu warten...

V 6 Beschreibe die Form der gezüchteten Kristalle.

a) Versuche vorsichtig, die Kristalle zu zerkleinern. Schau dir die Bruchstücke an.

b) Zerschlage einige deiner Kristalle mit einem Hammer, und untersuche die Bruchstücke mit einer Lupe (oder einem Mikroskop). Was stellst du fest?

V 7 Zerkleinere einige andere Kristalle mit einem Hammer, und betrachte die kleinsten Bruchstücke unter einer Lupe oder einem Mikroskop. Vergleiche deine Beobachtungen in diesem Versuch mit denen aus V 6.

Info: So kann man sich das Wachsen von Kristallen vorstellen

Feste Stoffe lassen sich durch Zerstoßen oder Zerschlagen in kleinere Bruchstücke zerlegen. Ein Stück Kreide kannst du sogar ohne Schwierigkeiten zu feinem Staub zerkleinern.

Wenn du einen Stoff in Wasser **auflöst**, kannst du auch mit einem Mikroskop keine Bruchstücke mehr sehen. Erstaunlich ist aber, daß aus der Lösung wieder ein Kristall wachsen kann und daß die Kristalle eines Stoffes immer die gleiche Form haben.

Das Wachsen eines Kristalles erinnert an das Zusammenbauen von Legosteinen: Aus Steinen einer bestimmten Form lassen sich auch regelmäßige Körper zusammenbauen.

Du kannst dir das Entstehen eines Kristalls erklären, wenn du folgendes annimmst: Beim Lösen eines Kristalls in Wasser wird er in kleinste Bruchstücke oder **Teilchen** zerlegt. Diese Teilchen lassen sich wieder zu einem Kristall zusammenfügen. Sie sind so winzig, daß sie auch mit dem besten Mikroskop nicht sichtbar gemacht werden können.

Nicht immer wachsen die Teilchen zu einem *regelmäßig* geformten Körper zusammen. Bei den Legosteinen ist es ähnlich: Du kannst ja auch gleichartige Steine zu unregelmäßigen Formen zusammensetzen.

Solche Vorstellungen, wie wir sie uns z. B. vom Aufbau der Körper machen, bezeichnet man als **Modell**.

Modelle sind Vorstellungshilfen und dienen dazu, Beobachtungen zu erklären. Wir werden das *Teilchenmodell* noch oft verwenden. Dabei wird es oft ausreichen, wenn wir uns die Teilchen einfach als kleine Kugeln vorstellen.

Fragen und Aufgaben zum Text

1 Gieße kleine Stahlkugeln (z. B. aus Kugellagern von Fahrrädern) in ein Becherglas. Beschreibe, wie sie sich anordnen.
Stoße dann das Becherglas einmal kurz an, und untersuche wieder die Anordnung. Welchen Vorgang in der Natur könnte man sich in ähnlicher Weise vorstellen?

2 Den Würfelzucker in einer noch nicht angebrochenen Packung kann man als Modell für einen Kristall ansehen. Erläutere!

3 Eigenschaften von festen, flüssigen und gasförmigen Körpern

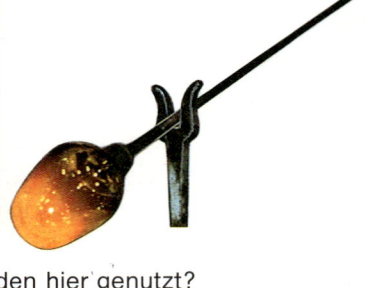

Welche Eigenschaften werden hier genutzt?

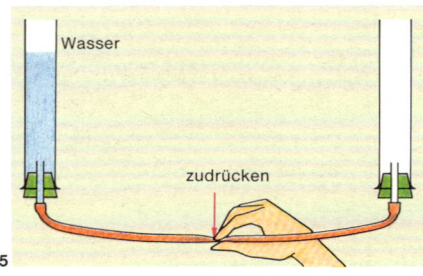
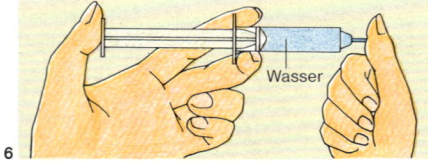

V 8 Wir gießen Wasser in unterschiedlich geformte Gefäße. Die Gefäße werden dann schräg gehalten. Was beobachtest du?

Beschreibe, welche Unterschiede zwischen festen und flüssigen Körpern bestehen.

V 9 Das Verhalten, das wir beim Schräghalten der Gefäße mit Wasser beobachten können, wird durch diesen Versuch noch deutlicher:

Zwei Gefäße werden durch einen Schlauch verbunden. Bei zugedrücktem Schlauch wird eines der Gefäße mit Wasser gefüllt (Bild 5).

Was geschieht, wenn man den Schlauch freigibt?

Wie ändert sich der Wasserstand im linken Gefäß, wenn man das rechte anhebt oder schräg hält?

V 10 Du brauchst zwei Plastikspritzen (ohne Nadel); eine ist mit Luft gefüllt und eine mit Wasser (Bild 6).

a) Versuche, die Kolben in die Zylinder zu drücken. Was stellst du fest?

b) Welchen Unterschied zwischen flüssigen und gasförmigen Körpern zeigt dieser Versuch? Verwende bei deiner Antwort den Begriff *Volumen*.

Info: Feste Stoffe, Flüssigkeiten und Gase im Teilchenmodell

Feste Körper lassen sich nicht zusammenpressen. Ihre Form und ihr Volumen können kaum verändert werden.

Du kannst dir den Aufbau eines **festen Stoffes** so vorstellen: Die Teilchen, aus denen er besteht, sind fest verbunden. In der Physik sagt man: Zwischen den Teilchen wirken große Kräfte. Die Teilchen haben feste Plätze und sind regelmäßig angeordnet. Die Abstände zwischen ihnen sind gering.

Flüssige Körper haben keine bestimmte Form, sie passen sich vielmehr der Form des Gefäßes an und bilden normalerweise eine waagerechte Oberfläche. Auch sie lassen sich praktisch nicht zusammenpressen; ihr Volumen ist (fast) konstant.

Bei einer **Flüssigkeit** können die Teilchen leicht gegeneinander verschoben werden. Die Teilchen haben keine festen Plätze. Die Abstände zwischen ihnen sind gering.

Gasförmige Körper passen sich der Gefäßform an. Sie lassen sich zusammenpressen; ihr Volumen läßt sich also verändern.

Bei einem **Gas** bewegen sich die Teilchen frei in dem ganzen Raum, der ihnen zur Verfügung steht. Zwischen ihnen gibt es praktisch keine Anziehungskräfte. Der Teilchenabstand ist groß. Der Raum zwischen den Teilchen ist vollkommen leer.

Wenn ein Körper schmilzt, verlassen die Teilchen ihre Plätze und sind dann verschiebbar. Wenn ein Körper verdampft, rücken die Teilchen weiter auseinander und bewegen sich anschließend ohne Zusammenhalt im Raum. Beim Schmelzen und beim Verdampfen ändert sich also jeweils nur die *Anordnung* der Teilchen; die Teilchen selbst ändern sich nicht. Eis, Wasser und Wasserdampf bestehen also aus denselben Wasserteilchen.

Aufgaben

1 Beschreibe die Funktionsweise einer Kaffeekanne (Bild 7).

2 Erkläre folgende Beobachtungen mit Hilfe des Teilchenmodells:

a) Ein Stück Würfelzucker süßt eine ganze Tasse Kaffee.

b) Wenn man ein wenig Wasserfarbe in einem Glas Wasser verrührt, wird das gesamte Wasser gefärbt.

c) Wenn man im Bad etwas Parfüm oder Haarspray versprüht, riecht man es sogar im Flur.

d) Die Öffnung einer Spritze ist verschlossen. Wenn die Spritze mit Luft gefüllt ist, läßt sich der Kolben hineinschieben.
Wenn die Spritze aber mit Wasser gefüllt ist, gelingt das nicht.

e) Wasser kann man aus einem Glas in zwei andere gießen. Wasser läßt sich also mühelos „teilen" – ein Eiswürfel dagegen nicht.

3 Bild 8 zeigt einen Lehrerversuch. Was ist dabei zu beobachten? Erkläre auch die Beobachtungen.

Aus der Geschichte: Teilchenvorstellungen – früher und heute

Schon in der Antike äußerten einige Philosophen die Vorstellung, daß Stoffe aus Teilchen aufgebaut seien. Sie nannten die Teilchen *Atome* (gr. *atomon:* das Unteilbare).

Einer der Begründer dieser Atomlehre ist *Demokrit* (460–371 v. Chr.) Von ihm sind keine Schriften überliefert, wir kennen seine Lehre nur aus den Schriften anderer Autoren. So berichten z. B. der griechische Geschichtsschreiber *Plutarch* (46–120 n. Chr.) und der Philosoph *Simplikios* (ca. 530 n. Chr.) über seine Vorstellungen.

Vom 17. Jahrhundert an wurde die Teilchenvorstellung wieder aufgegriffen und als Modell zur Deutung von chemischen und physikalischen Beobachtungen weiterentwickelt. Daran hatte der englische Chemiker *John Dalton* (1766 bis 1844) einen erheblichen Anteil.

Über Demokrits Lehre

Was behauptet Demokrit? Daß sich unzählige unteilbare ... Substanzen, die qualitätslos und unveränderlich seien, zerstreut im leeren Raum bewegten. Wenn sie sich aber einander näherten oder zusammenträfen oder sich miteinander verflöchten, dann käme als das Ergebnis einer solchen Vereinigung in dem einen Fall Wasser, in dem anderen Feuer, ein andermal eine Pflanze, ein andermal ein Mensch zustande. Es seien aber alles Atome oder „Ideen", wie er sie nennt, und nichts anderes.

Aus: Plutarch, Gegen Kolotes.

Wir sehen, daß derselbe Körper beständig bald flüssig, bald fest ist und daß diese Veränderung nicht durch Trennung und Wiedervereinigung erfolgt, auch nicht durch andere Lage und Anordnung der Atome, wie das Demokrit behauptet.

Aus: Aristoteles, Vom Werden und Vergehen.

Daß die Atome eine Zeitlang zusammenbleiben, begründet Demokrit mit dem Halt, den sie aneinander finden. Denn die einen von ihnen seien schief, die anderen hakenförmig, die einen mit muldenförmigen Vertiefungen, die anderen gewölbt, die andern mit andern unzähligen Unterschieden.

Aus: Simplikios, Kommentar zu Aristoteles' „Vom Himmel".

Dalton über die kleinsten Teilchen

Man unterscheidet ... bei den Körpern drei Zustände; es sind diejenigen, welche man mit den Ausdrücken elastisch-flüssig, flüssig und fest unterscheidet. Ein sehr bekanntes Beispiel bietet uns das Wasser als ein Stoff, der unter gewissen Umständen alle diese drei Zustände annehmen kann. Im Wasserdampf erkennen wir einen vollkommen elastisch-flüssigen, im Wasser einen vollkommen flüssigen und im Eis einen vollkommen festen Stoff. Diese Beobachtungen haben stillschweigend zu dem allgemein angenommenen Schlusse geführt, daß alle Körper ... aus einer ungeheuren Anzahl äußerst kleiner Teilchen oder Atome bestehen, welche durch die Kraft der Anziehung zusammengehalten werden. Diese letztere ist je nach den Umständen mehr oder weniger stark. ...

Wenn sich ein Stoff im elastisch-flüssigen Zustand befindet, so sind seine Teilchen ungleich weiter voneinander entfernt als in irgend einem anderen Zustand. ... Wollen wir versuchen, uns die Anzahl der in der Atmosphäre enthaltenen Teilchen vorzustellen, so ähnelt dieses Unternehmen dem, die im Weltall befindlichen Sterne zu zählen. ... Aber nimmt man irgendein bestimmtes Volumen von einer Gasart, so kann man überzeugt sein, daß die Anzahl der Teilchen doch endlich sein müsse; so wie in einem gegebenen Raume des Universums die Anzahl der Sterne und Planeten nicht unbegrenzt sein kann.

Aus: John Dalton, A New System of Chemical Philosophy, 1808.

Eigenschaften und Aufbau der Körper

4 Die Größe der Teilchen

Bei Tankerunfällen werden große Wasserflächen verseucht. Das Öl breitet sich zu einem Ölteppich aus.

Auf Pfützen sieht man gelegentlich auch ganz dünne Ölschichten, die in allen Farben schillern. Wie dünn kann eigentlich eine Ölschicht höchstens sein?

V 11 Löse Zucker in Wasser auf. Vergleiche die Volumina von Zucker und Wasser vorher mit dem Volumen der Lösung nachher.

V 12 Löse ein Körnchen Kaliumpermanganat in einem Reagenzglas voll Wasser auf. Gieße anschließend die Hälfte der Lösung ab, und fülle dann das Glas wieder mit Wasser auf.
Wiederhole diesen Vorgang mehrmals. Nach wie vielen Wiederholungen kannst du gerade noch eine Rotfärbung des Wassers erkennen?
Berechne das Volumen des Wassers, auf das sich das Körnchen verteilt hat.

Info: Wie klein sind die kleinsten Teilchen?

Welche Vorstellung soll man sich von der Größe der Teilchen machen? Diese Frage scheint recht schwierig – und doch läßt sich mit einfachsten Mitteln ein Versuch durchführen, der Auskunft über die ungefähre Größe der Teilchen gibt.

Dieser sogenannte **Ölfleckversuch** beruht auf folgender Überlegung:

Öl breitet sich auf Wasser zu einer sehr dünnen Schicht aus. Wenn eine Ölschicht aus einer einzigen Lage von Teilchen besteht, ist die Höhe der Ölschicht gleich der Größe eines Ölteilchens.

Die Schichtdicke läßt sich leicht berechnen, wenn man einen Öltropfen mit bekanntem Volumen auf eine Wasserfläche tropfen läßt und die Fläche des Ölflecks bestimmt. Bild 2 veranschaulicht diese Meßmethode.

1. Man stellt eine Lösung von Öl in Leichtbenzin im Verhältnis 1:1000 her. In 1 cm³ Benzin befindet sich 1 mm³ Öl.

Ein Tropfen dieser Lösung wird auf eine mit feinem Korkmehl bestreute Wasseroberfläche gebracht. Es bildet sich ein großer runder Fleck, der sich nach einigen Sekunden zusammenzieht, weil das Leichtbenzin verdunstet (Bild 3). Übrig bleibt ein Ölfleck.

2. Wenn man den Ölfleck auf Millimeterpapier nachzeichnet und dann die Kästchen auszählt, ergibt sich ein Flächeninhalt des Ölflecks von
$A = 190$ cm² $= 19\,000$ mm².

3. Eine Messung ergibt, daß 40 Tropfen der Lösung ein Volumen von 1 cm³ haben.

Das Volumen eines Tropfens beträgt also $\frac{1}{40}$ cm³ = 25 mm³.

Der Tropfen besteht nur zu einem Tausendstel aus Öl, der Rest ist Benzin. Das in einem Tropfen enthaltene Öl hat also ein Volumen von
$$V = \frac{25}{1000} \text{ mm}^3 = 0{,}025 \text{ mm}^3.$$

Damit kennen wir auch das Volumen der Ölschicht.

4. Wir nehmen an, daß die Ölschicht überall gleich dick ist.

Wenn man die Grundfläche der Ölschicht mit der Höhe multipliziert, erhält man das Volumen:
$V = A \cdot h$.

Wir können nun die Höhe der Ölschicht berechnen:
$$h = \frac{V}{A},$$
$$h = \frac{0{,}025 \text{ mm}^3}{19\,000 \text{ mm}^2},$$
$$h = \frac{25}{19} \cdot \frac{1}{1\,000\,000} \text{ mm},$$
$$h = 1{,}3 \cdot \frac{1}{1\,000\,000} \text{ mm}.$$

Die Ölschicht ist also etwa ein Millionstel Millimeter hoch. Damit haben wir auch die Größe eines Ölteilchens bestimmt, vorausgesetzt, die Teilchen liegen in der Ölschicht alle nebeneinander.

Es wäre aber durchaus denkbar, daß die Ölteilchen in mehreren Schichten übereinanderliegen. In diesem Fall wäre der Teilchendurchmesser noch kleiner als h.

Es gibt noch viele andere Versuche, aus denen man auf den Teilchendurchmesser schließen kann. Die Ergebnisse liegen stets in der Größenordnung von Millionstel Millimetern.

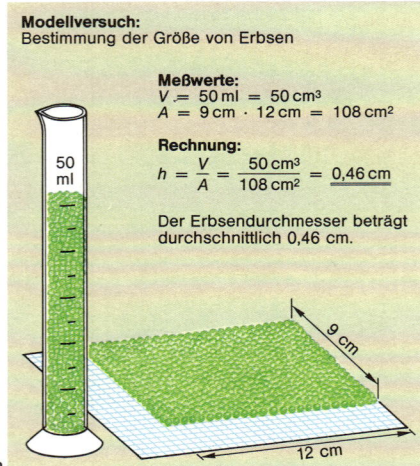

Modellversuch: Bestimmung der Größe von Erbsen

Meßwerte:
$V = 50$ ml $= 50$ cm³
$A = 9$ cm $\cdot$ 12 cm $= 108$ cm²

Rechnung:
$h = \frac{V}{A} = \frac{50 \text{ cm}^3}{108 \text{ cm}^2} = \underline{0{,}46 \text{ cm}}$

Der Erbsendurchmesser beträgt durchschnittlich 0,46 cm.

Eigenschaften und Aufbau der Körper

Alles klar?

1 Es gibt Trichter, die seitlich kleine Stege haben (Bild 4). Weshalb sind diese Stege nützlich?

2 Eine Autotür läßt sich leicht zuschlagen, wenn ein Fenster geöffnet ist. Sind alle Fenster geschlossen, geht es erheblich schwerer. Erkäre!

3 In einem „leeren" Glas befindet sich Luft. Wie kannst du die Luft herausbekommen?

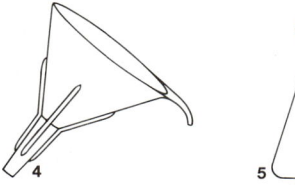

4 Beim Kaffeebrühen wird das Kaffeepulver vom Filter zurückgehalten. Trotzdem wird aus dem Wasser brauner Kaffee. Erkläre im Teilchenmodell.

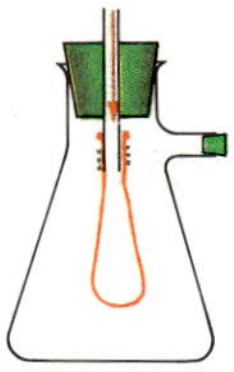

5 Läßt sich der Luftballon von Bild 5 so aufblasen, daß er den Kolben fast ganz ausfüllt? Probiere es aus und erkläre.

6 Ein Meßzylinder ist bis zur 2-l-Marke mit Tischtennisbällen gefüllt. Die Bälle werden auf ein Kuchenblech geschüttet, so daß sie in einer Lage dicht beieinander liegen. Sie bilden ein 34 cm · 16,5 cm großes Rechteck.
Berechne, wie groß der Durchmesser eines Tischtennisballes ungefähr ist.

Auf einen Blick

Fest – flüssig – gasförmig

feste Körper	flüssige Körper (Flüssigkeiten)	gasförmige Körper (Gase)
Form unveränderlich	**Form** veränderlich	**Form** veränderlich
Unabhängig von Gefäßen behält ein fester Körper seine Form.	Flüssige Körper passen sich jedem Gefäß an. Sie haben waagerechte Oberflächen.	Gase nehmen den ganzen Raum ein, der ihnen zur Verfügung steht.
Volumen unveränderlich	**Volumen** unveränderlich	**Volumen** veränderlich
An festen Körpern ist keine Volumenänderung erkennbar.	Flüssigkeiten haben ein (fast) unveränderliches Volumen. Sie lassen sich kaum zusammendrücken.	Gase haben ein veränderliches Volumen. Sie lassen sich zusammendrücken.
Teilchenmodell	**Teilchenmodell**	**Teilchenmodell**
Die Teilchen üben große Anziehungskräfte aufeinander aus und werden dadurch zusammengehalten. Die Teilchen haben feste Plätze und sind regelmäßig angeordnet. Ihre Abstände zueinander sind sehr gering.	Die Teilchen sind gegeneinander verschiebbar; der Zusammenhalt ist weniger stark. Die Abstände zwischen den Teilchen sind ebenfalls gering.	Die Teilchen bewegen sich frei und regellos im Raum. Es gibt keinen Zusammenhalt zwischen den Teilchen.

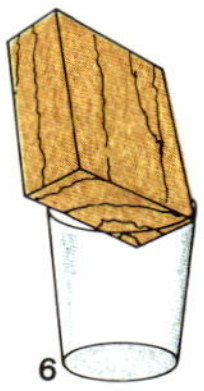

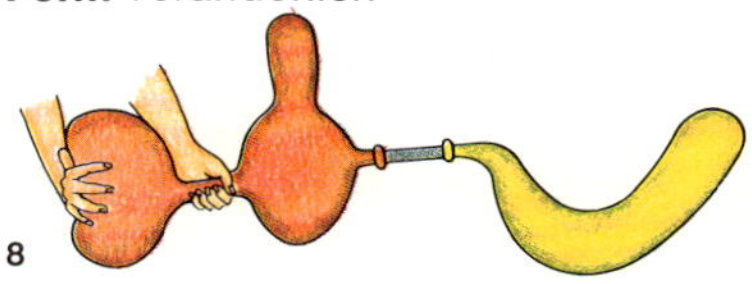

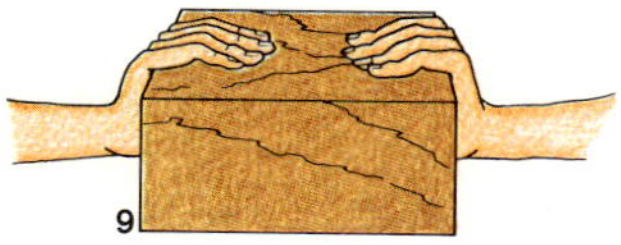

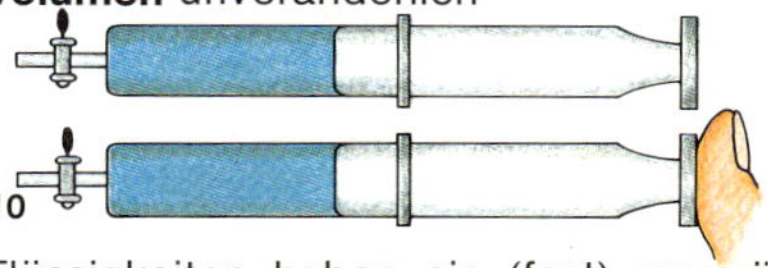

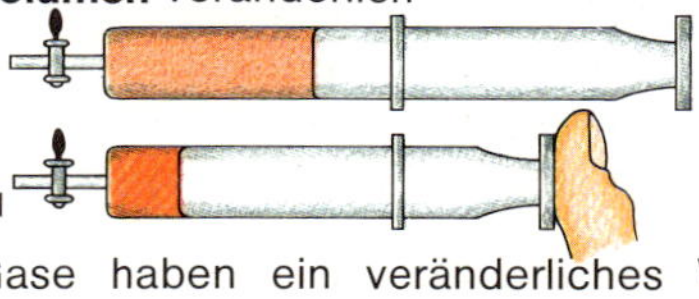

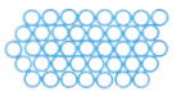

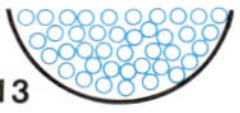

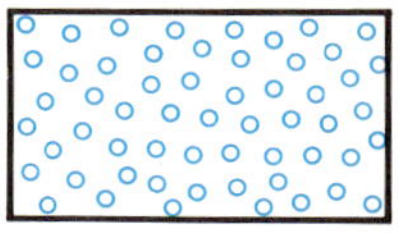

Änderungen des Aggregatzustandes

Viele Stoffe können in allen **drei Aggregatzuständen** vorkommen: **fest, flüssig** und **gasförmig**.

Bei ganz bestimmten Temperaturen, die für jeden einzelnen Stoff typisch sind (der jeweiligen *Schmelz-* und *Siedetemperatur*), gehen die Stoffe von einem Aggregatzustand in einen anderen über.

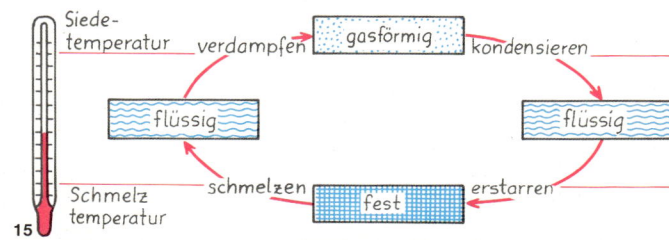

Schallerzeugung und Schallausbreitung

1 Wie entsteht Schall?

Eine Umwelt voller Lärm – oder eine stille, fast lautlose Welt…
Alles, was wir Menschen hören können, bezeichnet man als *Schall*.

- Welche Rolle spielt der Schall in unserem Leben?
- Mit Musikinstrumenten oder selbstgebauten „Geräuschquellen" wird Schall erzeugt. (Anregungen findest du auch in den folgenden Versuchen.) Wodurch entsteht jeweils der Schall?

V 1 Erzeuge mit folgenden Gegenständen Schall: Lineal, Kamm, Sägeblatt, Sprudelflasche, Joghurtbecher, Gummiband und Topfdeckel.

V 2 Presse ein Ende einer Stricknadel fest auf den Tisch. Zupfe dann das andere, freie Ende der Nadel mit dem Finger an.

V 3 Ziehe ein Stück Styropor über eine Fensterscheibe. (Wenn du die Scheibe anhauchst, funktioniert diese „Nervensäge" noch besser.)

V 4 Fülle Wasser in ein dünnwandiges Weinglas. Tauche deinen Zeigefinger ein, und fahre mit ihm auf dem Glasrand entlang (Bild 3).

V 5 Blase einen Luftballon prall auf, und ziehe die Öffnung auseinander. So entsteht ein Spalt, durch den die Luft ausströmen kann…

V 6 Für diesen Versuch brauchst du einen Trinkhalm, den du dir so zurechtschneidest, wie Bild 4 es zeigt. Presse dann das beschnittene Ende mit den Lippen zusammen, und puste kräftig in den Halm.

V 7 Laß ein (etwa 1 m langes) Ende eines Gartenschlauches über deinem Kopf kreisen. Du kannst auch den „singenden Schlauch" verwenden, den es als Spielzeug zu kaufen gibt. Beschreibe, wie du unterschiedliche Töne erzeugen kannst.

V 8 Beim Lautsprecher geht der Schall von einer Membran aus. Probiere aus, ob du ihre Bewegungen fühlen kannst. Mit Papierkügelchen lassen sie sich sichtbar machen…

V 9 Berühre mit einer angeschlagenen Stimmgabel eine Wasseroberfläche. Was beobachtest du?

Zum Nachweis der Schwingungen einer Stimmgabel kannst du auch einen Tischtennisball verwenden, der an einem Faden hängt…

V 10 Bild 5 zeigt eine Stimmgabel mit Schreibfeder. Wie ist wohl die Spur auf der mit Ruß geschwärzten Glasplatte entstanden? Versuche, eine solche Spur zu erzeugen.

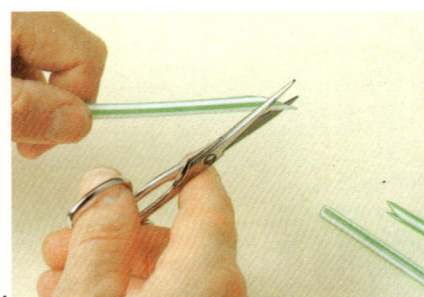

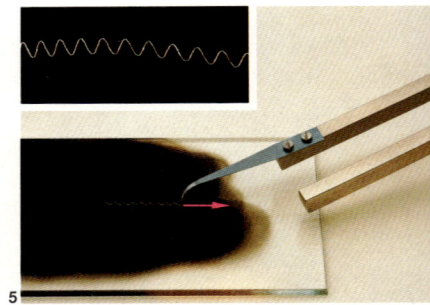

Info: Ohne Schwingungen kein Schall

Wie Schall entsteht, soll am Beispiel einer angezupften Stricknadel erklärt werden (Bild 6):

Das freie Ende der Stricknadel wird zunächst aus seiner Ruhelage nach unten gezogen und dann losgelassen. Es federt zurück und bewegt sich über seine Ruhelage hinaus nach oben; dort kehrt es um und bewegt sich wieder nach unten. Diese Hin- und Herbewegung wiederholt sich in einer Sekunde viele Male.

Man sagt: Die Stricknadel *schwingt*.

Langsame Schwingungen, wie sie z.B. ein langes Stahllineal ausführt, kannst du mit den Augen verfolgen. Zu hören sind diese Schwingungen nicht.

Dagegen siehst du die schnelleren Schwingungen einer Stricknadel oder einer Gitarrensaite nur unscharf oder überhaupt nicht. Du fühlst und hörst aber, daß etwas schwingt. Den schwingenden Gegenstand nennt man *Schallerreger*.

Schall wird durch rasche Schwingungen eines Schallerregers erzeugt.

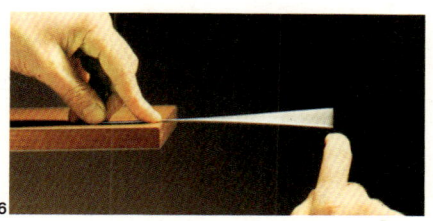

Gegenstände lassen sich auf verschiedene Weisen zu Schwingungen anregen, z. B. durch Zupfen, Schlagen oder Blasen. Demgemäß spricht man auch von Zupf-, Schlag- oder Blasinstrumenten.

Eine andere Möglichkeit, Schwingungen zu erzeugen, wird bei Streichinstrumenten genutzt: Die Saiten einer Geige werden mit dem Geigenbogen gestrichen, auf den Pferdehaare gespannt sind. Die Haare haben eine rauhe Oberfläche. Mit einem besonderen Harz *(Kolophonium)* macht der Geiger die Bogenhaare noch zusätzlich stumpf und „klebrig". Streicht er nun über eine Saite, so haften Bogen und Saite für einen Augenblick aneinander. Die Saite wird ein Stück weit vom Bogen mitgenommen. Anschließend schnellt sie wieder zurück und schwingt noch etwas über ihre Ruhelage hinaus; dann bleibt sie wieder am Bogen „kleben". Dieser nimmt sie bei seiner Streichbewegung wiederum mit. So wird die Saite zu regelmäßigen Schwingungen angeregt.

Wir unterscheiden drei Schallarten:
○ Schwingt der Schallerreger gleichmäßig, hören wir einen **Ton** oder einen **Klang** (Stimmgabel, Gitarrensaite).
○ Bei einem **Geräusch** schwingt der Schallerreger unregelmäßig. Ein Geräusch entsteht z. B., wenn jemand Papier zerreißt. Auch das Knattern eines Mopedmotors ist ein Geräusch.
○ Von einem **Knall** sprechen wir, wenn der Schallerreger nur einmal stark angestoßen wird und die Schwingungen gleich danach wieder aufhören. Ein Beispiel dafür ist ein Startschuß.

Aus Umwelt und Technik: Die menschliche Stimme

Das menschliche Stimmorgan übertrifft in seiner Vielseitigkeit alle Musikinstrumente: Menschen können laut schreien oder leise flüstern, sie können singen, in verschiedenen Tonlagen sprechen und viele Töne und Geräusche nachahmen.

Die **Stimmbänder** (Bild 7) durchziehen den Kehlkopf von vorn nach hinten. Während des Atmens liegen sie ungefähr 0,5 cm bis 1,5 cm auseinander (Bilder 8 u. 9). Zum Sprechen und Singen sowie zum Flüstern werden sie mit Hilfe von Muskeln aneinandergedrückt (Bilder 10 u. 11).

Wenn Luft aus der Lunge durch diese **Stimmritze** gepreßt wird, beginnen die beiden Stimmbänder zu schwingen: Die gespannten Stimmbänder werden von der durchströmenden Luft auseinandergestoßen und schlagen sofort wieder zusammen. Das Auseinanderstoßen und das Zusammenschlagen erfolgen in schnellem Wechsel. So entsteht ein eigentümliches Geräusch, das dem

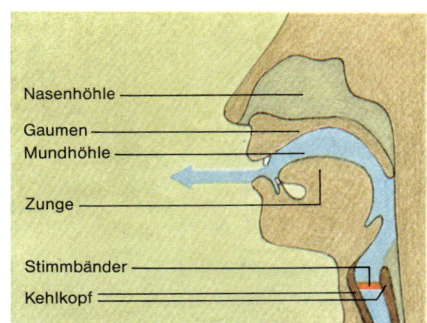

„Schnattern" des Luftballons oder des Trinkhalms in den Versuchen 5 und 6 recht ähnlich ist.

Daß daraus unterschiedliche Laute werden, liegt am Zusammenwirken des Brust-, Rachen-, Nasen- und Mundraumes. Beim Sprechen verändern wir außerdem die Stellung der Zunge, des Gaumens, der Zähne und der Lippen.

Fragen und Aufgaben zum Text

1 Was stellst du fest, wenn du während des Singens den Kehlkopf vorsichtig mit deinen Fingern berührst?

2 Die Schallerzeugung im menschlichen Kehlkopf hat Ähnlichkeit mit der Schallerzeugung in den Versuchen 5 und 6. Welche Ähnlichkeiten erkennst du?

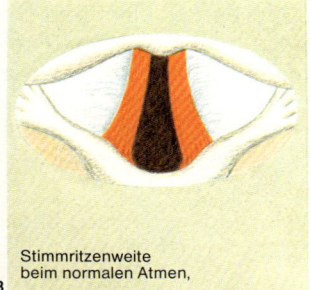 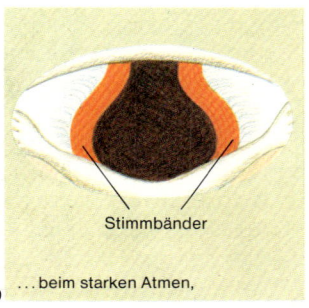 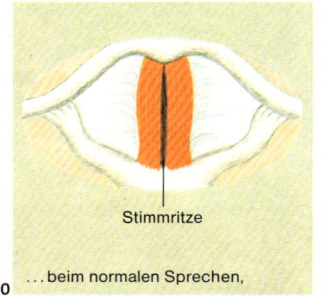 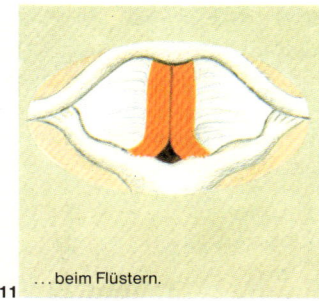

8 Stimmritzenweite beim normalen Atmen,   9 ...beim starken Atmen,   10 ...beim normalen Sprechen,   11 ...beim Flüstern.

Schallerzeugung und Schallausbreitung

Aufgaben

1 Nenne Gemeinsamkeiten und Unterschiede zwischen den Bewegungen einer Kinderschaukel und der Schallentstehung.

2 Zähle Schlag-, Zupf-, Blas- und Streichinstrumente auf.

3 Jeder kennt Geräusche, die „an den Nerven sägen": das Quietschen einer Tür oder eines Messers, wenn es über den Teller rutscht, oder das Quietschen von Kreide auf der Tafel.

a) Wie entstehen diese Geräusche?

b) Warum quietscht die Tür nicht mehr, wenn sie geölt wurde?

c) Begründe, daß das Quietschen ein Geräusch und kein Ton ist.

4 So kannst du auf einem Grashalm blasen (Bild 1). Erkläre, wie der Schall entsteht.

5 Bild 2 zeigt die Rille einer (Mono-) Schallplatte. Sie verläuft nicht genau spiralförmig, sondern weist geringfügige Schwankungen nach rechts und links auf.

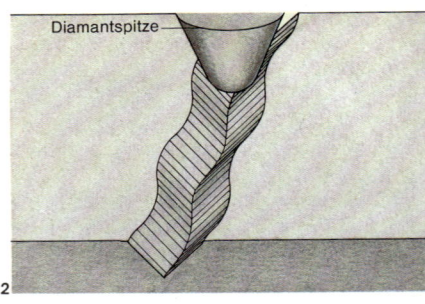

Bild 3 zeigt, wie du mit einfachen Mitteln die Platte abspielen kannst. Erkläre, wieso man auf diese Weise die aufgezeichnete Musik hört.

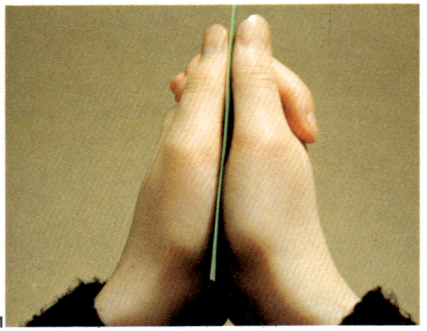

2 Laut und leise – hoch und tief

Wie kommen unterschiedliche Töne und Klänge zustande?

V 11 Wie unterscheiden sich Töne, die du mit einem Gummiband erzeugen kannst? Beschreibe, wie du die Unterschiede jeweils erzielst.

V 12 Halte ein langes Lineal so am Tisch fest, daß der größte Teil frei schwingen kann.

a) Untersuche, wovon die *Lautstärke* des entstehenden Tones abhängt.

b) Wie kannst du die *Tonhöhe* verändern? Beschreibe!

V 13 Lege einige Papierkügelchen auf die Membran eines Lautsprechers. Beobachte sie bei lauter und leiser Musik.

V 14 Mehrere gleiche Flaschen werden unterschiedlich hoch mit Wasser gefüllt. Schlage die Flaschen mit einem Stab an, und vergleiche die Tonhöhen.

Du kannst auch Schall erzeugen, indem du flach über die Ränder der Flaschenhälse bläst.

Was stellst du fest?

Info: Amplitude und Lautstärke – Frequenz und Tonhöhe

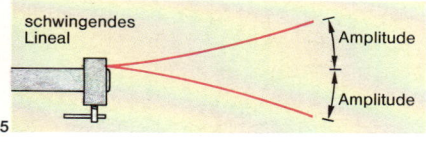

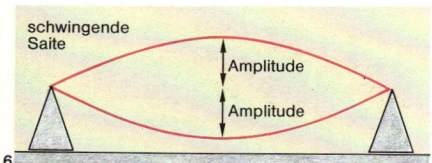

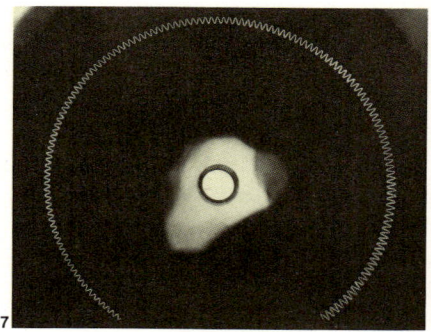

Die Bilder 5 u. 6 zeigen die Amplituden bei Schwingungen von Schallerregern.

Wird z. B. eine Saite stark angezupft, so schwingt sie mit großer Amplitude. Wir hören einen lauten Ton. Wenn wir sie weniger stark anzupfen, ist der Ton leiser, die Tonhöhe ändert sich aber nicht.

Je größer die Amplitude der Schwingung ist, desto lauter hören wir den Schall. Die Tonhöhe bleibt gleich.

Wenn man die Saite verkürzt (oder stärker spannt) und erneut anzupft, führt sie in jeder Sekunde mehr Schwingungen aus als zuvor; es erklingt ein höherer Ton.

Je mehr Schwingungen der Schallerreger in einer Sekunde ausführt, desto höher ist der Ton.

Wie viele Schwingungen pro Sekunde z. B. von einer Stimmgabel ausgeführt werden, läßt sich so ermitteln:

An einem Zinken der Stimmgabel ist eine Schreibfeder aus Stahl befestigt (wie in V 10). Man schlägt die Stimmgabel an und setzt die Stahlfeder vorsichtig auf eine berußte Glasscheibe, die sich auf einem Plattenspieler dreht. In Bild 7 sind für 1,10 s alle Schwingungen aufgezeichnet. Die Schwingungen kann man zählen; es sind 141.

Wenn man die Anzahl der Schwingungen durch die Zeit teilt, erhält man die **Frequenz** f:

$$f = \frac{141}{1{,}10\,\text{s}} = 128\,\frac{1}{\text{s}} = 128\,\text{Hz}.$$

Die Frequenz gibt an, wieviel Schwingungen in einer Sekunde erfolgen.

Aus der Frequenz kannst du die Schwingungsdauer T berechnen. Wenn die Frequenz z. B. 148 Hz = $148\,\frac{1}{\text{s}}$ beträgt, durchläuft der Körper 148 Schwingungen in einer Sekunde. Eine Schwingung dauert

$$T = \frac{1}{f} = \frac{1}{148}\,\text{s} = 0{,}0068\,\text{s}.$$

Jetzt siehst du auch, daß es nützlich ist, bei der Frequenz immer die Einheit 1/s mit aufzuschreiben: Beim Bilden des Kehrwerts erhält man die Einheit s, wie es bei der Schwingungsdauer sein muß.

Beispiele: Schwingt ein Pendel in einer Sekunde einmal hin und zurück, so hat es die Frequenz 1 Hz. Durch diese Schwingung wird kein Schall erzeugt. Wir hören Schwingungen ab 16 Hz, und zwar als tiefe Töne.

Der Ton zum Fernsehtestbild hat 1000 Hz. Die Lautsprechermembran führt also in jeder Sekunde 1000 Schwingungen aus. Wir hören einen hohen Ton.

Je größer die Frequenz eines Schallerregers ist, desto höher ist der Ton.

Aufgaben

1 Die Schwingungen eines Schallerregers sind gekennzeichnet durch *Amplitude* und *Frequenz*.

Welche dieser Größen bestimmt die Lautstärke, welche die Tonhöhe?

2 An einem 1,0 m langen Faden läßt du einen Gegenstand pendeln.

a) Ermittle zuerst bei kleiner, dann bei etwas größerer Amplitude die Schwingungsdauer. Trage deine Ergebnisse in eine Tabelle ein (→ Muster).

Verkürze nun das Pendel, und miß wieder für verschiedene Amplituden die Schwingungsdauer.

Fadenlänge	1,0 m	0,50 m	0,25 m
Schwingungsdauer bei größerer Amplitude	?	?	?
Schwingungsdauer bei kleinerer Amplitude	?	?	?

b) Wie hängt die Schwingungsdauer eines Pendels von der Amplitude ab, wie die Frequenz?

c) Das Ergebnis gilt in gleicher Weise für Schallerreger. Was folgt daraus für Tonhöhe und Lautstärke?

3 Welche Frequenz hat ein Orgelton, wenn für die Orgelpfeife eine Schwingungsdauer von $T = 0{,}0045$ s angegeben ist?

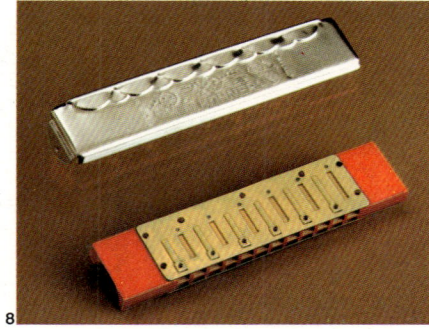

4 Was bedeutet die Angabe „440 Hz" auf einer Stimmgabel?

5 In einer Mundharmonika werden Metallzungen (Bild 8) durch einen Luftstrom zum Schwingen gebracht.

Wieso entstehen unterschiedlich hohe Töne?

6 Die Stimmbänder können durch Muskeln gespannt werden.

Wie wirkt sich das Spannen auf die Frequenz aus, mit der die Stimmbänder schwingen?

Bei Jungen wachsen die Stimmbänder während des „Stimmbruchs". Wie ändert sich die Stimme? Begründe deine Antwort physikalisch.

7 Weshalb erzeugen die Saiten einer Gitarre unterschiedlich hohe Töne?

Wie läßt sich der Ton verändern, den *eine* Saite erzeugt?

Aus Umwelt und Technik: Intervalle, Tonleitern und Dreiklänge

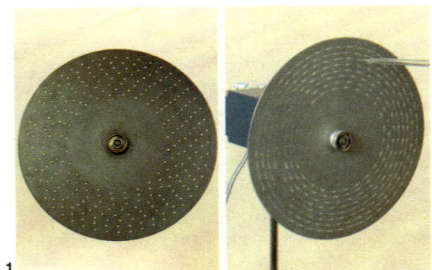

Der Ton macht die Musik, heißt es im Sprichwort. Natürlich ist ein einzelner Ton noch keine Musik. Vielmehr müssen viele Töne „zusammenklingen". Und ob die aufeinanderfolgenden Töne als „Musik" empfunden werden, hängt davon ab, wie sie auf den Zuhörer wirken.

Wie aus einzelnen Tönen Musik wird, kann man mit einer *Lochscheibe* untersuchen, die von einem Motor gedreht wird (Bild 1). Die Scheibe enthält eine Vielzahl von Löchern, die in Kreisen angeordnet sind. Die einzelnen Kreise haben unterschiedlich viele Löcher.

Wenn du mit einem Glasrohr, das vorne verengt ist, den äußeren Kreis anbläst, hörst du einen Ton. Der Luftstrom wird nämlich durch die Scheibe in regelmäßigen Abständen unterbrochen; so gerät die Luft in Schwingungen.

Wenn du nacheinander den inneren Kreis (24 Löcher) und den äußeren Kreis (48 Löcher) anbläst, hörst du die beiden Töne einer **Oktave**. Dreht sich die Scheibe schneller oder langsamer, so ändern sich zwar die Frequenzen der Töne, du hörst aber stets eine Oktave.

Die Töne einer Oktave sind unterschiedlich hoch, man empfindet sie jedoch als gleichartig.

Der äußere Kreis hat doppelt so viele Löcher wie der innere. Daher ist die Frequenz des höheren Tones immer doppelt so groß wie die des tieferen. Das Frequenzverhältnis der Töne einer Oktave ist also 2:1.

Wenn man zwei beliebige Lochreihen einmal bei geringerer und einmal bei höherer Geschwindigkeit anbläst, hört man jeweils die gleiche Tonstufe oder das gleiche **Intervall**, z. B. eine Terz. Die Töne eines Intervalls haben ein bestimmtes Frequenzverhältnis (→ Tabelle).

Viele Intervalle werden als wohlklingend und harmonisch empfunden. Bei anderen Intervallen „passen die Töne nicht zusammen"; man empfindet sie als Mißklänge.

Der „Wohlklang" der Intervalle nimmt in der folgenden Reihenfolge ab: Oktave (2:1), Quinte (3:2), Quarte (4:3), Sexte (5:3), große Terz (5:4), kleine Terz (6:5), Sekunde (9:8), Septime (15:8).

Je kleiner die ganzen Zahlen sind, durch die sich das Frequenzverhältnis ausdrücken läßt, desto wohlklingender ist das Intervall.

Intervall	Anzahl der angeblasenen Löcher höherer Ton	tieferer Ton	Frequenzverhältnis
(große) Sekunde	27	24	9:8
große Terz	30	24	5:4
kleine Terz	36	30	6:5
Quarte	32	24	4:3
Quinte	36	24	3:2
Sexte	40	24	5:3
Septime	45	24	15:8
Oktave	48	24	2:1

Daß man harmonische Klänge durch Verhältnisse kleiner ganzer Zahlen beschreiben kann, wußte schon der Philosoph *Pythagoras*. Für ihn waren Musik und Mathematik sowie die Astronomie verwandte Wissenschaften, denn nach seiner Lehre werden auch die Planetenbewegungen von „Zahlen-Harmonien" bestimmt.

Wenn du alle Kreise der Lochscheibe von innen nach außen (bei konstanter Drehzahl) anbläst, hörst du eine **Dur-Tonleiter**. Jeder beliebige Ton kann Grundton einer solchen Tonleiter sein. Dreht sich die Scheibe gerade so schnell, daß der Grundton des innersten Kreises ein c ist (z. B. 132 Hz oder 264 Hz), handelt es sich um eine C-Dur-Tonleiter (Bild 2).

Alle Dur-Tonleitern sind also durch ganz bestimmte Frequenzverhältnisse ihrer Töne gekennzeichnet. Zum Beispiel verhält sich die Frequenz des zweiten Tones zu der des Grundtones wie 9:8. Und die Frequenz des fünften Tones verhält sich zu der des Grundtones wie 3:2.

Ein **Dur-Dreiklang** ist zu hören, wenn du die Lochreihen mit 24, 30 und 36 Löchern nacheinander anbläst. Bezogen auf den Grundton, sind die Frequenzverhältnisse 5:4 (große Terz) und 3:2 (Quinte).

Vielleicht hast du jetzt den Eindruck, daß in der Musik nur wohlklingende Intervalle eine Rolle spielen. Das ist aber nicht der Fall. Auch die unharmonischen Intervalle sind wichtig, weil erst sie es sind, die eine Spannung erzeugen und die Musik lebendig machen.

Fragen und Aufgaben zum Text

1 Ein Ton mit 352 Hz soll Grundton eines Dur-Dreiklanges sein. Welche Frequenzen müssen die beiden anderen Töne haben?

2 Beim Stimmen von Musikinstrumenten weicht man von den ganzzahligen Frequenzverhältnissen der Intervalle ab *(temperierte Stimmung)*. Sonst könnte z. B. ein Klavierspieler nicht von C-Dur auf D-Dur wechseln. Den Grund dafür kannst du leicht einsehen: Berechne die Frequenz des zweiten Tones einer G-Dur-Tonleiter, die bei g' (396 Hz) beginnt. Was fällt dir auf?

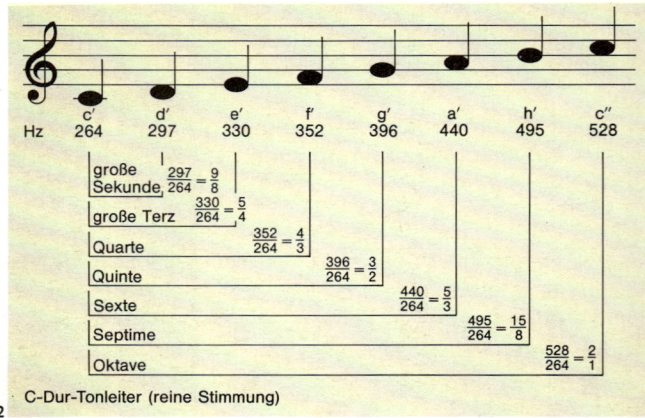

C-Dur-Tonleiter (reine Stimmung)

Aus Umwelt und Technik: **Von 15 Hz bis 150 000 Hz**

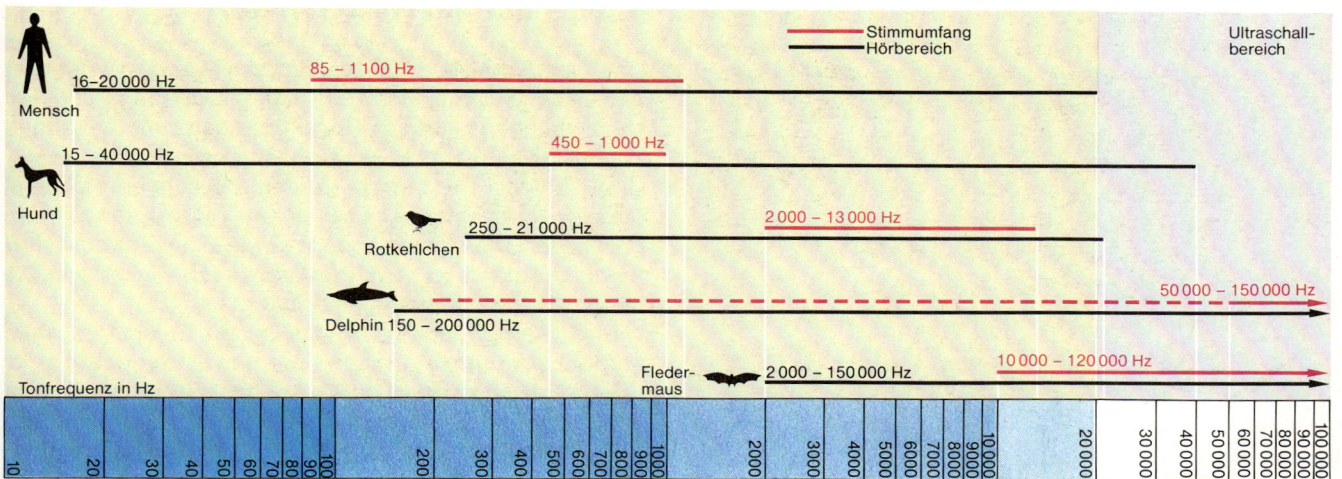

Ein Kind nimmt Luftschwingungen zwischen 16 Hz und höchstens 20 000 Hz wahr. Man nennt diesen Frequenzbereich den **Hörbereich** des Menschen. Schwingungen von über 20 000 Hz kann das menschliche Ohr nicht hören. Solche Schwingungen heißen **Ultraschall**.

Mit zunehmendem Alter verschiebt sich die obere Grenze des Hörbereichs nach unten – mit jedem Lebensjahrzehnt um etwa 1000 bis 2000 Hz.

Der Frequenzbereich der menschlichen **Stimme** ist kleiner als der Hörbereich (Bild 3): Ein Sänger mit einer Baßstimme erzeugt Töne von 85 Hz bis 350 Hz und eine Sopransängerin Töne von 250 Hz bis 1100 Hz.

Außer diesen reinen Tonschwingungen erzeugen wir beim Sprechen auch höhere Frequenzen, z. B. bei den Zischlauten. Deshalb übertragen z. B. die Telefonanlagen der Post Frequenzen zwischen 300 Hz und 3400 Hz.

Aus Umwelt und Technik: **Schwerhörig durch laute Musik**

Wer mit einem Preßlufthammer arbeitet, muß sein Gehör schützen, um nicht schwerhörig zu werden.

Wenn es aber ums Musikhören geht, ist vielen Jugendlichen die Lautstärke eines Preßlufthammers gerade recht. Dies ergab eine Untersuchung der Hörgewohnheiten von Jugendlichen. Jeder der 377 Schüler sollte an den Testgeräten eine für ihn normale Lautstärke einstellen.

Während sich Erwachsene beim Musikhören meist auf die Lautstärke einer Fabrikhalle beschränken, hört jeder zweite Jugendliche Musik gern lauter (Bild 4).

Wenn Musik nur in der Freizeit gehört wird, sind bei mittleren Disko-Lautstärken keine bleibenden Gehörschäden zu erwarten. (Berufstätige, die bei ihrer Arbeit ständig solchen Lautstärken ausgesetzt sind, müßten allerdings schon einen Gehörschutz tragen.)

Wer sich aber regelmäßig mit Musik in der Lautstärke eines Preßlufthammers oder eines Düsentriebwerks beschallen läßt, muß langfristig mit Schwerhörigkeit rechnen. In der Testgruppe war jeder dritte gefährdet. Ob man schwerhörig wird, hängt von den Musikhörzeiten und von den „Erholungsmöglichkeiten" ab, die dem Ohr bleiben.

Heilen läßt sich die Lärmschwerhörigkeit nicht. Diese traurige Erfahrung haben schon viele Rockmusiker gemacht. Sie müssen damit leben, daß sie nur noch wenig hören und von pfeifenden Geräuschen in den Ohren geplagt werden.

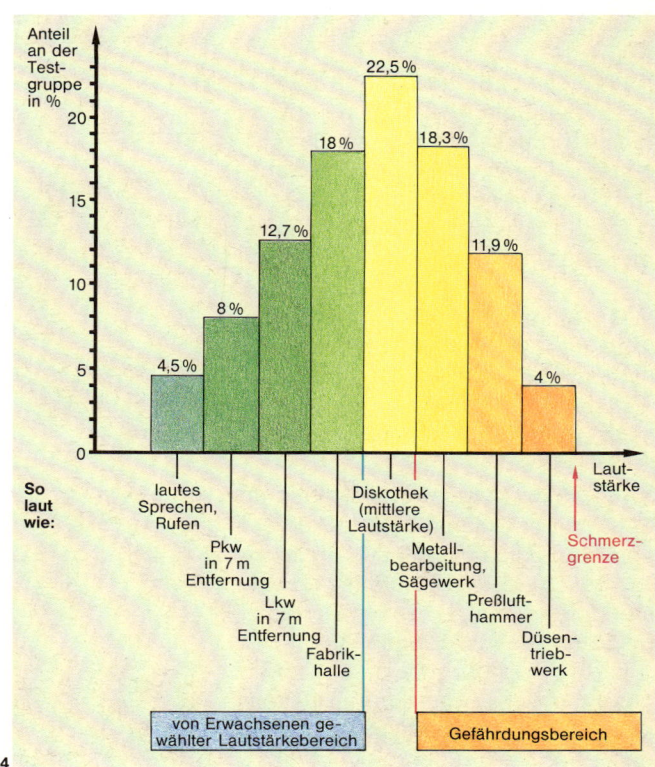

4

3 Die Schallausbreitung

Aus Umwelt und Technik: **Kein Erdbeben – nur ein Rockkonzert...**

Als BAP aufdrehte, klirrten 650 Meter entfernt die Gläser

Ravensburg. Kein Erdbeben hat am Abend des 27. November 1988 in den oberen Stockwerken des Wohn- und Geschäftshauses Zeppelinstraße 4 zum Erschrecken der Bewohner die Gläser klirren und die Lampen hin und her schwingen lassen. Vielmehr waren die geheimnisvollen Schwingungen eindeutig auf ein Konzert der Rockgruppe „BAP" zurückzuführen, die zu dieser Zeit in der 650 Meter entfernten Oberschwabenhalle gastierte.

Daran haben drei von der Stadtverwaltung eingeschaltete Gutachter keinen Zweifel. Die Verwaltung sieht sich gleichwohl nicht veranlaßt, eine Lärmobergrenze für künftige Rockkonzerte in der Oberschwabenhalle festzulegen.

Daß eine Rockband die Wände zum Wackeln bringt, ist nichts Ungewöhnliches. Daß aber erdbebenartige Erschütterungen mit einem Rockkonzert zusammenhängen könnten, wollte zunächst kaum jemand glauben.

Alle Zweifel wurden aber durch Messungen beseitigt, die ein Vierteljahr später bei einem Konzert der „Scorpions" in der Oberschwabenhalle sowie in der Zeppelinstraße durchgeführt wurden. Die Meßkurven wiesen weitgehende Übereinstimmungen auf.

Die Übertragung der rhythmischen Erschütterungen und Schwingungen erfolgte über den Untergrund:

Eine Tonschicht, die von Kies bedeckt ist, erstreckt sich von der Halle zum 650 m entfernten Wohnhaus in der Zeppelinstraße. Die Halle steht auf Pfählen, die bis in die Tonschicht reichen. Genau unter dem Haus in der Zeppelinstraße läuft die Schicht aus, so daß die Schwingungen von der Halle auf die Fundamente des Wohnhauses übertragen wurden.

Die Schwingungen waren vor allem in den oberen Stockwerken dieses Hauses zu bemerken, weil hier die Amplitude beim Mitschwingen am größten war.

V 15 Lege eine tickende Uhr auf die Ecke eines Tisches. Horche an der gegenüberliegenden Ecke mit einem Ohr an der Tischplatte.
Beschreibe deine Beobachtung.

V 16 Befestige eine Gabel in der Mitte eines Bindfadens mit einem Knoten, und drücke die Fadenenden gegen die Ohren. Laß dann die Gabel zum Beispiel gegen eine Tischkante schlagen. Was stellst du fest? Gib eine Erklärung.

V 17 Kannst du durch ein Heizungsrohr (oder durch eine Stativstange) hindurch hören?
Plane zu dieser Frage einen Versuch, und führe ihn durch.

V 18 Dieser Versuch läßt sich nur im Schwimmbad durchführen: Probiere aus, ob du dich mit jemand anderem durch Laute oder Geräusche verständigen kannst, wenn ihr euch beide unter Wasser befindet.
Ist eine gegenseitige Verständigung möglich, wenn du am Beckenrand stehst und dein Partner oder deine Partnerin untergetaucht ist?

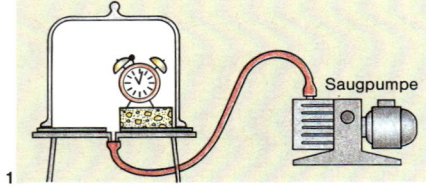
1

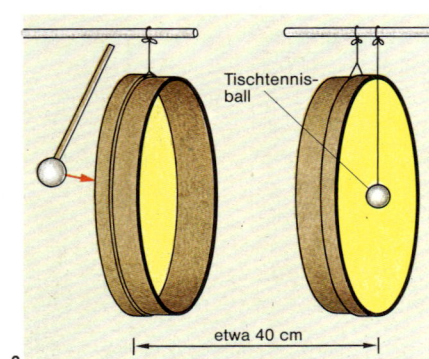
2

3

V 19 „Im Weltall ist es ganz still. Morgens kann man nicht vom Läuten eines Weckers erschreckt werden." – So steht es in einem Science-Fiction-Roman.
Mit dem Aufbau von Bild 1 läßt sich diese Behauptung überprüfen. Was kannst du aus dem Versuchsergebnis schließen?
Wieso ist der Schwamm nötig?

V 20 Dieser Versuch soll dir helfen, eine Vorstellung von der Schallausbreitung zu gewinnen.
Was ist zu beobachten, wenn das linke Tambourin angeschlagen wird (Bild 2)?
Erkläre deine Beobachtung.

V 21 Lege ein Stück Schaumstoff in ein hohes Glasgefäß, und stelle eine laut tickende Uhr darauf.
In einiger Entfernung kannst du das Ticken nicht mehr hören (Bild 3).
Wie mußt du den Versuchsaufbau ergänzen, damit du von derselben Stelle aus die Uhr hören kannst? (Die Uhr, der Schaumstoff und das Glas sollen dabei unverändert an ihren Plätzen bleiben.)

Info: Schallausbreitung und Schallreflexion

Bewegt sich ein Gegenstand langsam durch die Luft, so weicht die Luft vor ihm aus und strömt um ihn herum.

Wenn man dagegen auf eine Trommel schlägt, wird die Membran der Trommel sehr rasch eingedrückt. Die Luft an ihrer Rückseite kann nicht schnell genug ausweichen. Daher wird die Luftschicht hinter der Membran zusammengepreßt; es entsteht eine *Luftverdichtung*.

Gleich nach dem Anschlagen der Trommel schwingt die Membran wieder zurück. Nun steht für die Luftschicht hinter der Membran ein größerer Raum zur Verfügung; es entsteht eine *Luftverdünnung*. Anschließend folgt die nächste Verdichtung, dann wieder eine Verdünnung und so weiter.

Diese Schwingungen bleiben nicht auf die Luftschicht unmittelbar hinter der Membran beschränkt, sondern übertragen sich von der einen Schicht auf die nächste: Die von der Membran zusammengepreßte Luftschicht preßt ihre Nachbarschicht zusammen und diese dann wieder ihre Nachbarschicht. Die Verdichtung wandert also von der Membran weg. Ihr folgen eine Verdünnung, dann wieder eine Verdichtung usw. (Bild 4).

Schall breitet sich aber nicht nur in Luft, sondern auch in anderen Gasen sowie in Flüssigkeiten und festen Stoffen aus. Nur im Vakuum ist eine Schallausbreitung unmöglich.

Damit sich Schall ausbreiten kann, muß ein Stoff vorhanden sein. Vom Schallerreger ausgehend, laufen Verdichtungen und Verdünnungen durch den jeweiligen Stoff. Diese Luftverdichtungen und -verdünnungen heißen Schallwellen.

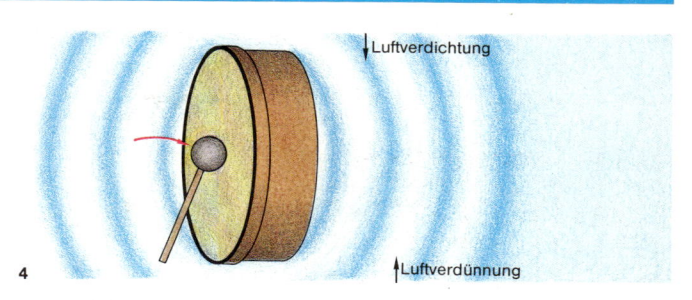

Vom Schallerreger aus laufen die Schallwellen auseinander. Mit zunehmender Entfernung werden die Schwingungen der Luft immer geringer. Die Lautstärke nimmt daher ab.

Wenn man aus einiger Entfernung gegen eine Bergwand ruft, hört man ein **Echo**. Die Schallwellen werden von der Bergwand zurückgeworfen *(reflektiert)*.

Schallwellen werden (zumindest zum Teil) reflektiert, wenn sie auf die Grenze zwischen zwei unterschiedlichen Stoffen treffen.

Wenn Schallwellen zum Beispiel aus der Luft kommen und auf eine Wasseroberfläche treffen, werden sie an der Wasseroberfläche reflektiert. Das gleiche gilt für Schallwellen, die sich in Wasser ausbreiten und von unten auf die Wasseroberfläche treffen. Deshalb hört man Geräusche, die unter Wasser erzeugt werden, dort lauter als über der Wasseroberfläche.

Aus Umwelt und Technik: Schallschutz

Lärm geht unter die Haut: Die Adern verengen sich, der Blutdruck steigt, man atmet schneller und wird unkonzentriert; Magenschmerzen, Nervosität und Schlaflosigkeit sind weitere Folgen.

Nur einer von zehn Bundesbürgern wohnt wirklich ruhig. Mehr als die Hälfte fühlt sich von (Verkehrs-)Lärm belästigt. Um die Lärmbelästigung zu verringern, gibt es verschiedene Möglichkeiten:

○ Man kann den Lärm an der Quelle bekämpfen, indem man leisere Autos und Lastwagen baut. Insbesondere sollte jeder einzelne Autofahrer durch seine Fahrweise und durch eine Verringerung der Geschwindigkeit zur Lärmminderung beitragen.

○ Mit Umgehungsstraßen wird der Durchgangsverkehr von Innenstädten und Ortskernen ferngehalten.

○ Lärmschutzwände (Bild 5) reflektieren einen großen Teil des auftreffenden Schalls. Manche Schutzwände „schlucken" (absorbieren) auch einen Teil des Schalls.

○ Lärmschutzfenster (Bild 6) reflektieren ebenfalls den Schall. Ein solches Fenster entspricht im Hinblick auf den Schallschutz einer 27 cm dicken Mauer.

Bei bestimmten Wetterlagen kann der Schall aber auch an Orten zu hören sein, die normalerweise durch Hindernisse geschützt sind. Schall wird nämlich nicht nur an festen Gegenständen reflektiert, sondern auch an Grenzflächen zwischen unterschiedlichen Luftschichten:

Wenn über kalter Luft am Boden eine wärmere Luftschicht liegt, wird praktisch der ganze Schall an der Grenze zur wärmeren Schicht reflektiert. Man hört den Straßenlärm dann auch an Orten, wo er sonst nicht zu hören ist.

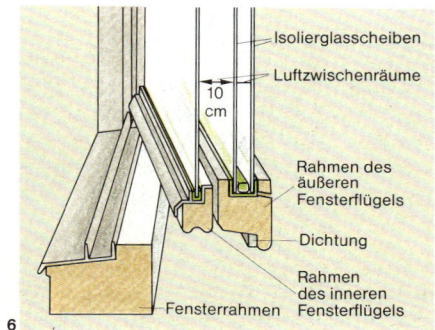

Schallerzeugung und Schallausbreitung

Aufgaben

1 Warum müssen in Wänden verlegte Wasserrohre mit Glas- oder Steinwolle umgeben sein?

2 Angler behaupten, daß Fische *hören* können, wenn man am Ufer entlanggeht. Was meinst du dazu?

3 Mechaniker horchen am Schraubendreher, den sie auf den laufenden Motor drücken. Erkläre!

4 Man sagt, Indianer hätten eine besondere Methode gehabt, um das Herannahen von Feinden festzustellen (Bild 1). Erkläre diese Methode.

5 Singe kräftig in ein Klavier oder in eine Gitarre hinein. Beschreibe deine Beobachtungen, und erkläre sie.

6 In einem Lexikon von 1837 steht: „Zu den merkwürdigsten Echos gehört das am Loreleyfelsen. Ein Ton wird dort 17mal wiederholt."

Beschreibe, unter welchen Bedingungen ein mehrfaches Echo zustande kommen kann.

7 Zum Abhorchen der Herztöne und der Atemgeräusche benutzten französische Ärzte erstmals um 1800 ein Hörrohr, das *Stethoskop* (gr. *stethos*: Brust, Inneres; gr. *skopein*: sehen). Erkläre anhand von Bild 2, wie es funktioniert.

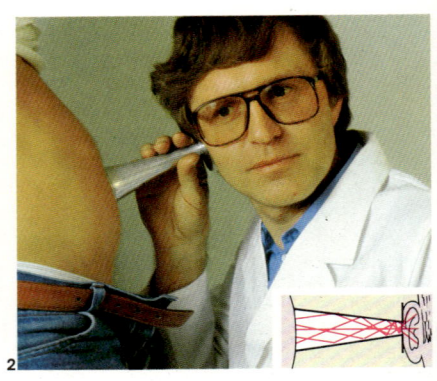

4 Wie schnell ist der Schall?

Welche Zeit stoppt das Mädchen (Bild 3)? Wie kann sie daraus die Entfernung des Gewitters berechnen?

V 22 Welche Beobachtung machst du, wenn jemand in einer Entfernung von ungefähr 100 m eine aufgeblasene Papiertüte zerschlägt?

V 23 In 600 m Entfernung wird eine Starterklappe zusammengeschlagen. Bestimme mit einer Stoppuhr die Zeit, die der Schall braucht, um von der Klappe bis zu deinem Ohr zu gelangen.

V 24 Auf dem Sportplatz schlägt ein Schüler eine Starterklappe im Takt eines Metronoms, das auf 1 Sekunde eingestellt ist. (Statt des Metronoms kann man den Sekundentakt auch mit einem Pendel von 1 m Länge vorgeben; die Periodendauer dieses Pendels beträgt 2 s.)

Entferne dich dann bis auf einige hundert Meter von der Starterklappe. Was beobachtest du dabei?

Info: Der Schall läßt sich Zeit

Beim Gewitter entstehen Blitz und Donner gleichzeitig: Der Blitz erhitzt die Luft in seiner Umgebung. Die Luft dehnt sich dadurch explosionsartig aus, und es entsteht ein Knall, der Donner.

Du hörst den Donner aber oft erst mehrere Sekunden, nachdem du den Blitz gesehen hast.

Den Blitz siehst du praktisch in dem Moment, in dem er entsteht. Der Donner dagegen braucht einige Zeit, um vom Ort seiner Entstehung bis zu dir zu gelangen.

In Luft legt der Schall in einer Sekunde eine Strecke von ca. 340 m zurück.

In zwei Sekunden kommt er doppelt, in drei Sekunden dreimal so weit.

Demnach benötigt der Schall in Luft ungefähr drei Sekunden, um sich einen Kilometer weit vom Schallerreger zu entfernen.

Wie lang die Strecke ist, die der Schall in einer Sekunde zurücklegt, hängt von dem Stoff ab, in dem sich der Schall ausbreitet (→ Tabelle).

Stoff (bei 20 °C)	vom Schall in 1 s zurückgelegter Weg
Luft	344 m
Wasser	1483 m
Meerwasser	1522 m
Buchenholz	ca. 3300 m
Ziegelstein	3100 m
Glas	4000 bis 4500 m
Beton	3900 m
Stahl	5000 m
Marmor	5300 m

Aus Umwelt und Technik: **Echoverfahren in der Technik**

Wenn eine Schallwelle auf die Grenze zwischen zwei unterschiedlichen Stoffen trifft, wird die Welle dort zum Teil *reflektiert*.

Die reflektierte Welle erzeugt am Ort des Schallerregers ein **Echo**. Aus der Zeit, die zwischen dem Aussenden des Schalls und dem Eintreffen des Echos vergeht, läßt sich die Entfernung der reflektierenden Grenzfläche berechnen.

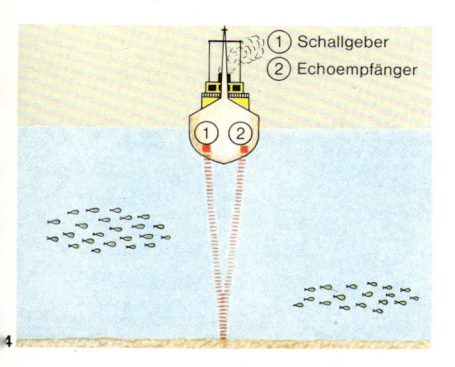

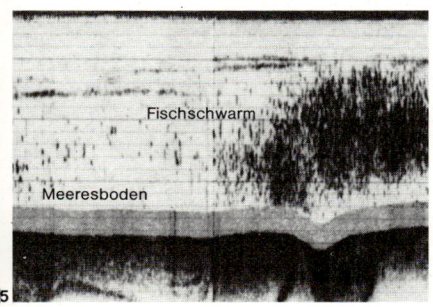

Ultraschallechos werden z. B. beim **Echolot** genutzt, um Meerestiefen zu bestimmen (Bild 4): Ein am Schiff angebrachter *Schallgeber* (Frequenz: 20 000 Hz bis ca. 600 000 Hz) sendet Schallwellen aus. Diese laufen zum Meeresboden und werden dort reflektiert.

Der *Echoempfänger* meldet nach kurzer Zeit das Eintreffen der zurücklaufenden Schallwellen.

Aus der Zeit, die zwischen dem Aussenden und dem Empfangen der Schallsignale verstreicht, bestimmt ein Rechner die Meerestiefe.

Für die Fischerei ist es sehr wichtig, daß nicht nur der Meeresboden, sondern z. B. auch große Fischschwärme den Schall zurückwerfen. Auf einem *Echogramm*, in dem eine Vielzahl von Echos aufgezeichnet ist, lassen sich die Fischschwärme erkennen (Bild 5). Damit wird das Meerwasser für den Fischer bis in große Tiefen hinunter „durchsichtig", so daß er seine Netze gezielt auswerfen kann.

Häufig werden auch *Materialfehler* mit Hilfe von Ultraschallechos gesucht: Man kontrolliert zum Beispiel die Schweißnaht eines Rohres, indem man einen *Prüfkopf* (mit Schallgeber und -empfänger) auf das Rohr aufsetzt (Bilder 6 u. 7).

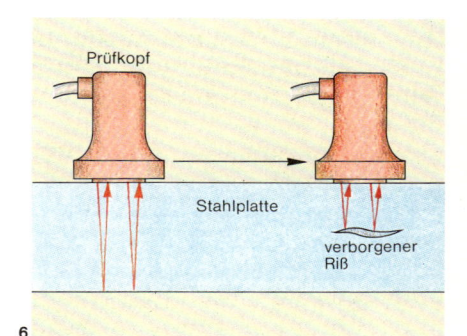

Aus Umwelt und Technik: **Die Ultraschall-Untersuchung in der Medizin**

Auf dem Prinzip des Echolotes beruhen auch Ultraschall-Untersuchungen schwangerer Frauen:

Der Arzt hält den Prüfkopf eines *Sonographen* direkt auf den Bauch der schwangeren Frau (Bild 8). Der Prüfkopf sendet eine Schallwelle im Ultraschallbereich bis 5 000 000 Hz aus. Diese durchläuft die verschiedenen Schichten des Körpers: Haut, Fettgewebe, Muskeln, Knochen...

An jeder Grenzfläche wird ein Teil des Schalls zum Prüfkopf hin reflektiert. Die einzelnen Echos werden von einem Mikrofon aufgefangen und an einen Computer übertragen. Der Rechner ermittelt aus den Laufzeiten Entfernung und Dicke der Schichten.

Die Lage der Schichten wird auf einem Monitor angezeigt. Es entsteht so ein Bild des ungeborenen Kindes (Bild 9), auf dem der Arzt erkennen kann, wie sich das Kind entwickelt.

Nach heutigen Kenntnissen sind solche Untersuchungen – im Gegensatz zu den Röntgenaufnahmen – für Mutter und Kind ungefährlich.

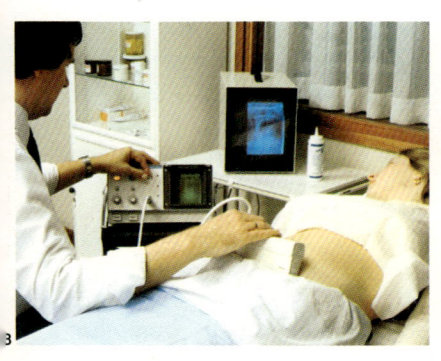

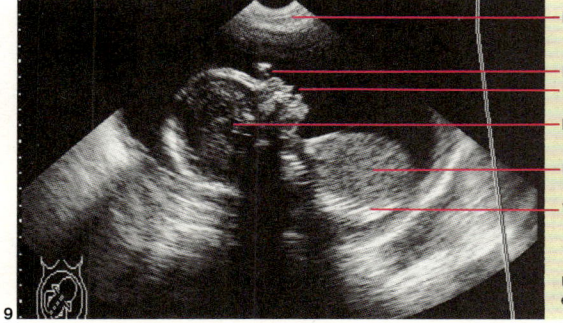

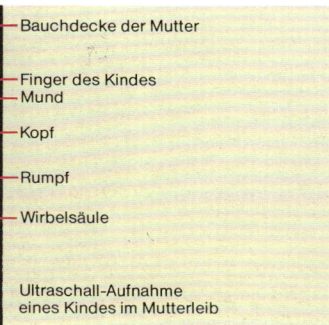

Schallerzeugung und Schallausbreitung

Aus Umwelt und Technik: **Die Echo-Ortung der Delphine**

Delphine (Bild 1) sind mit Lungen atmende Säugetiere. Sie besitzen ein hochentwickeltes Gehirn, das unserem Gehirn ähnlicher ist als das der Menschenaffen. Die Familie der Delphine gehört mit ihren über 25 Arten zu den Walen.

Von alters her gilt den Delphinen die Zuneigung des Menschen. So wurden sie in der Antike als heilige Tiere verehrt. Noch heute sehen es Seeleute gern, wenn ihr Schiff von ganzen Herden dieser „Glücksbringer" begleitet wird. Es gibt Berichte, nach denen Delphine kranke Artgenossen oder erschöpfte Menschen über Wasser hielten und so vor dem Ertrinken bewahrten.

Mit Hilfe von Unterwassermikrofonen wurde festgestellt, daß die Tiere außer den für uns hörbaren Klick- und Pfeiftönen auch Ultraschall (mit Frequenzen bis 200 kHz) aussenden. Das Echo dieser kurzen, hohen Schreie dient ihnen zur Orientierung und zum Beutefang. Wo sich z. B. ein Hindernis befindet, ergibt sich aus der Laufzeit des Echos und aus der Richtung, aus der es kommt (Bild 2).

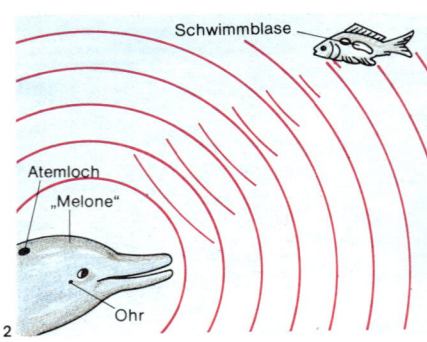

Nach dem gleichen Echo-Verfahren machen sich auch **Fledermäuse** ein regelrechtes Bild von ihrer (teilweise völlig dunklen) Umgebung. Ihre Ultraschallschreie liegen im Bereich unterhalb von 120 kHz.

Im Vergleich zu den Fledermäusen scheinen die Delphine auf den ersten Blick im Vorteil zu sein, denn sie sind über ihre Umwelt schneller informiert. Schallwellen breiten sich in Wasser fünfmal so schnell aus wie in Luft.

Aber hierin liegt auch ein Nachteil, die Zeitunterschiede zwischen den Echos von unterschiedlich weit entfernten Gegenständen verringern sich im Wasser auf ein Fünftel.

Für die Delphine kommt ein weiterer Nachteil hinzu. Das Gewebe ihrer Beute (meist Fische) besteht im wesentlichen aus dem gleichen Stoff wie die Umgebung. Daher werden Schallwellen vom Körper des Beutetieres praktisch nicht reflektiert!

Trotzdem orten Delphine ihre Beute auch „mit verbundenen Augen". Die luftgefüllte Schwimmblase verrät nämlich die Beutefische, weil an der Grenzfläche Luft–Wasser Schall fast vollständig reflektiert wird.

5 Empfang von Schall – Resonanz

Die einzeln stehende Stimmgabel von Bild 3 wurde angeschlagen und dann mit der Hand berührt.

Obwohl sie keinen Ton mehr erzeugt, ist der Ton noch lange zu hören!

Wie ist das möglich?

V 25 Schlage eine Stimmgabel an, und stelle sie mit dem Fuß auf die Tischplatte und auf verschiedene „Resonanzkästen".

V 26 Bild 4 zeigt den Aufbau.

a) Über einem Glasrohr, das teilweise in Wasser steht, wird eine Stimmgabel angeschlagen. Das Rohr wird durch langsame Auf- und Abbewegung mehr oder weniger tief in das Wasser eingetaucht.

Achte darauf, wie laut der Ton zu hören ist.

b) Statt der Stimmgabel wird nun ein Lautsprecher über dem Glasrohr angebracht, der mit einem *Tonfrequenzgenerator* verbunden ist.

Bei feststehendem Glasrohr wird die Tonfrequenz geändert. Achte genau auf die Lautstärke der Töne!

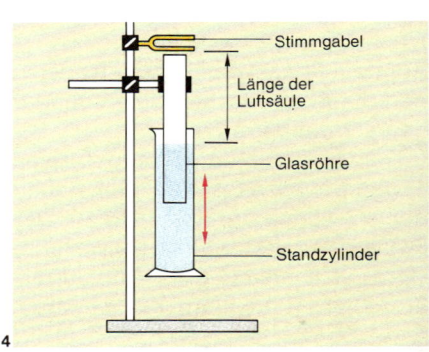

V 27 Versuche durch Anblasen einer kleinen Flasche einen Ton zu erzeugen. Ist es bei verschiedenen Flaschen immer der gleiche Ton?

V 28 Halte einen Körper (von ungefähr 100 g Masse) an einem dünnen Gummiband. Versetze den Körper in senkrechte Schwingungen, indem du deine Hand ganz wenig auf und ab bewegst. Beobachte genau, *wann* es am günstigsten ist, die Hand wieder nach oben zu bewegen. In welcher Phase seiner Bewegung befindet sich dabei gerade der schwingende Körper?

Der Körper soll jetzt frei schwingen. Bestimme die Schwingungsdauer.

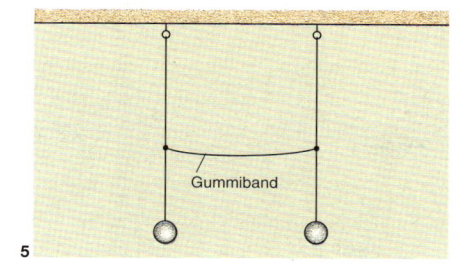

V 29 Zwei gleich lange Fadenpendel sind durch ein Gummiband lose verbunden (Bild 5). Man sagt, sie sind *gekoppelt*. Laß *ein* Pendel schwingen. Was geschieht?

Wiederhole den Versuch mit zwei unterschiedlich langen Pendeln.

Kopple zwei Federpendel. Verwende auch mehr als zwei Pendel.

Info: Resonanz und Resonanzkatastrophe

Was man unter Resonanz versteht, soll zunächst an Beispielen aus der Mechanik erläutert werden:

Wenn man eine Schaukel einmal anstößt, schwingt sie mit einer ganz bestimmten Frequenz. Diese Frequenz heißt **Eigenfrequenz** der Schaukel.

Auch ein Pendel, eine eingespannte Saite, die Luftsäule in einem Rohr und jedes andere schwingungsfähige System haben eine bestimmte Eigenfrequenz.

Wenn man einen schwingungsfähigen Körper anstößt und dann sich selbst überläßt, schwingt er mit seiner Eigenfrequenz. Die Schwingung bezeichnet man als Eigenschwingung.

Die Amplitude der Eigenschwingung nimmt durch Reibungsverluste ständig ab, und schließlich kommt der Körper wieder zur Ruhe. Man sagt, die Schwingung ist *gedämpft*.

Wird der Körper jedoch ständig in einem bestimmten Takt angestoßen, so führt er **erzwungene Schwingungen** aus, und zwar mit der von außen aufgezwungenen Frequenz, der *Erregerfrequenz*.

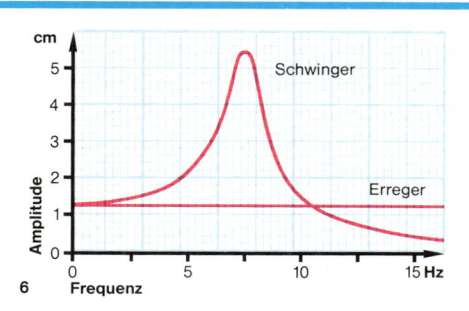

Bei den erzwungenen Schwingungen sind zwei Fälle zu unterscheiden (Bild 6):
○ Erregerfrequenz und Eigenfrequenz unterscheiden sich deutlich. Der Körper schwingt mit kleiner Amplitude.
○ Erregerfrequenz und Eigenfrequenz stimmen ungefähr überein. Der Körper wird zu heftigen Schwingungen angeregt. Die Amplitude erreicht große Werte. Es wird viel Energie auf den schwingenden Körper übertragen. Man spricht von **Resonanz**.

Resonanz tritt z. B. ein, wenn man eine Schaukel immer wieder im Takt ihrer Eigenschwingung anstößt.

In der Technik ist Resonanz meist gar nicht erwünscht: Im Resonanzfall kann die Amplitude so groß werden, daß das ganze schwingende System zerstört wird **(Resonanzkatastrophe)**. Das geschieht immer dann, wenn bei jeder Schwingung mehr Energie zugeführt wird als durch Reibung verlorengeht.

So können z. B. Brücken einstürzen, wenn durch Schaukeln oder Marschieren im Gleichschritt Schwingungen mit der Eigenfrequenz angeregt werden.

Auch in der Akustik treten Resonanzen auf: Wenn man eine Stimmgabel anschlägt, gerät eine zweite gleichartige Stimmgabel nach kurzer Zeit in Schwingung. Sie wird von den ankommenden Schallwellen ja gerade zu Schwingungen in ihrer Eigenfrequenz angeregt.

Haben die Stimmgabeln unterschiedliche Frequenzen, wird die zweite Stimmgabel kaum merklich angeregt.

Mikrofone und auch unsere Ohren sind so gebaut, daß das Mitschwingen in großen Frequenzbereichen möglich ist, aber keine Resonanz angeregt wird.

Aufgaben

1 Nenne Musikinstrumente, die einen hölzernen Korpus (Klangkörper) zur Verstärkung der Töne haben.

2 Manche Sänger können durch Singen eines hohen Tons Weingläser zum Zerspringen bringen. Erkläre!

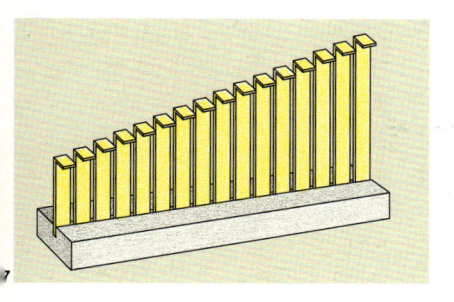

3 Zungenfrequenzmesser (Bild 7) bestehen aus einer Reihe von Blattfedern (Zungen) unterschiedlicher Länge und Masse. Die Eigenfrequenz ist auf jeder Zunge notiert.

a) Mit einem Zungenfrequenzmesser kann man z. B. die Frequenz ermitteln, mit der ein Motor „brummt". Dazu wird das Gerät am laufenden Motor angebracht. Was wird zu beobachten sein?

Erkläre die Funktionsweise des Zungenfrequenzmessers.

b) Warum könnte diese Frequenzmessung wichtig sein?

4 Wieso müssen die Warnungen in Bild 8 beachtet werden?

Aus Umwelt und Technik: Vom Klang der Violine

Vom Klang einer Violine lassen sich die Menschen verzaubern. Was wir beim Musikhören empfinden, läßt sich physikalisch weder beschreiben noch erfassen. Physikalisch erklären kann man immer nur bestimmte Aspekte der Musik, z. B. die Klangentstehung bei der Violine (Bild 1):

Die Saiten der Violine werden mit dem Bogen gestrichen und so in Schwingungen versetzt. Die Schwingungen werden über den Steg auf den hölzernen Korpus, den Klangkörper, übertragen. Dadurch wird sowohl der Korpus als auch die eingeschlossene Luft zum Mitschwingen angeregt.

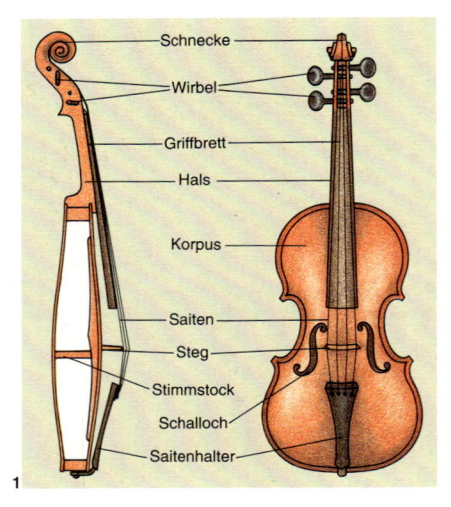

Der Korpus hat also die Aufgabe, den Schall auszusenden, er ist ein „akustischer Strahler". Die Schwingungen der Luft im Innern werden hauptsächlich über die „F-Löcher" nach außen übertragen.

Zunächst einmal wäre es für einen solchen Strahler am günstigsten, wenn er alle Töne möglichst in gleicher Stärke abstrahlt. Er dürfte also keine Töne durch Resonanz verstärken. Allerdings lassen sich Resonanzen gar nicht vermeiden, sowohl der Korpus als auch die Luft im Hohlraum haben immer irgendwelche Eigenfrequenzen. Die Kunst des Geigenbauers besteht darin, das Instrument so zu bauen, daß die Eigenfrequenzen „günstig" liegen, nämlich in der Nähe der Grundtöne der einzelnen Saiten.

Bild 2 zeigt ein Resonanzdiagramm für den Korpus einer Violine. Die Schwingungen für die einzelnen Töne wurden elektronisch erzeugt und in gleicher Lautstärke auf den Steg übertragen. Mit einem Mikrofon wurden die erzwungenen Schwingungen der Violine aufgenommen. Die einzelnen Töne werden unterschiedlich verstärkt. Die tiefen Töne werden besser verstärkt als die höheren.

Für jede Violine würde das Resonanzdiagramm etwas anders aussehen. Einfluß auf die Klangqualität der Violine haben außer der Form des Klangkörpers auch die Wandstärke von Boden und Decke, die Wölbung, der Lack, die Holzbeschaffenheit und andere Faktoren. Wie die spezielle Klangfarbe einer bestimmten Violine zustande kommt, läßt sich bis heute nicht vollständig erklären. Es bleibt ein Geheimnis der Geigenbauer, aus welchen Hölzern und durch welche Bauweise eine „Meistergeige" entsteht. Ein Rätsel bleibt auch, warum der Klang von Violinen mit zunehmender Spieldauer und wachsendem Alter besser zu werden scheint.

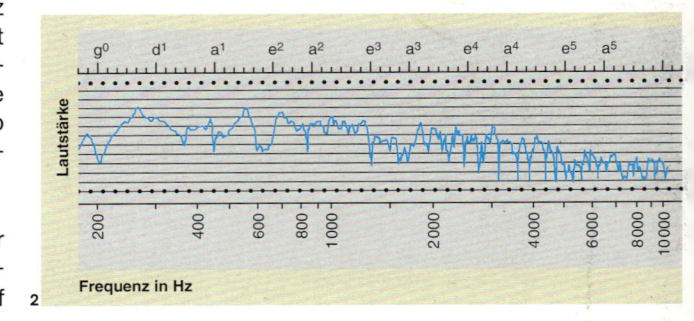

Schallerzeugung und Schallausbreitung

Alles klar?

1 Untersuche und beschreibe, wie eine Fahrradklingel funktioniert.

2 Beschreibe allgemein, wie Schall erzeugt wird und auf welche Weise er sich in Luft ausbreitet.

Warum könnte man im Weltall keinen Laut hören?

3 Zwei Schallerreger haben die Schwingungsdauern $T_1 = 0{,}025$ s und $T_2 = 0{,}020$ s. Welcher Schallerreger erzeugt den höheren Ton? Berechne die Frequenzen.

4 Wie weit ist das Gewitter entfernt, wenn zwischen Blitz und Donner eine Zeit von $t = 8{,}3$ s vergeht?

5 Beim Rudern verwendet der Steuermann oft ein Sprachrohr, um Kommandos zu geben.

Welche Aufgabe hat es?

6 Das Echolot eines Schiffes empfängt die am Meeresboden reflektierte Schallwelle 0,430 s nach dem Aussenden. Wie tief ist das Meer an dieser Stelle?

7 Wenn man eine Spielwalze in der Hand hält, ist die Melodie nur sehr leise zu hören. Stellt man die Spielwalze dagegen auf eine Holzplatte (z. B. einen Tisch), hört man die Melodie laut und deutlich. Versuche, dafür eine Erklärung zu geben.

8 Manchmal klappern Gegenstände im Auto, wenn das Auto an einer Ampel steht und der Motor im Leerlauf läuft. Beim Gasgeben verschwindet das Klappern wieder.

Gib dafür eine Erklärung.

Schallerzeugung und Schallausbreitung

Auf einen Blick

Wie entsteht Schall?

Schall entsteht immer dann, wenn ein Körper rasche Schwingungen ausführt.

Beim Glockenspiel und beim Xylophon schwingen Platten aus Metall oder Holz. Der Schall einer Gitarre oder einer Geige geht von den schwingenden Saiten aus Metalldraht oder Kunststoff aus.

Beim Tambourin oder bei der Pauke schwingt eine gespannte Membran aus Pergament, Fell oder Kunststoff. In einer Blockflöte oder einer Trompete wird eine Luftsäule in Schwingungen versetzt.

So kann man die Schwingungen einer Stimmgabel und einer Saite sichtbar machen (Bilder 3 u. 4).

Frequenz und Tonhöhe – Amplitude und Lautstärke

Die **Frequenz** gibt an, wieviel Schwingungen in einer Sekunde erfolgen. Wenn z. B. eine Saite in einer Sekunde 200 vollständige Hin- und Herbewegungen (Schwingungen) ausführt, hat sie eine Frequenz von $\frac{200}{s} = 200$ Hz.

Je höher die Frequenz eines Schallerregers ist, desto höher ist der erzeugte Ton.

Wir Menschen können Schwingungen mit Frequenzen zwischen 16 Hz und 20 000 Hz hören.

Den Weg eines schwingenden Körpers von der Ruhelage bis zum Umkehrpunkt nennt man **Amplitude**.

Je größer die Amplitude eines Schallerregers ist, desto lauter ist der erzeugte Ton.

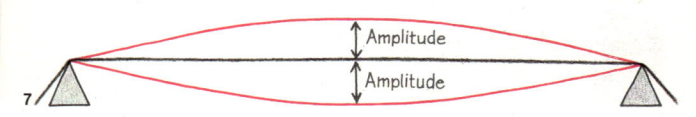

Die Schallausbreitung

Schall kann sich nicht nur in Luft, sondern auch in anderen festen, flüssigen und gasförmigen Stoffen ausbreiten.

Im Vakuum dagegen ist eine Schallausbreitung nicht möglich.

Der Schallerreger erzeugt in dem jeweiligen Stoff Verdichtungen und Verdünnungen, die sich ausbreiten.

*Man nennt die sich ausbreitenden Verdichtungen und Verdünnungen **Schallwellen**.*

Welche Strecke der Schall in einer bestimmten Zeit zurücklegt, hängt davon ab, in welchem Stoff er sich ausbreitet.

In der Luft legt der Schall in einer Sekunde eine Strecke von ca. 340 m zurück.

Treffen Schallwellen auf eine Grenzfläche, werden sie häufig **reflektiert** (zurückgeworfen).

Das *Echo* kommt durch die Reflexion von Schallwellen zustande.

Resonanz

Jeder einmal angestoßene und dann sich selbst überlassene Schwinger führt Schwingungen in seiner *Eigenfrequenz* aus.

Man kann einen schwingungsfähigen Körper aber auch zu Schwingungen mit einer vorgegebenen Frequenz zwingen. Man spricht von **erzwungenen Schwingungen**.

*Stimmen die Frequenz des Erregers und die Eigenfrequenz des Schwingers überein, so erreicht die Amplitude des Schwingers maximale Werte **(Resonanz)**.*

Luftgefüllte Hohlräume (oder andere Schallquellen) können zum Mitschwingen angeregt werden. Geschieht dies in der Eigenfrequenz, so ist die Lautstärke am größten.

Der physikalische Kraftbegriff

1 Kräfte wirken auf Körper

Physikalische **Kräfte** kann man an ihren *Wirkungen* erkennen.

Gib zu jedem dieser Bilder an, auf welchen Körper eine Kraft wirkt, und beschreibe die Wirkung der Kraft.

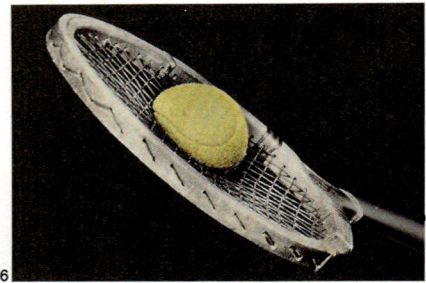

V 1 Mit Hilfe eines Dauermagneten kannst du sowohl die Geschwindigkeit einer Stahlkugel als auch ihre Bewegungsrichtung verändern; Bild 8 zeigt *eine* Möglichkeit.

Überlege dir weitere Möglichkeiten und probiere sie aus. Beschreibe jeweils genau, wie sich die Bewegung der Kugel ändert.

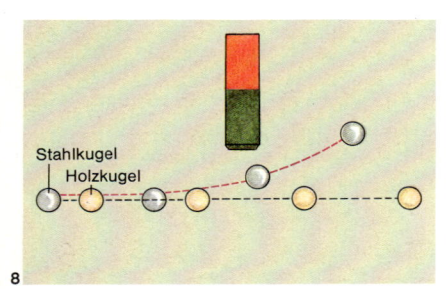

V 2 Bringe zwei Spielzeugautos auf die gleiche Geschwindigkeit, indem du sie auf einer glatten Tischplatte mit einem Bleistift gemeinsam anschiebst (Bild 9). Nimm dann den Bleistift weg, und vergleiche, wie weit die Autos noch rollen. Führe den Versuch auch mit einer Stahlkugel oder einer Glaskugel durch.

Versuche, den Ablauf der Bewegungen zu erklären.

V 3 Wirf einen Ball senkrecht nach oben. Beschreibe die Bewegung des Balles nach Verlassen der Hand bis zum Auftreffen auf dem Boden.

V 4 Schraube zunächst von einem Kugelschreiber das Oberteil ab. Drücke die Mine mit der Spitze eines Fingernagels in das Unterteil des Kugelschreibers, und laß die Mine los. (Achtung, Augen schützen!)

Beschreibe, wie sich die Bewegung der Mine zwischen „Abschuß" und „Aufprall" ändert.

Wodurch werden die Bewegungsänderungen verursacht?

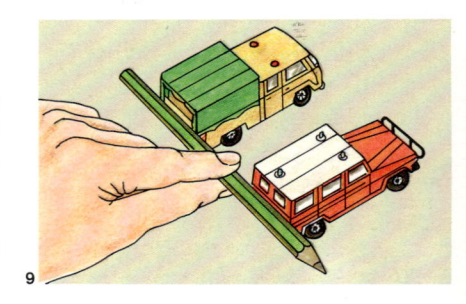

Info: Was man in der Physik unter Kraft versteht

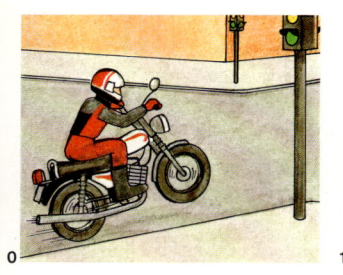

Das Wort *Kraft* kommt in der Umgangssprache in ganz unterschiedlichen Zusammenhängen vor (Sehkraft, Ausdruckskraft, Waschkraft, Kraftfahrzeug, Geisteskraft ...).

In der Physik hat der Begriff **Kraft** eine genau festgelegte Bedeutung und steht in engem Zusammenhang mit Änderungen der Geschwindigkeit oder der Bewegungsrichtung von Körpern.

Es gibt verschiedene Möglichkeiten für Geschwindigkeitsänderungen von Körpern:
○ Ein ruhender Körper wird in Bewegung gesetzt (Bild 10).
○ Ein Körper bewegt sich zunächst mit einer bestimmten Geschwindigkeit, dann wird die Geschwindigkeit größer (Bild 11).
○ Die Geschwindigkeit eines bewegten Körpers wird kleiner (Bild 12).

Was man unter Änderung der Bewegungsrichtung versteht, machen die folgenden Beispiele deutlich:
○ Ein Auto fährt eine Kurve (Bild 13).
○ Ein Ball fliegt gegen eine Wand und prallt zurück.

Geschwindigkeits- und Richtungsänderungen kann man mit einem einzigen Begriff zusammenfassen; man bezeichnet sie als *Änderungen des Bewegungszustandes*.

Die Ursache dafür, daß ein Körper seinen Bewegungszustand ändert, wird in der Physik Kraft genannt.

Neben der Änderung des Bewegungszustandes bewirkt eine Kraft meist auch noch eine **Verformung** des Körpers. Diese ist oft so geringfügig, daß man sie kaum erkennen kann. Nur selten ist sie so deutlich zu sehen, wie bei dem Tennisball in Bild 6.

Wenn auf einen Körper *keine Kraft* wirkt, kann sich sein Bewegungszustand nicht ändern. Das bedeutet:
○ Ohne Einwirkung einer Kraft bleibt ein ruhender Körper in Ruhe.
○ Wenn sich der Körper bereits in Bewegung befindet und keine Kraft auf ihn wirkt, bewegt er sich mit gleichbleibender Geschwindigkeit und in gleicher Richtung weiter.

Eine Kugel, die man anstößt und auf die dann keine Kraft mehr wirkt, würde sich demnach immer weiter bewegen. „Von selbst" wird die Kugel nicht langsamer. Diesen Sachverhalt beschrieb der englische Physiker *Isaac Newton* (1643–1727):

Jeder Körper beharrt im Zustand der Ruhe oder der gleichförmigen geradlinigen Bewegung, wenn er nicht durch Kräfte gezwungen wird, seinen Zustand zu ändern. (Eine Bewegung heißt *gleichförmig*, wenn die Geschwindigkeit weder größer noch kleiner wird.)

Daß eine auf dem Fußboden rollende Kugel doch zur Ruhe kommt, liegt an der Reibung (zwischen Kugel und Boden bzw. Luft). Die Kugel wird durch die **Reibungskraft** abgebremst.

Info: Betrag, Richtung und Angriffspunkt einer Kraft

Aus Erfahrung weißt du, daß die Wirkung einer Kraft davon abhängt, *wie groß* sie ist und *welche Richtung* sie hat.

Zwei Beispiele sollen verdeutlichen, was damit gemeint ist:
○ Beim Elfmeterschießen übt der Schütze mit seinen Muskeln eine Kraft auf den Ball aus (Bild 14). Je größer diese Kraft ist, desto größer ist die Geschwindigkeit, die der Ball erreicht.

In welche Richtung sich der Ball dabei bewegt, hängt von der Richtung der Kraft ab; die Bewegungsrichtung stimmt hier mit der Richtung der Kraft überein.
○ Läßt man den Ball auf dem Rasen ausrollen, so wirkt nur eine viel kleinere Kraft (Reibungskraft) auf den Ball; er kommt erst nach einiger Zeit zur Ruhe (Bild 15).

Kraft und Bewegung haben hier *entgegengesetzte* Richtungen.

Die Angabe, wie groß eine Kraft ist, nennt man den **Betrag** der Kraft. Die Wirkung einer Kraft hängt also von ihrem **Betrag** und ihrer **Richtung** ab. Oft spielt auch der **Angriffspunkt** der Kraft eine Rolle (→ Unterkapitel „2 Das Kräftegleichgewicht").

Kräfte werden durch **Pfeile** dargestellt (Bilder 14 u. 15). Die *Richtung* des Pfeils entspricht der Richtung der Kraft.

Durch die Länge des Pfeils gibt man den Betrag der Kraft an; je größer der Betrag, desto länger der Pfeil.

Der *Anfangspunkt* des Pfeils gibt an, auf welchen Körper die Kraft wirkt und an welchem Punkt des Körpers sie angreift. Ist der Angriffspunkt unbekannt oder für das Problem unwichtig, läßt man den Pfeil z. B. in der Mitte des Körpers beginnen.

Vielleicht kennst du aus der Mathematik solche Pfeile als Vertreter von Vektoren. Da mit Kraftpfeilen ähnlich umgegangen werden kann wie mit Vektorpfeilen, spricht man der physikalischen Größe Kraft den **Charakter eines Vektors** zu.

Die Kraft ist nicht nur durch den Betrag bestimmt (wie z. B. Zeit, Länge, Volumen), sondern sie hat drei Bestimmungsstücke: Betrag, Richtung und Angriffspunkt. Für Kräfte verwendet man das Symbol $\vec{F}$ (von engl. *force*).

Läßt du einen Gegenstand los, den du in der Hand hältst, setzt er sich in Bewegung und fällt zu Boden. Daran erkennst du, daß eine Kraft auf den Gegenstand wirkt. Auf jeden Körper, der sich auf der Erde befindet, übt die Erde eine Kraft aus. Sie ist zum Mittelpunkt der Erde gerichtet. Wir nennen sie die **Gewichtskraft** $\vec{F}_G$, die auf den Körper wirkt.

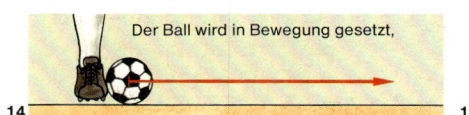

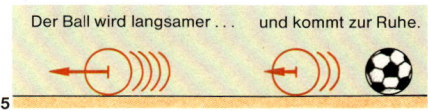

Aus Umwelt und Technik: **Voyager 2 – ohne Antrieb im Weltall**

Für einen Körper, auf den keinerlei Kraft wirkt, gilt: „einmal in Bewegung – immer in Bewegung".

Wenn nicht ständig bremsende Kräfte wirken würden, brauchte man z. B. beim Radfahren auf waagerechter Strecke nur zum Anfahren treten – ans Ziel käme man dann ohne jede weitere Anstrengung.

Bei Bewegungen *auf der Erde* sind aber Reibungskräfte unvermeidlich; ohne Antrieb kommt jeder Körper nach einiger Zeit zum Stillstand.

Dagegen spielen *im luftleeren Weltraum* Reibungskräfte praktisch keine Rolle. Körper, die in Bewegung sind, hören dort nicht auf, sich zu bewegen. Ein Beispiel dafür sind die Weltraumsonden, mit deren Hilfe unser Sonnensystem erforscht wird.

Die Raumsonde *Voyager 2* (Bild 1) wurde 1977 gestartet. Im August 1981, erreichte sie den Planeten Saturn, der etwa 1,5 Milliarden Kilometer von der Erde entfernt ist. Noch einmal gut vier Jahre dauerte es, bis sie im Januar 1986 am Planeten Uranus vorbeiflog; dessen Entfernung von der Erde beträgt drei Milliarden Kilometer. Im August 1989 erreichte Voyager 2 den 4,5 Milliarden Kilometer entfernten Neptun. Seit dieser Zeit bewegt sich die Raumsonde hinaus in die Weiten des Weltalls.

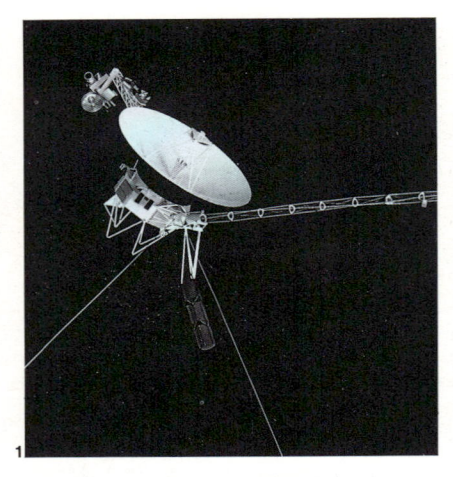

Diese unvorstellbar langen Strecken hat Voyager 2 ohne Antrieb zurückgelegt! Treibstoff wurde nur benötigt, um mit Steuerungsmanövern die Flugrichtung zu verändern.

Da es im Weltraum keine Luftreibung gibt, brauchen Raumsonden auch nicht stromlinienförmig gebaut zu werden. Eine große Antenne, damit trotz der gewaltigen Entfernungen ein Funkkontakt mit der Erde möglich ist, stört daher nicht.

Bild 2 zeigt eine über Funk zur Erde übertragene Aufnahme von Saturn. Auf dem Ringsystem ist der Schatten des Planeten zu erkennen.

Aufgaben

1 Auf welchen Körper wirkt in den folgenden Situationen eine Kraft? An welcher Wirkung erkennst du, daß eine Kraft ausgeübt wird?

① Ein Torwart faustet den ankommenden Ball über das Tor. ② Ein Kugelstoßer stößt die Kugel. ③ Ein Auto fährt auf eine rote Ampel zu. ④ Ein Autofahrer, der langsam an einer Baustelle vorbeigefahren ist, gibt Gas. ⑤ Ein Magnet lenkt eine rollende Stahlkugel ab.

2 Du setzt ein Modellauto mit der Hand in Bewegung. Es fährt dann, wird langsamer und bleibt stehen. Welche Kräfte spielen bei dem Vorgang eine Rolle? Was bewirken sie?

Unter welchen Umständen würde der Wagen nicht mehr aufhören, sich zu bewegen?

3 Beim *Curling* (Bild 3) läßt man einen schweren, blankpolierten Granitstein über ein Eisfeld gleiten. Das Ziel ist über 35 m entfernt. Wie ist es möglich, daß der Stein so weit rutscht? Welche Aufgabe haben die Spieler mit den Besen?

4 Fährt man bei starkem Regen mit dem Auto zu schnell, kann es zum *Aquaplaning* kommen: Die Reifen verlieren den Kontakt zur Straße. Das Wasser zwischen Reifen und Fahrbahn wirkt wie ein Schmiermittel. Das Auto läßt sich dann weder bremsen noch lenken. Begründe! Wie bewegt sich ein Auto bei Aquaplaning?

5 Welche Kräfte wirken zu verschiedenen Zeiten auf die Billardkugel von Bild 4?

Was kannst du über ihre Beträge und Richtungen aussagen? (Die Kugel wurde im Abstand von 0,1 s fotografiert. Dadurch wird ihre Bewegung sichtbar gemacht.)

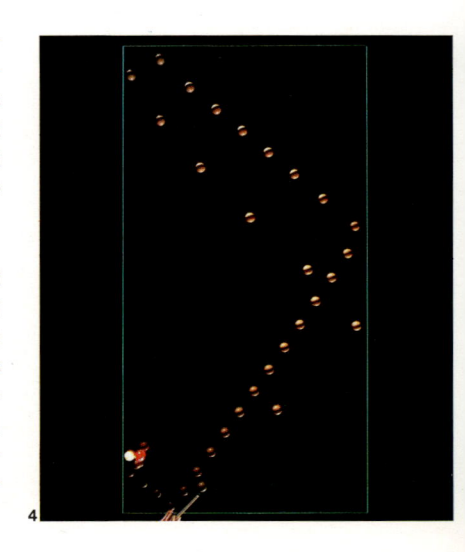

2 Das Kräftegleichgewicht

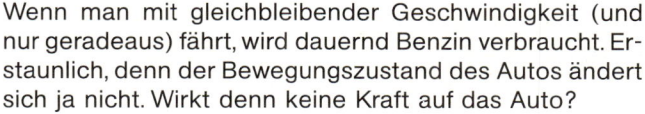

Wenn man mit gleichbleibender Geschwindigkeit (und nur geradeaus) fährt, wird dauernd Benzin verbraucht. Erstaunlich, denn der Bewegungszustand des Autos ändert sich ja nicht. Wirkt denn keine Kraft auf das Auto?

Wenn du eine Tasche hältst, übst du eine Kraft auf die Tasche aus. Aber der Bewegungszustand der Tasche ändert sich doch überhaupt nicht...

V 5 Du benötigst ein Spielzeugauto und eine leicht geneigte Fahrbahn. Die Fahrbahn kannst du aus einem glatten Brett und einem Holzklotz aufbauen. Die Neigung des Brettes soll so gewählt werden, daß das Auto – einmal angestoßen – mit konstanter Geschwindigkeit hinabrollt.

a) Welche Kräfte wirken auf das rollende Auto?

b) Warum ändert sich der Bewegungszustand des Wagens nicht?

c) Wiederhole den Versuch mit anderen Autos und mit einer Stahl- oder Glaskugel.
Wovon hängt es ab, wie stark die Ebene geneigt werden muß?

V 6 Eine Schraubenfeder hängt an einem Haken; an ihrem unteren Ende ist mit Bindfaden ein Wägestück angebunden.
Der Bindfaden wird durchgeschnitten. Was geschieht mit dem Wägestück, was mit der Feder?
Welche Kräfte wirken also auf ein Wägestück, das an einer Schraubenfeder hängt? Wie sind diese Kräfte gerichtet?

V 7 Lege einen (runden) Stabmagneten auf einen Tisch. Nähere ihm von beiden Seiten gleichzeitig zwei weitere Stabmagnete. Schaffst du es, ohne daß sich der liegende Magnet in Bewegung setzt?
Beschreibe, wie du die beiden Magnete heranführen mußt, damit der Versuch klappt.

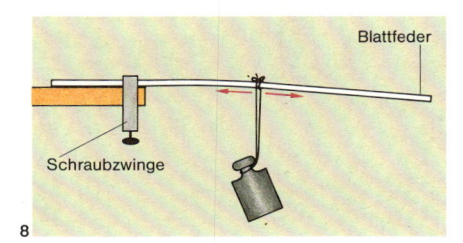

V 8 Befestige eine Blattfeder mit einer Klemme an einem Tisch.

a) Wie kannst du zeigen, daß die Wirkung einer Kraft auf die Feder von *Betrag* und *Richtung* abhängt?

b) Hänge jetzt ein Wägestück an die Blattfeder (Bild 8). Was stellst du fest, wenn du den *Angriffspunkt* der Kraft veränderst, indem du das Wägestück weiter außen oder weiter innen an die Feder hängst?

c) Wovon kann also die Wirkung einer Kraft abhängen?

Aufgaben

1 Wenn ein Fallschirmspringer aus dem Flugzeug springt, nimmt seine Geschwindigkeit zunächst rasch zu. Nach etwa 10 s erreicht er, noch bei geschlossenem Fallschirm, eine bestimmte Höchstgeschwindigkeit (ungefähr 200 $\frac{km}{h}$). Sein Bewegungszustand ändert sich dann nicht mehr. Kurz nachdem der Fallschirm entfaltet ist, fällt er mit einer gleichbleibenden Geschwindigkeit von 20 $\frac{km}{h}$.
Erkläre, wie es zu diesem Bewegungsablauf kommt.

2 Du hältst eine Tasche in der Hand. Welche Kräfte wirken auf die Tasche? Was kannst du über ihre Beträge und ihre Richtungen aussagen? Fertige eine Skizze an.
Nimm an, du hast die Tasche schon in Bewegung gesetzt und bist gerade dabei, sie mit gleichbleibender Geschwindigkeit hochzuheben.
Wie muß die Skizze mit den Kraftpfeilen in diesem Fall aussehen?

Der physikalische Kraftbegriff

Info: Körper im Kräftegleichgewicht

In Bild 1 ziehen zwei Schülerinnen in entgegengesetzten Richtungen an einem Wagen – und der Wagen setzt sich *nicht* in Bewegung. Obwohl hier also Kräfte wirken, ändert sich der Bewegungszustand des Wagens *nicht*. Das liegt daran, daß sich die bewegungsändernden Wirkungen der Kräfte gegenseitig aufheben.

Genauso ist es, wenn du eine schwere Tasche hältst: Auf die Tasche wirkt die nach unten gerichtete Gewichtskraft, und zusätzlich übst du eine genauso große Kraft nach oben aus. Der Bewegungszustand der Tasche ändert sich daher nicht.

Wenn an einem Körper gleichzeitig mehrere Kräfte angreifen und sich ihre bewegungsändernden Wirkungen gegenseitig aufheben, sagt man: Der Körper ist im Kräftegleichgewicht.

Wir legen fest: **Wirken zwei entgegengesetzt gerichtete Kräfte auf einen Körper und besteht Kräftegleichgewicht, so sind die Beträge der beiden Kräfte gleich groß.**

Der Bewegungszustand eines Körpers im Kräftegleichgewicht ändert sich zwar nicht, der Körper wird aber durch die einwirkenden Kräfte mehr oder weniger stark **verformt**. Durch diese Verformung unterscheidet sich der Zustand des Kräftegleichgewichts von dem Zustand, in dem *keine* Kräfte auf den Körper wirken.

Sobald keine Kräfte mehr wirken, nehmen viele Körper ihre ursprüngliche Form wieder an. Solche Körper heißen *elastisch*. Beispiele sind Schrauben- und Blattfedern, aber auch Bäume und Regalbretter (Bilder 2 u. 3).

Wenn man eine Kugel an eine Feder hängt, setzt sich die Kugel in Bewegung; sie kommt schließlich zum Stillstand (Bild 4). Die Feder wird durch das Anhängen der Kugel verformt. Je größer die Gewichtskraft auf die Kugel ist, desto stärker ist auch die Verformung der Feder.

Daß auch hier ein *Kräftegleichgewicht* eintritt, können wir so erklären: Wenn ein elastischer Körper verformt wird, entsteht in seinem Innern eine **Rückstellkraft**, die der Verformung entgegenwirkt. Je stärker die Verformung ist, desto größer ist auch die Rückstellkraft.

Auf die Kugel in Bild 4 wirken also die Gewichtskraft und die gleich große, aber entgegengesetzt gerichtete Rückstellkraft der Feder. Je größer die Gewichtskraft auf die Kugel ist, desto größer ist auch die Rückstellkraft.

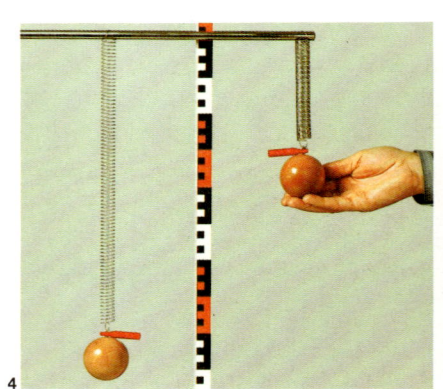

Aufgaben

1 Ein Flugzeug fliegt mit gleichbleibender Geschwindigkeit in konstanter Flughöhe (Bild 5).

a) Ordne die Kraftpfeile von Bild 5 den folgenden Begriffen zu:

Antriebskraft der Flugzeugmotoren, Gewichtskraft auf das Flugzeug und *Reibungskraft*.

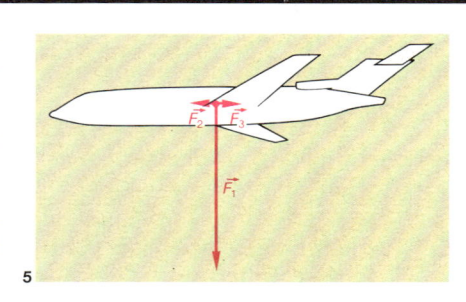

b) Es muß noch eine vierte Kraft auf das Flugzeug wirken. Weshalb ist diese Annahme berechtigt?

2 Warum müssen in Bild 5 die Pfeile mit entgegengesetzten Richtungen gleich lang gezeichnet werden?

Was geschieht, wenn die Antriebskraft vergrößert wird?

3 Kraft und Gegenkraft

Erreicht *die* als erste die Stativstange, die am stärksten zieht?

V 9 In der Anordnung von Bild 6 wird an beiden Seilenden je ein „Kraftanzeiger" befestigt. Damit können wir die Kräfte vergleichen, mit der die Versuchspersonen am Seil ziehen.

Der Versuch wird nun abgewandelt: Ein Schüler bindet sich das Seil um den Bauch. Wer ist jetzt als erster an der Stativstange?
Vergleiche wieder die Kräfte.

V 10 Ein kleiner Stabmagnet und ein Eisennagel, die auf Styroporscheiben befestigt sind, schwimmen auf einer Wasserfläche.

a) Halte den Magneten fest. Wieso bewegt sich der Nagel auf den Magneten zu?

b) Was wird geschehen, wenn du nicht den Magneten, sondern den Nagel festhältst? Überlege erst, und probiere es dann aus.
Welche Folgerung ziehst du aus deinen Beobachtungen?

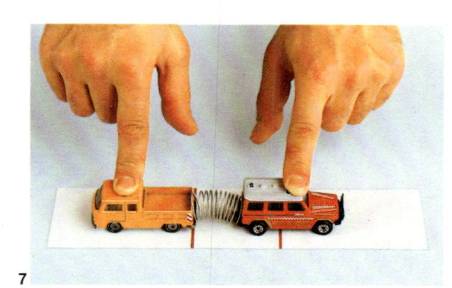

V 11 Lege eine Stahlfeder auf ein Blatt Papier, und markiere die beiden Enden durch einen Strich. An beiden Enden der Feder steht jeweils ein Modellauto (Bild 7).

a) Was geschieht, wenn du das rechte bzw. das linke Auto losläßt?

b) Laß beide Autos gleichzeitig los.

V 12 Ziehe eine schwere Kiste an einem Seil zu dir hin. Ist das auch dann noch zu schaffen, wenn du auf Rollschuhen stehst?

Info: Das Gesetz von „actio und reactio"

Daß ein Magnet einen Eisennagel anzieht, weiß jeder. Aber auch der Nagel zieht den Magneten an! Man kann es beobachten, wenn man den Nagel festhält und der Magnet sich bewegen kann.

Bei einem Wägestück, das an einer Feder hängt, ist es ähnlich: Das Wägestück zieht die Feder nach unten, die Feder zieht das Wägestück nach oben.

Magnet und Nagel, Wägestück und Feder üben also gegenseitig Kräfte aufeinander aus.

Es war wiederum *Isaac Newton*, der erkannte, daß es sich hier um eine allgemeingültige Gesetzmäßigkeit handelt:

Nie kann ein Körper auf einen anderen eine Kraft (**„actio"**) ausüben, ohne daß auf ihn ebenfalls eine Kraft (**„reactio"**) wirkt. Es ist immer so, daß beide Körper wechselseitig Kräfte aufeinander ausüben. Diese beiden Kräfte sind gleich groß, aber entgegengesetzt gerichtet. Diesen Zusammenhang bezeichnet man als **Wechselwirkungsprinzip** oder als *Gesetz von actio und reactio*.

Ein weiteres Beispiel zu diesem Gesetz: Nimm an, du willst ein Auto anschieben. Du mußt eine Kraft auf das Auto ausüben, um seinen Bewegungszustand zu ändern. Denke dir nun zusätzlich eine Feder zwischen deinen Händen und dem Auto. Die zusammengedrückte Feder übt nach hinten und vorne jeweils eine gleich große Kraft aus (→ V 11). Auf dich wirkt also eine genauso große Kraft wie auf das Auto (Bild 8). Du schiebst das Auto nach vorne, und das Auto schiebt dich mit einer gleich großen Kraft nach hinten.

Daß das Auto auf dich eine nach hinten gerichtete Kraft ausübt, würde besonders deutlich, wenn du auf Rollschuhen stündest. Dann würdest du nämlich beim Anschieben nach hinten wegrollen.

Das *Wechselwirkungsprinzip* darf nicht mit der Gesetzmäßigkeit beim *Kräftegleichgewicht* verwechselt werden. Kräfte, die ein Kräftegleichgewicht bewirken, wirken immer auf denselben Körper. Wechselwirkungskräfte greifen dagegen grundsätzlich an zwei verschiedenen Körpern an (Bilder 9 u. 10).

Gesetz von actio und reactio
Körper können immer nur wechselseitig Kräfte aufeinander ausüben. Die Kräfte, die zwei Körper wechselseitig aufeinander ausüben, sind gleich groß und entgegengesetzt gerichtet.
Isaac Newton, Mathematische Prinzipien der Naturlehre, 1687.

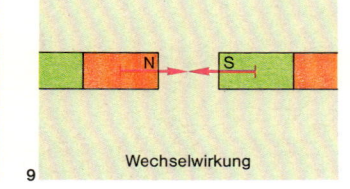

9 Wechselwirkung

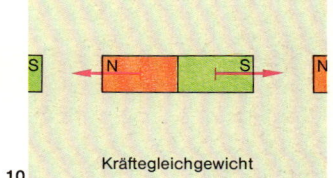

10 Kräftegleichgewicht

Aufgaben

1 Beim Schießen erfährt das Gewehr eine nach hinten gerichtete Kraft. Wie kommt es zu diesem „Rückschlag"?

2 Wenn ein Auto auf einem Kiesweg anfährt, wird der Kies nach hinten weggeschleudert. Die Kraft, die die Räder auf die Straße ausüben, ist also nach hinten gerichtet. Warum fährt das Auto dann nach vorne?

3 Läßt man einen aufgeblasenen Luftballon los, schwirrt er durchs Zimmer. Welche zwei Körper üben hier Kräfte aufeinander aus?

4 Nimm an, du stehst auf einer Personenwaage und trägst einen schweren Gegenstand. Wie ändert sich die Anzeige der Waage, wenn du den Gegenstand nach oben reißt?

Was zeigt sie an, wenn du ihn ruckartig nach unten bewegst? Begründe deine Antworten.

Aus Umwelt und Technik: Fortbewegung durch Wechselwirkung

Der Baron von Münchhausen behauptet unter anderem, er habe sich am eigenen Schopf aus dem Sumpf gezogen …

Natürlich ist das nicht möglich. Ungefähr das gleiche wäre es, wenn du dich auf eine Waage stellen und an deinen Haaren ziehen würdest. Die Anzeige der Waage bliebe völlig gleich. Wenn der Ausschlag der Waage zurückgehen soll, mußt du dich auf einen Tisch stützen. Man benötigt also einen zweiten Körper.

Einen solchen zweiten Körper benötigt man auch beim **Gehen**, nämlich die *Erde*. Wenn man geht, übt man eine nach hinten gerichtete Kraft auf die Erde aus. Nach dem *Wechselwirkungsprinzip* wirkt dann auf den Gehenden eine nach vorne gerichtete Kraft. Diese von der Erde ausgeübte Kraft ist es, die ihn voranbringt.

Ähnliches gilt für das **Autofahren**: Der Motor dreht die Räder und übt so eine nach hinten gerichtete Kraft auf die Fahrbahn aus. Die Wechselwirkungskraft, die die Straße auf das Auto ausübt, treibt das Auto an.

Ariane 1
Gesamtstartmasse 202 600 kg
davon Treibstoff 182 000 kg
Nutzlast 1 600 kg
Ausströmgeschwindigkeit der Gase 2,8 – 4,3 $\frac{km}{s}$
Geschwindigkeit der Rakete bei Brennschluß der 3. Stufe (in 210 km Höhe) 10 $\frac{km}{s}$

Etwas komplizierter ist es bei einer Rakete im Weltall. Dort gibt es keinen Körper, auf den die Rakete eine Kraft ausüben könnte. Ohne einen solchen Körper kann keine Wechselwirkungskraft auf die Rakete wirken.

Eine Rakete muß den Körper, mit dem sie in Wechselwirkung treten soll, in den Weltraum mitbringen. Bei diesem Körper handelt es sich um die Gase, die bei der Verbrennung des Treibstoffs entstehen (der zur Verbrennung nötige Sauerstoff muß ebenfalls mitgeführt werden).

Die Verbrennungsgase werden von den Triebwerken mit hoher Geschwindigkeit nach hinten ausgestoßen. Um die Gase auf diese Geschwindigkeit zu bringen, übt die Rakete eine nach hinten gerichtete Kraft auf die Gase aus. Die Gase ihrerseits üben eine nach vorne gerichtete Kraft auf die Rakete aus – dadurch wird die Rakete angetrieben.

Bild 1 zeigt die europäische *Ariane*-Rakete.

Der physikalische Kraftbegriff

Auf einen Blick

Die Ursache der Bewegungsänderung eines Körpers ist eine **Kraft**. Kräfte haben drei Bestimmungsstücke: Betrag, Richtung und Angriffspunkt.

Kräfte stellt man durch Pfeile dar.

Wenn auf einen Körper Kräfte wirken und der Körper ruht, herrscht ein **Kräftegleichgewicht**. Oft erfährt der Körper dabei eine **Verformung**.

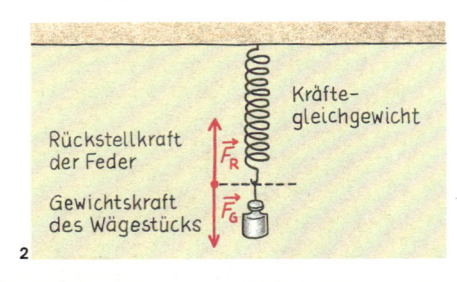

Übt ein Körper eine Kraft auf einen zweiten Körper aus, so wirkt immer eine Kraft auf ihn zurück. Die Kräfte auf beide Körper sind gleich groß, aber haben entgegengesetzte Richtungen **(Wechselwirkungsprinzip)**.

Rückstellkraft der Feder $\vec{F}_R$
Gewichtskraft des Wägestücks $\vec{F}_G$
Kräftegleichgewicht

Trägheit und Massenanziehung

1 Körper sind unterschiedlich träge

Der Bewegungszustand eines Körpers kann sich nur ändern, wenn eine Kraft auf ihn wirkt. Mit diesem Satz läßt sich das Geschehen auf den Bildern 1 u. 2 erklären ...

V 1 Daß man zur Änderung des Bewegungszustandes eines Körpers eine Kraft benötigt, kannst du auch an einem Wagen beobachten, auf dem ein Holzklotz liegt.

Beschreibe jeweils die Bewegungen von Wagen und Holzklotz. Erkläre, wie sie zustande kommen.

a) Gib dem Wagen einen Stoß, so daß er ruckartig anfährt.

b) Laß den Wagen auf ein Hindernis prallen. Wiederhole den Versuch mit einem Gummiband als „Sicherheitsgurt" für den Klotz (Bild 3).

c) Ziehe den Wagen mit dem Klotz mit konstanter Geschwindigkeit geradeaus. Laß ihn dann eine enge Kurve durchfahren.

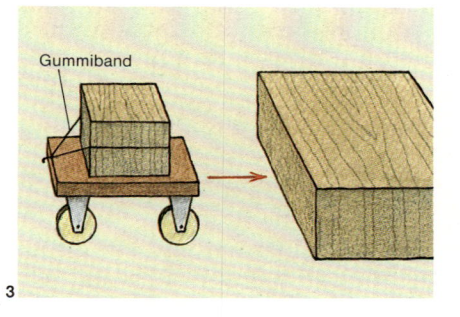

V 2 Befestige zwei unterschiedlich schwere Wagen an Federn, die durch eine Stange verbunden sind (Bild 4). Wenn du gleichmäßig an der Stange ziehst, ändern beide Autos ihren Bewegungszustand in gleicher Weise.

Vergleiche die Verlängerung der beiden Federn.

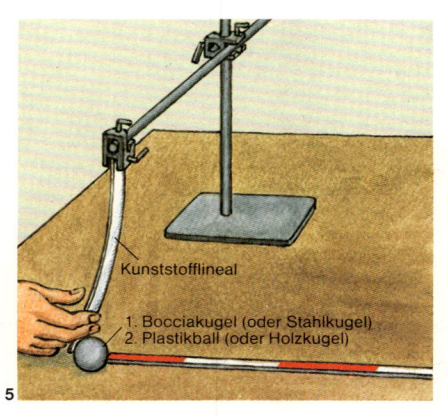

V 3 Lege ein Blatt Papier unter einen Pappbecher, der am Tischrand steht.

Gelingt es dir, das Papier wegzuziehen, ohne daß der Becher umkippt oder vom Tisch fällt? Der Becher soll einmal leer und einmal gefüllt sein.

Erkläre deine Beobachtungen.

V 4 Zwei verschieden große Stahlkugeln werden mit gleicher Kraft weggestoßen (Bild 5).

Welche der beiden Kugeln erreicht dabei die größere Geschwindigkeit? Findest du eine Erklärung?

V 5 Bild 6 zeigt den Versuchsaufbau. Was wird passieren, wenn du das Brettchen ganz schnell zur Seite wegziehst? (Bevor du ein Ei verwendest, übe lieber erst mit einem Apfel.)

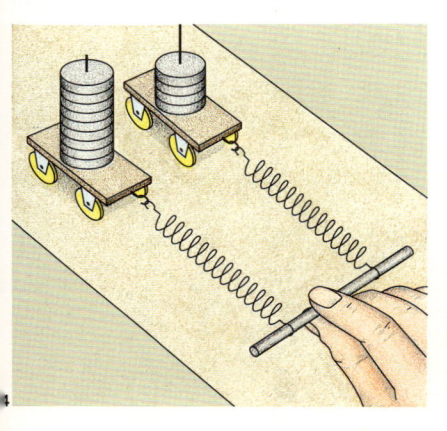

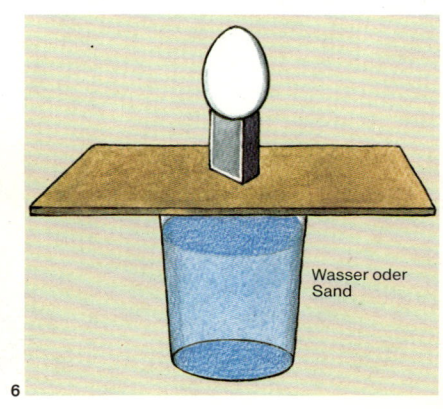

Info: Trägheit und Masse

Um den Bewegungszustand eines Körpers zu ändern, ist eine Kraft erforderlich. Wenn keine Kraft auf den Körper wirkt, kann sich sein Bewegungszustand nicht ändern.

Allerdings haben wir häufig den Eindruck, daß Gegenstände „von selbst" – also ohne den Einfluß einer Kraft – ihren Bewegungszustand ändern. So kommt zum Beispiel ein Kraftfahrzeug schnell zum Stillstand, wenn es nicht mehr angetrieben wird. Wir wissen aber schon, daß auch diese Änderung des Bewegungszustandes auf eine Kraft zurückzuführen ist, nämlich auf die Reibungskraft.

Um auszudrücken, daß der Bewegungszustand eines Körpers ohne Einwirkung einer Kraft gleich bleibt, sagt man in der Physik auch: **Alle Körper sind träge.**

Aber nicht alle Körper sind in gleichem Maße träge: Um den Bewegungszustand eines Lastwagens und eines Personenwagens in gleicher Weise zu ändern, ist beim Lkw eine viel größere Kraft erforderlich als beim Pkw. Läßt man dagegen gleich große Kräfte auf Lastwagen und Personenwagen wirken, so ändert sich z. B. die Geschwindigkeit des Lastwagens weniger rasch als die des Personenwagens. Der Lkw ist also viel träger als der Pkw.

Die Trägheit ist eine Eigenschaft jedes Körpers. Wie träge ein Körper ist, wird durch eine physikalische Größe angegeben, und zwar durch die **Masse** (m). Ein Körper, der sehr träge ist, hat eine große Masse; ein Körper mit geringer Trägheit hat eine kleinere Masse. **Die Masse eines Körpers gibt an, wie träge er ist.**

Die Masse wird in der Einheit 1 Kilogramm (1 kg) angegeben (→ *Wie man Massen mißt*). Massen werden auch in Milligramm (mg), Gramm (g) und Tonnen (t) angegeben.

1000 mg = 1 g; 1000 g = 1 kg; 1000 kg = 1 t.

Wenn ein Körper die Masse 8 kg hat, so bedeutet das, daß er achtmal so träge ist wie Körper von 1 kg Masse. Das heißt: Um den Bewegungszustand beider Körper in gleicher Weise zu ändern, braucht man für den 8-kg-Körper eine achtmal so große Kraft wie für den 1-kg-Körper.

Zwei *Beispiele* zur Trägheit:

„Supertanker" haben eine sehr große Masse und sind somit sehr träge. Wenn ein solches Schiff in voller Fahrt ist, hat es einen sehr langen „Bremsweg". Schon 5 bis 10 km vor dem Ziel müssen die Maschinen auf „rückwärts, volle Fahrt" geschaltet werden, damit das Schiff rechtzeitig zum Stillstand kommt. Für raschere Bewegungsänderung reicht die von der Schiffsschraube erzeugte Kraft nicht aus.

Zieht man in Bild 1 das Blatt Papier schnell genug weg, so fällt das Wägestück senkrecht nach unten auf den Tisch, während der Styroporblock neben den Tisch zu Boden fällt. Das Wägestück hat eine größere Masse als der Styroporblock und ist daher viel träger. Beim Wegziehen des Papiers treten Reibungskräfte auf. Sie sind groß genug, um den wenig trägen Styroporblock auf eine hohe Geschwindigkeit zu bringen. Der Bewegungszustand des viel trägeren Wägestücks kann jedoch kaum verändert werden. Es wird daher nicht zur Seite mitgerissen und fällt nach unten auf den Tisch.

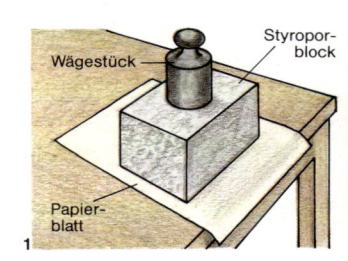

Aufgaben

1 In den Bildern 2–4 wird deutlich, daß Körper träge sind. Erläutere das jeweilige Geschehen mit dem Begriff *Trägheit*.

2 Gib Erklärungen für die Beobachtungen, die du in den Versuchen 1–4 machen konntest. Benutze dabei die Begriffe Trägheit und Masse.

3 Zwanzig 10-Pf-Stücke sind übereinandergestapelt. Das unterste soll entfernt werden, ohne daß man den Stapel anhebt oder umkippt ...
Wenn der Stapel aber kleiner ist, wirst du es kaum noch schaffen. Warum nicht?

4 Ein mit Wasser gefüllter Teller wird ruckartig angeschoben bzw. mit konstanter Geschwindigkeit bewegt und dann abrupt angehalten. Überlege, nach welcher Seite das Wasser jeweils überschwappt.

5 Bei welchen Fahrmanövern von Bussen und Straßenbahnen ist es wichtig, daß sich stehende Fahrgäste gut festhalten? Gib eine physikalische Begründung.

6 Wenn bei einem Hammer der Kopf nur noch lose auf dem Stiel sitzt, dann stößt man den Stiel kräftig auf den Boden – und schon ist der Schaden behoben. Erkläre diese Vorgehensweise physikalisch.

7 Zusammenstöße von großen Schiffen haben – auch bei niedrigen Geschwindigkeiten – verheerende Folgen. Weshalb?

8 Wenn ein Teller auf einen Steinfußboden fällt, zerbricht er eher, als wenn er auf einen Teppichboden fällt. Begründe!

Aus Umwelt und Technik: **Sicherheitsgurt**

Was bei einem Zusammenstoß passiert, zeigt Bild 5. Im Zeitschriftenartikel ist es anschaulich beschrieben.

Sie fliegen noch, wenn der Wagen schon steht

Nehmen wir an, Sie sitzen in einem Mittelklassewagen und fahren mit 50 km/h gegen einen Baum oder ein gleich schweres, gleich schnelles Fahrzeug. Das Vorderteil des Wagens wird um ca. 60 cm zusammengedrückt. Auf diesen 60 cm „Bremsweg" kommt das Auto zum Stehen.

Sie haben zum Zeitpunkt des Aufpralls die gleiche Geschwindigkeit wie das Fahrzeug. Ohne Gurt schießen Sie mit 50 km/h weiter nach vorn. Gut, die Reibung auf dem Sitz bremst sie etwas ab. Und vielleicht haben Sie den Unfall kommen sehen und können sich 60 Millisekunden lang abstützen.

Doch das hilft auch nicht viel – Sie fliegen unaufhaltsam weiter. Sie treffen erst dann auf das Armaturenbrett, wenn der Wagen schon zerknautscht und zum Stehen gekommen ist. Ihr Bremsweg ist daher nicht länger als 4 cm (so weit beult sich ein Armaturenbrett ein).

Der Aufprall ist so stark, als habe eine 4–5 Tonnen schwere Keule zugeschlagen. Und wenn Ihr Kopf gegen den unnachgiebigen Dachrahmen prallt, ist der Schlag noch viel stärker und auf jeden Fall tödlich.

Anders mit Gurt. Hier werden Sie aufgefangen, *bevor* Sie das Armaturenbrett, den Dachrahmen oder die Windschutzscheibe erreichen. Sie werden abgebremst, weil der Gurt sich 20–25 cm dehnt. Und Sie werden zusätzlich abgebremst, weil Sie von Anfang an mit dem Fahrzeug verbunden sind. Deshalb können Sie an der Verzögerung des Wagens teilnehmen und so von der energieverzehrenden Knautschzone profitieren.

Und deshalb müssen Sie Sicherheitsgurte anlegen – und zwar immer! Schon bei einem Aufprall mit 20 km/h kann der Kopf die Windschutzscheibe durchbrechen. Dann kommt es zu schweren Augen- und Gesichtsverletzungen.

2 Masse und Gewichtskraft

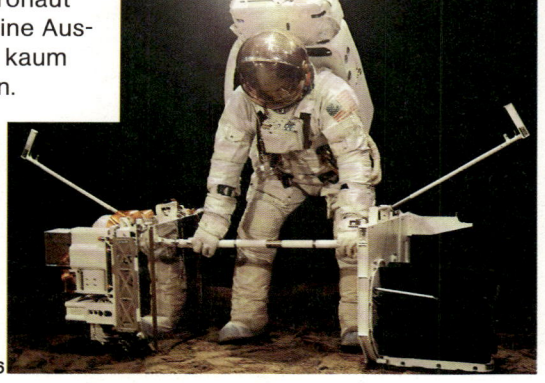

Auf der Erde: Der Astronaut kann seine Ausrüstung kaum anheben.

Auf dem Mond: Die gleiche Ausrüstung läßt sich mühelos tragen.

V 6 Lege eine Postkarte über zwei gegeneinandergestellte Stuhllehnen. Darauf legst du ein einzelnes 10-Pf-Stück und zwei zusammengeklebte 10-Pf-Stücke (Bild 8).

Ziehe die Postkarte ruckartig zur Seite weg. Treffen die zusammengeklebten Münzen eher auf dem Boden auf als die Einzelmünze?

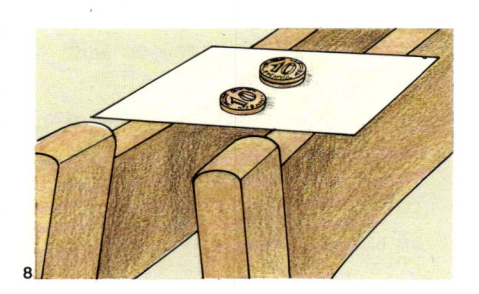

Auf die zusammengeklebten Münzen wirkt die *doppelte Gewichtskraft* wie auf die Einzelmünze.

Was kannst du aus deiner Beobachtung in bezug auf die *Trägheit* (und damit die *Massen*) der beiden Körper schließen?

In welchem Zusammenhang stehen also Gewichtskraft und Masse?

Trägheit und Massenanziehung

Info: Unterschiedliche Gewichtskräfte – gleiche Masse

Auf dem Mond haben Astronauten keine Schwierigkeiten, ihre schwere Ausrüstung zu tragen. Auf der Erde dagegen schaffen sie es nur mit Mühe. Erde und Mond üben nämlich verschieden große Gewichtskräfte auf Gegenstände an ihrer Oberfläche aus.

Der Unterschied ist erheblich: Die Gewichtskraft, die auf ein und denselben Körper wirkt, ist auf der Erde sechsmal so groß wie auf dem Mond.

Die Gewichtskraft auf einen Körper hängt also davon ab, auf welchem Himmelskörper er sich befindet. Aber auch auf der Erde ändert sie sich von einem Ort zum anderen: Sie ist am Nord- und Südpol etwas größer als bei uns, am Äquator etwas kleiner.

Die Gewichtskraft auf einen Körper ist ortsabhängig.

Wenn man auf dem Mond Fußball spielen würde, brauchte man genau die gleiche Kraft wie auf der Erde, um den Ball auf eine bestimmte Geschwindigkeit zu bringen. Um den Bewegungszustand eines Körpers in gleicher Weise zu ändern, ist überall die gleiche Kraft nötig; ein Körper hat überall die gleiche Trägheit.

Die Masse eines Körpers ist nicht ortsabhängig.

Wenn man auf dem Mond einen Stein aus 10 m Höhe fallen läßt, dauert es länger als auf der Erde, bis er am Boden ankommt. Die Gewichtskraft auf den Stein ist nämlich auf dem Mond kleiner als auf der Erde. Dagegen ist die Masse des Steines (und damit seine Trägheit) auf Mond und Erde gleich. Die kleinere Gewichtskraft bewirkt eine geringere Änderung des Bewegungszustandes.

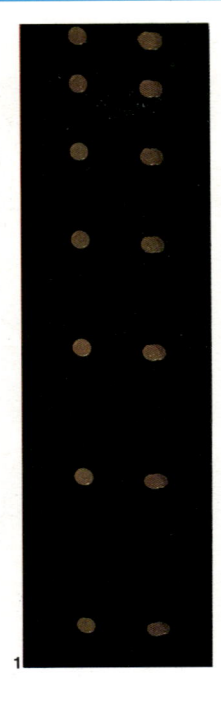

Die Unterschiede zwischen Masse und Gewichtskraft werden auch im Bericht des Astronauten *Neil Armstrong* deutlich:

„Auch mit den veränderten Schwereverhältnissen (Gewichtskräften) mußten wir erst einmal vertraut werden. Auf dem Mond fände es ein Astronaut gar nicht so schwierig, Sprünge von bis zu 6 m Höhe zu machen.

Aber er darf nicht vergessen, daß die Masse seines Körpers die gleiche bleibt. Der Aufprall auf einen Mondfelsen würde genauso wehtun wie der Aufprall auf einen Felsbrocken hier auf der Erde."

In Bild 1 wurden zwei Gegenstände – ein 10-Pf-Stück und zwei zusammengeklebte 10-Pf-Stücke – gleichzeitig fallen gelassen und in Zeitabständen von 0,05 s fotografiert. Das Bild zeigt: Die Bewegungszustände beider Körper ändern sich in gleicher Weise, obwohl die Gewichtskraft auf den einen Körper doppelt so groß ist wie die auf den anderen. Das liegt daran, daß der doppelt so schwere Gegenstand auch doppelt so träge ist.

Aus der Geschichte: Die Entdeckung der Massenanziehung

Vor 300 Jahren beschäftigte sich *Isaac Newton* mit der Frage, warum der Mond um die Erde kreist. Nach 20jähriger Arbeit konnte er endlich die Antwort geben: Der Mond wird auf seine Bahn um die Erde gezwungen, weil sich Erde und Mond *gegenseitig* anziehen.

Auch die Planeten kreisen um die Sonne, weil sich die Sonne und die Planeten gegenseitig anziehen.

Die gegenseitige Anziehung von Körpern heißt **Massenanziehung** oder **Gravitation** (lat. *gravis*: schwer). Im *Gravitationsgesetz* sagte Newton aus: Die Anziehungskraft ist um so größer, je größer die Massen der Körper sind (bei konstantem Abstand).

Newton nahm an, daß dieses Gesetz nicht auf Himmelskörper beschränkt ist. Auch alle anderen Körper, z.B. zwei Bleikugeln, müßten sich demnach anziehen. Allerdings sind die Massen der Bleikugeln gegenüber den Massen von Mond oder Erde unvorstellbar klein. Daher müßten auch die Anziehungskräfte zwischen den Bleikugeln sehr klein sein. Vor rund 200 Jahren gelang es dem englischen Chemiker *Henry Cavendish* (1731–1810), sie zu messen: Er befestigte zwei kleine Bleikugeln an einer Stange, die er an einem Draht aufhängte (Bild 2). Diesen beiden Kugeln konnte er zwei große Bleikugeln nähern. Sobald er das tat, setzten sich die kleinen Kugeln langsam in Bewegung – und drehten sich in Richtung auf die großen Kugeln.

Nach diesem Versuch konnte man endgültig davon ausgehen, daß sich *alle* Körper gegenseitig anziehen.

Ein Apfel fällt vom Baum, weil die Erde ihn anzieht. Als Ursache dafür, daß der Apfel zu Boden fällt, hatten wir bisher die *Gewichtskraft* genannt. Wir wissen jetzt, daß diese Kraft auf die gegenseitige Anziehung von Körpern zurückzuführen ist.

Der Betrag der Anziehungskraft zwischen zwei Körpern ist nicht nur von den Massen abhängig, sondern auch vom Abstand der Körper: Je weiter sie (bzw. ihre „Mittelpunkte") voneinander entfernt sind, desto kleiner ist die Anziehungskraft. Auch diese Gesetzmäßigkeit fand Newton heraus.

Wie sich demzufolge die Gewichtskraft auf einen Körper in großer Höhe über der Erdoberfläche verändert, zeigt Bild 3.

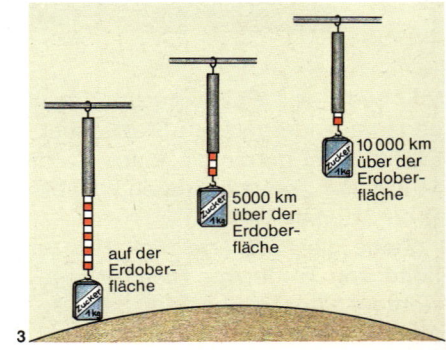

3 Wie man Massen mißt

Info: Balkenwaage – Urkilogramm – Wägesatz

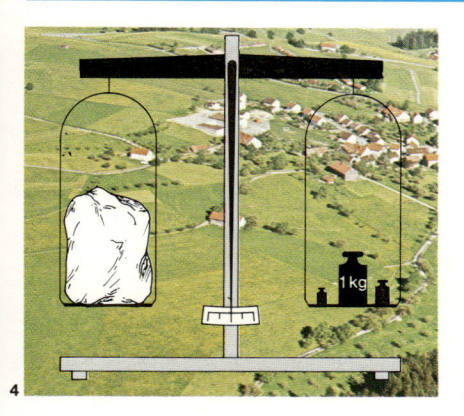

Die Masse eines Körpers gibt an, wie träge ein Körper ist.

Doch wie mißt man die Masse? Man könnte eine „Trägheitsmessung" durchführen; d. h., man müßte eine Kraft auf den Körper wirken lassen und messen, wie dadurch der Bewegungszustand des Körpers geändert wird. Eine solche Messung ist zwar möglich, aber ziemlich kompliziert.

Mit einer *Balkenwaage* (Bild 4) geht es viel einfacher: Eine Balkenwaage wird durch die Gewichtskräfte ausgelenkt, die auf die Gegenstände wirken.

Wenn die Waage im Gleichgewicht ist, sind die Gewichtskräfte auf die Gegenstände in den Waagschalen *gleich groß*. Gleichheit der Gewichtskräfte bedeutet aber auch, daß die Massen der Gegenstände gleich sind.

Für die Gleichheit von Massen legen wir fest:
Die Massen zweier Körper sind gleich, wenn die Körper eine Balkenwaage ins Gleichgewicht bringen.

Eine Balkenwaage, die auf der Erde im Gleichgewicht ist, wäre auch auf dem Mond im Gleichgewicht (Bild 5). Die Gewichtskräfte auf die Körper in den Waagschalen wäre dort zwar kleiner, aber das würde für beide Seiten der Waage gelten.

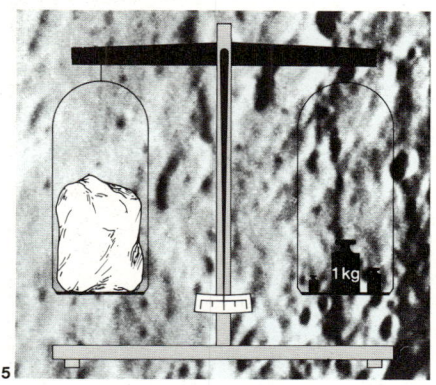

Probleme gäbe es nur, wenn man die Balkenwaage an einen Ort brächte, an dem überhaupt keine Schwerkraft mehr wirkt. An einem solchen Ort, z. B. im Weltraum, weitab von allen Gestirnen, könnte man Massen nur durch „Trägheitsmessungen" bestimmen.

Zum Messen benötigen wir eine *Einheit*. Man hat sich international geeinigt, die Masse des auf Bild 6 gezeigten Zylinders als Masseneinheit zu verwenden. Man nennt diesen Körper *Urkilogramm*.

Das Urkilogramm hat annähernd die gleiche Masse wie 1 dm^3 (1 Liter) Wasser von 4 °C. Das ist kein Zufall, denn zunächst war das Kilogramm – nach einem Beschluß der französischen Nationalversammlung von 1791 – als die Masse festgelegt, die 1 dm^3 Wasser hat.

Die Festlegung der Einheit lautet:
Die Einheit der Masse m ist 1 Kilogramm. Sie ist durch die Masse des Urkilogramms festgelegt.

Der Zylinder von Bild 6 besteht aus den Metallen Platin und Iridium. Das Urkilogramm wird im Internationalen Institut für Maße und Gewichte in Sèvres bei Paris aufbewahrt.

Die Bundesrepublik Deutschland besitzt – wie andere Staaten auch – eine Kopie des Urkilogramms. Diese Kopie wird in der Physikalisch-Technischen Bundesanstalt (in Braunschweig) aufbewahrt.

Um mit einer Balkenwaage messen zu können, benötigt man keine Skala, sondern einen Satz *Wägestücke*. Um z. B. ein 2-kg-Wägestück zu erhalten, muß man ein Wägestück herstellen, das die gleiche Masse hat wie zwei 1-kg-Stücke zusammen.

500-g-Wägestücke erhält man, wenn man zwei Wägestücke gleicher Masse herstellt, die zusammen die gleiche Masse haben wie ein 1-kg-Stück …

Die Physikalisch-Technische Bundesanstalt verfügt über Wägesätze, die von 0,5 mg bis 2000 kg reichen.

Vielfache der Einheit erhält man durch die Festlegung:
Zwei, drei, vier … Körper gleicher Masse haben zusammen die doppelte, dreifache, vierfache … Masse wie der einzelne Körper.

Aufgaben

1 Auch mit Hilfe einer Schraubenfeder kann man *Massen* bestimmen.

a) Wie läßt sich mit der Feder feststellen, welcher von zwei Körpern die größere Masse hat?

b) Was ist zusätzlich erforderlich, um die Massen der beiden Körper *messen* zu können?

c) Wie würdest du bei der Messung vorgehen?

d) Welche Beobachtung würdest du bei Verwendung dieses „Massenmeßgerätes" auf dem Mond machen?

2 Ein Raumschiff bewegt sich antriebslos durch das Weltall. Die Gegenstände in ihm scheinen völlig schwerelos zu sein.

In dem Raumschiff befinden sich ein massiver Eisenzylinder und ein hohler Eisenzylinder. Äußerlich sehen beide völlig gleich aus.

Ein Astronaut nimmt in jede Hand einen der beiden Zylinder, schüttelt sie – und weiß sofort, welches der massive ist …

Erkläre, wie der Astronaut die Zylinder unterscheiden kann.

Aus Umwelt und Technik: **Meßgeräte müssen geeicht werden**

Früher gab es für den Gebrauch falsch anzeigender Waagen oder falscher Gewichte (Wägestücke) hohe, oft grausame Strafen (→ unten).

Auch heute ist gesetzlich vorgeschrieben, daß Waagen, die in Geschäften benutzt werden, alle zwei Jahre durch das Eichamt überprüft werden. Stimmt die Waage nicht, muß sie innerhalb einer bestimmten Zeit neu eingestellt werden. Andernfalls muß der Kaufmann ein Bußgeld zahlen. Dies gilt auch für moderne elektronische Waagen, an denen gar nichts verändert werden kann.

Zur Überprüfung einer Waage werden besondere Wägestücke – sogenannte *Gebrauchsnormale* – auf die Waagschale gelegt (Bild 1). Wie genau die Waage anzeigen muß, hängt vom *Eichwert (e)* ab. Er ist auf jeder Waage angegeben (Bild 2).

Bei der abgebildeten Waage beträgt der Eichwert $e = 2$ g. Bis zu einer Belastung von $500 \cdot e$ (also hier bis zu $500 \cdot 2$ g $= 1000$ g) darf die Waage um den Wert $\pm \frac{1}{2} \cdot e$ (d. h. um ± 1 g) falsch anzeigen. Sie dürfte demnach zum Beispiel bei einem 200-g-Wägestück entweder 199 g oder 201 g anzeigen. Zwischen 1 kg und 4 kg darf ihre Anzeige etwas ungenauer sein, nämlich $\pm 1 \cdot e$ (also ± 2 g).

Selbst die Gebrauchsnormalen müssen regelmäßig geeicht werden; das heißt, sie werden jährlich mit den sog. *Kontrollnormalen* im Eichamt verglichen. Sogar diese werden alle fünf Jahre überprüft, indem man sie in der Landeseichdirektion mit den dortigen *Hauptnormalen* vergleicht. Und diese Hauptnormalen müssen ebenfalls verglichen werden, und zwar alle zehn Jahre mit der Nachbildung des *Urkilogramms* in der Physikalisch-Technischen Bundesanstalt.

Stellt sich bei einer Überprüfung heraus, daß eine Gebrauchsnormale durch Abnutzung zu leicht geworden ist, so bohrt man in ihren Boden ein Loch und steckt etwas Bleidraht hinein. Das Loch wird dann mit einem Messingstopfen fest verschlossen (Bild 3). Dabei macht man das Wägestück absichtlich etwas zu schwer, denn zum Schluß wird der Boden noch glattgeschliffen.

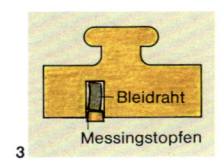

Auf Wochenmärkten findet man manchmal auch noch Wägestücke aus Gußeisen. Sie haben oben einen Bleistopfen mit dem Stempel des Eichamtes. Diese Wägestücke sind teilweise hohl und mit *Tarierschrot* (d. h. kleinen Bleikugeln) gefüllt. Auch diese Wägestücke müssen alle zwei Jahre geeicht werden.

Wie genau die Wägestücke sein müssen, richtet sich jeweils nach ihrer Masse: Bei einem 1-kg-Wägestück darf die Fehlergrenze z. B. $\pm 0{,}2$ g betragen; bei einem 10-kg-Wägestück sind es $\pm 1{,}6$ g; bei einem 100-g-Wägestück aber nur $\pm 0{,}03$ g (30 mg).

Aber nicht nur Waagen und Wägestücke müssen regelmäßig überprüft werden, sondern auch viele andere Meßgeräte. Dazu gehören z. B. die Meßwerke an den Zapfsäulen der Tankstellen. Sie werden einmal jährlich überprüft.

Dabei füllt der Prüfer unterschiedlich große Gefäße (z. B. mit 20 l oder 50 l Inhalt); es sind sogenannte **Eichkolben**. Diesen Vorgang wiederholt er mehrmals mit unterschiedlichen „Auslaufgeschwindigkeiten" des Benzins. Dabei darf die Anzeige an der Zapfsäule in keinem Falle mehr als 0,5 % vom Meßwert abweichen.

Fragen und Aufgaben zum Text

1 Warum werden Geschäftswaagen und Wägestücke regelmäßig überprüft?

2 Beschreibe, wie man Waagen (Wägestücke, Zapfsäulen) eicht. Was bedeutet der Begriff *Eichwert*?

3 Der Beamte überprüft eine Waage mit dem Eichwert $e = 5$ g. Er legt ein 500-g-Wägestück auf die Waage; sie zeigt 488 g an. Entspricht das noch den Vorschriften?

4 Wieviel mehr oder weniger darf das Meßwerk einer Zapfsäule anzeigen, wenn ein 50-l-Eichkolben gefüllt wird?

5 Nenne andere Meßgeräte, die vom Eichamt überprüft werden müssen.

Urkunde

verliehen der Stadt Nowgorod,
Anno 1135

Der Bischof soll Maße und Gewichte überwachen. Strafe für ungerechten Gebrauch von Maßen und Gewichten: Hinrichten zum Tode und die Habe in drei Teile teilen – einen Teil der Sophienkirche, einen Teil der Iwanowskaja und einen Teil den Hundertschaftsführern von Nowgorod.

Fürst Wsewolod

Anweisung

an das Moskauer Zollhaus
über die Einnahme von Zöllen,
Anno 1681

Alle Waagen müssen mit den mit einem Adler versehenen Zollwaagen übereinstimmen.
Für bei Händlern gefundene betrügerische Waagen wird Beschlagnahme der Waren und Verbannung des Händlers und seiner Familie angeordnet.

Zar Fjodor Alexejewitsch

Aus Umwelt und Technik: Die Balkenwaage ist „out"

Das Bestimmen der Masse mit einer Balkenwaage ist umständlich und zeitaufwendig. Daher wurden Waagen konstruiert, bei denen die „Balken" ungleich lang sind und bei denen der Wägesatz durch festangebrachte Wägestücke ersetzt ist.

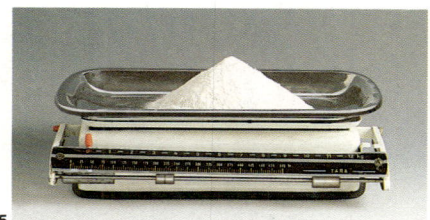

Beispiele dafür sind Briefwaagen (Bild 4) und Schnellwaagen (Bild 5). Ihre Funktionsweise beruht auf dem Hebelgesetz (→ *Drehmoment*). In Geschäften wie Metzgereien und in Labors werden heute Massen mit elektronischen Waagen gemessen (Bild 6).

Trägheit und Massenanziehung

Auf einen Blick

Trägheit und Masse

Alle Körper sind **träge**.
Sie ändern ihren Bewegungszustand nur, wenn eine Kraft auf sie wirkt.

Wenn ein Körper in Ruhe ist und auf ihn *keine* Kraft wirkt, bleibt er in Ruhe.

Wenn ein Körper in Bewegung ist und auf ihn *keine* Kraft wirkt, bewegt er sich mit konstanter Geschwindigkeit geradeaus weiter (Bild 7).

Körper können unterschiedlich träge sein. Das heißt: Man braucht unterschiedlich große Kräfte, um den Bewegungszustand dieser Körper in gleicher Weise zu ändern (Bild 8).

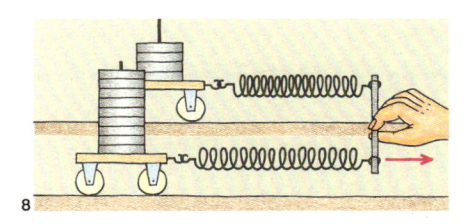

Die **Masse** eines Körpers gibt an, wie träge er ist. Je träger der Körper ist, desto größer ist seine Masse.

Die Trägheit eines Körpers – und damit seine Masse – ist überall gleich:

Die Masse ist nicht ortsabhängig.

Die Gewichtskraft

Die **Gewichtskraft** *beruht darauf, daß sich alle Körper gegenseitig anziehen (Gravitation, Massenanziehung).*

Der Betrag der Anziehungskraft zwischen zwei Körpern hängt unter anderem von ihren Massen ab:

Je größer die Massen sind, desto größer ist die Anziehungskraft, die die Körper aufeinander ausüben.

Auf ein und denselben Körper wirken an der Oberfläche der Erde und des Mondes unterschiedlich große Anziehungskräfte: Die Erde übt an ihrer Oberfläche eine sechsmal so große Anziehungskraft aus wie der Mond an seiner Oberfläche. Die Gewichtskraft, die auf den Körper wirkt, ist auf der Erde größer als auf dem Mond.

Die Gewichtskraft ist ortsabhängig.

Masse und Gewichtskraft

An einem bestimmten Ort haben zwei Körper genau dann gleiche Massen, wenn auf sie gleich große Gewichtskräfte wirken.

Diese Tatsache macht man sich zunutze, wenn man Massen mit einer Balkenwaage mißt:

Man vergleicht die Gewichtskraft, die auf einen Körper wirkt, mit der Gewichtskraft auf die Wägestücke. Ist die Waage im Gleichgewicht, so sind die Gewichtskräfte und damit die Massen gleich.

Die **Einheit der Masse** ist **1 kg (Kilogramm)**.
1 kg ist die Masse des Urkilogramms.
1 kg = 1000 g.

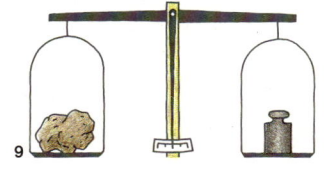

Kraft und Kraftmessung

1 Wir messen Kräfte

„Kräftemessen" auf dem Rummelplatz: So sehr Bernd auch die Hörner zusammendrückt, bei Harald war der Zeigerausschlag größer...

V 1 Mit einem Expander (oder mit einem Fahrradschlauch) könnt ihr eure Kräfte *vergleichen*.

Achtung, den Expander gut befestigen, damit er nicht abrutscht! Nimm beim Fahrradschlauch das Ventil zwischen die Finger (Bild 2).

Woran erkennst du, wer mit größerer und wer mit kleinerer Kraft zieht?

Wann kann man sagen, daß zwei Schüler die gleiche Kraft ausüben?

Welche Eigenschaft von Expander und Schlauch wird bei diesem Vergleich genutzt?

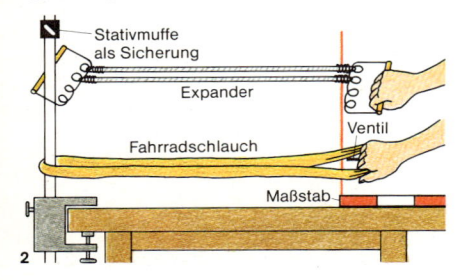

V 2 Wir wollen Kräfte *messen*. Die Kräfte sollen kleiner sein als in V 1. Daher verwenden wir als Meßgerät eine Schraubenfeder aus Stahl.

Um Messungen durchführen zu können, muß man für die Feder eine *Skala* herstellen, auf der die Meßwerte abgelesen werden können.

In Bild 3 siehst du eine geeignete Versuchsanordnung. Zusätzlich sind mehrere gleiche Wägestücke nötig.

a) Wie kann man überprüfen, ob die Gewichtskräfte auf die Wägestücke gleich groß sind?

b) Beschreibe, wie man eine Kraftskala für die Feder erhalten kann.

c) Um genauer messen zu können, muß man den Bereich zwischen zwei Skalenstrichen weiter unterteilen. Wie gehst du vor?

d) Miß die Gewichtskraft auf dein Schreib-Etui. Formuliere das Ergebnis.

e) Dein Kraftmesser hat noch den Nachteil, daß nicht die übliche Einheit verwendet wird. Im Info rechts kannst du nachlesen, auf welche Einheit man sich international geeinigt hat.

V 3 Jetzt sollen verschiedene Kräfte gemessen werden. Um alle Messungen durchführen zu können, brauchst du Kraftmesser mit unterschiedlichen Meßbereichen.

a) Miß die Kräfte, mit denen ein Magnet verschiedene Eisenkörper anzieht (z. B. Büroklammern, Nägel).

b) Bei welchen Zugkräften zerreißen Nähgarn, Woll- und Seidenfäden?

Führe jeweils mehrere Messungen durch, und bilde die Mittelwerte.

c) Miß die Kraft, die nötig ist, um einen Holzklotz mit konstanter Geschwindigkeit über die Tischplatte zu ziehen. (Eventuell läßt sich nur ein ungefährer Wert angeben.)

d) Lege zwei runde Bleistifte oder Stativstangen unter den Klotz. Welche Kraft ist nun erforderlich, um den Klotz über die Tischplatte zu ziehen?

V 4 Ein Wagen wird mit konstanter Geschwindigkeit auf einem schräg gestellten Brett (einer *schiefen Ebene*) hochgezogen.

a) Miß die Zugkraft. Warum ändert diese Kraft nicht den Bewegungszustand des Wagens?

b) Laß den Wagen das Brett hinunterrollen. Beschreibe die Bewegung und erkläre sie.

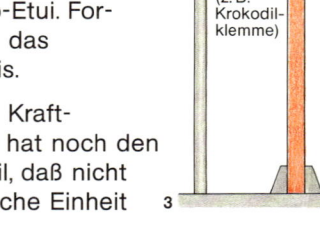

Aufgaben

1 In Bild 10 sind Kräfte dargestellt (1 cm entspricht 2 N). Stelle fest, welche Beträge diese Kräfte haben. Zeichne im gleichen Maßstab Kräfte mit folgenden Beträgen in dein Heft: 0,8 N; 1,5 N; 5 N; 10,8 N.

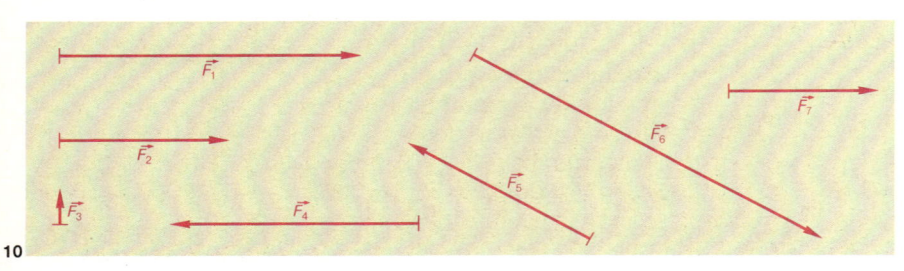

2 Drei gleich lange Kraftmesser haben ganz unterschiedliche Meßbereiche: 0 N bis 1 N, 0 N bis 10 N, 0 N bis 100 N.

a) Welcher der drei Kraftmesser hat die härteste Feder?

b) Wenn mit einer Kraft von 1 N an den Kraftmessern gezogen wird, verlängern sie sich um 1 mm, 1 cm, 10 cm. Welche Verlängerung gehört zu welchem Kraftmessser?

Info: So werden Kräfte gemessen

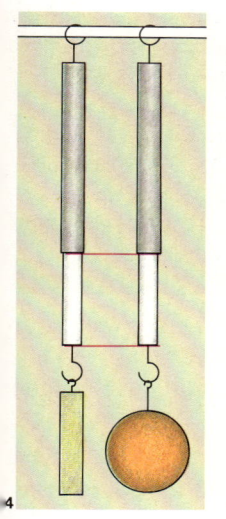

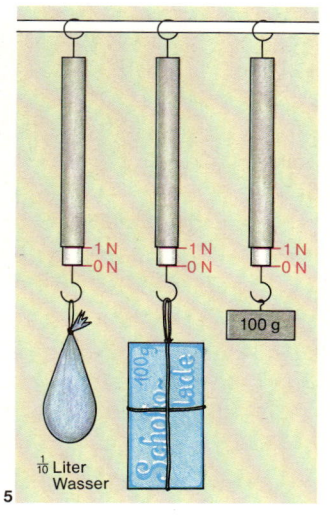

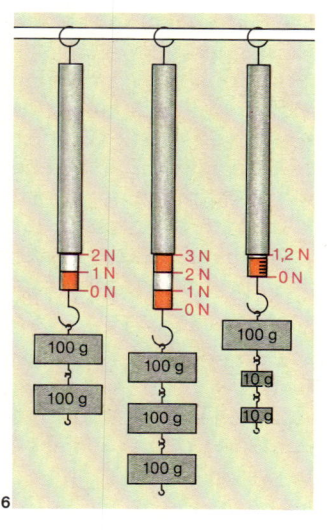

Zum **Messen** von Kräften verwenden wir eine Schraubenfeder aus Stahl (oder einen anderen elastischen Körper).

Das Meßverfahren wird in drei Schritten festgelegt:

1. Schritt: Man muß angeben, wie man feststellen kann, ob zwei Kräfte **gleich groß** sind (den gleichen Betrag haben).

Die Festlegung lautet: *Zwei Kräfte sind gleich groß, wenn sie eine Feder gleich stark verformen* (Bild 4).

2. Schritt: Es muß eine **Einheit** für die Kraft festgelegt werden.

Als Einheit wurde die *Gewichtskraft* festgelegt, die auf den 9,81ten Teil des Urkilogramms an einem Normort auf der Erde wirkt. (Als Normort kann man z. B. Zürich angeben, der Ort muß bei annähernd 45° geographischer Breite liegen.)

Die Krafteinheit wird zu Ehren des englischen Physikers *Isaac Newton* (1643 bis 1727) **1 Newton** genannt und 1 N mit abgekürzt.

Wie groß eine Kraft von 1 N ist, macht ein *Beispiel* deutlich (Bild 5):

Bei einer 100-g-Tafel Schokolade messen wir eine Gewichtskraft, die fast genau 1 N beträgt.

Selbstverständlich könnte man Kräfte auch in ganz anderen (z. B. selbstgewählten) Einheiten messen. Dann entstünden aber die gleichen Probleme wie damals, als man Längen noch in den Einheiten Elle und Fuß maß ...

3. Schritt: Die Kraft, deren Betrag wir messen wollen, muß mit der Einheit verglichen werden; sie muß als **Vielfaches** der Einheit angegeben werden.

Dazu ist eine Skala erforderlich. Um sie zu erhalten, benötigen wir mehrere Wägestücke, auf die jeweils eine Gewichtskraft von 1 N wirkt. Wir hängen ein Wägestück nach dem anderen an die Feder an und markieren die jeweilige Länge der Feder durch einen Strich (Bild 6).

Damit wir auch Zwischenwerte ablesen können, muß die Skala feiner unterteilt werden. Um z. B. eine Unterteilung in Zehntel-Newton zu erhalten, benötigen wir zehn gleiche Wägestücke, auf die zusammen eine Gewichtskraft von 1 N wirkt.

Während man für Kräfte das Symbol $\vec{F}$ verwendet, wird der Betrag der Kraft mit F (ohne Pfeil) bezeichnet.

Kraftmesser (Bilder 7–9) haben nicht alle den gleichen Meßbereich.

Zum Beispiel ist der Federdraht in Bild 8 sehr dünn. Diese Feder ist „weich"; sie dehnt sich schon erheblich, wenn eine kleine Kraft auf sie einwirkt. Der Meßbereich dieses Kraftmessers ist 0 N bis 1 N.

Der Federdraht in Bild 9 dagegen ist dicker. Die Feder ist „härter". Dieser Kraftmesser hat den Meßbereich 0 N bis 10 N.

Vor dem Messen muß der Kraftmesser genau auf Null eingestellt *(justiert)* werden. Dazu dient der Nullpunktschieber oder eine Stellschraube.

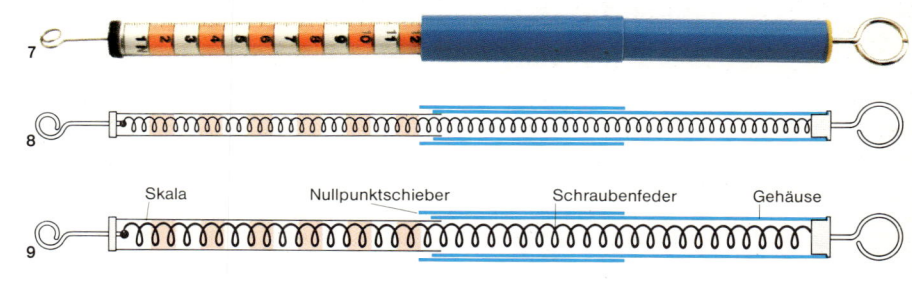

---

3 Die Rakete *Saturn V*, mit der 1969 Astronauten zur ersten Mondlandung starteten, verfügt über eine Schubkraft von 33 400 000 N in den ersten 150 Sekunden nach der Zündung. Beim Start beträgt die Gewichtskraft auf die Rakete 26 900 000 N.

Wie groß müßte die Schubkraft unmittelbar nach dem Start sein, damit die Rakete gerade schwebt? Mit welcher Kraft wird die Geschwindigkeit der Rakete verändert?

4 Beim Boccia gewinnt der Spieler, dessen Kugel der Spielkugel am nächsten liegt. Ohne Maßband, nur mit einem Bindfaden, kann man entscheiden, welche Kugel gewonnen hat. Wie geht man dabei vor?

5 Wenn man ein Verfahren zur *Längen*messung festlegt, muß man die gleichen drei Schritte ausführen wie bei der *Kraft*messung. Wie erkennst du *gleiche* Abstände?

Welches ist die *Einheit* der Länge? Wie kann man sie festlegen?

Wie kann man, ausgehend von der Längeneinheit, auf einem Papierband eine Längenskala herstellen?

6 Größen wie Kraft, Länge und Masse, bei denen das Meßverfahren in drei Schritten festgelegt wird, sind *Grundgrößen*. Beschreibe die drei Schritte bei der Festlegung der Meßverfahren von Länge und Masse.

2 Kraft und Verformung

Die Bilder 1 u. 2 zeigen zweierlei Verformungen. In welchem Fall macht der Körper die Verformung selbständig wieder rückgängig, wenn keine Kraft mehr wirkt? Ein solcher Körper heißt **elastisch**. In welchem Fall ist die Verformung von Dauer? Solche Körper heißen **plastisch**.

Nenne weitere Beispiele für elastische bzw. plastische Körper.

V 5 Eine Stahlfeder und ein Gummiband werden durch Anhängen von Wägestücken verformt (Bild 3).

Untersuche, wie die Verlängerung der Feder (des Gummibandes) und die Gewichtskraft auf die Wägestücke zusammenhängen. Lege einen Tabelle an:

Anzahl der Wägestücke	Kraftbetrag F in N	Lage des Zeigers in cm	Verlängerung Δs in cm
?	?	?	?

a) Miß die Lage des Zeigers, wenn kein Wägestück angehängt ist. (Das Gummiband muß gestreckt sein.) Hänge dann nacheinander die Wägestücke an.

Trage jeweils den Betrag der Kraft und die Lage des Zeigers in die Tabelle ein, und berechne die jeweilige Verlängerung der Feder (des Gummibandes).

b) Nimm ein Wägestück nach dem anderen ab. Notiere wieder den Kraftbetrag und die Lage des Zeigers. Vergleiche.

c) Zeichne ein Koordinatensystem wie in Bild 4.

Jedem Paar von Meßwerten (Verlängerung; Kraftbetrag) entspricht ein Punkt im Koordinatensystem. Trage diese Punkte ein.

d) Zeichne – wenn möglich – eine Gerade durch die Meßpunkte (→ Info).

e) Formuliere das Versuchsergebnis.

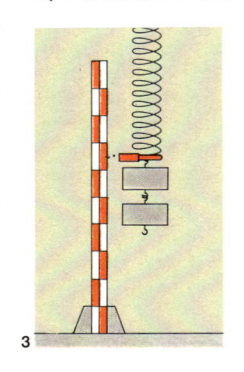

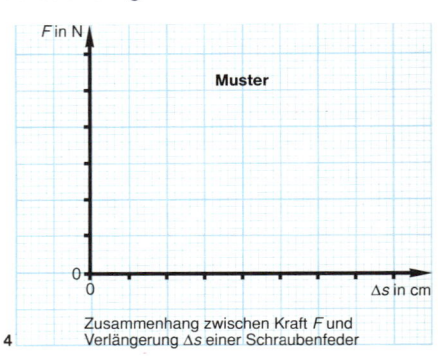

Info: Die (direkte) Proportionalität – eine kurze Wiederholung aus der Mathematik

Für die Auswertung von Versuch 5 benötigst du den Begriff *(direkte) Proportionalität*; du kennst ihn zwar aus der Mathematik, aber eine kurze Wiederholung kann ja nicht schaden …

Ein Beispiel: In der Tabelle (rechts unten) ist die Zuordnung zwischen einer Benzinmenge (Volumen) und den Benzinkosten dargestellt. Diese Zuordnung ist *proportional*.

Proportionale Zuordnungen lassen sich auf verschiedene Weise charakterisieren:

○ Ein Liter Benzin kostet 1,10 DM. Doppelt so viel Benzin ist doppelt so teuer; dreimal so viel Benzin kostet das Dreifache.
Zwei Größen sind zueinander proportional, wenn zum Doppelten (Dreifachen, Vierfachen, …) der einen Größe das Doppelte (Dreifache, Vierfache, …) der anderen Größe gehört.

○ Die Paare (1 l | 1,10 DM), (2 l | 2,20 DM), (3 l | 3,30 DM) haben den gleichen Quotienten. Wenn man die Kosten durch die Benzinmenge teilt, ergibt sich stets der gleiche Wert:

$$\frac{1{,}10 \text{ DM}}{1 \text{ l}} = \frac{2{,}20 \text{ DM}}{2 \text{ l}} = \frac{3{,}30 \text{ DM}}{3 \text{ l}} = 1{,}10 \frac{\text{DM}}{\text{l}}.$$

Zwei Größen sind zueinander proportional, wenn alle Paare den gleichen Quotienten haben (Quotientengleichheit).

○ In Bild 5 sind die Wertepaare als Punkte in ein Koordinatensystem eingetragen. Alle diese Punkte liegen auf einer Geraden durch den Ursprung des Koordinatensystems („Nullpunkt").
Die Proportionalität zweier Größen bedeutet auch, daß sich bei einer Darstellung im Koordinatensystem eine Gerade durch den Ursprung ergibt.

Alle drei Formulierungen der Proportionalität sind gleichwertig. Wenn sich also z. B. bei der graphischen Darstellung zweier Größen eine Gerade durch den Ursprung ergibt, kann man daraus schließen, daß die beiden Größen quotientengleich sind.

Volumen in l	Kosten in DM
0,5	0,55
1	1,10
1,5	1,65
2	2,20
3	3,30
4	4,40
5	5,50
6	6,60

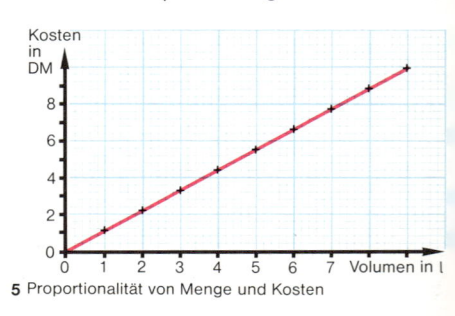

5 Proportionalität von Menge und Kosten

Info: Die graphische Auswertung von Meßreihen

In Versuchen erhält man häufig Meßreihen für zwei Größen, die voneinander abhängen (Beispiel: Kraftbetrag F und Verlängerung Δs einer Feder).

Jede Meßreihe besteht immer nur aus einigen Messungen. Stellt man die Meßwertepaare graphisch dar, so erhält man einzelne Punkte im Koordinatensystem (Bild 6). Wie kann man aufgrund dieser Darstellung weitere Wertepaare vorhersagen? Wie kann man aus den Punkten auf eine *Gesetzmäßigkeit* schließen, die den Zusammenhang der beiden Größen beschreibt?

Bei allen Messungen treten **Meßfehler** auf. Sie können kleiner oder größer sein – je nachdem, wie genau gemessen wurde. Ganz vermeiden lassen sie sich nie. Wegen dieser zufälligen Meßfehler fallen die Meßwerte mal etwas zu groß und mal etwas zu klein aus.

Die Auswertung ist selbstverständlich einfacher, wenn eine einfache Gesetzmäßigkeit vorliegt, z. B. eine *Proportionalität*. Deshalb prüfen wir bei jeder Auswertung zuerst, ob die Punkte entlang einer Geraden durch den Ursprung liegen. Erwarte aber nicht, daß alle Punkte *genau* auf einer Geraden liegen; kleine Abweichungen können durch Meßfehler verursacht werden.

Die Gerade muß so gezeichnet werden, daß einige der Punkte oberhalb und einige unterhalb der Geraden liegen. Die Abweichungen nach oben und unten sollen sich „ausgleichen" (Bild 7).

Wenn sich eine Gerade durch den Ursprung zeichnen läßt, liegt (direkte) Proportionalität vor. Das bedeutet dann auch, daß der Quotient der beiden Größen einen bestimmten Wert hat. In unserem Beispiel heißt das: $\frac{F}{\Delta s}$ = konst.

Es gehört zur vollständigen Auswertung einer Meßreihe, diesen Quotienten zu berechnen. Dazu liest man die Koordinaten eines Punktes auf der Geraden ab. (Das Ergebnis wird genauer, wenn dieser Punkt weit vom Ursprung entfernt ist.)

In unserem Beispiel ergibt sich als Quotient $0{,}80\,\frac{N}{cm}$ (Mittelwert). Man muß also eine Kraft von 0,80 N aufwenden, um die Feder um 1 cm zu verlängern.

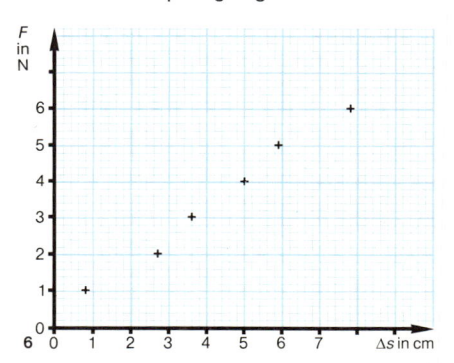

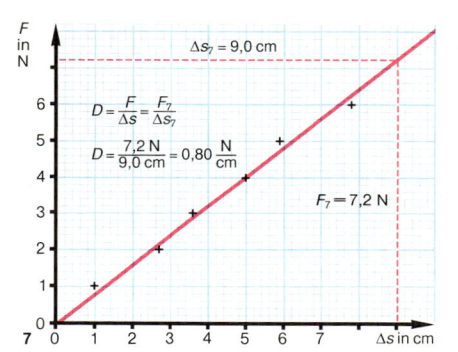

Info: Das Hookesche Gesetz

In Bild 8 ist für verschiedene Stahlfedern dargestellt, wie Kraft und Verlängerung zusammenhängen: **Kraftbetrag und Verlängerung der Feder sind jeweils proportional zueinander.** $F \sim \Delta s$.

Die Aussage, daß der Betrag der Kraft und die Verlängerung der Feder zueinander proportional sind, heißt **Hookesches Gesetz**. Mit diesem Namen wird der englische Physiker *Robert Hooke* (1635–1703) geehrt.

Das Hookesche Gesetz gilt für Stahlfedern und andere elastische Körper – allerdings nur, wenn die Verlängerung nicht so groß ist, daß die Feder bleibend verformt („überdehnt") wird.

Die Proportionalität von F und Δs bedeutet, daß zusammengehörende Paare von F und Δs stets den gleichen Quotienten haben. Dieser Quotient hängt von der verwendeten Feder ab und wird als **Federkonstante** D bezeichnet: $D = \frac{F}{\Delta s}$.

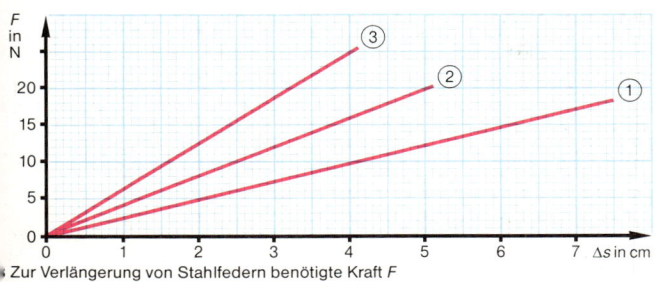

Durch Umformen erhält man daraus die Gleichung $F = D \cdot \Delta s$. D hat die Einheit $\frac{N}{m}$.

1. Musteraufgabe: Eine Feder wird durch Einwirkung der Kraft F = 20 N um 4,0 cm länger. Wie groß ist die Federkonstante D?
Lösung:
Ausgangsgleichung: $\quad F = D \cdot \Delta s$

Umformen und umstellen: $\quad D = \frac{F}{\Delta s}$

Einsetzen und ausrechnen: $D = \frac{20\,N}{4{,}0\,cm} = 5{,}0\,\frac{N}{cm}$

Die Federkonstante ist $D = 5{,}0\,\frac{N}{cm}$.

2. Musteraufgabe: Die Federkonstante beträgt $D = 2{,}5\,\frac{N}{cm}$. Welche Verlängerung ergibt sich bei F = 18 N?
Lösung:
Ausgangsgleichung: $\quad F = D \cdot \Delta s$

Umformen und umstellen: $\quad \Delta s = \frac{F}{D}$

Einsetzen und ausrechnen: $\Delta s = \dfrac{18\,N}{2{,}5\,\frac{N}{cm}} = \dfrac{18\,N \cdot cm}{2{,}5\,N} = 7{,}2\,cm$

Bei einer Kraft von 18 N verlängert sich die Feder um 7,2 cm.

8 Zur Verlängerung von Stahlfedern benötigte Kraft F

Aus Umwelt und Technik: **Werkstoffprüfung**

Als im 19. Jahrhundert das Eisenbahnnetz aufgebaut wurde, war die Herstellung einwandfreien Stahls noch keine Selbstverständlichkeit. Mangelhafte Werkstoffe verursachten immer wieder Unfälle und Katastrophen: Brücken stürzten ein, Züge entgleisten und Kessel von Dampflokomotiven explodierten.

Schon damals gab es erste Ansätze zur Werkstoffprüfung. So prüfte man in den Anfangsjahren der Eisenbahn die Qualität geschmiedeter Waggonachsen, indem man sie einfach auf eine Amboßkante fallen ließ. Wenn die Achsen diese Prozedur überstanden, ging man davon aus, daß sie in Ordnung waren …

Kleinere Qualitätsmängel konnten so natürlich nicht erkannt werden. Außerdem war nicht auszuschließen, daß die Achsen gerade durch den Aufprall kleinere Schäden davontrugen, die später zu Brüchen führten.

Bessere Verfahren zur Werkstoffprüfung waren nötig. Eines dieser Verfahren ist die *Zerreißprobe*, mit deren Hilfe seit Ende des 19. Jahrhunderts die Güte von Stahl beurteilt wird.

Bei der Zerreißprobe, die auch heute noch eine wichtige Rolle spielt, geht man folgendermaßen vor:

Aus dem zu prüfenden Stahl wird ein Probestab hergestellt und in eine Zerreißmaschine gespannt (Bild 1). Dann werden die beiden Einspannköpfe auseinandergezogen.

Die Kraft auf den Probestab wird langsam erhöht, bis der Stab reißt.

Bei der Zerreißprobe wird der Zusammenhang zwischen **Kraft** und **Verlängerung** des Stabes automatisch aufgezeichnet (Bild 2).

Mit Hilfe eines solchen Diagramms können wesentlich genauere Aussagen über die Qualität des Stahls gemacht werden als mit der „Amboßmethode".

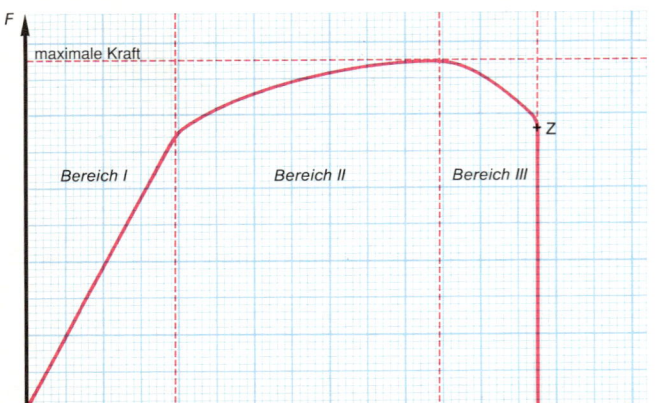

Im Diagramm (Bild 2) erkennt man drei Bereiche:

Im *Bereich I* sind Kraft und Verlängerung proportional. Für den Stab gilt das Hookesche Gesetz; er wird *elastisch verformt*.

Vergrößert man die Kraft weiter *(Bereich II)*, so tritt eine bleibende Verformung des Stabes ein. Der Stab wird *plastisch verformt*; man sagt auch, er „fließt". Am Ende des Bereiches II erreicht die Kraft den höchsten Wert, den ein solcher Stab aushält.

Dann schnürt sich der Stab an einer Stelle ein und verlängert sich so schnell, daß die Maschine die Einspannköpfe nicht mehr schnell genug auseinanderziehen kann. Die gemessene Zugkraft geht daher zurück *(Bereich III)*.

Bei einer bestimmten Verlängerung reißt der Stab, und die Kraftanzeige geht schlagartig auf 0 N zurück.

2 Zusammenhang zwischen Kraft F und Verlängerung Δs eines Stabes

Aufgaben

1 Bei einem Gummiband und einer Stahlfeder wurde die Verlängerung in Abhängigkeit vom Betrag der Kraft gemessen. Dabei ergaben sich die folgenden beiden Meßreihen:

a) Stelle die beiden Meßreihen graphisch dar.

b) Welche Meßreihe gehört zu der Stahlfeder, welche zu dem Gummiband? Begründe deine Antwort.

F in N	Δs_1 in cm	Δs_2 in cm
0	0	0
0,2	0,8	1,0
0,4	1,6	2,4
0,6	2,5	4,2
0,8	?	?
1,0	4,2	6,5
1,2	5,0	9,1
1,4	5,8	11,5

c) Ergänze die beiden in der Tabelle fehlenden Werte.

d) Bestimme die Federkonstante.

2 In Bild 8 auf der Vorseite ist für drei Stahlfedern dargestellt, wie Kraft und Verlängerung zusammenhängen.

a) Bestimme jeweils die Federkonstante.

b) Welche der Geraden gehört zur härtesten (weichsten) Feder?

c) Wie kann man am Diagramm erkennen, ob eine Feder weicher oder härter als eine andere ist? Wie unterscheiden sich die Federkonstanten?

3 Bild 3 zeigt die Feder eines Personenwagens. Sie hat eine Federkonstante von $24 \frac{N}{mm}$.

a) Die Feder soll um 1,2 cm zusammengedrückt werden. Wie groß muß die Kraft sein?

b) Ein Pkw wird beladen. Die Gewichtskraft auf die Ladung beträgt 3600 N und verteilt sich gleichmäßig auf alle vier Federn des Wagens. Um welche Strecke wird jede Feder zusammengedrückt?

4 Die Feder eines Kugelschreibers hat eine Federkonstante von $2 \frac{N}{cm}$.

a) Was kannst du über die Verlängerung bei einer Kraft von 50 N sagen?

b) Worauf muß man bei Anwendung des Hookeschen Gesetzes achten?

3

5 Um einen Kraftmesser selbst zu bauen, hängt man eine Schraubenfeder an eine Stativstange und markiert ihre Länge im unbelasteten Zustand.
Dann belastet man die Feder mit einem 100-g-Wägestück und markiert die neue Länge auf der Skala.

a) Wie muß man experimentell vorgehen, um zu weiteren Markierungen auf der Skala zu kommen?

b) Wie kann man vorgehen, wenn man weiß, daß für die verwendete Feder das Hookesche Gesetz gilt?

c) Beim Anlegen der Skala haben wir einen kleinen Fehler gemacht. Welchen? Wie groß ist die Abweichung, die sich dadurch bei einer Messung ergibt?

d) Wie ändert sich die Skala, wenn eine weichere bzw. eine härtere Feder benutzt wird?

6 Bei einem Expander besitzt jede der Federn eine Federkonstante von $D = 12 \frac{N}{cm}$.

a) Welche Kraft ist nötig, um den Expander mit drei Federn um 10 cm zu dehnen?

b) Wie groß ist die Dehnung bei einer Kraft von 80 N, falls vier Federn eingehängt werden?

7 Eine Feder besitzt die Federkonstante von $D = 2,4 \frac{N}{cm}$.

a) Die Feder wird nun halbiert. Wie groß ist die Federkonstante der halben Feder?

b) An die erste Feder wird eine zweite gleicher Bauart gehängt. Wie groß ist die Federkonstante der Gesamtfeder?

Kraft und Kraftmessung

Auf einen Blick

Kraftmessung

Um zu überprüfen, ob zwei Kräfte gleich groß sind, läßt man sie auf dieselbe Feder wirken. Ist die Verlängerung der Feder gleich, haben die beiden Kräfte den *gleichen* Betrag.

Als **Kraftmesser** wird z. B. eine Schraubenfeder verwendet. Die Skala kann man mit Hilfe mehrerer gleicher Wägestücke herstellen: Man hängt eins nach dem anderen an die Feder und markiert die Länge.

Die Einheit der Kraft ist **1 Newton**. 1 N ist ungefähr die Gewichtskraft, die bei Zürich auf ein 100-g-Wägestück wirkt.

Das Hookesches Gesetz

Für Stahlfedern stellt man fest:

Der Betrag der Kraft ist proportional zur Verlängerung der Feder.
$F \sim \Delta s$.
Diesen Zusammenhang nennt man **Hookesches Gesetz**.

Alle Paare aus Kraftbetrag und zugehörender Verlängerung haben also den gleichen Quotienten. Er hängt nur von der verwendeten Feder ab; man nennt ihn *Federkonstante D*.
$\frac{F}{\Delta s} = D$ oder $F = D \cdot \Delta s$.

Auswertung von Meßreihen

Da jede Messung mit Fehlern behaftet ist, kann die Lage des entsprechenden Meßpunktes im Diagramm nicht „genau" sein. Ordnen sich die Meßpunkte im Diagramm entlang einer Geraden durch den Nullpunkt, so ist die Zuordnung proportional.

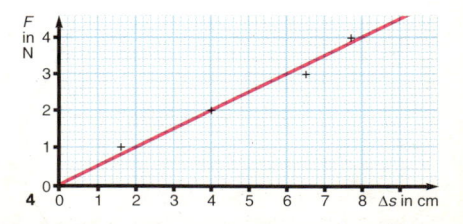

4

Zusammensetzung und Zerlegung von Kräften

1 Kräfte mit gleicher und entgegengesetzter Richtung

Wie hängen Gewichtskraft und Rückstellkraft auf die Kugel (Bild 2) zusammen? Warum ist die Kugel in Ruhe? Vergleiche mit der Situation beim Fingerhakeln (Bild 1). Beim Tauziehen wirken mehrere Kräfte (Bild 3). Welche Kräfte wirken auf die Sportler, welche auf das Tau? Was läßt sich über die Kräfte aussagen?

V 1 In Bild 4 wirken zwei Kräfte in gleicher Richtung. Welche Beträge zeigen die Kraftmesser an? Welchen Betrag und welche Richtung hätte die Kraft, die $\vec{F}_1$ und $\vec{F}_2$ ersetzen könnte? (Diese Ersatzkraft heißt *Resultierende*). Wiederhole den Versuch mit unterschiedlichen Wägestücken. Stelle anschließend eine Regel für Betrag und Richtung der Resultierenden der parallelen Kräfte auf.

V 2 Auf einen Blechstreifen wirken zwei Kräfte in entgegengesetzter Richtung (Bild 5).

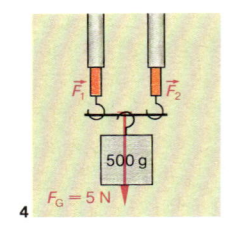

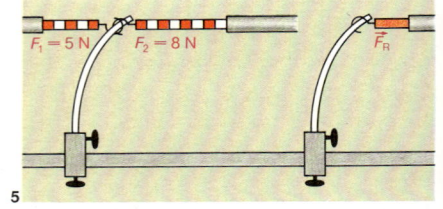

Welche Richtung und welcher Betrag ergibt sich für die Resultierende $\vec{F}_R$?

Info: Kräfte auf derselben Wirkungslinie

Von **Kräftegleichgewicht** sprechen wir, wenn zwei entgegengesetzt gerichtete, gleich große Kräfte auf *ein und denselben* Körper wirken. Der Körper bleibt dann in Ruhe, wenn diese Kräfte auf einer Geraden – der **Wirkungslinie** – liegen. Sonst entsteht eine Drehbewegung (→ Drehmoment).

Wirken mehrere Kräfte auf derselben Wirkungslinie, so herrscht Kräftegleichgewicht, wenn die Summe der Beträge der Kräfte in der einen Richtung so groß ist wie die Summe der Kraftbeträge in der anderen Richtung.

Wenn mehrere Kräfte auf einen Körper wirken, kann man sie durch *eine* Kraft mit der gleichen Wirkung ersetzen. Diese Kraft heißt **Resultierende** $\vec{F}_R$.

Aufgaben

1 In einer Fahrstuhlanlage (Bild 6) übt das „Gegengewicht" eine Kraft von 3000 N auf die Kabine aus. Mit welcher Kraft muß die Seilwinde die Kabine halten?

2 Eine Wägestück hängt ruhig an einer Feder. Welche Kräfte wirken auf das Wägestück? Was kannst du über die Resultierende aussagen?

3 Alle Stahlfedern in Bild 7 haben die gleiche Federkonstante $D = 2\,\frac{\text{N}}{\text{cm}}$.

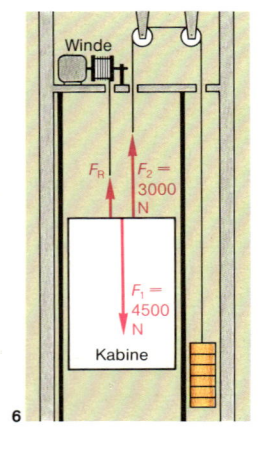

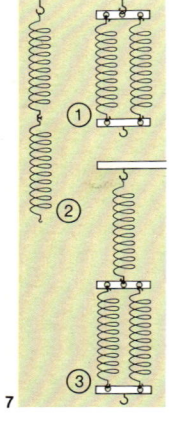

a) An den Haken der verschiedenen Federkombinationen wird mit einer Kraft von 10 N gezogen.
Um welche Strecke bewegen sich die Haken nach unten?

b) Jede dieser Kombinationen von Federn soll durch eine einzelne Feder ersetzt werden.
Die Federkombination und die entsprechende Ersatzfeder sollen bei gleicher Kraft die gleiche Verlängerung aufweisen.
Welche Federkonstanten müssen die Ersatzfedern haben?

2 Wenn Kräfte einen Winkel bilden ...

Zwei gegen eine (Bild 8) – ein ungleicher Wettkampf?!

V 3 Bild 9 zeigt verschiedene Anordnungen. Bestimme jeweils die Kraft, bei der der Faden reißt.

V 4 Baue die Situation von Bild 8 nach. Die Kraft, mit der Ulrike zieht, wird durch die Gewichtskraft $\vec{F}_G$ auf ein Wägestück ersetzt (Bild 10).

a) Der Ring, an dem die Kräfte angreifen, ist im Kräftegleichgewicht: Die beiden Kräfte $\vec{F}_1$ und $\vec{F}_2$ halten $\vec{F}_G$ das Gleichgewicht.

Eine einzelne Kraft, die das gleiche bewirkt wie $\vec{F}_1$ und $\vec{F}_2$ zusammen, nennt man wieder **Resultierende** der Kräfte $\vec{F}_1$ und $\vec{F}_2$.

Welchen Betrag und welche Richtung hat die Resultierende von $\vec{F}_1$ und $\vec{F}_2$?

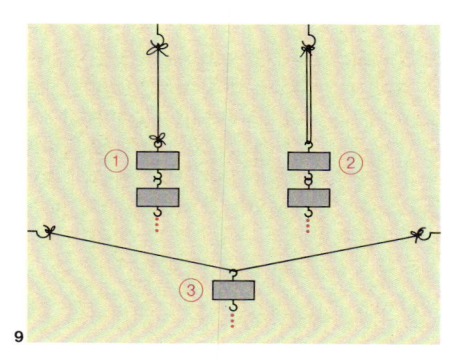

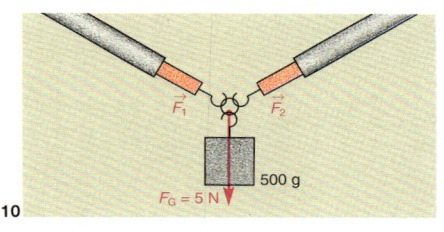

b) Zeichne die Kräfte $\vec{F}_1$ und $\vec{F}_2$ sowie ihre Resultierende $\vec{F}_R$ als Kraftpfeile (mit gleichem Angriffspunkt).

Verbinde die Spitzen nebeneinanderliegender Kraftpfeile. Welche geometrische Figur ergibt sich?

c) Verändere den Winkel zwischen den Kraftmessern. Wie ändern sich die Beträge von $\vec{F}_1$ und $\vec{F}_2$? Wie ändert sich die Resultierende? Miß den Winkel, und zeichne die Kraftpfeile.

d) Überlege: Warum hat Ulrike in Bild 8 die Chance, bei dem ungleichen Wettkampf zu gewinnen?

e) Wenn man wissen will, wie groß die Resultierende von $\vec{F}_1$ und $\vec{F}_2$ ist, kann man nicht einfach die Beträge der Kräfte addieren. Warum nicht?

Info: Zusammensetzung von Kräften – das Kräfteparallelogramm

Nehmen wir an, Ulrike in Bild 8 zieht gerade so stark, daß Kräftegleichgewicht herrscht. Solche Gleichgewichtssituationen, bei denen mehr als zwei Kräfte wirken, kann man zum Beispiel mit Kraftmessern auf einer Magnettafel untersuchen (Bild 11).

In Bild 12 sind die entsprechenden Kraftpfeile gezeichnet: $\vec{F}_1$ und $\vec{F}_2$ zusammen halten $\vec{F}_{Gl}$ das Gleichgewicht. Genau dasselbe bewirkt auch die Kraft $\vec{F}_R$, die den gleichen Betrag wie $\vec{F}_{Gl}$ hat, aber entgegengesetzt gerichtet ist. Wir bezeichnen $\vec{F}_R$ als die **Resultierende** der Kräfte $\vec{F}_1$ und $\vec{F}_2$.

Verbindet man die Spitzen der Kraftpfeile von $\vec{F}_1$, $\vec{F}_2$ und $\vec{F}_R$ miteinander, so erhält man bei allen Versuchen ein Parallelogramm – vorausgesetzt, man hat genau genug gemessen.

Als Ergebnis halten wir fest:

○ Zwei Kräfte $\vec{F}_1$ und $\vec{F}_2$, die den gleichen Angriffspunkt haben, können durch die Resultierende $\vec{F}_R$ der beiden Kräfte ersetzt werden.

○ Um die Resultierende zu bestimmen, wird das **Kräfteparallelogramm** mit den Seiten $\vec{F}_1$ und $\vec{F}_2$ gezeichnet. Die Diagonale, die im Angriffspunkt von $\vec{F}_1$ und $\vec{F}_2$ beginnt, entspricht dem Kraftpfeil von $\vec{F}_R$.

Mit Hilfe des Kräfteparallelogramms kann man zu zwei gegebenen Kräften die resultierende Kraft (oder Gleichgewichtskraft) zeichnerisch ermitteln (Bild 13).

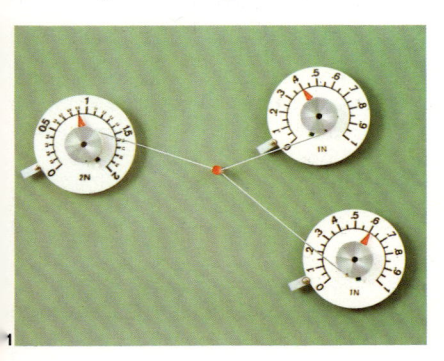

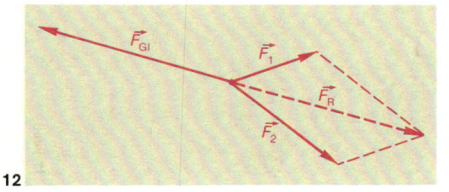

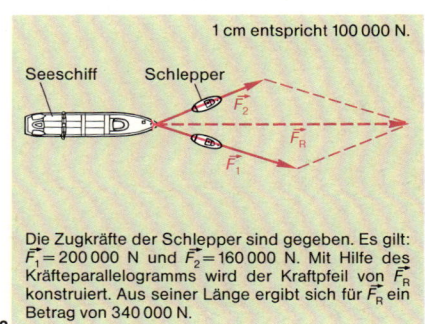

Die Zugkräfte der Schlepper sind gegeben. Es gilt: $\vec{F}_1 = 200\,000$ N und $\vec{F}_2 = 160\,000$ N. Mit Hilfe des Kräfteparallelogramms wird der Kraftpfeil von $\vec{F}_R$ konstruiert. Aus seiner Länge ergibt sich für $\vec{F}_R$ ein Betrag von 340 000 N.

Aufgaben

1 Die Kräfte $\vec{F}_1$ und $\vec{F}_2$ haben denselben Angriffspunkt ($F_1 = 24$ N, $F_2 = 18$ N). Die Wirkungslinien bilden einen Winkel von 60°. Konstruiere die Resultierende.
Wie verändert sie sich, wenn der Winkel größer wird?

2 In Bild 1 wirken drei Kräfte auf denselben Körper. Konstruiere die Resultierende, die alle drei Kräfte ersetzt. *Tip:* Ersetze zuerst zwei Kräfte.

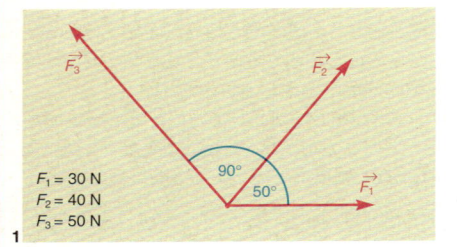

3 Die Zugkräfte in den Seilen, an denen die Lampe in Bild 2 hängt, sind jeweils 30 N groß. Wie groß ist die Gewichtskraft auf die Lampe?

4 Ein Kellner, der mit einem Tablett losläuft, muß das Tablett schräg halten. Eigentlich müßte er zwei Kräfte ausüben (Bild 3):
○ Er muß der Gewichtskraft $\vec{F}_G$, die auf das Tablett wirkt, durch die Kraft $\vec{F}_1$ das Gleichgewicht halten.
○ Das Tablett muß durch eine Kraft $\vec{F}_2$ in Bewegung gesetzt werden.
Statt der beiden Kräfte übt der Kellner aber nur eine einzige Kraft aus. Diese Kraft $\vec{F}_R$ ersetzt die beiden anderen.
Konstruiere die Resultierende für $F_1 = F_G = 80$ N und $F_2 = 15$ N.

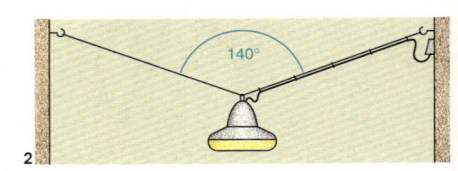

$F_1 = 30$ N
$F_2 = 40$ N
$F_3 = 50$ N

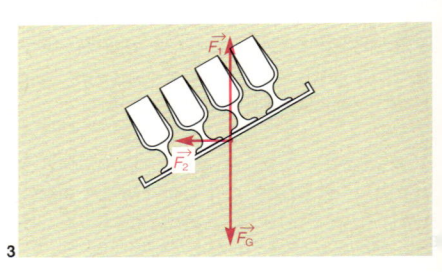

3 Zerlegung von Kräften

In der Hängematte denkt man nicht unbedingt an Physik. Beim Aufhängen der Matte sollte man aber schon daran denken. Welche Kräfte wirken auf den Ast und den Pfahl?

V 5 Ziehe einen Klotz mehrmals mit einem Kraftmesser über den Tisch. Verändere dabei den Winkel zwischen Tisch und Kraftmesser. Erkläre die Ergebnisse.

V 6 Die Gewichtskraft auf eine Schultasche wird ermittelt.
Eine gleich große, aber entgegengesetzt gerichtete Kraft mußt du ausüben, wenn du die Schultasche trägst.
Die Tasche wird von zwei Schülern mit verschiedenen Winkeln an der Schnurmitte gehalten (Bild 5). Die Kräfte werden gemessen.
„Geteilte Last ist halbe Last." Unter welchen Umständen gilt dieser Satz?

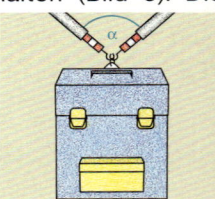

Info: Zerlegung einer Kraft in zwei Komponenten

In Bild 6 hängt eine Last an einer Stützvorrichtung. Die Last zieht an dem horizontal verlaufenden Seil und drückt die schräg verlaufende Stange gegen die Wand. Wir können daher die Kraft $\vec{F}$ durch eine Kraft $\vec{F}_1$ in Richtung des Seils und eine Kraft $\vec{F}_2$ in Richtung der Stange ersetzen.

In diesem Beispiel stellt sich das umgekehrte Problem wie bei der Zusammensetzung von Kräften: Eine Kraft $\vec{F}$ ist vorgegeben. Es sollen zwei Kräfte $\vec{F}_1$ und $\vec{F}_2$ gefunden werden, die zusammen dieselbe Wirkung wie $\vec{F}$ haben. Diese beiden Kräfte heißen **Komponenten** von $\vec{F}$.

Um Komponenten einer Kraft $\vec{F}$ zu bestimmen, geht man in zwei Schritten vor:
○ Überlege dir zunächst die Richtungen der Komponenten. In dem Beispiel geben die Richtungen von Seil und Stange die Richtungen von $\vec{F}_1$ und $\vec{F}_2$ an.
○ Bestimme die Beträge der Komponenten. Zeichne dazu das Parallelogramm, in dem $\vec{F}$ die Diagonale ist.

Man sagt, die Kraft $\vec{F}$ ist in die Komponenten $\vec{F}_1$ und $\vec{F}_2$ *zerlegt* worden.
Bild 7 zeigt ein weiteres Beispiel für die Kräftezerlegung.

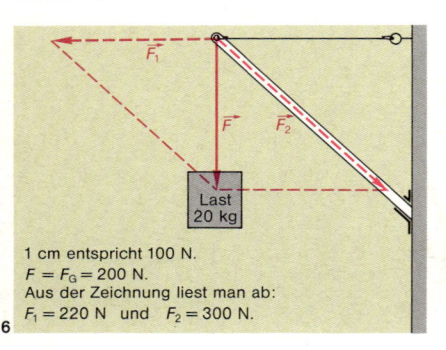

1 cm entspricht 100 N.
$F = F_G = 200$ N.
Aus der Zeichnung liest man ab:
$F_1 = 220$ N und $F_2 = 300$ N.

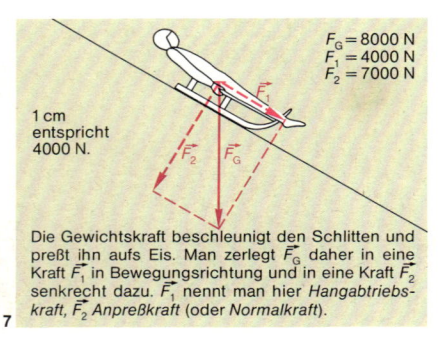

Last 20 kg

$F_G = 8000$ N
$F_1 = 4000$ N
$F_2 = 7000$ N

1 cm entspricht 4000 N.

Die Gewichtskraft beschleunigt den Schlitten und preßt ihn aufs Eis. Man zerlegt $\vec{F}_G$ daher in eine Kraft $\vec{F}_1$ in Bewegungsrichtung und in eine Kraft $\vec{F}_2$ senkrecht dazu. $\vec{F}_1$ nennt man hier *Hangabtriebskraft*, $\vec{F}_2$ *Anpreßkraft* (oder *Normalkraft*).

Aufgaben

1 Zwischen zwei Häusern ist ein Seil gespannt, an dem eine Lampe ($m = 17$ kg) hängt. Der Winkel zwischen den beiden Seilenden (am Aufhängepunkt der Lampe) beträgt 130°. Ermittle zeichnerisch die Zugkräfte in den Seilen.

2 Ein Auto ($F_G = 10\,000$ N) steht auf einer stark abschüssigen Straße. Der Winkel zwischen der Straße und der Waagerechten beträgt 20°.

a) Zerlege die Gewichtskraft in zwei Komponenten. Eine der Komponenten soll parallel, die andere senkrecht zur Straße sein.

b) Bestimme die Beträge der beiden Komponenten.

c) Wieso ist es sinnvoll, die Gewichtskraft in dieser Weise zu zerlegen?

3 Susanne (45 kg) möchte eine Hängematte zwischen die Wände ihres Zimmers spannen. Welche Kräfte wirken auf die Aufhängung, wenn Susanne auf der Matte sitzt (Bild 8)?

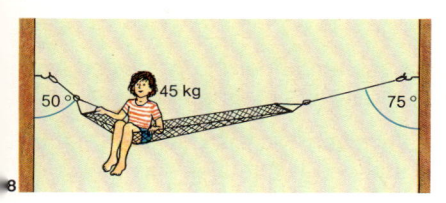

4 Die Kräfte, die eine gespannte Wäscheleine aushalten muß, sind größer als die Summe der Gewichtskräfte, die auf die aufgehängten Wäschestücke wirken. Begründe!

5 Zwei Jungen tragen gemeinsam einen Eimer. Der Winkel zwischen ihren Armen beträgt 30°. Jeder Junge übt eine Kraft von 80 N aus. Wie groß ist die Gewichtskraft auf den Eimer?

6 An einer Schraubenfeder wird mit zwei Kraftmessern gezogen (Bild 9). Um welche Strecke wird dadurch die Schraubenfeder verlängert?

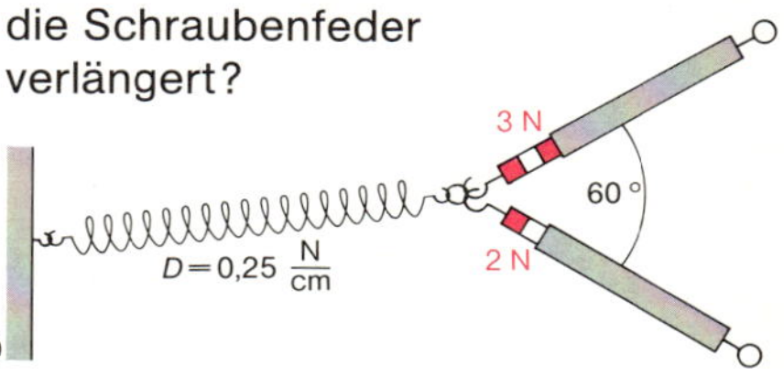

Aus Umwelt und Technik: Von Brücken und Fachwerkbauten

Bei technischen Bauwerken ist die richtige Beurteilung und Verteilung der auftretenden Kräfte eine wichtige Aufgabe der Ingenieure.

Die **Eisenbahnbrücke** in Bild 10 ist keine einfache Platte, die über den Fluß gelegt wurde, sondern eine komplizierte Stahlkonstruktion. Ihre Bauweise erlaubt es, die bei der Durchfahrt des Zuges auftretenden Kräfte zu verteilen. Dadurch kann die Brücke materialsparend gebaut werden. Die große Gewichtskraft des Zuges verteilt sich auf die gesamte Konstruktion (Bild 11) und wird letztlich von den Lagern der Brücke aufgenommen. Das Konstruktionsprinzip von Eisenbahnbrücken und auch von **Fachwerkbauten** (Bild 12) ist stets das gleiche: Durch diagonale Verbindungen in den Konstruktionen wird das Bauwerk stabilisiert (Bild 13).

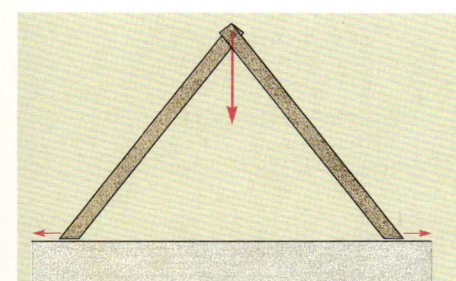

Zwei Balken, die an einem Ende beweglich miteinander verbunden sind, werden von oben belastet. Die freien Balkenenden spreizen sich dadurch auseinander, bis sie flach auf dem Boden liegen.

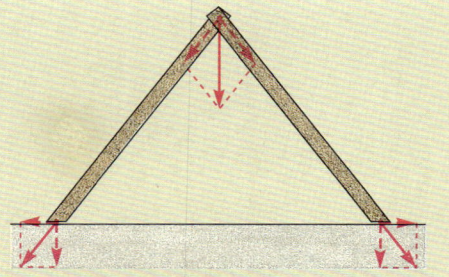

Kräfteparallelogramme zeigen den Grund: Die Kraft wird in Komponenten zerlegt, die in Richtung der Balken wirken. An den freien Balkenenden kann man die Komponenten wieder in Kräfte zerlegen, die zur Seite und nach unten wirken.

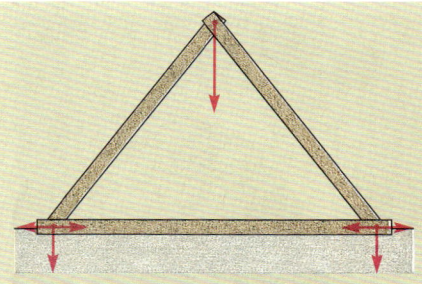

Verbindet ein dritter Balken die freien Enden, so wird das Spreizen verhindert. Der dritte Balken übt Kräfte aus, die den waagerechten Kraftkomponenten das Gleichgewicht halten. Nur nach unten wirkende Kräfte bleiben übrig.

Reibung und Verkehrssicherheit

1   Vorsicht, Kurve!

Ingo kriegt die Kurve.
Bei 25 km/h – kein Problem!
Die Reifen seines Mofas haften auf der Fahrbahn.

Am nächsten Tag:
Obwohl Ingo mit der gleichen Geschwindigkeit gefahren ist, haben die Reifen die Haftung verloren.

V 1 Wie gut haftet ein Reifen auf einer trockenen und einer nassen Fahrbahn?

a) Bild 3 zeigt, wie du die „Haftung" messen kannst: Ziehe am Kraftmesser mit zunächst wenig Kraft, dann immer stärker (nicht ruckartig!). Wie groß kann die Zugkraft werden, ohne daß der Reifen wegrutscht?

b) Untersuche möglichst auch die Haftung auf einem Kiesweg und auf einer mit Sand oder Laub bedeckten Straße.

c) Überlege, in welche Richtung die Kraft wirkt, die den Reifen am Wegrutschen hindert. Der Höchstwert dieser Kraft heißt *(maximale) Haftreibungskraft* (→ Info).

V 2 Du benötigst ein Stück Fahrradreifen. Die Kraft, die den Reifen auf die Fahrbahn preßt, heißt *Anpreßkraft* (oder *Normalkraft*). Lege eine Tabelle an (→ Muster).

a) Belaste den Reifen mit unterschiedlichen Wägestücken, und miß die (maximale) Haftreibungskraft (Bild 4): Erhöhe allmählich die Zugkraft, und lies ihren Höchstwert ab, kurz bevor sich der Reifen in Bewegung setzt. Wie hängt die Haftreibungskraft von der Anpreßkraft ab?

Reibungs- partner	Anpreß- kraft F_N in N	Haftreibungs- kraft F_{Haft} in N	Haftreibungs- zahl μ_{Haft}
Reifen (neu) auf Tischplatte	?	?	?

b) Wiederhole den Versuch auf anderen Unterlagen. Verwende auch ein Stück alten Reifen ohne Profil.

c) Berechne für die einzelnen Messungen die *Haftreibungszahlen* (→ Info), und vergleiche sie. Was stellst du dabei fest?

d) Untersuche, wie die *Gleitreibungskraft* (→ Info) von der Anpreßkraft abhängt. Berechne dann die Gleitreibungszahlen (Tabelle anlegen!).

V 3 Vergleiche die Haft- und Gleitreibung von Schuhsohlen auf unterschiedlichen Fußböden (z. B. Stein, Kunststoff, Holz, Teppich) in einem Versuch ähnlich V 2.

Unterscheidet sich die Gleitreibungskraft auf trockenem Steinfußboden (Treppenstufen) von der auf nassem? Erkläre das Versuchsergebnis.

V 4 Bild 5 zeigt dir, wie du einfache Reibungsversuche (wie z. B. V 2) auch ohne einen teuren Kraftmesser durchführen kannst. Lege auch einmal runde Filzstifte unter das Brett.

V 5 Ziehe mit einem Kraftmesser einen Holzquader über die Tischplatte. Bestimme dabei die Gleitreibungskraft.

Wie wird sich die Gleitreibungskraft ändern, wenn du den Holzquader auf eine andere (*kleinere* oder *größere*) Seitenfläche legst? Schätze zuerst, und überprüfe dann deine Vermutung.

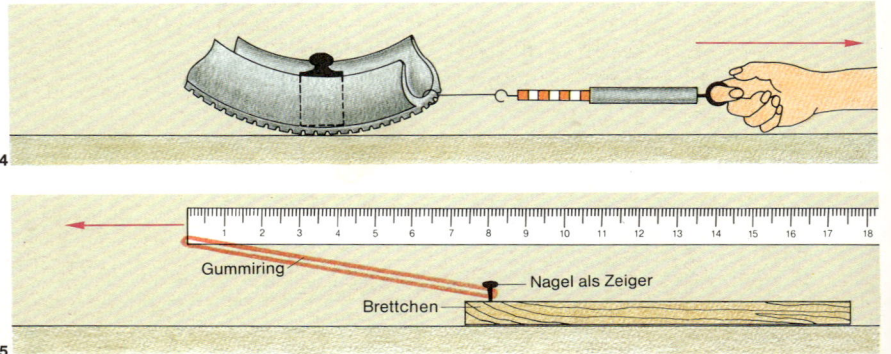

Info: Haftreibung – Gleitreibung – Rollreibung

○ **Wie kommt es zur Reibung?**

Um diese Frage beantworten zu können, muß man wissen, daß die Oberfläche eines Körpers niemals vollkommen glatt ist – auch dann nicht, wenn sie geschliffen und poliert wurde. Unter dem Mikroskop erkennt man immer noch Unebenheiten (Bild 6). Wenn nun ein Körper z. B. durch die Gewichtskraft auf einen anderen Körper (die Unterlage) gepreßt wird, „verhaken" sich ihre Oberflächen ineinander. Versucht man den Körper zu verschieben, spürt man einen Widerstand; der Körper haftet auf der Unterlage. Man spricht von **Haftreibung**. (Die Haftreibung wird noch durch Kräfte zwischen den beiden Körpern – *Adhäsionskräfte* – verstärkt.)

Aber auch wenn der Körper nicht auf der Unterlage liegt, sondern auf ihr rutscht oder *gleitet*, tritt Reibung auf, die **Gleitreibung**. Die Bewegung des Körpers wird dadurch gebremst, daß er sich fortwährend mit der Unterlage „verhakt" und wieder von ihr „losreißt".

Die geringste Abbremsung wird erzielt, wenn der Körper auf der Unterlage mit Hilfe von Walzen oder Rädern rollt. Man spricht dann von **Rollreibung**.

○ **Die Haftreibung**

Wenn man einen Schrank verrücken will, muß man kräftig ziehen, damit er sich von der Stelle bewegt. Ist dabei die Zugkraft nicht groß genug, bleibt er stehen (er „haftet" auf dem Fußboden). Auf den Körper muß also eine zweite Kraft wirken, die ihn am Wegrutschen hindert. Diese Kraft ist der Zugkraft entgegengesetzt und wird vom Fußboden ausgeübt (Bild 7).

Dies gilt nicht nur für den Schrank, denn jeder Körper „haftet" auf seiner Unterlage: Erhöht man vorsichtig die Zugkraft, so bleibt der Körper zunächst liegen. Die Unterlage übt eine Kraft auf ihn aus, die der Zugkraft das Gleichgewicht hält. Diese Kraft wird mit wachsender Zugkraft immer größer. Einen Augenblick, bevor der Körper zu rutschen beginnt, erreicht sie ihren Höchstwert.

Man bezeichnet diesen Höchstwert als (maximale) **Haftreibungskraft** (Bild 8).

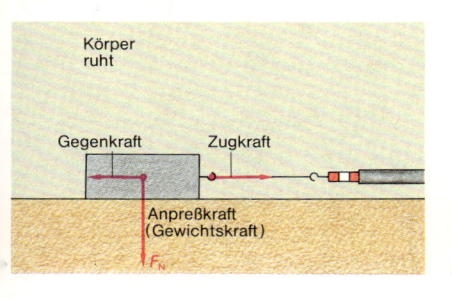

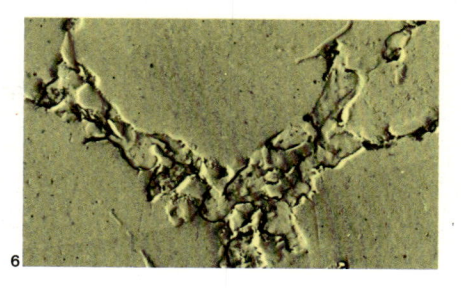

Einen Augenblick, bevor sich der Körper in Bewegung setzt, ist also die angezeigte Zugkraft genauso groß wie die (maximale) Haftreibungskraft, aber entgegengesetzt gerichtet.

Wie groß die Haftreibungskraft werden kann, hängt ab von der *Beschaffenheit der reibenden Flächen* und von der *Anpreßkraft*. (Die Anpreß- oder Normalkraft ist die Kraft, mit der ein Körper senkrecht auf seine Unterlage gepreßt wird.)

○ **Die Haftreibungszahl**

Verdoppelt (verdreifacht) man die Anpreßkraft F_N, so ist auch die (maximale) Haftreibungskraft F_{Haft} doppelt (dreimal) so groß. Es gilt: $F_{Haft} \sim F_N$. Der Quotient aus diesen beiden Kräften ist konstant. Er heißt **Haftreibungszahl** μ_{Haft}:

$$\mu_{Haft} = \frac{F_{Haft}}{F_N}.$$

Dazu ein Beispiel: Beträgt die Haftreibungskraft eines Holzklotzes auf einer Tischplatte 1,8 N und die Anpreßkraft (hier die Gewichtskraft) 4,0 N, so erhält man als Haftreibungszahl

$$\mu_{Haft} = \frac{1,8\ N}{4,0\ N} = 0,45 = \frac{45}{100} = 45\,\%.$$

Das heißt: Um die Haftreibung zu überwinden, muß man 45 % der Anpreßkraft aufwenden.

○ **Die Gleitreibung**

Ein Körper, der auf einer Fläche entlangrutscht, wird durch eine Reibungskraft, die **Gleitreibungskraft**, gebremst. Soll er weiterrutschen, muß diese Kraft durch eine Zugkraft überwunden werden.

Zum Messen der Gleitreibungskraft zieht man den Körper an einem Kraftmesser mit *gleichbleibender Geschwindigkeit*.

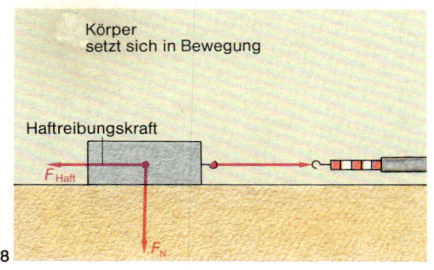

Die dabei angezeigte Zugkraft ist ebenso groß wie die Gleitreibungskraft, jedoch entgegengesetzt gerichtet.

Bei unterschiedlichen Reibungspartnern mißt man unterschiedliche Reibungskräfte. Bei *gleichen* Reibungspartnern hängt die Gleitreibungskraft nur von der Anpreßkraft ab. Es gilt: $F_{Gleit} \sim F_N$.

Für jeweils zwei Reibungspartner ist deshalb die **Gleitreibungszahl** μ_{Gleit} konstant:

$$\mu_{Gleit} = \frac{F_{Gleit}}{F_N}.$$

Einige Reibungszahlen findest du in der Tabelle unten.

○ **Die Rollreibung**

Wenn sehr schwere Körper fortbewegt werden sollen, kann man sie auf Walzen (Rollen) legen. Die Ägypter und Assyrer bewegten auf diese Weise schon vor 4000 Jahren tonnenschwere Steinblöcke auf Schlitten fort. Sklaven mußten dabei ständig Rundhölzer (Baumstämme) vor die Schlitten legen.

○ **Reibung in Flüssigkeiten und Gasen**

Reibung gibt es nicht nur zwischen festen Körpern. Reibung tritt auch auf, wenn feste Körper in Gasen oder Flüssigkeiten bewegt werden (z. B. beim Radfahren und beim Schwimmen).

Dann gelten aber andere Gesetze als bei festen Körpern. Insbesondere sind in diesen Fällen die Reibungskräfte von der Geschwindigkeit abhängig.

Reibungspartner	Reibungszahlen	
	μ_{Haft}	μ_{Gleit}
Holz auf Stein	0,70	0,30
Holz auf Holz	0,50	0,30
Stahl auf Stahl	0,15	0,12
Stahl auf Stahl (geschmiert)	0,10	0,05
Stahl auf Eis	0,03	0,01
Autoreifen auf trockenem Asphalt	1,0*	0,9
nassem Asphalt	0,8	0,6
vereistem Asphalt	0,2**	0,1***
M- und S-Reifen auf Eis	0,4	0,16

* $\mu_{Haft} = 1,0$ bedeutet: Die Haftung auf der Straße ist ebenso groß wie die Anpreßkraft des Reifens. Der Reifen „klebt" förmlich auf der Fahrbahn. Das Auto läßt sich gut lenken und sicher bremsen.

** $\mu_{Haft} = 0,2$ bedeutet: Gegenüber der trockenen Straße ist die Haftung jetzt fünfmal kleiner. Der Bremsweg wird entsprechend länger.

*** $\mu_{Gleit} = 0,1$ bedeutet: Die Reibungskräfte verringern sich nochmals um 50 %. Das geschieht, wenn die Räder beim Bremsen blockieren und die Reifen nur noch rutschen oder wenn die Räder beim Anfahren durchdrehen.

Reibung und Verkehrssicherheit

Aufgaben

1 Ein Schrank (80 kg) aus Holz soll auf einem Steinfußboden verrückt werden. Welche Zugkraft ist erforderlich, damit sich der Schrank in Bewegung setzt? Wie groß muß die Zugkraft sein, wenn er in Bewegung gekommen ist?

2 Carsten zieht seine Schwester (30 kg) auf einem Schlitten (8 kg) mit Stahlkufen über einen zugefrorenen See. Wie groß muß die Zugkraft während der Fahrt mindestens sein?

3 Um die Reibung zwischen festen Körpern zu verringern, kann man Flüssigkeiten als Schmiermittel benutzen. Nenne dafür einige Beispiele.

Auch Wasser kann ein Schmiermittel sein, z. B. zwischen den Reifen und der Straße. Weshalb ist dieses „Schmiermittel" unerwünscht?

4 Erläutere mit Hilfe des Begriffes *Reibung*, warum Micha mit seinem Mofa gestürzt ist (Bild 2 der vorigen Doppelseite).

5 Ein Fahrrad wird mit der Felgenbremse abgebremst.

Welche Art von Reibung tritt an der Bremse auf? Warum läßt die Bremswirkung bei Regen nach?

6 Damit man nicht ausrutscht, muß die maximale Haftreibungskraft zwischen Schuhsohlen und Fußboden ausreichend groß sein.

Unter welchen Umständen ist die maximale Haftreibungskraft klein? Wie kann man die maximale Haftreibungskraft vergrößern?

7 Eine Holzkiste ($F_G = 600$ N) wird auf einer Steinrampe hochgeschoben. Die Rampe ist um 30° gegen die Erdoberfläche geneigt.

Wie groß ist die Anpreßkraft? Bestimme die Gleitreibungskraft. Welche Zugkraft ist erforderlich?

8 Zwischen Rad und Achse werden heutzutage Kugellager eingebaut (Bild 1). Welchen Vorteil haben sie?

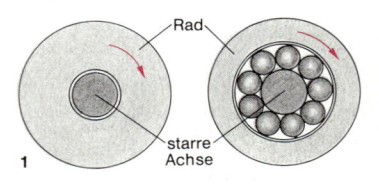

Aus der Geschichte: Vom Schlitten zum Rad

Vor 4000 Jahren in Ägypten, dem Reich der Pharaonen: Handwerker haben gerade eine Statue vollendet. Sie ist acht Meter hoch und wiegt 60 Tonnen. Nun muß sie vom Steinbruch zu ihrem Aufstellungsort gebracht werden – 40 km quer durch die Wüste.

Keine leichte Aufgabe! Trotzdem schaffen es die Ägypter – mit dem ältesten „Fahrzeug" der Menschheit, dem **Schlitten**. (Schlitten werden schon seit ca. 7000 Jahren benutzt.) Der hölzerne Schlitten, auf dem die Statue festgebunden ist, wird von 172 Männern an vier Seilen gezogen (Bild 2). Vorn auf dem Schlitten steht ein Mann und gießt Wasser vor die Kufen, um die Gleitreibung zu verringern und das Kufenholz zu kühlen.

Auch die Assyrer transportierten schwere Lasten auf Schlitten, wie dieses Relief aus dem Zweistromland zwischen Euphrat und Tigris zeigt (Bild 3). Hier erleichterte man sich das Ziehen, indem Sklaven Rundhölzer (Baumstämme) vor den Schlitten legten; auf diesen **Walzen** rollte der Schlitten weiter.

Damals kannte man auch schon **Wagenräder**, die aus rollenden Baumstämmen entwickelt wurden. Sie eigneten sich aber nur zum Transport von geringen Lasten.

Die Rundhölzer lagen *quer* zu den Schlittenkufen. Räumliche Darstellungen (so wie *wir* sie kennen) waren damals unbekannt; heute hat man daher den Eindruck, das Bild sei falsch.

Aus Umwelt und Technik: **Auf die Haftreibung kommt es an!**

Auf einer vereisten, spiegelglatten Fahrbahn kann man ein Auto praktisch nicht bremsen. Auch das Anfahren bei Glatteis ist fast unmöglich. Gute Bremsen und ein „starker" Motor allein reichen also nicht aus, um den Bewegungszustand eines Autos zu ändern. Auch Fahrbahn und Reifen spielen eine wichtige Rolle.

Damit möglichst große Antriebs- oder Bremskräfte auf das Auto wirken können, müssen die Reifen auf der Fahrbahn *haften*.

Der **Antrieb** auf das Auto kommt so zustande: Der Motor bewirkt, daß die Räder eine *nach hinten* gerichtete Kraft auf die Fahrbahn ausüben. Daß diese Kraft nach hinten gerichtet ist, erkennt man, wenn Steinchen auf der Straße liegen: Sie werden nach hinten geschleudert. Die Folge ist, daß auf die Räder (und damit auf das Auto) eine *nach vorne* gerichtete *Haftreibungskraft* wirkt. Sie wird von der Fahrbahn ausgeübt und ist genauso groß wie die nach hinten gerichtete Kraft auf die Fahrbahn. (Daß eine solche Kraft auftreten muß, folgt auch aus dem *Wechselwirkungsprinzip*.)

Wenn man mehr Gas gibt, wird die Kraft der Antriebsräder auf die Straße größer – und damit auch die Antriebskraft auf das Auto. Gibt man zuviel Gas, drehen die Räder durch. Sie gleiten dann über die Fahrbahn und auf das Auto wirkt plötzlich nur noch die viel kleinere *Gleitreibungskraft*.

Die Antriebskraft, die auf ein Fahrzeug wirkt, kann nie größer sein als die maximale Haftreibungskraft. Diese Kraft bestimmt also zum Beispiel, wie schnell man anfahren kann.

Ganz ähnlich ist es beim **Bremsen** eines Autos.

Bild 4 zeigt die *Scheibenbremse* eines Autos: Zusammen mit dem Rad dreht sich die *Bremsscheibe*. Während des Bremsens werden von beiden Seiten die *Bremsbeläge* gegen die laufende Scheibe gepreßt. Auf die sich drehende Scheibe (und damit auf das Rad) wirkt eine *Gleitreibungskraft*, die die Drehbewegung hemmt.

Die Folge ist: Die Räder üben eine *nach vorne* gerichtete Kraft auf die Straße aus – und die Straße eine *nach hinten* gerichtete **Haftreibungskraft** auf das Auto.

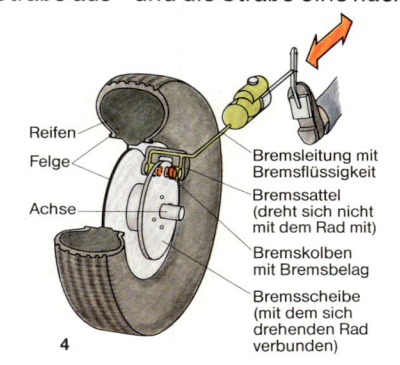

Tritt man zu stark auf die Bremse, so blockieren die Räder. Die Kraft, die die Straße auf das Auto ausübt, läßt schlagartig nach, da jetzt nur noch *Gleitreibung* auftritt.

Wie stark ein Fahrzeug höchstens abgebremst werden kann, wird also ebenfalls durch die maximale *Haftreibungskraft* bestimmt.

Auch beim **Kurvenfahren** muß die Straße eine Kraft auf das Fahrzeug ausüben. Die *Bewegungsrichtung* eines Körpers ändert sich ja nur, wenn eine Kraft auf ihn wirkt. Je schneller man durch die Kurve fährt, desto größer ist die benötigte Kraft.

Auch diese Kraft kann nicht größer sein als die maximale Haftreibungskraft. Fährt man zu schnell, landet man unweigerlich im Straßengraben.

Gefährlich ist es auch, wenn man in Kurven bremst oder Gas gibt. Die Haftreibungskraft ist ja bereits erforderlich, um das Auto in die Kurve zu zwingen. Werden durch Bremsen oder Gasgeben zusätzliche Kräfte nötig, besteht die Gefahr, daß die maximale Haftreibungskraft überschritten wird. Die dann wirksame Gleitreibung reicht nicht aus, um den Wagen in der Spur zu halten; das Auto rutscht geradeaus weiter.

Aus Umwelt und Technik: **ABS als „Notbremse"**

Ein Alptraum für Autofahrer: Im Dunkeln steht plötzlich ein Hindernis auf der Straße. Was tun? Bremsen *und* lenken? Ob das Auto das mitmacht?

Bild 5 zeigt dazu einen Test: Am Stoppschild haben beide Fahrer mit einer Vollbremsung begonnen. Die Fahrbahn ist naß. Beide versuchen, ihr Auto um das Hindernis herumzulenken. Das linke Auto fährt aber trotz eingeschlagener Lenkung geradeaus. Seine Räder blockieren…

Das Blockieren der Räder beim Bremsen kann böse Folgen haben:
○ Das Auto läßt sich nicht lenken.
○ Der Bremsweg wird länger.
○ Die Reifen werden zerstört.

Das rechte Auto hingegen läßt sich gleichzeitig bremsen *und* lenken, weil seine Räder nicht blockieren. Dieses Auto ist nämlich mit einem ABS (Anti-Blockier-System) ausgestattet.

Beim ABS werden die Drehzahlen der Räder ständig gemessen und an einen Bordcomputer gemeldet. Sinkt die Drehzahl eines Rades beim Bremsen zu schnell, stellt der Computer Blockiergefahr fest. Sofort wird die Scheibenbremse des Rades etwas gelöst, das Rad dreht sich schneller – und wird erneut stärker gebremst.

Dieses Wechselspiel läuft bis zu 10mal je Sekunde ab.

Übrigens sind Autos mit ABS genauso oft wie andere in Unfälle verwickelt. Die Fahrer glauben, auch in schwierigen Situationen bremsen zu können – und fahren riskanter. Zusätzliche Sicherheit bringt das ABS nur, wenn man so vorsichtig fährt, als wäre es nicht vorhanden.

Aus Umwelt und Technik: **Reifenprofil und Verkehrssicherheit**

An einen Autoreifen (Bild 1) werden heutzutage vielfältige Anforderungen gestellt. Er soll
○ weitgehend die Unebenheiten der Fahrbahn „schlucken" und zu einer weichen Federung beitragen;
○ Antriebs-, Brems- und Lenkkräfte möglichst gut übertragen;
○ gut auf der Straße haften, besonders in Kurven;
○ auch bei Nässe, Matsch und Schnee Sicherheit bieten;
○ beim Fahren möglichst leise sein und sich nur wenig erwärmen;
○ wenig kosten und lange halten; d.h., er soll sich nur langsam abnutzen und darf nicht platzen.

Damit Reifen stets verkehrssicher sind, muß man auf **Reifendruck** und **Reifenprofil** achten. So ist z.B. für jedes Fahrzeug vorgeschrieben, wie groß der Luftdruck im Reifen sein muß. Ist der Druck höher, so ist die Standfläche des Reifens auf der Straße (die sogenannte *Aufstandsfläche*) kleiner als bei vorgeschriebenem Druck.

Eine möglichst große Standfläche ist aber wichtig: Die Reibungskraft hängt zwar bei einem Holzklotz nicht von der Größe der Fläche ab, mit der er auf der Unterlage aufliegt. Dies gilt aber nur für starre feste Körper, nicht für Reifen. Der biegsame, weiche Reifengummi „klebt" nämlich um so besser auf der Straße, je größer die Standfläche ist. Dies ist übrigens auch der Grund, weshalb Reifen von Rennwagen oft gar keine Profilrillen besitzen.

Profillose Reifen sind aber nur für trockene Straßen geeignet. Damit nämlich ein Auto auch bei Regen sicher zu lenken und zu bremsen ist, muß das Wasser zwischen Reifen und Fahrbahn nach außen abgeleitet werden. Diese wichtige Aufgabe übernehmen die **Profilrillen**.

Besonders gefährlich wird es, wenn Wasser in riesigen Pfützen auf der Fahrbahn steht. Fährt dann ein Auto zu *schnell* oder mit *zu wenig Reifenprofil*, so bildet sich zwischen den Reifen und der Fahrbahn ein Wasserkeil (Bild 2). Das Auto schwimmt sozusagen auf einer Wasserschicht und läßt sich weder bremsen noch lenken! Man nennt diesen äußerst gefährlichen Zustand **Aquaplaning** (oder *Wasserglätte*).

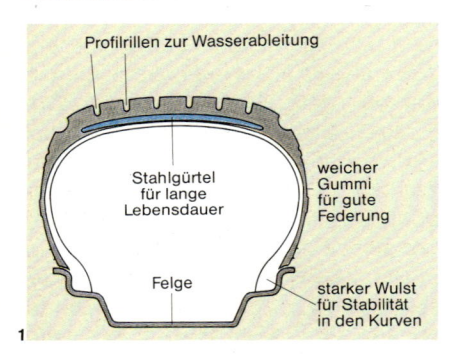

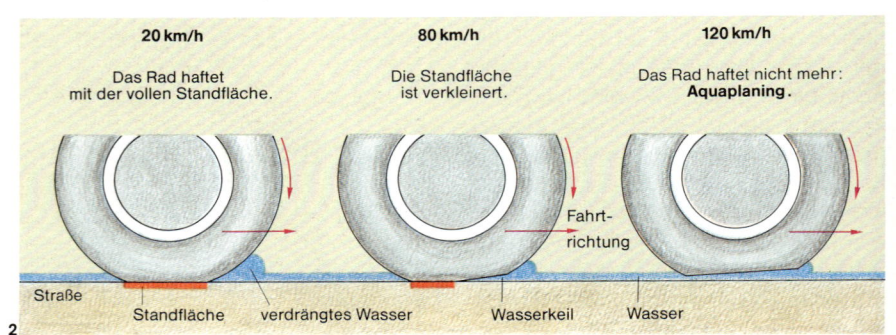

Fragen und Aufgaben zum Text

1 Bis 1975 waren in der Bundesrepublik Deutschland Winterreifen mit Stahlnägeln (*Spikes*) erlaubt. Welchen Vorteil hatten sie? Weshalb wurden sie verboten?

2 Reifen von Kraftfahrzeugen (auch von Mofas und Mopeds) müssen Profilrillen haben, die an jeder Stelle der Lauffläche mindestens 1,6 mm tief sind. Sonst darf das Fahrzeug nicht benutzt werden. (Fachleute empfehlen, die Reifen nur bis auf 3 mm Profiltiefe abzufahren.) Warum ist ein gutes Reifenprofil so wichtig?

3 Ist bei niedrigem Luftdruck im Reifen die Haftung auf der Straße besser? (Sieh dir dazu Bild 3 an.)

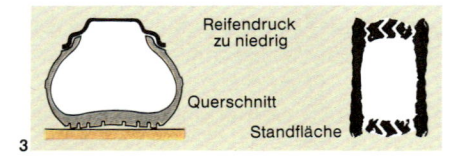

4 Reifen für Rennwagen werden aus einem besonders „klebrigen" Gummi hergestellt. Oft haben sie gar keine Profilrillen. Nenne Vor- und Nachteile solcher Rennreifen.

5 Was ist *Aquaplaning*? Wann tritt es auf? Wie läßt es sich vermeiden?

6 Weshalb sind diese Fahrbahnoberflächen (Bilder 4–7) besonders für Mofa- und Motorradfahrer gefährlich? Gib eine physikalische Begründung an.

Reibung und Verkehrssicherheit

Alles klar?

1 Manchmal ist Reibung unerwünscht, dann sollen die Reibungskräfte möglichst klein sein. Bei anderen Gelegenheiten wünscht man sich recht große Reibungskräfte. Suche Beispiele für „erwünschte" und „unerwünschte" Reibung.

2 „Ohne Reibung hielte kein Nagel in der Wand." Was meinst du dazu?
Welche Rolle spielt die Reibung bei Dübeln und Schrauben?

3 Ist beim Anreißen eines Streichholzes Haftreibung oder Gleitreibung wichtig?

4 Wenn ein Auto aus einer Waschanlage kommt, kann die Wirkung der Bremsen verringert sein. Weshalb?

5 Schiffsrümpfe werden regelmäßig von Bewuchs (Algen, Seepocken, Muscheln) gesäubert.
Welchen Sinn hat diese zeitaufwendige und kostspielige Arbeit?

6 Warum kann man mit Kreide nicht auf einer Fensterscheibe schreiben?

7 „Wer gut schmiert, der gut fährt."
Erläutere den physikalischen Hintergrund für dieses Sprichwort.

8 Das Anfahren eines Autos bei Glatteis geht oft nur mit einem Trick: Jemand setzt sich hinten auf die Kofferraumklappe (bei Hinterradantrieb).
Erkläre diesen Trick.

9 Ein Auto wird mit angezogener Handbremse auf einer waagerecht verlaufenden Straße geparkt.
Was läßt sich über den Betrag der Haftreibungskraft auf das Auto aussagen?

10 Elektrolokomotiven, die für Güterzüge verwendet werden, sind besonders schwer. Auf eine solche Lokomotive wirkt z. B. eine Gewichtskraft von 840 000 N.
Diese große Gewichtskraft ist unter anderem beim Anfahren eines langen Zuges von Vorteil. Erkläre!

11 Die Rollreibung eines Eisenbahnrades ist erheblich geringer als die eines Autoreifens.
Wie ist das wohl zu erklären?

Auf einen Blick

Haftreibung

Obwohl an einem Körper gezogen wird, bleibt er auf der Unterlage liegen; er haftet. Es wirkt also eine Kraft, die der Zugkraft entgegengerichtet ist. Diese Kraft bezeichnet man als **Haftreibungskraft**.

Für die Haftreibungskraft gibt es einen Höchstwert *(maximale Haftreibungskraft)*. Überschreitet die Zugkraft diesen Wert, setzt sich der Körper in Bewegung.

Gleitreibung

Auch wenn ein Körper auf seiner Unterlage gleitet, wirkt eine bremsende Kraft: die **Gleitreibungskraft**.

Zieht man den Körper mit gleichbleibender Geschwindigkeit über die Unterlage, so ist die gemessene Zugkraft genauso groß wie die Gleitreibungskraft.

Die Gleitreibungskraft ist immer *kleiner* als die entsprechende Haftreibungskraft.

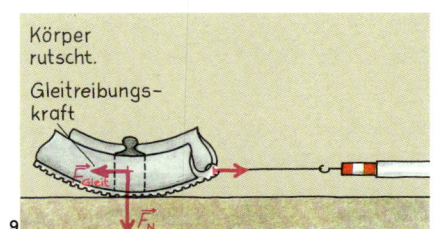

Rollreibung

Wenn man einige Stifte als Walzen unter einen Holzklotz legt, muß man nur eine geringe Kraft aufwenden, um den Holzklotz über seine Unterlage zu ziehen. Die bremsende Gegenkraft, die hierbei auftritt, bezeichnet man als **Rollreibungskraft**.

Im allgemeinen ist die Rollreibungskraft erheblich kleiner als die Gleitreibungskraft (und damit auch kleiner als die Haftreibungskraft).

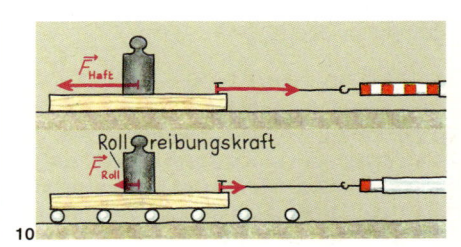

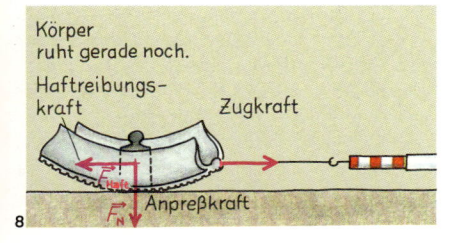

$F_{\text{Haft, m}} > F_{\text{Gleit}} > F_{\text{Roll}}$.

Haftreibungszahl und Gleitreibungszahl

Wie groß die Gleitreibungskraft und die maximale Haftreibungskraft sind, hängt ab

○ von der Beschaffenheit der reibenden Flächen (bei Reifen auch von der Größe der Flächen) und

○ von der Kraft, mit der der Körper auf die Unterlage gepreßt wird *(Anpreßkraft* oder *Normalkraft F_N)*.

Die Beträge der maximalen Haftreibungskraft und der Gleitreibungskraft sind proportional zum Betrag der Anpreßkraft. $F_{\text{Haft, m}} \sim F_N$ und $F_{\text{Gleit}} \sim F_N$.

Die Quotienten aus Reibungskraft und Normalkraft sind konstant. Sie heißen *Haftreibungszahl* bzw. *Gleitreibungszahl*:

$$\mu_{\text{Haft}} = \frac{F_{\text{Haft, m}}}{F_N} \quad \text{bzw.} \quad \mu_{\text{Gleit}} = \frac{F_{\text{Gleit}}}{F_N}.$$

Die Dichte

Die Dichte – eine Eigenschaft von Stoffen

Was ist an diesen Bildern so überraschend?

Wovon hängt die Masse von Körpern ab, die alle z. B. aus Eisen bestehen?

Info: Was versteht man unter Dichte?

Zwei massive Körper gleicher Abmessungen, die aus dem gleichen Stoff bestehen, besitzen die gleiche Masse. Beide Körper zusammen haben doppelt so viel Volumen und doppelt so viel Masse wie jeder der beiden Einzelkörper.

Vergleicht man mehrere Körper *aus ein und demselben Stoff*, so stellt man fest: *Die Masse der Körper ist proportional zu ihrem Volumen.*

In einem Masse-Volumen-Diagramm liegen die Punkte für Körper aus einem bestimmten Stoff auf einer Geraden durch den Ursprung (Bild 3).

Für Körper aus einem anderen Stoff erhält man im Diagramm ebenfalls eine Ursprungsgerade, aber eine andere als für den ersten Stoff.

Die Proportionalität von Masse und Volumen bedeutet auch, daß der Quotient aus Masse und Volumen konstant ist.

Der Quotient aus Masse und Volumen ist von Stoff zu Stoff verschieden; er ist also ein *Kennzeichen* des jeweiligen Stoffes. Man bezeichnet ihn als Dichte.

Als Formelzeichen der Dichte dient der griechische Buchstabe ρ (rho).

$$\rho = \frac{m}{V}$$

Aus dieser Definitionsgleichung ergibt sich als Einheit der Dichte $1\,\frac{kg}{m^3}$.

Wenn man diese Einheit verwendet, erhält man in vielen Fällen große Zahlenwerte. Daher gibt man die Dichte in Tabellen meist in $\frac{g}{cm^3}$ an.

$$1\,\frac{g}{cm^3} = 1000\,\frac{kg}{m^3}$$

1. Beispiel:
$10\,cm^3$ Eisen haben eine Masse von 79 g, $40\,cm^3$ haben eine Masse von 316 g, und $100\,cm^3$ haben eine Masse von 790 g. Der Quotient von Masse und Volumen beträgt in allen drei Fällen $7{,}9\,\frac{g}{cm^3}$.

Diese Größe ist kennzeichnend für den Stoff Eisen. Sie gibt die Dichte von Eisen an. Man kann daraus unmittelbar ablesen, daß $1\,cm^3$ Eisen eine Masse von 7,9 g hat.

2. Beispiel:
$10\,cm^3$ Gold haben eine Masse von 193 g. $60\,cm^3$ haben eine Masse von 1158 g. Als Quotient von Masse und Volumen ergibt sich in beiden Fällen $19{,}3\,\frac{g}{cm^3}$.

Dies ist die Dichte von Gold. $1\,cm^3$ Gold hat also eine Masse von 19,3 g.

Eine Tabelle mit der Dichte verschiedener Stoffe findest du im Anhang.

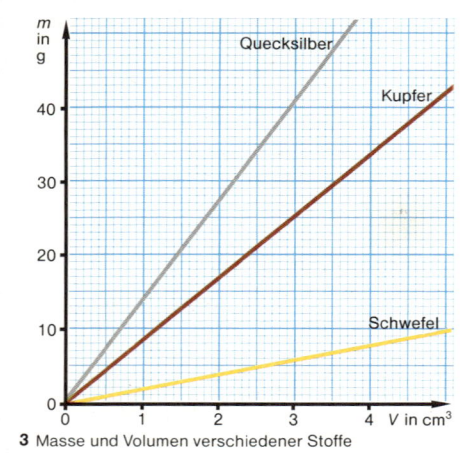

3 Masse und Volumen verschiedener Stoffe

1. Musteraufgabe:
Welches Volumen hat 1 kg Gold?

Lösung:

Ausgangsgleichung: $\rho = \frac{m}{V}$

Umformen: $V = \frac{m}{\rho}$

Einsetzen: $V = \dfrac{1\,kg}{19{,}3\,\frac{g}{cm^3}}$

Einheiten angleichen: $V = \dfrac{1000\,g \cdot cm^3}{19{,}3\,g}$

Ausrechnen: $V = 51{,}8\,cm^3$

Ergebnissatz: 1 kg Gold hat ein Volumen von $51{,}8\,cm^3$.

2. Musteraufgabe:
Ein massiver Körper hat eine Masse von 9,45 kg und ein Volumen von 3,5 l. Aus welchem Stoff könnte er bestehen?

Lösung:
Zunächst wird die Dichte berechnet.

Ausgangsgleichung: $\rho = \frac{m}{V}$

Einsetzen: $\rho = \dfrac{9{,}45\,kg}{3{,}5\,l}$

Ausrechnen: $\rho = 2{,}7\,\frac{kg}{l}$

Einheit umrechnen: $\rho = 2{,}7\,\frac{g}{cm^3}$

Ergebnissatz: Der gesuchte Stoff hat eine Dichte von $2{,}7\,\frac{g}{cm^3}$. In der Tabelle im Anhang ist als einziger Stoff mit dieser Dichte Aluminium angegeben. Vermutlich handelt es sich also bei dem gesuchten Stoff um Aluminium.

V 1 Bestimme die Dichte eines quaderförmigen Körpers.

a) Ermittle zunächst die Masse des Quaders mit einer Balkenwaage. Miß dann Länge, Breite und Höhe des Quaders (z. B. mit einer Schieblehre), und berechne daraus das Volumen.

b) Aus welchem Material könnte der Quader bestehen?

V 2 Das Volumen einer Schraube aus Eisen soll auf zweierlei Weise bestimmt werden.

a) Miß die Masse der Schraube. Die Dichte von Eisen findest du in der Tabelle im Anhang. Berechne das Volumen.

b) Wie kannst du das Volumen der Schraube direkt bestimmen? Überlege dir ein geeignetes Verfahren, und führe die Messung aus.

c) Vergleiche deine Ergebnisse. Welches Verfahren liefert die genaueren Werte? Wo stecken Fehlerquellen?

V 3 Jetzt geht es um die Dichte von Flüssigkeiten.

a) Bestimme die Dichte einer konzentrierten Kochsalzlösung (oder Zuckerlösung). Plane zunächst die Versuchsdurchführung.

b) Vergleiche die Dichte der Lösung mit der Dichte von Wasser.

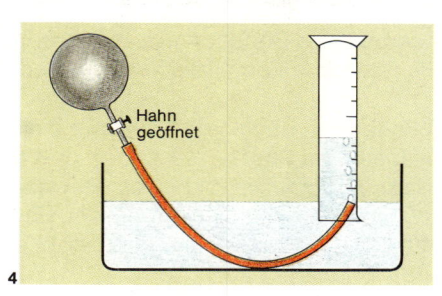

V 4 In diesem Versuch soll die Dichte der Luft bestimmt werden.

a) Wir benötigen eine Hohlkugel, deren Masse wir zunächst bestimmen. Nachdem zusätzlich Luft in den Kolben gepumpt wurde, wird die Masse erneut gemessen.
Berechne die Masse der hineingepumpten Luft.

b) Bild 4 zeigt, wie das Volumen ermittelt wird, das die hineingepumpte Luft normalerweise einnimmt. Beschreibe, wie man vorgehen muß.

c) Berechne die Dichte der Luft.

Aufgaben

1 Der Quader, den der Junge in Bild 1 hochstemmt, ist 1 m lang, 50 cm hoch und 50 cm breit. Er besteht aus Styropor ($\rho = 0{,}015 \frac{g}{cm^3}$).
Berechne die Masse des Quaders und die zum Hochhalten nötige Kraft.

2 Die Dichte von Gestein beträgt etwa $2{,}5 \frac{g}{cm^3}$. Der Stein von Bild 2 hat ein Volumen von rund 7 l.

a) Bestätige durch eine Rechnung, daß ein Schüler diesen Stein noch anheben kann.
Gib Masse und Gewichtskraft an.

b) Könntest du einen Goldklumpen tragen, dessen Volumen 7 l beträgt?

3 Warum ist in der Dichtetabelle im Anhang für Holz nur ein ungefährer Wert angegeben?

4 In Banken kann man 1-kg-Barren Gold kaufen.

a) Welches Volumen hat ein Barren?

b) Berechne auch das Volumen eines 1-kg-Barrens aus Eisen, Kupfer und Aluminium.

5 Bei bestimmten Käsesorten wäre es strenggenommen nicht sinnvoll, eine Dichte anzugeben. Begründe!

6 Ein Klassenzimmer ist 9,50 m lang, 7 m breit und 3,50 m hoch.
Berechne die Masse der Luft in diesem Raum.

7 Der Tank eines Autos faßt genau 47 l Benzin. Um wieviel nimmt die Masse des Autos zu, wenn der leere Tank gefüllt wird?

8 Auf den beiden Waagschalen einer Balkenwaage befinden sich zwei gleichartige Bechergläser. Ein Glas ist mit 100 cm³ Wasser gefüllt. In das andere Glas wird Spiritus eingefüllt, bis die Waage im Gleichgewicht ist.
Welches Volumen muß der Spiritus im Glas haben?

9 Was kannst du über Masse und Volumen der beiden Körper aussagen, die auf den Waagschalen von Bild 5 liegen?

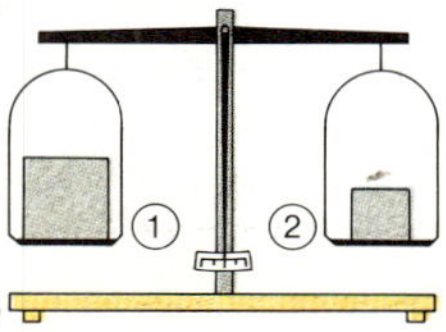

10 Der eine Körper in Bild 5 ist ein Aluminiumwürfel, der andere ein Silberwürfel.
Welches ist der Aluminium- und welches der Silberwürfel?

11 In welchem der Meßzylinder von Bild 6 befindet sich die Flüssigkeit mit der größeren Masse?

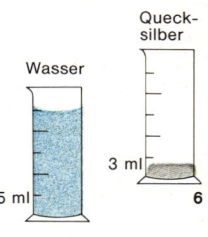

12 „Manfred ist schwerer als Katja." „Eisen ist schwerer als Glas."
Vergleiche beide Sätze, und erkläre, von welcher physikalischen Größe jeweils die Rede ist.

13 Zwei Plastilinkugeln haben gleich große Massen. In einer ist jedoch ein kleiner Holzklotz verborgen.
Wie kann man diese Kugel herausfinden, ohne sie zu zerstören?

14 Ulrike besitzt ein Armband. Es glänzt wie Silber. Wie könnte sie herausbekommen, ob es vielleicht aus reinem Silber besteht?

Bezugssysteme

Auf den Standpunkt kommt es an

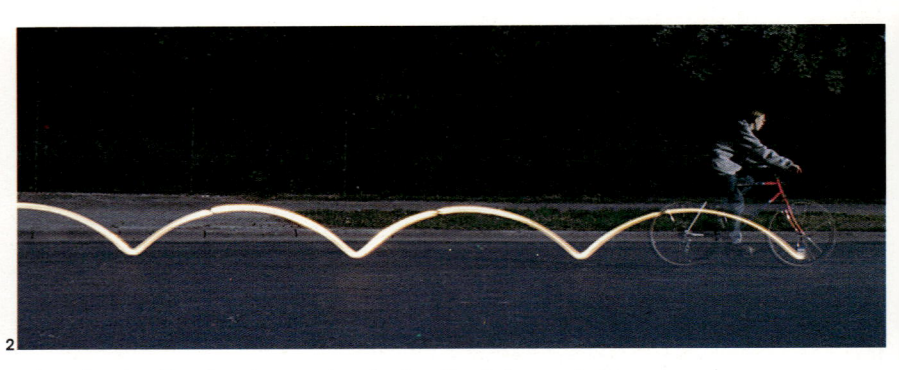

Es hängt vom Standpunkt des Beobachters ab, ob der Speichenreflektor einen Kreis oder eine komplizierte Kurve beschreibt ...

V 1 Ein Stück Kreide wird parallel zum Fußboden über eine Wandtafel gezogen. Beim ersten Mal bleibt die Tafel in Ruhe, beim zweiten Mal wird sie langsam und gleichmäßig nach oben geschoben. Wie hat sich die Kreide für einen Beobachter bewegt, der auf der Tafel sitzt?

V 2 Hänge ein Wägestück an einen Kraftmesser. Halte die Anordnung mit ruhiger Hand, und lies die Gewichtskraft ab. Bewege dann deine Hand zusammen mit dem Kraftmesser und dem Massenstück ruckartig zur Erde hin. Was beobachtest du am Kraftmesser?

Info: Bezugssysteme

Der Trägheitssatz besagt: Solange keine Kraft auf einen Körper wirkt, bleibt er im Zustand der Ruhe oder bewegt sich mit konstanter Geschwindigkeit geradeaus. Ob ein Körper in Ruhe ist *oder* sich bewegt, kann man nicht ohne weiteres sagen.

Von Ruhe oder Bewegung kann man nämlich nur sprechen, wenn man weiß, worauf sich diese Begriffe beziehen. Man braucht ein **Bezugssystem**.

Dazu ein Beispiel: Ein Reisender, der in einem Zug auf seinem Platz sitzt, ruht im Bezugssystem Zug. Im Bezugssystem Erde dagegen bewegt er sich zusammen mit dem Zug.

Physikalische Beschreibungen werden praktischerweise für ein Bezugssystem formuliert, in dem sie die einfachste Form annehmen. So dreht sich beispielsweise das Ventil eines rollenden Fahrrades im Kreis, wenn man als Bezugssystem die Nabe des Fahrrades verwendet.

Eigentlich ist bei der Beschreibung von Bewegungen die Angabe des Bezugssystems unerläßlich. Meist ergibt sich aber das Bezugssystem unmittelbar aus dem Standpunkt des Beobachters. Oft ist die Erde das Bezugssystem, für astronomische Beschreibungen wird aber auch z. B. die Sonne als Bezugssystem gewählt.

In der Mechanik sind alle Bezugssysteme, in denen der Trägheitssatz gilt, gleichwertig. In diesen Bezugssystemen treten z. B. die gleichen Kräfte auf. Ob sich die Bezugssysteme mit gleichbleibender Geschwindigkeit und Richtung gegeneinander bewegen oder ruhen, spielt in der Mechanik keine Rolle.

Nach *Albert Einstein* (1879–1955) sind solche Bezugssysteme sogar für die Beschreibung von *allen* Naturvorgängen gleichberechtigt.

Aufgaben

1 Du stehst in einem Gebäude auf einer Rolltreppe. Wie bewegst du dich in bezug auf mitfahrende Personen? Beschreibe deine Bewegung in bezug auf das Gebäude.

2 Angenommen, du stehst im fensterlosen Abteil eines Zuges und kannst keine Fahrgeräusche hören. Welche Aussagen könntest du über Bewegungen des Zuges machen?

3 Schildere, was dir beim schnellen Anfahren eines Fahrstuhls auffällt. Beschreibe auch die Bewegungsabläufe in den Bezugssystemen „Fahrstuhl" und „Gebäude".

Aus der Geschichte: Bezugssysteme und Glaubenslehre

Von alters her haben die Menschen die Gestirne am Himmel beobachtet. Den Gestirnen wurde Macht über das Schicksal zugesprochen. Die Mächtigen der Antike und des Mittelalters beschäftigten Hofastronomen, die den Lauf der Gestirne vorhersagen sollten, damit die Machthaber ihre Entscheidungen danach richten konnten. Im Laufe der Zeit verfeinerten die Astronomen die Formeln, mit denen sie die Positionen der Gestirne berechneten. Die Formeln wurden immer komplizierter, denn als Bezugssystem wurde die Erde verwendet. Im damals gelten-

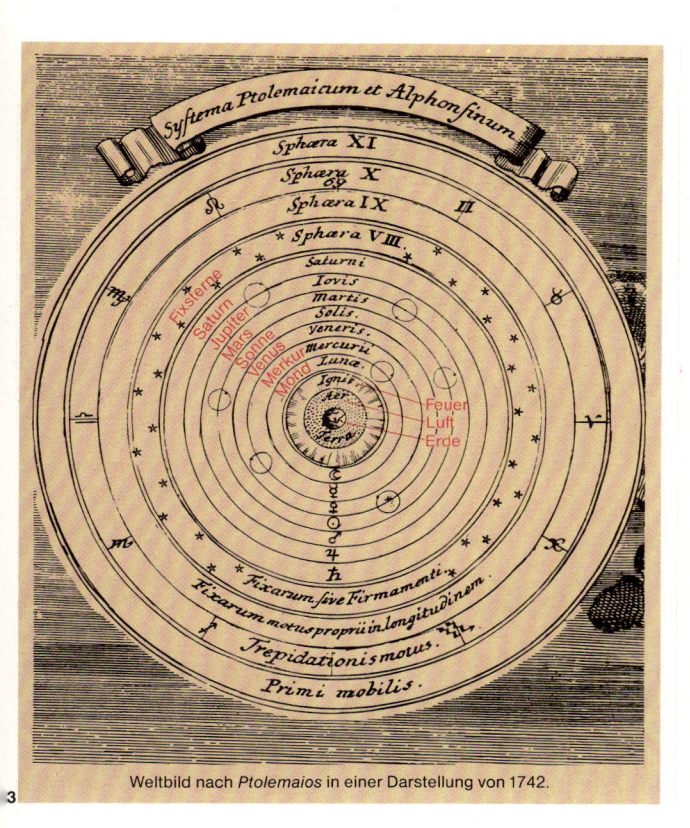

Kepler (1571–1630) die Bewegungen der Planeten in recht einfachen mathematischen Formeln beschreiben. Auch der italienische Gelehrte *Galileo Galilei* (1564–1642) bekannte sich zum Kopernikanischen Weltbild. Dadurch geriet er in Konflikt mit der Kirche, die 1616 die Lehre des Kopernikus als ungläubig verurteilt hatte. 1633 widerrief Galilei seine Meinung vor einem Inquisitionsgericht, um nicht als Ketzer verbrannt zu werden. Die Worte „Und sie (die Erde) bewegt sich doch" hat ihm die Legende in den Mund gelegt – er durfte sie nicht sprechen. 1992 wurde Galilei von der katholischen Kirche rehabilitiert.

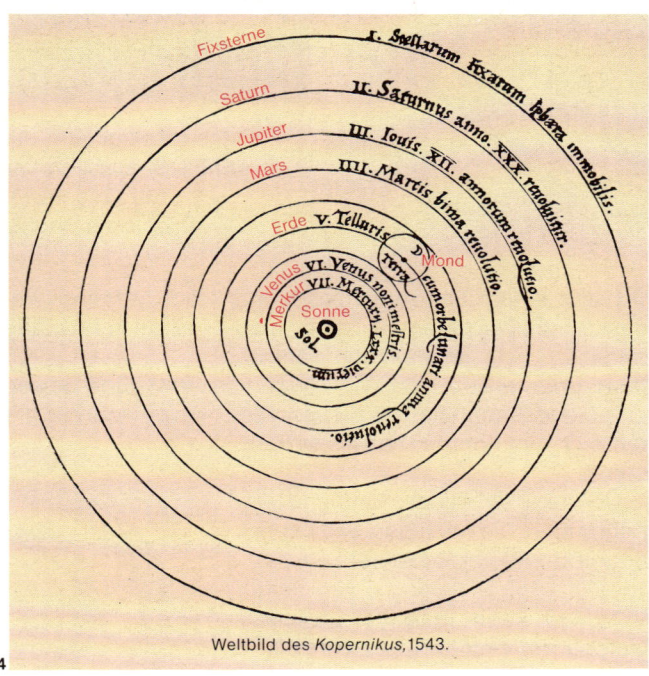

Weltbild nach *Ptolemaios* in einer Darstellung von 1742.

Weltbild des *Kopernikus*, 1543.

den *ptolemäischen Weltbild* wurde die Erde als unbeweglicher Mittelpunkt der Welt angesehen (Bild 3).

Nikolaus Kopernikus (1473–1543) wählte als Bezugssystem die Sonne. In seinem Buch *De revolutionibus orbium coelestium* (Von den Umdrehungen der Himmelsbahnen) vollzog er den Übergang von der Erde zur Sonne als Bezugssystem (Bild 4). In diesem Weltbild konnte *Johannes*

Aus Umwelt und Technik: „Stehende" Satelliten

Für die Wetterbeobachtung sind Satelliten unentbehrlich geworden. Recht zuverlässige Vorhersagen sind möglich, weil die gesamte Erdoberfläche ständig von Satelliten fotografiert wird.

So erhalten die Wetterstationen Deutschlands alle vier Minuten eine Aufnahme wie Bild 5 – und zwar immer denselben Ausschnitt der Erdoberfläche. Der betreffende Satellit „steht" stets an derselben Stelle über der Erde. Für einen Beobachter auf der Erde – im Bezugssystem Erdoberfläche – ist der Satellit in Ruhe.

Der Satellit befindet sich in einer Bahn in ca. 36 000 km Höhe (Bild 6). In dieser geostationären Bahn umrundet der Satellit in 24 Stunden genau einmal die Erdachse. Die Erde dreht sich in dieser Zeit ebenfalls genau einmal um ihre Achse. Von außen betrachtet, bewegt sich der Satellit mit einer Geschwindigkeit von 10 908 km/h auf seiner Bahn.

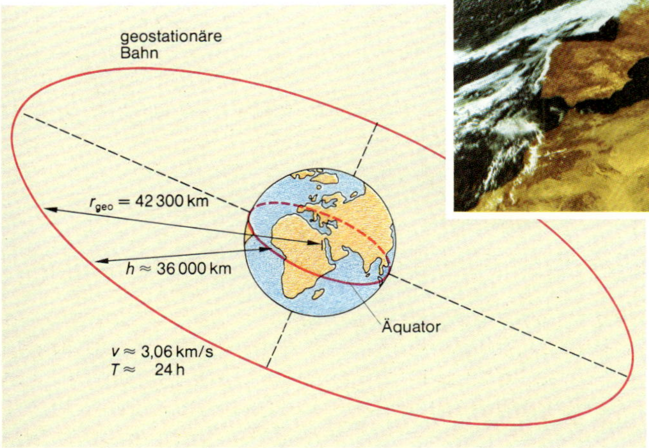

Gleichförmige und beschleunigte Bewegungen

1 Die Geschwindigkeit

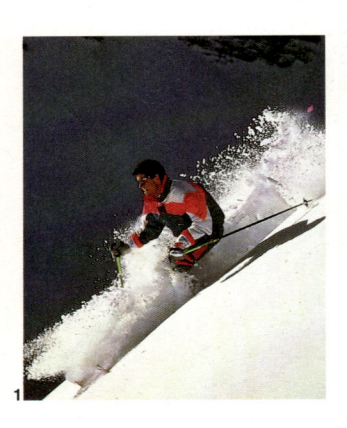

Geschwindigkeit – ein faszinierendes Erlebnis!
Am Fließband kann sie zum Alptraum werden.
Mit Geschwindigkeit sind auch
Probleme und Gefahren verbunden.

V 1 Mit einem Fahrraddynamo und der Scheinwerferlampe kann man „messen", wie schnell das Fahrrad fährt. Erläutere!
Welche Nachteile hat dieses Verfahren? Wie könnte man es verbessern?
Überlege dir weitere einfache Vorrichtungen, die anzeigen, wie schnell du mit dem Fahrrad fährst.

V 2 Wie kann man herausfinden, welche der beiden Loks von Bild 5 schneller fährt?

V 3 Tachometer zeigen oft höhere Geschwindigkeiten an, als tatsächlich gefahren werden. Wie kann man einen Fahrradtacho überprüfen?

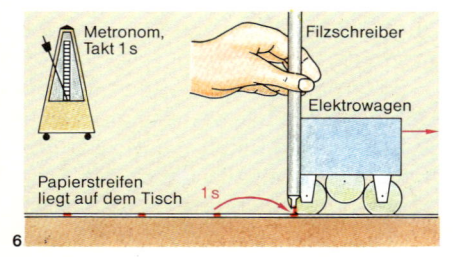

V 4 Eine Bewegung heißt *gleichförmig*, wenn in gleichen Zeitabschnitten gleiche Strecken zurückgelegt werden.
Die Bilder 6–10 zeigen verschiedene Methoden, mit denen du feststellen kannst, ob sich ein Körper gleichförmig bewegt.

a) Beschreibe die jeweilige Vorgehensweise. Welche Größen werden gemessen?

b) Führe Messungen nach einer der Methoden durch, und notiere die Meßwerte in einer Tabelle.
Stelle die Meßwerte in einem Weg-Zeit-Diagramm dar (*waagerechte Achse:* Zeit; *senkrechte Achse:* Weg).

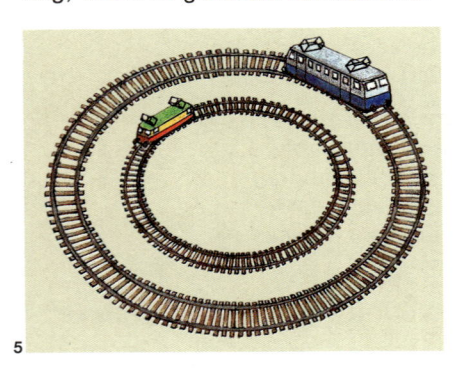

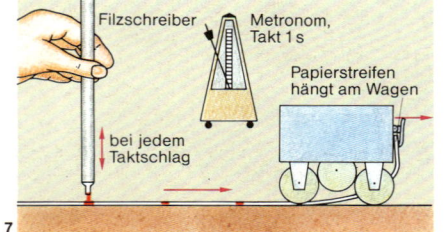

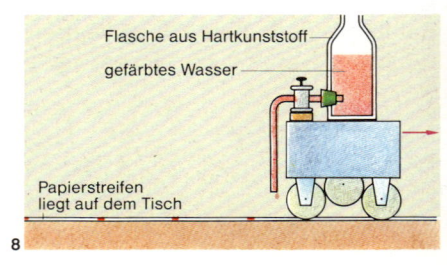

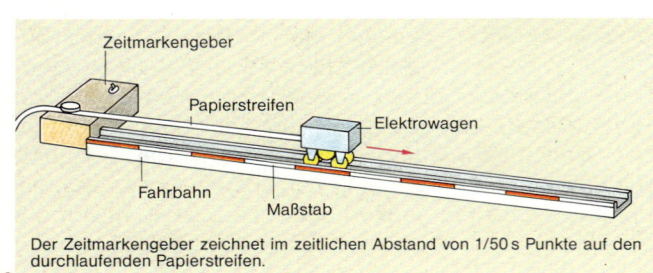

Der Zeitmarkengeber zeichnet im zeitlichen Abstand von 1/50 s Punkte auf den durchlaufenden Papierstreifen.

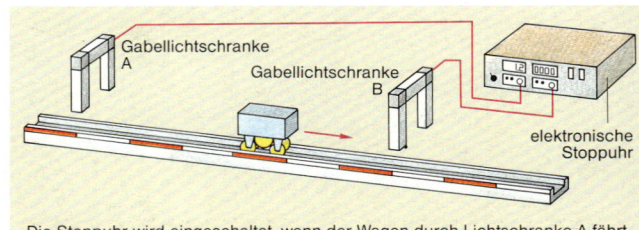

Die Stoppuhr wird eingeschaltet, wenn der Wagen durch Lichtschranke A fährt, und ausgeschaltet, wenn er Lichtschranke B durchquert.

Info: Die Geschwindigkeit bei geradlinig gleichförmigen Bewegungen

Die Geschwindigkeit ist eine wichtige Größe, um Bewegungsvorgänge zu beschreiben.

Ein Zug, der mit einer konstanten Geschwindigkeit von 120 $\frac{km}{h}$ fährt, hat nach 10 Minuten 20 km und nach 20 Minuten 40 km zurückgelegt. Wir können für diesen Zug voraussagen, an welchem Punkt der Bahnstrecke er sich zu einem bestimmten Zeitpunkt befinden wird.

Im allgemeinen können sich bei einer Bewegung sowohl die Geschwindigkeit als auch die Richtung ändern. Um Vorhersagen über den Ort eines Körpers machen zu können, müßte man für jeden Zeitpunkt die Bewegungsrichtung und die Geschwindigkeit kennen.

Wir wollen uns zunächst mit dem einfachsten Fall beschäftigen: Es soll sich weder die Bewegungsrichtung noch die Geschwindigkeit ändern. Man spricht von **geradlinig gleichförmigen Bewegungen**.

Bewegungsvorgänge in unserer Umwelt sind höchstens für kurze Zeit geradlinig gleichförmig. Auf der Erde wirkt nämlich auf jeden Körper die Gewichtskraft und – wenn er in Bewegung ist – eine Reibungskraft. Nur wenn der Körper im Kräftegleichgewicht ist, bewegt er sich geradlinig gleichförmig.

Bild 11 zeigt die Stroboskop-Aufnahme eines Versuchs: Ein Wagen wird angestoßen und fährt ein leicht geneigtes Brett hinunter. Bei passend gewähltem Neigungswinkel wird der Wagen weder langsamer noch schneller. Der Wagen ist im Abstand von 0,5 s aufgenommen worden. Aus dem Foto lassen sich die gefahrenen Strecken ablesen. In Bild 12 sind die zurückgelegten Wege über der Zeit aufgetragen (Weg-Zeit-Diagramm). Die Punkte liegen annähernd auf einer Geraden.

Auch wenn man den Wagen stärker oder weniger stark anstößt, erhält man im Weg-Zeit-Diagramm eine Gerade.

Bei jeder gleichförmigen Bewegung ergibt sich im Weg-Zeit-Diagramm eine Gerade.

Je stärker der Wagen angestoßen wird, desto steiler verläuft die Gerade. Die Steigung („Steilheit") der Geraden im Weg-Zeit-Diagramm ist also ein Maß für die Geschwindigkeit des Wagens.

Wir wählen zwei Punkte $(t_1 | s_1)$ und $(t_2 | s_2)$ aus und zeichnen das „Steigungsdreieck" ein. Dann bilden wir den Quotienten aus Wegabschnitt $\Delta s = s_2 - s_1$ und Zeitabschnitt $\Delta t = t_2 - t_1$. Er hängt nicht von den gewählten Punkten, sondern nur von der Steigung der Geraden ab.

Bei gleichförmigen Bewegungen bezeichnen wir den (konstanten) Quotienten aus Wegabschnitt Δs und Zeitabschnitt Δt als Geschwindigkeit v:

$$v = \frac{s_2 - s_1}{t_2 - t_1} = \frac{\Delta s}{\Delta t}.$$

Wenn man die Zeitmessung am Start beginnt (d. h.: $t_1 = 0$ s und $s_1 = 0$ m), vereinfacht sich die Gleichung:

$$v = \frac{s}{t}.$$

Die Geschwindigkeit ist eine von den Grundgrößen Länge und Zeit *abgeleitete Größe*. Ihre Einheit ist 1 Meter pro (durch) Sekunde (1 m/s).

Häufig gibt man Geschwindigkeiten auch in km/h an:

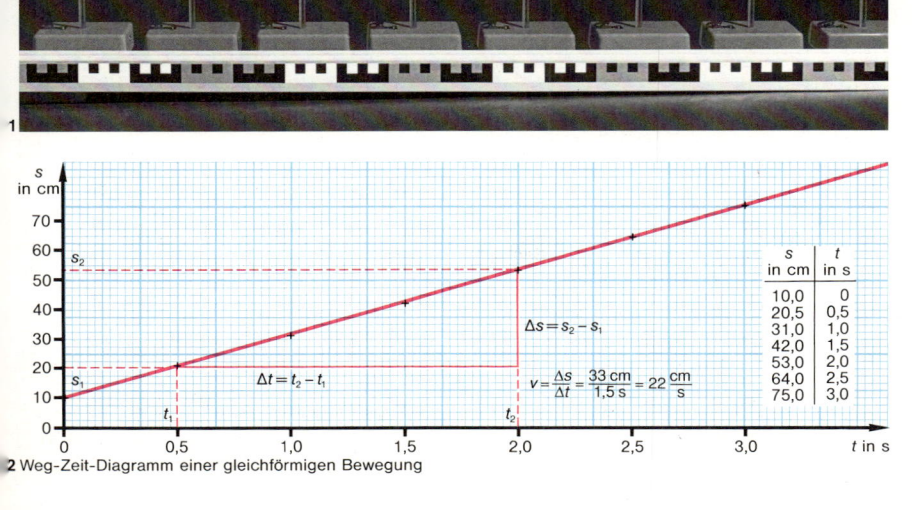

$$1 \frac{km}{h} = 0{,}278 \frac{m}{s}.$$

Musteraufgabe 1:
Eine Straßenbahn braucht für eine 50 m lange Strecke 3,4 s. Wie groß ist ihre Geschwindigkeit?
Lösung:
Ihre Geschwindigkeit beträgt
$$v = \frac{s}{t}, \; v = \frac{50 \text{ m}}{3{,}4 \text{ s}} = 14{,}7 \frac{m}{s}.$$
Umrechnung in km/h:
$$v = 14{,}7 \frac{m}{s} = 14{,}7 \frac{10^{-3} \text{ km}}{\frac{1}{3600} \text{ h}}$$
$$= 14{,}7 \cdot \frac{3600 \text{ km}}{1000 \text{ h}} = 53 \frac{km}{h}.$$

Musteraufgabe 2:
Welche Strecke legst du in 2,0 Minuten mit dem Fahrrad zurück, wenn der Tachometer konstant 22,0 km/h anzeigt?
Lösung:
$$v = \frac{s}{t}, \; s = v \cdot t, \; s = 22{,}0 \frac{km}{h} \cdot \frac{2{,}0}{60} \text{ h},$$
$$s = 0{,}73 \text{ km}.$$
Das Fahrrad legt einen Weg von 0,73 km zurück.

Musteraufgabe 3:
Wie lange braucht der Intercity-Express bei einer Geschwindigkeit von 78 m/s (280 km/h) für eine Strecke von 100 m?
Lösung:
$$v = \frac{s}{t}, \; t = \frac{s}{v}.$$
$$t = \frac{100 \text{ m} \cdot \text{s}}{78 \text{ m}} = 1{,}3 \text{ s}.$$
Der Zug braucht 1,3 s für 100 m.

Geschwindigkeiten in Natur und Technik

	Geschwindigkeit in $\frac{m}{s}$	in $\frac{km}{h}$
Fußgänger	1	4
Radfahrer	5	18
Schlittschuhläufer	10	36
Motorboot	15	54
Sturm	25	90
Rennpferd	25	90
Orkan	40	144
Schnellzug (Intercity)	50	180
Schwalbe	70	252
Intercity-Express	78	280
Verkehrsflugzeug	250	900
Schall in Luft	340	1224
Punkt am Äquator (durch Erddrehung)	465	1674
Gewehrkugel	900	3240
Mond um die Erde	1000	3600
Schall in Eisen	5100	$18 \cdot 10^3$
Erde um Sonne	$3 \cdot 10^4$	$1{,}1 \cdot 10^5$
Licht im Vakuum	$3 \cdot 10^8$	$1{,}1 \cdot 10^9$

1 (Stroboskop-Aufnahme)

2 Weg-Zeit-Diagramm einer gleichförmigen Bewegung

s in cm	t in s
10,0	0
20,5	0,5
31,0	1,0
42,0	1,5
53,0	2,0
64,0	2,5
75,0	3,0

$v = \frac{\Delta s}{\Delta t} = \frac{33 \text{ cm}}{1{,}5 \text{ s}} = 22 \frac{cm}{s}$

Aus Umwelt und Technik: Geschwindigkeitskontrollen

Zu den häufigsten Ursachen schwerer Verkehrsunfälle zählt eine zu hohe Geschwindigkeit.

Wer die zulässige Höchstgeschwindigkeit überschreitet, handelt nicht selten völlig verantwortungslos gegenüber anderen Verkehrsteilnehmern.

Aber auch mit der zulässigen Höchstgeschwindigkeit kann man noch viel zu schnell sein – etwa wenn ein Kind auf die Straße läuft oder wenn die Sicht durch Nebel behindert ist. Die Geschwindigkeit muß der jeweiligen Verkehrssituation angepaßt sein.

Die Einhaltung der zulässigen Höchstgeschwindigkeit wird gelegentlich kontrolliert, z. B. mit der *Dreifach-Lichtschranke* (Bild 1). Das Meßprinzip ist einfach: Man mißt, wie lange ein Fahrzeug benötigt, um eine bestimmte Strecke zurückzulegen. Die Geschwindigkeit ergibt sich dann als Quotient aus zurückgelegtem Weg und benötigter Zeit.

Die Zeiten werden automatisch gemessen. Die Uhr startet, wenn das Fahrzeug das erste schmale Lichtbündel unterbricht, und stoppt, wenn das dritte Bündel unterbrochen wird. Da die Zeitmessung sehr genau ist, reicht eine Meßstrecke von nur 50 cm aus. Durch die mittlere Lichtschranke wird die Strecke sogar in zwei Teilstrecken unterteilt, die nur 25 cm lang sind. Ein Computer vergleicht automatisch die für die beiden Teilstrecken und die Gesamtstrecke ermittelten Geschwindigkeiten. Wenn die Geschwindigkeiten um mehr als 3 % voneinander abweichen, wird der Fotoapparat, der das Fahrzeug im Bild festhält, erst gar nicht ausgelöst.

Aufgaben

1 Wer von zwei Läufern der schnellere ist, läßt sich mit der *Stoppuhrmethode* oder mit der *Zielfotomethode* entscheiden. Erläutere für beide Methoden, wie man auf die größere Geschwindigkeit schließt.

2 Bei Autos darf die Tachometeranzeige nach oben abweichen (bis zu 7 % vom Endwert der Skala). Abweichungen nach unten sind aber nicht zulässig. Warum nicht?

3 Berechne die (Durchschnitts-) Geschwindigkeiten (in $\frac{m}{s}$ und $\frac{km}{h}$):
100-m-Lauf: 9,9 s; 500-m-Eisschnelllauf: 37 s; 1000-m-Radfahren (hinter einem Auto): 17,58 s; Skiabfahrtslauf (1950 m): 68,35 s.

4 Die Erde dreht sich in 24 h einmal um ihre Achse. Mit welcher Geschwindigkeit bewegt sich ein Körper, der sich auf dem Äquator befindet (Äquatorumfang: 40 000 km)?

5 Welchen Weg legt ein Auto bei einer Geschwindigkeit von 50 $\frac{km}{h}$ in 1 s („Schrecksekunde") zurück?

6 Von Astronauten wurde auf dem Mond ein Spiegel aufgestellt, der von der Erde aus mit einem Laser angeblitzt werden kann. Für den Hin- und Rückweg des Lichtes ergeben sich Laufzeiten zwischen 2,657 s und 2,322 s. Die Lichtgeschwindigkeit beträgt $3 \cdot 10^8 \frac{m}{s}$. Zwischen welchen Werten schwankt demnach der Abstand Mond–Erdoberfläche?

7 Der Schall braucht 2,9 s für 1 km. Berechne die Schallgeschwindigkeit.
Mit welcher Verzögerung hört man das Echo, wenn man 250 m vor einer Felswand steht?

8 Herr Klein fährt auf der Autobahn von Kiel nach Würzburg (600 km) mit konstanter Geschwindigkeit von 120 $\frac{km}{h}$. Frau Groß fährt auf der gleichen Strecke den halben Weg mit 100 $\frac{km}{h}$, den Rest mit 140 $\frac{km}{h}$.
Wer ist zuerst da?

9 Herr Kipp fährt von Dortmund nach Paderborn (120 km) auf einer Schnellstraße annähernd konstant 90 $\frac{km}{h}$. Herr Busch fährt die ersten 80 km ebenfalls mit 90 $\frac{km}{h}$, den restlichen Weg mit unerlaubten 120 $\frac{km}{h}$.
Wie lange benötigt Herr Kipp? Berechne den Zeitgewinn und die Durchschnittsgeschwindigkeit von Herrn Busch. Schätze zunächst.

10 Automobilklubs führen Tachoprüfungen mit Rollenprüfständen durch. Die Räder der Autos treiben eine Meßrolle von 0,5 m Umfang an. Wie viele Umdrehungen pro Minute führt die Rolle bei 50 km/h aus?

Aus Umwelt und Technik: Geschwindigkeitsmessung auf See

Geschwindigkeit war für unsere Vorfahren kein Thema. Zur Fortbewegung gab es nur die eigenen Füße, Pferde und Kutschen. Wie weit man damit an einem Tag oder in einer Stunde kam, war jedem bekannt. Man gab Entfernungen damals in „Tagesreisen" und „Wegstunden" an.

Auf See jedoch war die Situation anders: Die Geschwindigkeit hing vom Wind ab (und von der Strömung). Man mußte die Geschwindigkeit messen, um den zurückgelegten Weg berechnen zu können.

Seit Ende des 16. Jahrhunderts wurden Segelschiffe mit dem **Handlog** ausgerüstet (Bild 2). Es bestand aus einem mit Blei beschwerten Brett, an dem die *Logleine* befestigt war. Das Brett wurde vom Schiffsheck aus ins Wasser geworfen. Wegen des großen Reibungswiderstandes blieb es praktisch an der gleichen Stelle im Wasser. Je schneller das Schiff fuhr, desto schneller rollte die Logleine ab.

In der Leine befanden sich Knoten, die gezählt wurden, solange die *Loguhr* – eine Sanduhr für genau 15 s – lief.

Die Anzahl der Knoten war ein Maß für die Geschwindigkeit – vorausgesetzt, die Leine verlief annähernd waagerecht.

Noch heute werden in der Seefahrt Geschwindigkeiten in **Knoten** (kn) angegeben. 1 Knoten ist 1 Seemeile durch 1 Stunde:

$$1\,\text{kn} = 1\,\frac{\text{sm}}{\text{h}} = 1{,}852\,\frac{\text{km}}{\text{h}}.$$

Aus Umwelt und Technik: Die grüne Welle

Jeder Autofahrer ärgert sich wohl, wenn auf einer langen Hauptstraße die Ampeln immer genau dann auf Rot springen, wenn er auf sie zufährt.

Die *grüne Welle* soll diesen Ärger verhindern und für flüssigen Verkehr sorgen: Die Schaltung der Ampeln wird aufeinander abgestimmt. Passiert ein Auto die erste Ampel bei Grün, soll es auch an den folgenden möglichst bei Grün ankommen.

Bild 3 zeigt die Wirkungsweise der grünen Welle. Eingetragen sind die Grünphasen der einzelnen Ampelanlagen. Auf der horizontalen Achse ist die Zeit abgetragen. Auf der vertikalen Achse können die Abstände der Ampelanlagen abgelesen werden.

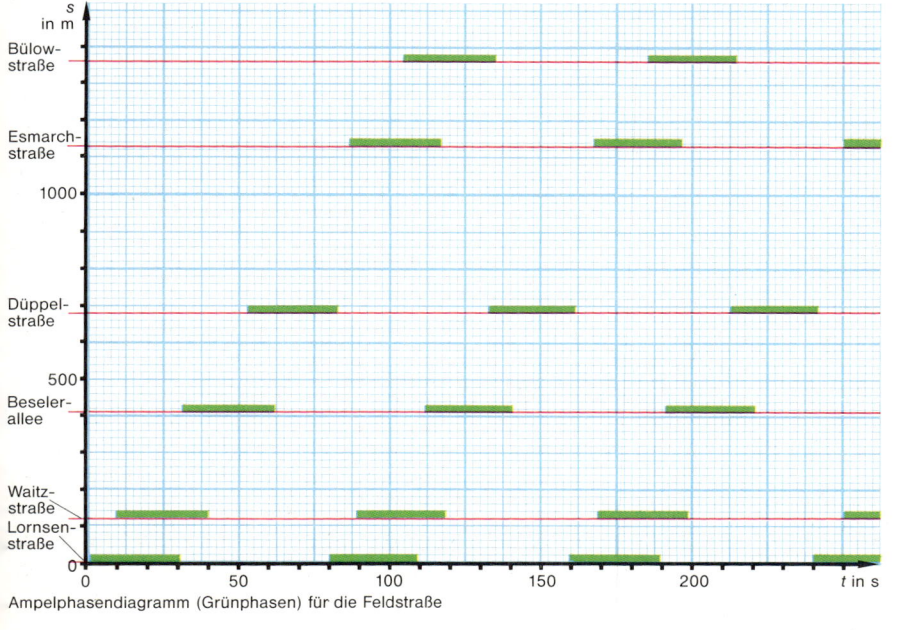

Fragen und Aufgaben zum Text

1 Übertrage Bild 3 auf Millimeterpapier.

a) Ein Autofahrer fährt mit konstanter Geschwindigkeit und kommt bei jeder Ampel genau dann an, wenn sie auf Grün schaltet. Zeichne den entsprechenden Graphen in das Weg-Zeit-Diagramm ein.

b) Ein Fahrzeug passiert die erste Ampel, als diese gerade auf Grün springt. Es soll die letzte Ampel gerade noch bei Grün erreichen. Ermittle die erforderliche (konstante) Geschwindigkeit.

c) Ein Autofahrer kommt an der ersten Ampel an, kurz bevor sie auf Gelb schaltet. Ermittle die (konstante) Höchstgeschwindigkeit, die die grüne Welle in diesem Fall ermöglicht.

2 In der Feldstraße soll eine Fußgängerampel installiert werden, und zwar 400 m hinter der Bülowstraße.

Wie muß sie geschaltet werden, damit sie sich in die grüne Welle einordnet?

3 Ein Radfahrer fährt mit einer Durchschnittsgeschwindigkeit von $18\,\frac{\text{km}}{\text{h}}$, wenn er nicht gerade an einer Ampel warten muß. Zeichne in das Diagramm den günstigsten Graphen für den Radfahrer ein.

Wie lange braucht er für die gesamte Strecke? An welchen Ampeln muß er anhalten?

Ampelphasendiagramm (Grünphasen) für die Feldstraße

Gleichförmige und beschleunigte Bewegungen

Info: Die Geschwindigkeit bei ungleichförmigen Bewegungen

Vielleicht hast du schon einmal versucht, bei einer Autobahnfahrt die Anzeige des Tachometers zu überprüfen. Dann weißt du, wie schwer es ist, die Geschwindigkeit eines Fahrzeuges auf längeren Strecken konstant zu halten.

In unserer Umwelt laufen Bewegungen fast immer so ab, daß die Geschwindigkeit nicht konstant ist. Man spricht von **ungleichförmigen Bewegungen**.

Bei ungleichförmigen Bewegungen ist die *Durchschnittsgeschwindigkeit* wichtig: Wenn z. B. ein Auto in der Zeit Δt die Strecke Δs zurücklegt, nennt man den Quotienten aus Wegabschnitt und Zeitabschnitt **Durchschnittsgeschwindigkeit** *(mittlere Geschwindigkeit)* $\bar{v}$.

$$\bar{v} = \frac{\Delta s}{\Delta t}$$

Was der Begriff Durchschnittsgeschwindigkeit $\bar{v}$ bedeutet, kann man so beschreiben: Hätte sich ein zweites Auto in der Zeit Δt mit der konstanten Geschwindigkeit $\bar{v}$ bewegt, so hätte es in dieser Zeit die gleiche Strecke Δs wie das erste zurückgelegt.

Wenn man bei der Tachoüberprüfung die Meßstrecke Δs immer kleiner macht, wird es immer einfacher, die Anzeige des Autotachos konstant zu halten.

Bei genügend kleiner Meßstrecke ist die Durchschnittsgeschwindigkeit dann innerhalb der Meßgenauigkeit gleich der *Momentangeschwindigkeit v* in einem beliebigen Punkt der Meßstrecke.

Mit der Meßstrecke Δs wird auch die Zeitspanne Δt immer kleiner. Man hat festgelegt:

Die Momentangeschwindigkeit ist der Quotient aus Wegabschnitt Δs und Zeitspanne Δt bei hinreichend kleiner Zeitspanne Δt.

2 Der Vektorcharakter der Geschwindigkeit

Beim Aufschlag versucht die Tennisspielerin, den Ball mit sehr großer Geschwindigkeit über das Netz zu schlagen. Aber es kommt nicht nur darauf an, wie *schnell* der Ball ist ...

Info: Der Vektorcharakter der Geschwindigkeit

Bei der Bewegung eines Schiffes oder eines Flugzeuges kommt es nicht nur darauf an, wie schnell es fährt, sondern auch in welche Richtung es sich bewegt. Damit ein Schiff oder das Flugzeug am Ziel eintrifft, muß es sich nicht nur schnell genug vorwärtsbewegen, sondern auch den richtigen Kurs einschlagen.

Der physikalische Geschwindigkeitsbegriff beinhaltet Schnelligkeit und Richtung der Bewegung. **Die Geschwindigkeit ist daher eine gerichtete (vektorielle) Größe.** Wie bei der Kraft $\vec{F}$ wird dieser Sachverhalt durch einen kleinen Pfeil im Symbol für die Geschwindigkeit ausgedrückt: $\vec{v}$. Wenn der Betrag der Geschwindigkeit, die „Schnelligkeit", gemeint ist, benutzt man das Symbol v ohne Pfeil.

Der Vektorcharakter der Geschwindigkeit spielt eine wichtige Rolle, wenn sich zwei Geschwindigkeiten überlagern (Bild 2). Die über den Fluß schwimmende Person wird von der Strömung abgetrieben. Ihre Geschwindigkeit gegenüber dem Ufer läßt sich mit Hilfe einer Parallelogrammkonstruktion (Vektoraddition) ermitteln.

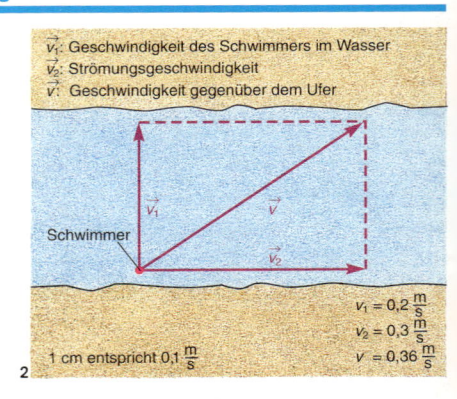

$\vec{v}_1$: Geschwindigkeit des Schwimmers im Wasser
$\vec{v}_2$: Strömungsgeschwindigkeit
$\vec{v}$: Geschwindigkeit gegenüber dem Ufer

1 cm entspricht 0,1 $\frac{m}{s}$

$v_1 = 0,2 \frac{m}{s}$
$v_2 = 0,3 \frac{m}{s}$
$v = 0,36 \frac{m}{s}$

Aufgaben

1 Beim Fußballspiel kommt es nicht nur darauf an, daß der Ball schnell gespielt wird. Beschreibe entsprechende Spielszenen.

Nenne auch Beispiele in anderen Sportarten, wo es auf die Bewegungsrichtung ankommt.

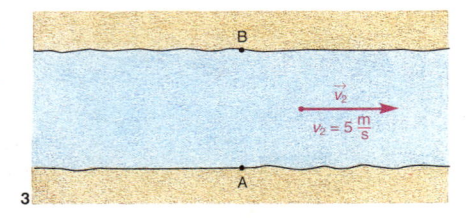

$\vec{v}_2$
$v_2 = 5 \frac{m}{s}$

2 Der Fluß in Bild 3 soll mit dem Boot so überquert werden, daß das Boot von A nach B gelangt. Die Strömungsgeschwindigkeit beträgt 5 m/s. In welche Richtung muß das Boot fahren, wenn es mit der Geschwindigkeit $v_1 = 7$ m/s fährt?

3 Beschleunigte Bewegungen

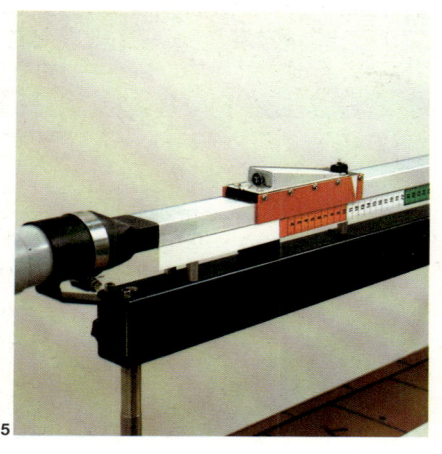

Beschleunigte Bewegungen in der Technik und im Labor.
In allen drei Fällen ist die beschleunigende Kraft konstant.

V 5 Wir untersuchen beschleunigte Bewegungen mit Hilfe des Versuchsaufbaus von Bild 7 oder 8.

a) Ein Metronom wird auf einen 1-s-Takt eingestellt. Außerdem kennzeichnen wir die Ruhelage der Kugel oder des Wagens.

Der Start erfolgt bei einem Schlag des Metronoms. Anschließend markieren wir bei jedem Schlag den Ort der Kugel oder des Wagens. (Der Versuch sollte mehrfach wiederholt werden, um die Markierungen zu überprüfen und Ungenauigkeiten zu korrigieren.)

b) Beschreibe das Versuchsergebnis. Woran kann man erkennen, daß es sich um eine *beschleunigte Bewegung* handelt?

c) Trage die Zeiten t und die zurückgelegten Wege s in eine Tabelle ein. Zeichne dann das Weg-Zeit-Diagramm.

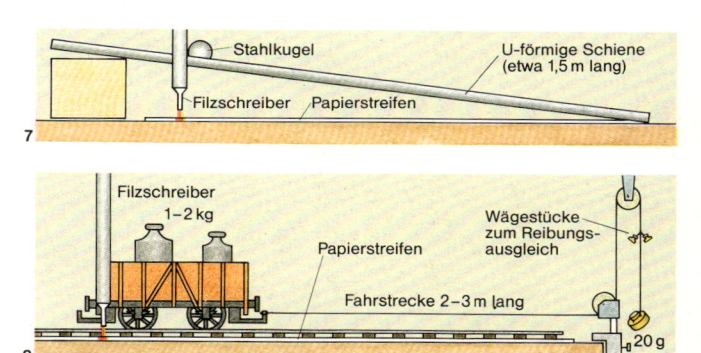

V 6 Bild 9 zeigt den Versuchsaufbau. Der Zeitmarkengeber schreibt im Abstand von $\frac{1}{50}$ s Markierungen auf den Papierstreifen. (Damit die Marken am Anfang der Strecke nicht zu dicht liegen, muß die Geschwindigkeit schnell genug zunehmen.)

a) Bestimme mit Hilfe des Papierstreifens zurückgelegte Wege s und zugehörige Zeiten t (Tabelle!). Fertige ein Weg-Zeit-Diagramm an.

b) Für ein Geschwindigkeit-Zeit-Diagramm benötigen wir Werte der Momentangeschwindigkeit. Sie können näherungsweise aus dem Papierstreifen bestimmt werden: Wenn A, B und C drei aufeinanderfolgende Markierungen sind, nehmen wir als Geschwindigkeit in B die Durchschnittsgeschwindigkeit zwischen A und C.

Begründe, daß dieses Vorgehen sinnvoll ist.

c) Zeichne das Geschwindigkeit-Zeit-Diagramm.

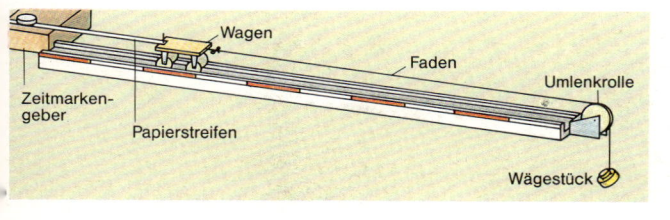

V 7 In den Versuchen 5 u. 6 wird zu vorgegebenen Zeiten der zurückgelegte Weg gemessen. Jetzt werden Wege vorgeben und die benötigten Zeiten gemessen.

Eine „Leiter" mit konstantem Sprossenabstand fällt durch eine Lichtschranke (Bild 10). Mit Hilfe eines Computers werden die Zeitpunkte gemessen, an denen die Leitersprossen das Lichtbündel unterbrechen.

Woran erkennt man, daß die Leiter eine beschleunigte Bewegung ausführt?

Aus den Meßwerten läßt sich die Beschleunigung der fallenden Leiter bestimmen (→ Info).

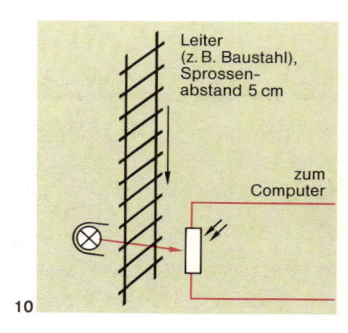

Gleichförmige und beschleunigte Bewegungen

Info: Die gleichmäßig beschleunigte Bewegung

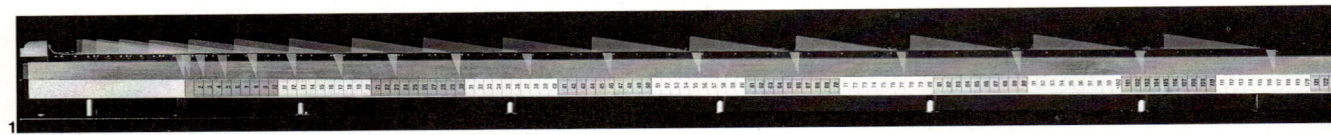

1

Wenn auf einen Körper eine Kraft wirkt, ändert sich sein Bewegungszustand: Der Körper wird langsamer oder schneller, oder er ändert seine Bewegungsrichtung.

In unserer Umwelt stehen Bewegungen meistens unter dem Einfluß von Kräften. Gesetzmäßigkeiten sind bei solchen Vorgängen nur schwer zu erkennen.

Wir beschäftigen uns daher mit einer einfachen Bewegung: Auf einer Luftkissenbahn bewegt sich ein Wagen (Schlitten), der mit Hilfe einer Düse angetrieben wird (Bild 1).

Auf den Wagen wirkt eine *konstante Kraft* in Bewegungsrichtung. Reibungskräfte spielen keine Rolle.

Der Wagen wird aus dem Stand beschleunigt; die Anfangsgeschwindigkeit beträgt also 0 m/s. Der Meterstab ist so angelegt, daß der Wagen zur Zeit $t = 0$ s bei $s = 0$ m startet. (Blitzfolge: 0,6 s.)

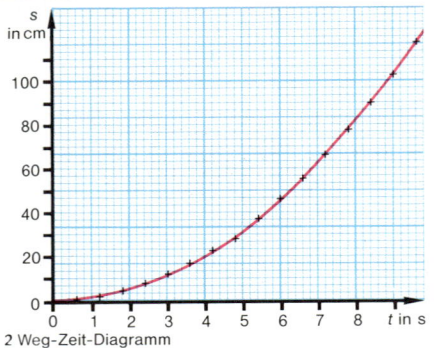

Die abgelesenen Werte sind in Bild 2 graphisch dargestellt. Die Kurve verläuft immer steiler. Daran erkennt man die ständige Zunahme der Geschwindigkeit.

2 Weg-Zeit-Diagramm

Es soll nun genauer untersucht werden, *wie* die Geschwindigkeit zunimmt.

Man läßt dazu den Düsenwagen mehrere Male die gleiche Bewegung ausführen. Dabei wird an verschiedenen Stellen des Weges eine Lichtschranke aufgestellt. Man erhält so die gleiche Meßreihe, als hätte man bei einer einzigen Fahrt mit mehreren Lichtschranken gemessen.

Man mißt jeweils zwei Zeiten:
○ die Zeit t, die der Wagen vom Start bis zur Lichtschranke benötigt, und
○ die Zeit Δt, für die ein am Wagen befestigter Stab der Breite $\Delta s = 5{,}0$ mm die Lichtschranke unterbricht.

Bild 3 zeigt den Versuchsaufbau. Die Meßwerte sind in der Tabelle enthalten.

In Bild 4 ist die Momentangeschwindigkeit v in Abhängigkeit von der Zeit t graphisch dargestellt. Man erhält eine Gerade.

Die Geschwindigkeit nimmt in jeder Zeitspanne Δt um den gleichen Wert Δv zu. Solche Bewegungen heißen gleichmäßig beschleunigt.

Der Versuch zeigt: **Wird ein Körper durch eine konstante Kraft beschleunigt, so führt er eine gleichmäßig beschleunigte Bewegung aus.**

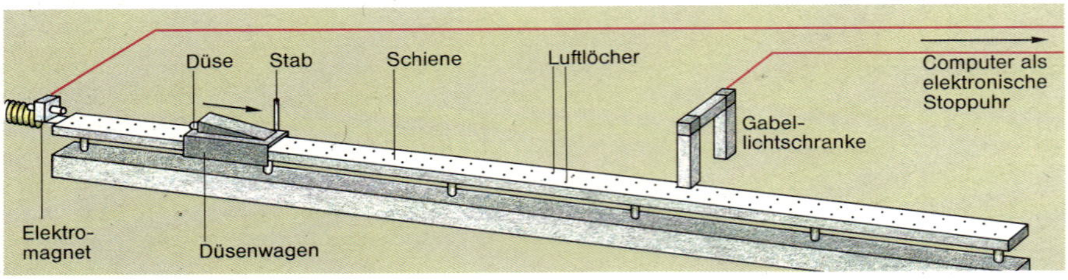

3 (Versuchsaufbau: Elektromagnet, Düsenwagen, Düse, Stab, Schiene, Luftlöcher, Gabellichtschranke, Computer als elektronische Stoppuhr)

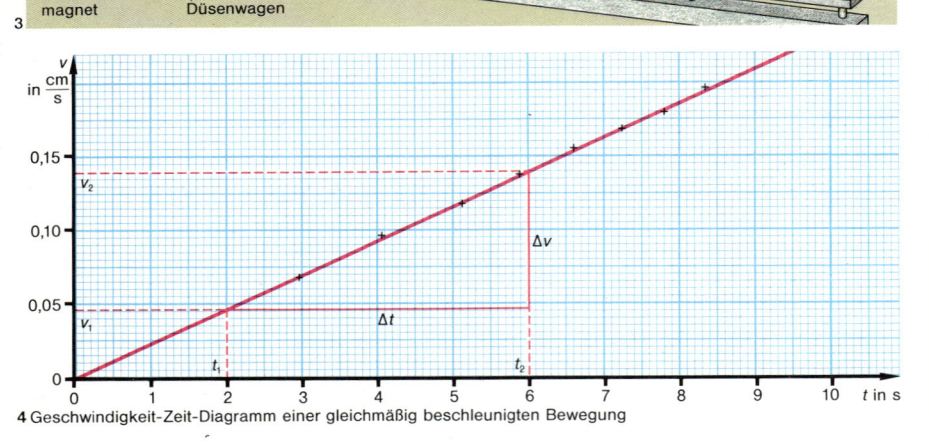

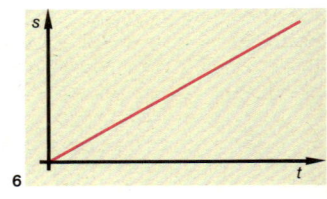

4 Geschwindigkeit-Zeit-Diagramm einer gleichmäßig beschleunigten Bewegung

s in m	t in s	$\bar{v} = \frac{s}{t}$ in $\frac{m}{s}$	Δt in s	$v = \frac{\Delta s}{\Delta t}$ in $\frac{m}{s}$
0	0			0
0,100	2,95	0,034	0,0735	0,068
0,200	4,06	0,049	0,0522	0,096
0,300	5,11	0,059	0,0427	0,117
0,400	5,89	0,068	0,0362	0,138
0,500	6,58	0,076	0,0322	0,155
0,600	7,22	0,083	0,0297	0,168
0,700	7,78	0,090	0,0272	0,184
0,800	8,34	0,096	0,0253	0,198

Aufgaben

1 Die Bilder 5 u. 6 zeigen zwei graphische Darstellungen. Welche gehört zu einer *gleichförmigen* Bewegung, welche zu einer *gleichmäßig beschleunigten*? Begründe deine Antwort!

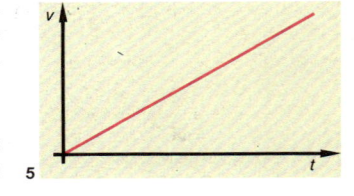

2 Für gleichmäßig beschleunigte Bewegungen gilt: $s \sim t^2$. Zeige, daß die Wertepaare $(s \mid t)$ aus der Tabelle im

5 (v-t-Diagramm, Gerade durch Ursprung)

6 (s-t-Diagramm, Gerade durch Ursprung)

Info diese Beziehung erfüllen. Berechne dazu für jedes Wertepaar den Quotienten $\frac{s}{t^2}$ und prüfe nach, ob sich ein konstanter Wert ergibt.

3 Bei dem in Bild 7 gezeigten Versuch tropfte das Wasser im 1-s-Takt. Zeichne das Weg-Zeit-Diagramm. Weise nach, daß es sich um eine gleichmäßig beschleunigte Bewegung handelt.

4 Für das Hinabrollen einer Kugel auf einer schiefen Ebene ergeben sich folgende Meßwerte:

t in s	0	0,5	1,0	1,5	2,0	2,5
s in cm	0	3,1	12,1	27,4	48,5	75,8

Weise rechnerisch oder durch eine graphische Darstellung nach, daß die Kugel eine gleichmäßig beschleunigte Bewegung ausführt.

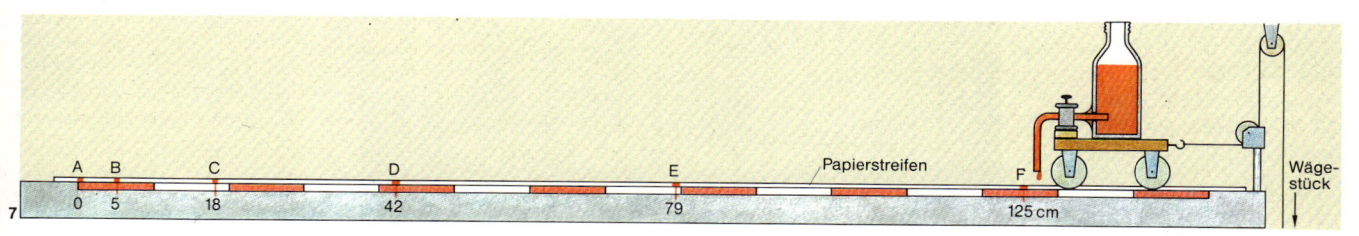

Info: Die Beschleunigung – Weg-Zeit-Gesetz der gleichmäßig beschleunigten Bewegung

Wenn man den Versuch von Bild 3 mit einer größeren Düse wiederholt, stellt man fest, daß die Geschwindigkeit schneller zunimmt. Der Wagen wird stärker beschleunigt. Im Geschwindigkeit-Zeit-Diagramm ergibt sich eine steilere Gerade.

Die Steigung der Geraden im $(t|v)$-Diagramm ist also ein Maß für die Beschleunigung des Wagens.
Die Beschleunigung a ist definiert als Quotient aus der Geschwindigkeitszunahme Δv und der Zeitspanne Δt:

$$a = \frac{v_2 - v_1}{t_2 - t_1} = \frac{\Delta v}{\Delta t}.$$

Die Beschleunigung ist eine abgeleitete Größe und hat die Einheit m/s². Wenn zur Zeit $t_1 = 0$ s die Geschwindigkeit $v_1 = 0$ m/s beträgt, vereinfacht sich die Gleichung:

$$a = \frac{v}{t}.$$

Für die in Bild 4 dargestellte Bewegung ergibt sich

$$a = \frac{\Delta v}{\Delta t} = \frac{0{,}094 \frac{cm}{s}}{4 \text{ s}} = 0{,}024 \frac{cm}{s^2}.$$

Diese Größe hat eine ganz anschauliche Bedeutung: Die (Momentan-)Geschwindigkeit des Wagens wächst in jeder Sekunde um $0{,}024 \frac{cm}{s}$.

Bei gleichmäßig *verzögerten* Bewegungen nimmt die Geschwindigkeit ab. Die Steigung im Geschwindigkeit-Zeit-Diagramm ist dann negativ. Wir erhalten negative Werte für die Beschleunigung.

Wie Weg und Zeit bei der gleichmäßig beschleunigten Bewegung zusammenhängen, läßt sich mathematisch herleiten:
In der Tabelle von Bild 3 ist auch die Durchschnittsgeschwindigkeit $\bar{v}$ angegeben, die sich jeweils für die Zeitspanne vom Start bis zur Zeit t ergibt. Vergleicht man jeweils $\bar{v}$ und v, so stellt man fest: Die Durchschnittsgeschwindigkeit (in der Zeit von 0 s bis t) ist halb so groß wie die Momentangeschwindigkeit (zur Zeit t):

$$\bar{v} = \frac{1}{2} v.$$

Diese Beziehung gilt für alle gleichmäßig beschleunigten Bewegungen aus der Ruhelage heraus.
Setzt man in diese Gleichung $\bar{v} = \frac{s}{t}$ und $v = a \cdot t$ ein, so ergibt sich:

$$\frac{s}{t} = \frac{1}{2} \cdot a \cdot t.$$

Durch Umformen erhält man das **Weg-Zeit-Gesetz der gleichmäßig beschleunigten Bewegung**:

$$s = \frac{1}{2} \cdot a \cdot t^2.$$

Voraussetzung: Der Körper startet zur Zeit $t = 0$ s am Ort $s = 0$ m aus dem Stand.

Fragen und Aufgaben zum Text

1 Ein Auto fährt mit $v = 60 \frac{km}{h}$ und beschleunigt dann 5 s lang mit $a = 2 \frac{m}{s^2}$.
Welche Geschwindigkeit erreicht es?

2 Die Beschleunigung eines beladenen Güterzuges beträgt $a = 0{,}1 \frac{m}{s^2}$.
Wie lange benötigt der Zug nach einem Halt, bis er eine Geschwindigkeit von 60 km/h erreicht hat? Welche Strecke hat er in dieser Zeit zurückgelegt?

3 Ein Mofafahrer beschleunigt aus dem Stand 4 s lang gleichmäßig mit $a = 1{,}5 \frac{m}{s^2}$.
a) Welche Geschwindigkeit erreicht er?
b) Welchen Weg legt er beim Beschleunigen zurück?

4 Ein Rennwagen beschleunigt in 3 s von 0 $\frac{km}{h}$ auf 100 $\frac{km}{h}$, ein Pkw braucht dazu 10 s. Berechne die (mittleren) Beschleunigungen der beiden Fahrzeuge.

5 Bei einem Jagdgewehr führt das Geschoß im 80 cm langen Lauf eine gleichmäßig beschleunigte Bewegung aus. Es verläßt den Lauf mit einer Geschwindigkeit von 300 $\frac{m}{s}$.
Berechne die Beschleunigung des Geschosses.
Tip: Berechne zunächst die Durchschnittsgeschwindigkeit.

6 Bei einem Unfall prallt ein Auto mit einer Geschwindigkeit von 50 $\frac{km}{h}$ auf ein festes Hindernis.
Durch die Verformung der Knautschzone ergibt sich ein „Bremsweg" von 40 cm für das Auto; durch Dehnung des Sicherheitsgurtes vergrößert sich dieser Weg für die Insassen um 20 cm.
Berechne die mittlere Beschleunigung (Verzögerung) der Insassen.

Gleichförmige und beschleunigte Bewegungen

4 Bremsweg und Anhalteweg

Herr Kaufmann fährt mit einer Geschwindigkeit von 40 km/h durch die Stadt. Die Straße ist trocken und übersichtlich.

Da sieht er plötzlich etwa 25 m vor sich ein Kind auf die Straße laufen (Bild 1).

Er bremst – und kommt gerade noch vor dem Kind zum Stehen.

Fertige eine einfache Skizze der Straße an.

Trage in diese Skizze ein, was in der Zeit vom Wahrnehmen des Kindes bis zum Stillstand des Autos geschieht.

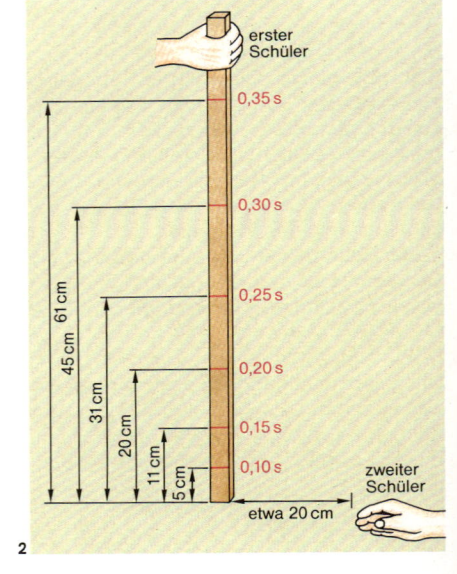

V 8 Wir untersuchen, wovon der *Bremsweg* abhängt. Der Versuch sollte z. B. auf einem Sportplatz durchgeführt werden.

a) Ein Radfahrer fährt „nach Tacho" mit einer Geschwindigkeit von z. B. 20 km/h (30 km/h). (Tachoanzeige vorher überprüfen!)

Sobald das Vorderrad eine Markierung erreicht, bremst der Fahrer so stark er kann. Der Bremsweg s_B wird dann gemessen.

b) Wie lang ist der Bremsweg bei halber Geschwindigkeit?

c) Nun wechseln wir den „Fahrbahnbelag": Der Versuch wird zum Beispiel auf dem Rasen des Spielfeldes wiederholt.

d) Berechne aus der Anfangsgeschwindigkeit v_A und dem Bremsweg s_B jeweils die durchschnittliche *Verzögerung* a. (*Tip:* Erst die Bremszeit t ausrechnen, dann a als Quotient aus v_A und t ermitteln.)

V 9 Mit diesem Versuch könnt ihr eure Reaktionszeit testen:

a) Auf einer etwa 70 cm langen Latte (zum Beispiel auf der Rückseite eines Meßstabes) markiert ihr Zahlenwerte, und zwar genau so, wie in Bild 2 angegeben.

b) Ein Schüler hält die Latte so hoch, daß sich ihre Unterkante in Höhe der Hand eines Mitschülers befindet. Dabei soll die Hand ca. 20 cm seitlich von der Latte entfernt sein.

c) Der erste Schüler läßt nun die Latte fallen, und der zweite versucht, sie schnell zu fassen.

d) Dort, wo sich dann die Oberkante der Hand befindet, wird die Reaktionszeit des Schülers abgelesen.

V 10 Wenn man abgelenkt ist, wird die Reaktionszeit erheblich länger. Das soll dieser Versuch beweisen:

Der Lehrer schaltet irgendwann während des Unterrichts „ohne Vorwarnung" eine Lampe und gleichzeitig eine Stoppuhr ein. Ein Schüler hat vorher den Auftrag bekommen, einen Taster zu betätigen und so die Stoppuhr auszuschalten, sobald die Lampe aufleuchtet.

Der Anhalteweg

Der Anhalteweg eines Fahrzeugs setzt sich aus dem Reaktionsweg und dem eigentlichen Bremsweg zusammen:

**Anhalteweg =
Reaktionsweg + Bremsweg.**

Der *Reaktionsweg* wird während der *Reaktionszeit* zurückgelegt. Unter Reaktionszeit versteht man diejenige Zeit, die zwischen dem Wahrnehmen der Gefahr durch den Fahrer und dem „Ansprechen" der Bremsen verstreicht. In dieser Reaktionszeit bewegt sich das Fahrzeug mit unverminderter Geschwindigkeit weiter.

Als *Bremsweg* bezeichnet man diejenige Strecke, die ein Fahrzeug nach dem „Ansprechen" der Bremsen bis zum Stillstand zurücklegt.

Wie lang der Bremsweg ist, hängt ab von der Anfangsgeschwindigkeit und von der Bremsverzögerung. Welche Bremsverzögerung erreicht werden kann, wird vom Zustand der Reifen, der Bremsanlage und der Fahrbahn bestimmt.

Info: Der Bremsweg

In Bild 1 sind die Bremsvorgänge zweier Fahrzeuge dargestellt. Diese wurden so stark und gleichmäßig wie möglich gebremst. Die Geschwindigkeit des Mopeds nimmt je Sekunde um 3 m/s ab, die des Pkws um 8 m/s. Weil der Bremsvorgang beim Moped länger dauert als beim Pkw, wird auch der **Bremsweg** länger.

Wie lang ist der Bremsweg? Wir nehmen an, daß beide Bewegungen gleichmäßig verzögert sind. Die Geschwindigkeit nimmt von der Anfangsgeschwindigkeit v_A gleichmäßig bis auf 0 m/s ab. Dies hat eine anschauliche Bedeutung: Während des Bremsens fahren das Auto und das Moped im Durchschnitt mit der halben Anfangsgeschwindigkeit (also mit 6 m/s).

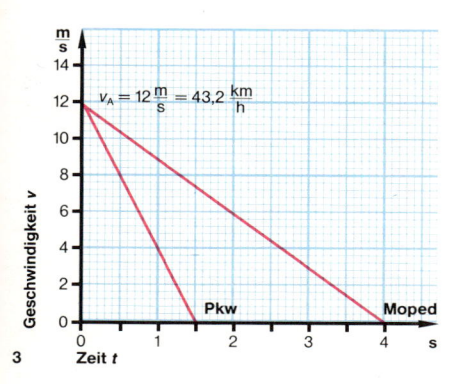

Damit gilt für den Bremsweg:

$$s_B = \frac{1}{2} v_A \cdot t.$$

Pkw: $s_B = 6 \frac{m}{s} \cdot 1{,}5\,s = 9\,m$,

Moped: $s_B = 6 \frac{m}{s} \cdot 4\,s = 24\,m$.

Wie ändert sich der Bremsweg mit zunehmender Anfangsgeschwindigkeit?

Wir gehen dieser Frage zunächst an einem Beispiel nach: Angenommen, unser Pkw von Bild 3 hat die doppelte Anfangsgeschwindigkeit (24 m/s = 86 km/h). Bei gleicher Bremsverzögerung a wie im ersten Beispiel ergibt sich dann:

$$t = \frac{v_A}{a},$$
$$s_B = \frac{1}{2} v_A \cdot t = 12 \frac{m}{s} \cdot 3\,s = 36\,m.$$

Der Bremsweg beträgt jetzt also 36 m!

Allgemein kann man den Bremsweg s_B so berechnen:

$$s_B = \frac{1}{2} v_A \cdot t = \frac{v_A}{2} \cdot \frac{v_A}{a};$$
$$s_B = \frac{v_A^2}{2 \cdot a}.$$

Daraus folgt:

Der Bremsweg wächst mit dem Quadrat der Geschwindigkeit (Bild 2). Wenn die Geschwindigkeit verdoppelt wird, ist der Bremsweg viermal so lang.

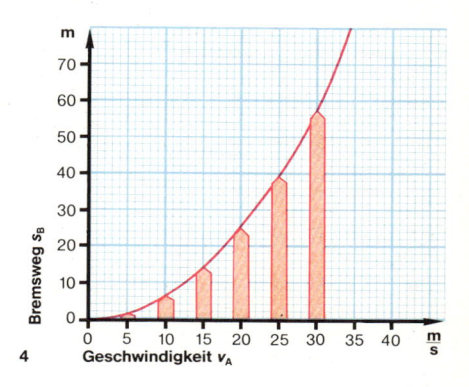

3 (Diagramm: Geschwindigkeit v über Zeit t für Pkw und Moped, $v_A = 12 \frac{m}{s} = 43{,}2 \frac{km}{h}$)

4 (Diagramm: Bremsweg s_B über Geschwindigkeit v_A)

Aufgaben

1 Die Reaktionszeit eines Menschen kann oft viel länger als 1 s sein. Nenne Gründe dafür!

Wie kommt es, daß in Versuch 6 viel kürzere Zeiten als 1 s herausgekommen sind?

2 Berechne die Reaktionswege für eine Reaktionszeit von 1 s (2 s) und eine Geschwindigkeit von 20 km/h (40 km/h, 50 km/h, 60 km/h, 100 km/h, 120 km/h).

3 Wie hängen Reaktionsweg und Geschwindigkeit zusammen?

Welcher Zusammenhang besteht zwischen der Geschwindigkeit v_A zu Beginn des Bremsvorganges und dem Bremsweg s_B?

4 Ein Pkw bremst bei einer Geschwindigkeit von 50 km/h; dabei ist der Bremsweg 15 m lang.

Welcher Bremsweg ergibt sich bei gleichen Straßenverhältnissen mindestens, wenn der Pkw bei 100 km/h bzw. 150 km/h abgebremst wird? Der für 150 km/h errechnete Wert wird in der Praxis mit ziemlicher Sicherheit überschritten. Begründe!

5 Bremsverzögerungen lassen sich aus der Haftreibungszahl berechnen: $a_B = \mu_{Haft} \cdot 9{,}81\,m/s^2$.

Vergleiche einige auf diese Weise ermittelte Werte mit denen in der Tabelle unten. Erkläre den Unterschied.

Durchschnittliche Bremsverzögerung von Pkws

Fahrbahn	Bremsverzögerung a_B in $\frac{m}{s^2}$
Asphalt, trocken	6,5–7,5
Asphalt, naß	5,0–6,5
Beton, naß	4,0–5,5
Neuschnee (mit Sommerreifen)	2,0–2,5
Glatteis	1,0–1,5
Glatteis, gut gestreut	2,0–2,5

6 Bei einer Geschwindigkeit von 100 km/h kommt ein Auto durch eine Vollbremsung nach 4 s zum Stehen. Berechne die mittlere Bremsverzögerung. Wie lang ist der Bremsweg?

7 Ergänze in deinem Heft die Tabelle *Bremswege für Pkws*. Gehe dabei von den Bremsverzögerungen in der Tabelle von Aufgabe 5 aus.

Welche Folgerungen für Autofahrer ergeben sich aus dieser Tabelle?

Bremswege für Pkws

	Geschwindigkeit in km/h			
	30	50	60	100
Asphalt, trocken	?	?	?	?
Asphalt, naß	?	?	?	?
Fahrbahn, vereist	?	?	?	?

8 Mit den Bremsen eines Fahrrades sind Verzögerungen von ca. 2,5 m/s² zu erreichen. Die Verzögerung von Pkws liegt bei etwa 7,5 m/s².

Vergleiche die Bremswege für eine Geschwindigkeit von 30 km/h.

Aus Umwelt und Technik: Sicherheitsabstand und Anhalteweg

Stell dir einmal folgende Situation vor: Herr Hartmann fährt von einer Geschäftsreise auf der Autobahn nach Hause. Der Verkehr ist ziemlich dicht, die Autos fahren nur mit mäßiger Geschwindigkeit.

Herr Hartmann ist abgespannt; die letzten Tage waren sehr anstrengend. In Gedanken ist er bereits bei seiner Familie. Aus dem Autoradio ertönt ein Schlager, der ihn an den letzten Urlaub erinnert. Er wirft einen kurzen Blick aufs Radio und stellt es lauter.

Plötzlich sieht Herr Hartmann die Bremslichter an dem Wagen vor sich aufleuchten. Er tritt voll auf die Bremse, die Reifen quietschen – aber es reicht nicht; sein Auto prallt auf den vorderen Wagen auf. Der Abstand zum Vordermann – sein **Sicherheitsabstand** – hätte ein paar Meter größer sein müssen. Nur der *Sicherheitsgurt* bewahrt Herrn Hartmann vor einer Verletzung.

Gleich nach dem Aufprall schlägt der Kopf von Herrn Hartmann gegen die *Nackenstütze*: Der nachfolgende Wagen ist nämlich aufgefahren; *sein* Sicherheitsabstand war ebenfalls zu kurz. Noch weitere Fahrzeuge fahren auf, es gibt Verletzte und erheblichen Sachschaden. Bild 1 zeigt eine solche Massenkarambolage.

Wie können solche Auffahrunfälle vermieden werden? Sieh dir dazu Bild 2 an:

Fahrzeug 1 bremst. Würde Fahrzeug 2 *gleichzeitig* bremsen, bliebe der Abstand zwischen ihnen gleich; der Bremsweg beider Fahrzeuge ist ja etwa gleich lang.

Tritt der Fahrer von Fahrzeug 2 jedoch erst auf die Bremse, wenn er das Bremslicht von Fahrzeug 1 wahrnimmt, verstreicht die **Reaktionszeit**. Während dieser Zeit fährt der Wagen mit unverminderter Geschwindigkeit weiter. Der Wagen 2 legt dabei den **Reaktionsweg** zurück.

Nehmen wir einmal an, die Geschwindigkeit betrage 100 km/h und die Reaktionszeit 1 s. Das Fahrzeug 2 fährt dann noch 27,8 m, bevor der Bremsweg beginnt. So groß müßte der Sicherheitsabstand also mindestens sein.

Tatsächlich ist dieser Abstand jedoch viel zu kurz. Oft sind nämlich die Reaktionszeiten deutlich länger. Bei einem Auffahrunfall kommt außerdem hinzu, daß sich der Bremsweg des Vordermannes durch den Aufprall verkürzt. Es kann auch sein, daß der vorausfahrende Wagen wesentlich bessere Bremsen (z. B. durch ein Anti-Blockier-System) als der eigene Wagen hat. Aus diesen Gründen muß der Sicherheitsabstand stets größer als der reine Reaktionsweg sein.

In der Fahrschule lernt man „Faustformeln" kennen, mit deren Hilfe sich die Sicherheitsabstände und Anhaltewege von Personenwagen ermitteln lassen.

Diese Regeln gelten aber nur für normale Fahrbedingungen; wenn z. B. Schnee liegt, kann sich der Bremsweg mehr als verdoppeln, und Müdigkeit und Alkoholgenuß führen zu wesentlich längeren Reaktionszeiten …

Ermittlung des Sicherheitsabstandes

Faustformel 1:
„Sicherheitsabstand = halber Tacho".
Die Hälfte der Fahrgeschwindigkeit (in km/h) ergibt den Sicherheitsabstand (in m). Z. B. erfordert eine Fahrgeschwindigkeit von 80 km/h einen Sicherheitsabstand von 40 m. Beachte aber, daß der Anhalteweg viel länger ist!

Faustformel 2:
„Sicherheitsabstand = 2-Sekunden-Abstand".
Wenn ein Fahrer überprüfen will, ob der Abstand zum Vordermann groß genug ist, merkt er sich eine Stelle am Fahrbahnrand, die der erste Wagen gerade passiert. Bis er selbst diese Stelle erreicht, müssen mindestens 2 s verstrichen sein. (Bei Geschwindigkeiten über 80 km/h wird sogar ein 3-Sekunden-Abstand empfohlen!)

Ermittlung des Anhalteweges (= Reaktionsweg + Bremsweg)

Faustformel 3:
„Reaktionsweg (in m) = Geschwindigkeit (in km/h) · 3/10".
Eine Fahrgeschwindigkeit von zum Beispiel 80 km/h ergibt einen Reaktionsweg von 24 m (80 · 3/10 = 24).

Faustformel 4:
„Bremsweg = (Tachoanzeige : 10)^2".
Bei einer Geschwindigkeit von zum Beispiel 80 km/h beträgt der Bremsweg 64 m, denn (80 : 10)^2 = 64.

Aus Umwelt und Technik: **Schräglage in der Kurve – nichts als Show?**

Auf kurvenreichen Strecken legen sich Motorradfahrer in die Kurve (Bild 3). Diese Schräglage hat ihren Sinn: Um die Bewegungsrichtung zu ändern, muß eine Kraft auf das Motorrad wirken, die zur Kurvenmitte zeigt. Diese Kraft übt die Fahrbahn (aufgrund der Haftreibung) aus, wenn man den Lenker einschlägt.

In aufrechter Haltung käme der Motorradfahrer aber nicht um die Kurve. Das zeigt ein Versuch (Bild 4): Unten am Stift greift eine Kraft an. Sie beschleunigt das untere Ende des Stiftes. Seine höher liegenden Teile bleiben infolge der Trägheit zurück – und der Stift kippt entgegen der Bewegungsrichtung um.

Genauso würde auch der aufgerichtete Motorradfahrer zur Außenseite der Kurve kippen. Durch die Schräglage wird das Kippen verhindert (Bild 5): Die Wirkung der Gewichtskraft läßt sich durch zwei Komponenten beschreiben. Die eine zieht den Motorradfahrer zum Kurvenmittelpunkt, die zweite preßt die Reifen schräg gegen die Fahrbahn und treibt die Reifen zur Kurvenaußenseite. Die Haftreibungskraft verhindert, daß sie wegrutschen.

Bei nasser oder rutschiger Fahrbahn muß der Motorradfahrer aber sehr vorsichtig sein: Wenn die Haftreibung nicht ausreicht, rutscht der Reifen weg, das Motorrad kippt und rutscht geradeaus weiter – hinaus aus der Kurve.

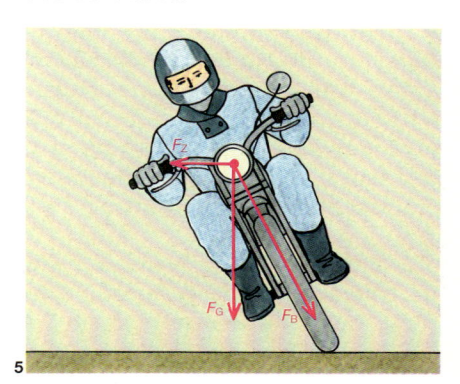

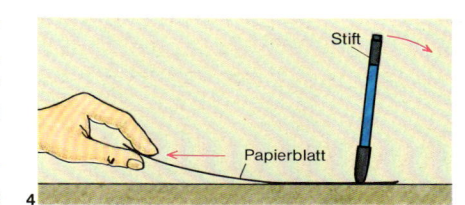

Gleichförmige und beschleunigte Bewegungen

Auf einen Blick

Gleichförmige Bewegungen

Bei geradlinig gleichförmigen Bewegungen werden in gleichen Zeiten gleiche Strecken zurückgelegt. Im Weg-Zeit-Diagramm ergibt sich eine Gerade.

Bei der gleichförmigen Bewegung ist der Quotient aus Wegabschnitt Δs und Zeitspanne Δt konstant.

Er heißt **(Betrag der) Geschwindigkeit**: $v = \dfrac{\Delta s}{\Delta t}$.

Die Geschwindigkeit ist eine gerichtete Größe (Symbol $\vec{v}$). Ihre Richtung ist die jeweilige Bewegungsrichtung.

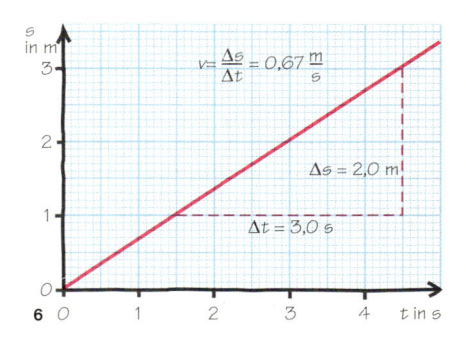

Beschleunigte Bewegungen

Bei gleichmäßig beschleunigten Bewegungen wächst die Geschwindigkeit in gleichen Zeiten um gleiche Beträge. Im Geschwindigkeit-Zeit-Diagramm ergibt sich eine Gerade.

Bei der gleichmäßig beschleunigten Bewegung ist der Quotient aus Geschwindigkeitszunahme Δv und Zeitspanne Δt konstant.

Er heißt **Beschleunigung**: $a = \dfrac{\Delta v}{\Delta t}$.

Startet ein Körper zur Zeit $t = 0$ s bei $s = 0$ m aus dem Stand, so gilt: $s = \tfrac{1}{2} a t^2$.

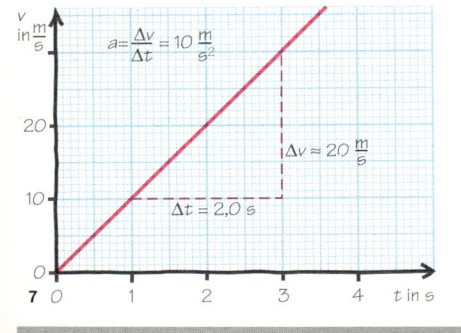

Die Grundgleichung der Mechanik

1 Wie hängen Kraft und Beschleunigung zusammen?

Wart, die spreng' ich auseinander!

Nein, Obelix! Neiiiiiiin!

Daß Obelix viel Kraft „hat", ist – physikalisch gesehen – falsch. In der Physik spricht man nämlich nur dann von „Kraft", wenn ein Körper auf einen anderen einwirkt – z. B. wenn Obelix einen Hinkelstein beschleunigt.

Die Kraft ist dabei immer davon abhängig, wie groß die Beschleunigung ist und welche Masse der beschleunigte Stein hat.

Welche mathematischen Zusammenhänge vermutest du zwischen Kraft, Masse und Beschleunigung?

V1 Mit der Anordnung von Bild 2 wird untersucht, wie Antriebskraft und Beschleunigung zusammenhängen.
Die Antriebskraft soll nacheinander 0,1 N, 0,2 N, ..., 0,5 N betragen. Wir lassen den Wagen aus dem Stand anfahren und markieren die Strecke, die er in 4 s zurücklegt. Aus diesem Weg und der benötigten Zeit (4 s) wird die Beschleunigung berechnet. Fertige ein Diagramm an.

V2 Nun wird bei gleichbleibender Antriebskraft (z. B. 0,2 N) die Masse des Wagens verändert (1 kg, 1,5 kg, ..., 3 kg). Trage die Meßwerte in ein Diagramm ein. Welche Gesetzmäßigkeit erkennst du?

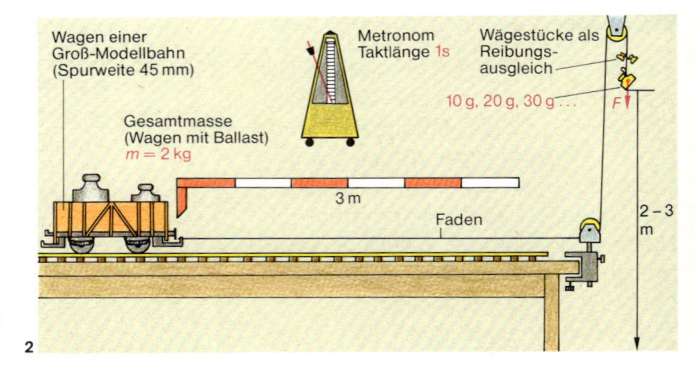

Wagen einer Groß-Modellbahn (Spurweite 45 mm)
Gesamtmasse (Wagen mit Ballast) $m = 2$ kg
Metronom Taktlänge 1s
Wägestücke als Reibungsausgleich
10 g, 20 g, 30 g ...
F
3 m
Faden
2–3 m

Info: Kraft – Masse – Beschleunigung

Daß es Zusammenhänge zwischen Kraft, Masse und Beschleunigung gibt, ist dir aus dem Alltag bekannt.
Zum Beispiel: Je mehr Leute beim Anschieben eines Autos helfen (d. h., je größer die Antriebskraft ist), desto stärker wird der Wagen beschleunigt.
Das Anschieben geht dabei um so leichter, je kleiner die Masse des Wagens ist.

Die Zusammenhänge sind in den Bildern 3–5 dargestellt:

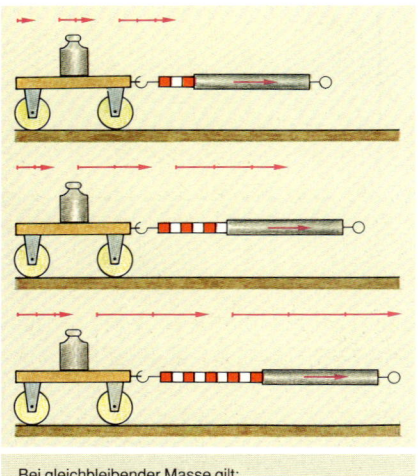

Bei gleichbleibender Masse gilt:
Die Beschleunigung des Wagens ist bei doppelter (dreifacher, vierfacher ...) Kraft auch doppelt (dreimal, viermal ...) so groß.
Die erreichte Beschleunigung a und die eingesetzte Kraft F sind direkt proportional:

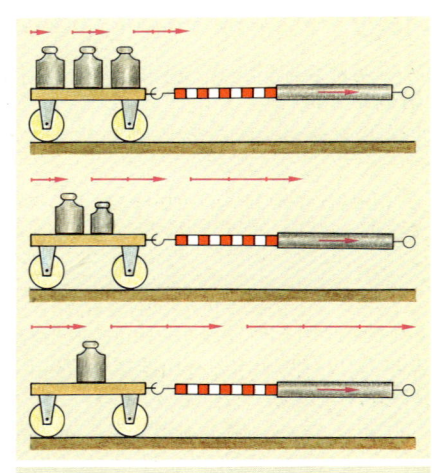

$$a \sim F.$$

Bei gleichbleibender Kraft gilt:
Man erhält die doppelte (dreifache, vierfache ... Beschleunigung, wenn man die Masse auf die Hälfte (ein Drittel, ein Viertel ...) verringert.
Beschleunigung a und Masse m sind indirekt proportional (antiproportional):

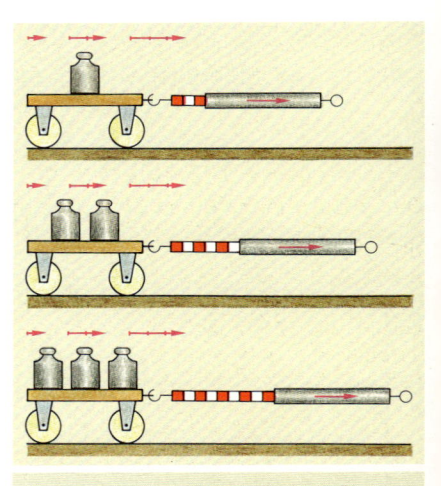

$$a \sim \frac{1}{m}.$$

Um bei verschiedenen Massen die gleiche Beschleunigung hervorzurufen, muß die Kraft bei doppelter (dreifacher, vierfacher ...) Masse auch doppelt (dreimal, viermal ...) so groß sein. Für jeden Beschleunigungswert a gibt es also ein festes Verhältnis zwischen Kraft F und Masse m:

$$a \sim \frac{F}{m}.$$

Die Bilder 3–5 machen deutlich:
Die Beschleunigung a eines Körpers ist (direkt) proportional zum Quotienten aus der beschleunigenden Kraft F und der Masse m des Körpers.

Der Quotient „Kraft durch Masse" hat die Einheit N/kg. Die Beschleunigung a hängt also davon ab, welche Kraft pro kg des beschleunigten Körpers wirkt.

An dem Quotienten „Kraft durch Masse" kann man erkennen, ob die Beschleunigung eines Körpers groß oder klein ist; er ist somit ein Maß für die Beschleunigung. Man hätte daher festlegen können, daß die Beschleunigung als Quotient aus Kraft und Masse bestimmt wird:

$$a = \frac{F}{m}.$$

Dann ergäbe sich zum Beispiel für das anfahrende Moped von Bild 6 als Beschleunigung:

$$a = \frac{210\,\text{N}}{150\,\text{kg}} = 1{,}4\,\frac{\text{N}}{\text{kg}}.$$

Nun bist du aber gewohnt, daß die Beschleunigung als Quotient aus Geschwindigkeitsänderung Δv und Zeit Δt in der Einheit m/s² angegeben wird.

Wir hätten also zwei verschiedene Möglichkeiten, die Beschleunigung zu berechnen – und zwar einmal als $\frac{F}{m}$ und einmal als $\frac{\Delta v}{\Delta t}$.

Tatsächlich aber stimmen beide Formeln überein. Das liegt daran, daß die Beziehung $a = \frac{F}{m}$ benutzt wurde, um ein Maß für Kräfte festzulegen. Durch Umstellen der Gleichung erhält man nämlich:

$F = m \cdot a$,
Kraft = Masse · Beschleunigung.

Diese Gleichung nennt man die **Grundgleichung der Mechanik**.

Durch sie ist die Einheit der Kraft festgelegt als

$$1\,\text{kg} \cdot 1\,\frac{\text{m}}{\text{s}^2} = 1\,\frac{\text{kg} \cdot \text{m}}{\text{s}^2}.$$

Diese Einheit nennt man **1 Newton** (1 N), zu Ehren des Physikers *Isaac Newton*, der im Jahr 1687 Gesetze der Mechanik in allgemeingültiger Form für alle Körper des Weltalls formulierte.

Eine Kraft von 1 N = $\frac{1\,\text{kg} \cdot \text{m}}{\text{s}^2}$ wirkt also dann, wenn ein Körper der Masse 1 kg mit $1\,\frac{\text{m}}{\text{s}^2}$ beschleunigt wird, d. h., wenn sich die Geschwindigkeit in 1 s um $1\,\frac{\text{m}}{\text{s}}$ ändert.

Dies ist die seit 1970 im „Gesetz über Einheiten im Meßwesen" festgelegte Definition der Krafteinheit. Diese Definition hat den Vorteil, daß sie sich nicht auf einen Vergleichsort bezieht. Ein Kraftmesser kann nach dieser Definition überall auf der Erde und im Weltraum überprüft werden.

Beispiel: Solange das Moped in Bild 6 festgehalten wird, wirkt außer der Antriebskraft eine gleich große Gegenkraft auf das Moped. Da sich beide Kräfte in ihren Wirkungen ausgleichen, kommt es zu keiner Beschleunigung.

Wenn das Moped losgelassen wird, wirkt pro Kilogramm seiner Masse eine Kraft von 1,4 N. Das führt zu einer Beschleunigung von

$$1{,}4\,\frac{\text{N}}{\text{kg}} = 1{,}4\,\frac{\text{m}}{\text{s}^2}.$$

Die Einheit 1 N/kg läßt sich wie folgt umrechnen:

$$1\,\frac{\text{N}}{\text{kg}} = 1\,\frac{\text{kg} \cdot \text{m}}{\text{s}^2 \cdot \text{kg}} = 1\,\frac{\text{m}}{\text{s}^2}.$$

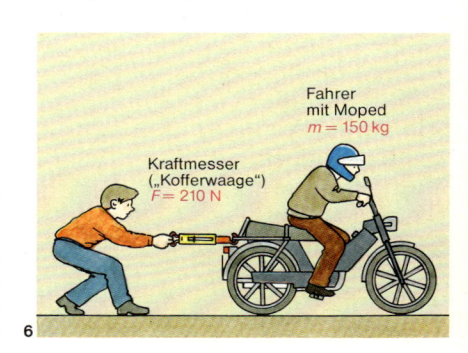

6 Fahrer mit Moped $m = 150$ kg; Kraftmesser („Kofferwaage") $F = 210$ N

Info: Eine Wiederholung aus der Mathematik – die indirekte Proportionalität

Aus der Mathematik kennst du den Begriff *indirekte Proportionalität (Antiproportionalität)*:

Zwei Größen sind zueinander indirekt proportional (antiproportional), wenn alle zusammengehörenden Paare dieser Größen das gleiche Produkt haben (Produktgleichheit).

Ein einfaches Beispiel: Stell dir vor, du sollst ein quaderförmiges Gefäß basteln, in das genau 2 l hineinpassen. Es gibt dafür viele Möglichkeiten (Bild 7).

Die *Höhe* des Quaders hängt nämlich davon ab, wie groß seine *Grundfläche* gewählt wird: Wenn man die Grundfläche verdoppelt (verdreifacht), muß die Höhe halbiert (gedrittelt) werden. In jedem Fall ist das Produkt aus Grundfläche und Höhe gleich groß, nämlich 2 l. Grundfläche und Höhe sind also indirekt proportional.

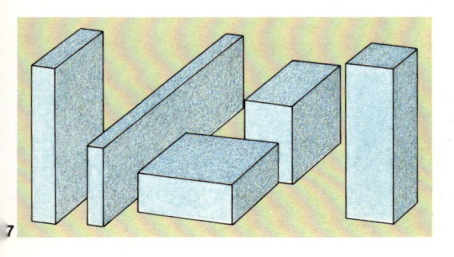

Auch die Paare aus Masse und Beschleunigung sind bei gleichbleibender Kraft produktgleich. Masse und Beschleunigung sind also indirekt proportional. Bei doppelter Masse m bewirkt dieselbe Kraft F nur eine halb so große Beschleunigung a. Bei dreifacher Masse erhält man ein Drittel der Beschleunigung. Wir schreiben

$$a \sim \frac{1}{m}.$$

Die Tabelle zeigt die Zuordnung von Masse und Beschleunigung.

m in kg	a in $\frac{\text{m}}{\text{s}^2}$	$m \cdot a$ in $\frac{\text{kg} \cdot \text{m}}{\text{s}^2}$
0,50	3,02	1,51
1,00	1,48	1,48
1,50	1,02	1,53
2,00	0,74	1,48
2,50	0,63	1,57
3,00	0,48	1,44

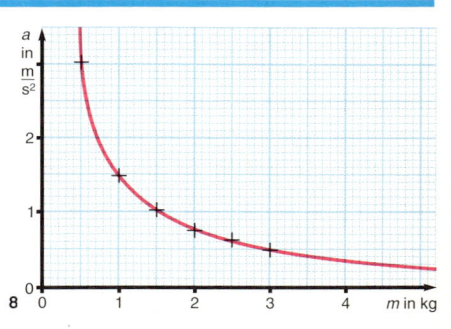

In Bild 8 sind die Wertepaare in ein Diagramm eingetragen. Die gezeichnete Kurve ist eine *Hyperbel*.

Leider kann man einer Kurve in einem Diagramm nicht ohne weiteres ansehen, ob sie eine Hyperbel ist oder nicht. Aus der graphischen Darstellung läßt sich also nicht mit Sicherheit erkennen, ob eine antiproportionale Zuordnung vorliegt.

Man muß daher prüfen, ob die Paare der Zuordnung produktgleich sind.

Weil alle Messungen Meßfehler aufweisen, kann man allerdings nicht erwarten, daß sich bei der Produktbildung immer genau der gleiche Wert ergibt.

Die Grundgleichung der Mechanik

Aufgaben

1 Beim „Schnellstart" eines Autos haben die Insassen den Eindruck, „es" würde sie in den Sitz drücken.
Welche Kraft wirkt tatsächlich auf die Insassen?
In welcher Richtung wirkt die Kraft, und welcher Körper übt sie aus?

2 Ein Personenaufzug beschleunigt mit 1 m/s²; er fährt aufwärts.

a) Wie groß ist die beschleunigende Kraft, die auf einen Fahrgast (Masse: 70 kg) wirkt?

b) Warum hat der Fahrgast dabei das Gefühl, „in die Knie gezwungen zu werden"?

c) Bei welcher Beschleunigung eines aufwärts fahrenden Aufzugs müßte ein Mensch eine Kraft aushalten, die doppelt so groß wie die Gewichtskraft ist?

3 Wird der Radfahrer von Bild 1 schneller, langsamer, oder bleibt seine Geschwindigkeit gleich? Begründe die Antwort.

4 Wenn du beim Radfahren einen „kleinen" Gang eingelegt hast und kräftig in die Pedale trittst, wirkt am Reifen des Hinterrades eine Antriebskraft von etwa 90 N.

a) Berechne die Anfangsbeschleunigung, wenn Fahrer und Fahrrad zusammen eine Masse von 75 kg haben.

b) Der Beschleunigungsvorgang ist nach kurzer Zeit beendet, obwohl du weiter in die Pedale trittst. Erkläre!

c) Eine Antriebskraft kommt nur zustande, wenn das Hinterrad Kontakt zur Fahrbahn hat. In welche Richtung wirkt die Kraft, die der Reifen auf die Fahrbahn ausübt? Welcher Körper übt auf das Fahrrad eine Kraft in Bewegungsrichtung aus?

5 Der modernste Zug der Deutschen Bundesbahn ist der Intercity Express (ICE, Bild 2). Er hat eine Masse von 280 t. Die maximale Antriebskraft seiner acht Motoren beträgt zusammengenommen 270 kN. Welche Beschleunigung erreicht der Zug beim Anfahren?
Warum ist die Beschleunigung nicht bis zum Erreichen der Höchstgeschwindigkeit konstant?

6 Ein Pkw beschleunigt in 12 s von 0 auf 100 km/h. Seine Masse beträgt 1100 kg.

a) Wie groß ist die durchschnittliche Beschleunigung? Berechne außerdem die durchschnittliche Antriebskraft.

b) Der Pkw schleppt nun einen Wohnanhänger (900 kg); die Antriebskraft bleibt gleich. Welche Geschwindigkeit hat das Gespann nach 12 s?

7 Sehr gute Tennisspieler beschleunigen den Ball beim Aufschlag auf Geschwindigkeiten von ca. 300 km/h.
Schläger und Ball berühren sich nur etwa für 0,05 s. Wie groß ist die (mittlere) Kraft auf den Ball ($m = 58$ g)?

8 Beschreibe, auf welche Weise ein Sicherheitsgurt schützt.

9 Ein Verkehrsunfall:
Ein Pkw prallt mit einer Geschwindigkeit von 40 km/h auf einen stehenden Lkw. Die Knautschzone des Autos schiebt sich um 1 m zusammen. Durch die Dehnung des Sicherheitsgurtes verlängert sich die Verzögerungsstrecke für den Fahrer um weitere 20 cm.

a) Wie lange dauert ungefähr der Verzögerungsvorgang für den Fahrer?

b) Wie groß ist die mittlere Verzögerung?

c) Berechne die Kraft, die der Fahrer während des Aufpralls aushalten muß.

d) Von welchen Voraussetzungen bist du bei deinen Rechnungen ausgegangen? Sind sie realistisch?

2 Der freie Fall

Aus der Geschichte: Galileis Experimente zum freien Fall

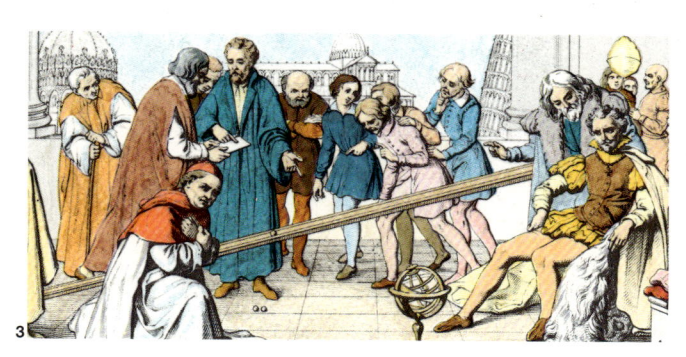

Schon der griechische Philosoph *Aristoteles* (384–322 v. Chr.) beschäftigte sich mit Bewegung von Körpern. Seiner Meinung nach bewegten sich schwere Körper aufgrund ihres „Gewichtes" nach unten, leichte wegen ihrer „Leichtheit" nach oben. Daraus schloß er auch ohne ein Experiment gemacht zu haben, daß schwere Körper schneller fallen müßten als leichte.

Fast 2000 Jahre lang wurden seine Überlegungen kaum in Zweifel gezogen. Erst etwa Mitte des 16. Jahrhunderts wurde Kritik daran geübt.

Einer dieser Kritiker war der Italiener *Galileo Galilei* (1564–1642). Er versuchte, dieses Problem nicht (wie bislang üblich) nur durch logische Überlegungen zu lösen, sondern auch durch geeignete Versuche – also experimentell. Galilei gilt damit als einer der ersten Experimentalphysiker.

Ein Problem war: Es gab noch keine *Uhren* zur genauen Kurzzeitmessung. Deshalb mußte er die Fallbeschleunigung unbedingt verringern. *Wie* er das tat, zeigt Bild 3.

Und so hat er seine Zeitmessung beschrieben: *Zur Ausmessung der Zeit stellten wir einen Eimer voll Wasser auf, in dessen Boden ein enger Kanal angebracht war, durch den ein feiner Wasserstrahl sich ergoß, der mit einem kleinen Becher aufgefangen wurde während einer jeden beobachteten Fallzeit. Das dieser Art aufgesammelte Wasser wurde auf einer sehr genauen Waage gewogen.*

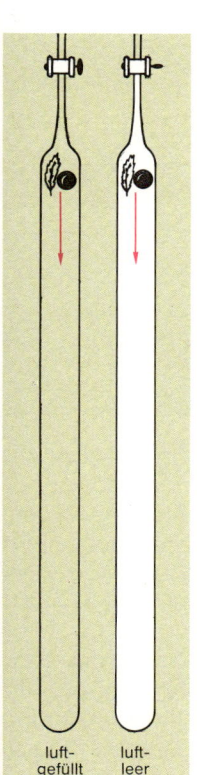

Was meinst du zu den folgenden Fragen?
○ Fallen alle Körper gleich schnell, oder hängt das von ihrem Gewicht ab?
○ Werden fallende Körper immer schneller, oder bewegen sie sich gleichförmig? Nimmt also ihre Geschwindigkeit zu, oder bleibt sie gleich?

V3 Plane einen Versuch, mit dem du Aristoteles' Schlußfolgerung überprüfen kannst. Verwende unterschiedlich schwere Steine oder Kugeln, außerdem zwei gleich große Papierstücke, von denen eines zusammengeknüllt wird.

V4 Bild 4 zeigt einen weiteren Versuch zum freien Fall. Beschreibe ihn. Welches Ergebnis erwartest du?

V5 Bestimme die Fallzeiten eines Steines, der aus verschiedenen Höhen herabfällt (Bild 5).

V6 In eine 2,50 m lange Schnur knüpfst du fünf Schraubenmuttern im Abstand von jeweils 40 cm. Halte die Schnur hoch, und laß sie dann in ein Blechgefäß fallen.
Warum schlagen die Muttern nicht in gleichen zeitlichen Abständen auf?
In eine zweite Schnur knüpfst du die erste Mutter 10 cm vom Ende, die zweite 30 cm nach der ersten, die dritte 50 cm nach der zweiten, die vierte 70 cm nach der dritten, die fünfte 90 cm nach der vierten. Laß diese Schnur fallen.
Vergleiche die Ergebnisse. Suche eine Erklärung.

Die Grundgleichung der Mechanik

Info: Freier Fall und Fallbeschleunigung

Man spricht von **freiem Fall**, wenn sich ein Körper ausschließlich unter dem Einfluß der Gewichtskraft bewegt.

Insbesondere dürfen keine Reibungskräfte wirken. Um den Luftwiderstand völlig auszuschalten, müssen Versuche im luftleeren Raum durchgeführt werden. Man kann den Luftwiderstand aber vernachlässigen, wenn die Körper der Luft wenig Angriffsfläche bieten und die Geschwindigkeiten hinreichend klein sind.

Die Gewichtskraft nimmt mit der Höhe ab. Bei nicht allzu großen Fallhöhen kann man jedoch annehmen, daß die Gewichtskraft konstant ist. Der freie Fall ist dann eine **gleichmäßig beschleunigte Bewegung**.

Aus Versuchen weiß man, daß alle Körper (im luftleeren Raum) gleich schnell fallen. Sie führen die gleiche Bewegung aus. Man mißt bei allen Körpern die gleiche **Fallbeschleunigung** – vorausgesetzt, die Messungen werden am gleichen Ort ausgeführt. Die Fallbeschleunigung hat das Symbol g. Bei uns beträgt die Fallbeschleunigung $g = 9{,}81 \frac{m}{s^2} = 9{,}81 \frac{N}{kg}$.

Da der freie Fall eine gleichmäßig beschleunigte Bewegung ist, wächst der zurückgelegte Weg quadratisch mit der Zeit.

Das Weg-Zeit-Gesetz für den freien Fall lautet:
$$s = \frac{1}{2} g \cdot t^2.$$

Die Kraft, die die Fallbeschleunigung hervorruft, ist die Gewichtskraft F_G. Daher ergibt sich aus der Grundgleichung der Mechanik

$$F_G = m \cdot g.$$

Die Zahl 9,81 kennst du von unserer ersten Definition der Krafteinheit mit Hilfe der Gewichtskraft (→ *Kraft und Kraftmessung*). Wir hatten festgelegt, daß 1 N die Gewichtskraft ist, die in Zürich auf den 9,81ten Teil des Urkilogramms wirkt.

In Zürich wird das Urkilogramm mit 9,81 m/s² beschleunigt. Nach der gesetzlichen Definition des Newton ergibt sich daraus, daß die Gewichtskraft auf das Urkilogramm in Zürich 9,81mal so groß ist wie 1 Newton. Sie beträgt also 9,81 N. Auf den 9,81ten Teil wirkt also gerade eine Gewichtskraft von 1 N. Unsere vorläufige Definition stimmt mit der gesetzlichen überein.

Aus Umwelt und Technik: Fallschirmspringen

Formationsspringen ist sowohl für die Springer als auch für die Zuschauer ein faszinierendes Erlebnis (Bild 1).

Wieso wird ein Springer beim Fallen nicht immer schneller? Wie ist es möglich, beim Fallen zu steuern?

Fallschirmspringen ist nur möglich, weil die Erde von einer Lufthülle umgeben ist.

Die Luft übt eine bremsende Kraft auf den fallenden Körper aus. Außer der Gewichtskraft wirkt also noch eine entgegengesetzt gerichtete Reibungskraft auf den Körper. Sie wächst mit der Geschwindigkeit des Körpers.

Etwa 10 s nach dem Absprung sind Gewichtskraft und Reibungskraft gleich groß. Der Körper ist dann im Kräftegleichgewicht, seine Bewegung ist gleichförmig. Die Geschwindigkeit bleibt konstant bei ca. $55 \frac{m}{s}$ ($200 \frac{km}{h}$).

Je nach Höhe und Körperhaltung liegt die Endgeschwindigkeit eines Springers zwischen $180 \frac{km}{h}$ und $280 \frac{km}{h}$. Richtungs- und Geschwindigkeitsänderungen können durch Änderungen der Körperhaltung hervorgerufen werden.

Beim Öffnen des Fallschirms wird die Fallbewegung stark verzögert. Die Fallgeschwindigkeit ändert sich innerhalb kurzer Zeit von $200 \frac{km}{h}$ auf ca. $15 \frac{km}{h}$. Die Beschleunigung liegt zwischen $a = -40 \frac{m}{s^2}$ und $a = -60 \frac{m}{s^2}$. Ihr Betrag ist also vier- bis sechsmal so groß wie die Fallbeschleunigung. (Zum Vergleich: Ein sehr schnell anfahrendes Auto hat eine Beschleunigung von etwa $3 \frac{m}{s^2}$.)

Nach dem Öffnen des Fallschirms stellt sich wieder ein Gleichgewichtszustand zwischen dem Luftwiderstand des Schirms und der Gewichtskraft ein; der Fallschirmspringer sinkt mit gleichbleibender Geschwindigkeit zur Erde.

Moderne Sportfallschirme können gesteuert werden. Dazu öffnet der Springer mit Hilfe von Leinen bestimmte Schlitze oder Löcher in der Hülle des Fallschirms. Die ausströmende Luft verändert dann die Stellung des Fallschirms in der Luft und damit die Fallrichtung.

Besonders wichtig ist die Scheitelöffnung des Fallschirms. Durch die dort ausströmende Luft erhält der Fallschirm seine Stabilität. Ohne diese Scheitelöffnung würden die Fallschirme hin und her pendeln, da die gestaute Luft am Rand des Schirms entweichen müßte.

Aufgaben

1 Die Bilder 2 u. 3 zeigen zwei Fallversuche. Beschreibe, wie die Versuche ablaufen. Was wird auf diese Weise nachgewiesen?

2 Eine Holzkugel und eine gleich große Kugel aus Eisen fallen gleich schnell, obwohl auf die Eisenkugel eine viel größere Kraft wirkt.
Versuche, dafür eine Erklärung zu geben.

3 Mit der Anordnung von Bild 4 wurden Fallzeiten der Kugel für verschiedene Strecken gemessen. Die Meßwerte sind in der Tabelle zusammengestellt.
Überprüfe, ob es sich um eine gleichmäßig beschleunigte Bewegung handelt. Bestimme aus den Meßwerten die Fallbeschleunigung.

4 Zwei Stahlkugeln werden im Labor auf der Erde fallen gelassen.

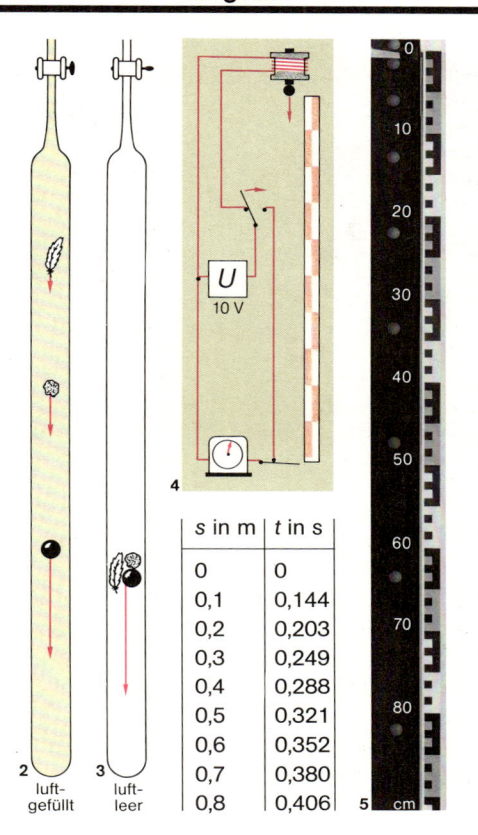

s in m	t in s
0	0
0,1	0,144
0,2	0,203
0,3	0,249
0,4	0,288
0,5	0,321
0,6	0,352
0,7	0,380
0,8	0,406

a) Die Kugeln beginnen gleichzeitig zu fallen. Beim Start wird die eine Kugel 10 cm höher gehalten. Wie groß ist ihr Abstand nach 1 s?

b) Die Kugeln fallen aus gleicher Höhe. Die zweite wird 0,1 s später losgelassen als die erste.
Wie groß ist der Abstand der beiden Kugeln, wenn die zweite Kugel zu fallen beginnt?
Wie groß ist der Abstand 1 s nach dem Start der zweiten Kugel?

5 Bild 5 zeigt eine Stroboskop-Aufnahme einer fallenden Kugel. Die Kugel wurde im zeitlichen Abstand von 0,052 s angeblitzt.

a) Stelle eine Meßreihe auf, und zeichne das Weg-Zeit-Diagramm.

b) Überprüfe, ob eine gleichmäßig beschleunigte Bewegung vorliegt.

c) Berechne die Fallbeschleunigung.

Die Grundgleichung der Mechanik

Auf einen Blick

Wie Kraft und Beschleunigung zusammenhängen

Wirkt die doppelte (dreifache, …) Antriebskraft F auf einen Körper, so ist die Beschleunigung auch doppelt (dreifach, …) so groß: $a \sim F$.

Verdoppelt man die Masse, so ist bei gleicher Antriebskraft die Beschleunigung nur halb so groß: $a \sim \frac{1}{m}$.

Die Beschleunigung ist also proportional zum Quotienten aus Kraft und Masse: $a \sim \frac{F}{m}$.

Der Quotient $\frac{F}{m}$ ist daher ein Maß für die Beschleunigung.

Die Grundgleichung der Mechanik lautet:
Kraft = Masse · Beschleunigung, $F = m \cdot a$.

Damit ist die **Einheit der Kraft** festgelegt: $1\,N = \frac{1\,kg \cdot m}{s^2}$.

Eine Kraft hat also dann den Betrag von 1 N, wenn sie einen Körper der Masse 1 kg mit $1\,\frac{m}{s^2}$ beschleunigt.

Der freie Fall

Auf alle Körper an der Erdoberfläche wirkt die Gewichtskraft (Schwerkraft) mit 9,81 N pro Kilogramm.

Beim freien Fall unterliegt der Körper nur der Gewichtskraft. Der Körper führt eine gleichmäßig beschleunigte Bewegung aus.

Die Fallbeschleunigung beträgt
$$g = 9{,}81\,\frac{m}{s^2}.$$
Als Weg-Zeit-Gesetz des freien Falls ergibt sich
$$s = \frac{1}{2} g \cdot t^2.$$
Für die Schwerkraft gilt:
$F_G = m \cdot g.$

Das Drehmoment

1 Hebel machen's möglich

Der Draht ist einfach zu dick – Michaela schafft es nicht, ihn durchzukneifen. Was tun?

V 1 Farbdosen (Bild 2) lassen sich z. B. mit einem Schraubenzieher als *Hebel* öffnen. Probiere es aus.

Was kannst du über die Kraft aussagen, die du auf den Schraubenzieher ausüben mußt? Vergleiche sie mit der Kraft, die auf den Deckel wirkt.

Stelle in einer Schnittzeichnung dar, wie der Schraubenzieher angesetzt werden muß. Zeichne die Achse ein, um die der Schraubenzieher gedreht wird; trage auch die Kraftpfeile ein (Länge schätzen!).

V 2 Wie groß ist die Kraft, die du auf die Zange ausüben mußt, um einen Nagel durchzukneifen? Bild 3 zeigt, wie du sie messen kannst.

a) Die Kraft soll in den Punkten A, B oder C angreifen. Wo wird deiner Meinung nach die größte und wo die kleinste Kraft benötigt?

b) Überprüfe deine Vermutung.

V 3 Aus einem Bleistift und einer Leiste soll eine einfache „Wippe" gebaut werden. Auf das eine Ende der Leiste soll dabei eine Kraft von 2 N, auf das andere eine Kraft von 1 N wirken (Bild 4).

Kannst du – ohne zu probieren – die Leiste so auf den Bleistift legen, daß die Wippe sofort im Gleichgewicht ist?

V 4 Unter welchen Bedingungen herrscht an einem *zweiseitigen Hebel* (Bild 5) Gleichgewicht?

a) Lege eine Tabelle nach folgendem Muster an:

F_1 in N	a_1 in cm	F_2 in N	a_2 in cm
?	?	?	?

b) Führe mehrere Messungen durch. Für jede Messung mußt du die Größe der Kraft F_1 und die Längen der Hebelarme (a_1 und a_2) festlegen.

Wie groß muß jeweils F_2 sein, damit der Hebel waagerecht steht? (Achte darauf, daß du deinen Kraftmesser senkrecht zum Hebel hältst.)

c) Aus den Meßwerten läßt sich eine Gesetzmäßigkeit ableiten, nämlich das *Hebelgesetz*. Versuche, eine Formulierung für diese Gesetzmäßigkeit zu finden.

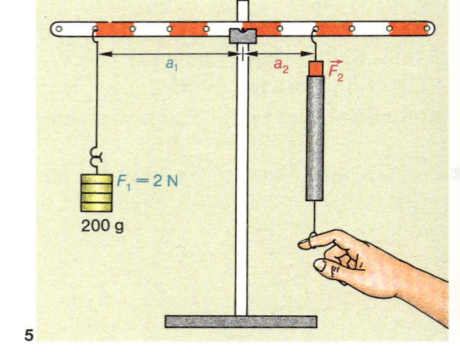

d) Wie groß ist die Kraft F_2 in der Anordnung von Bild 5?

V 5 Auf jeder Seite des Hebels werden nun mehrere Wägestücke *in unterschiedlichen Abständen von der Drehachse* befestigt.

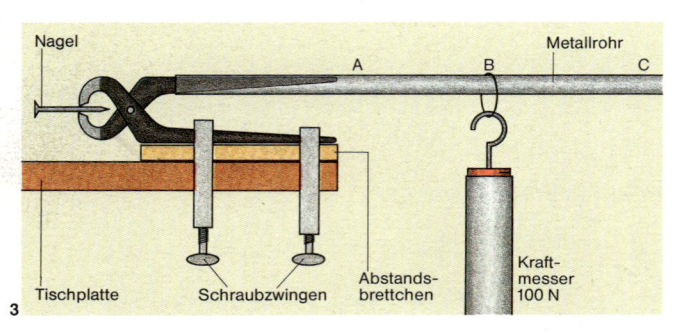

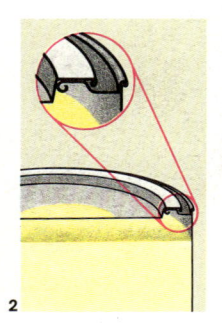

a) Bringe auf beiden Seiten mehrere gleiche Wägestücke an – und zwar so, daß sich ein Gleichgewicht einstellt. Notiere für beide Seiten des Hebels die Kraftbeträge und die Abstände, die die Angriffspunkte der Kräfte von der Drehachse haben.

b) Welche Gesetzmäßigkeit vermutest du?

Benutze bei deiner Formulierung den Begriff *Drehmoment* (→ Info auf der folgenden Seite).

c) Nun werden mehrere Wägestücke unterschiedlicher Masse verwendet. Überlege dir eine Verteilung der Wägestücke, bei der sich ein Gleichgewicht einstellen müßte. Probiere aus, ob deine Überlegung stimmt.

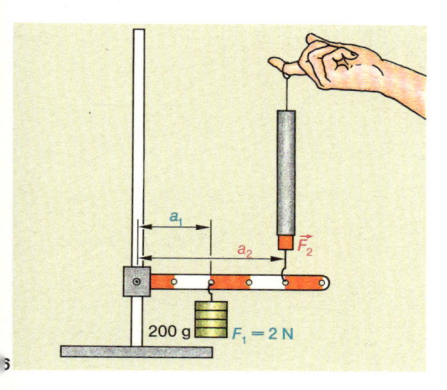

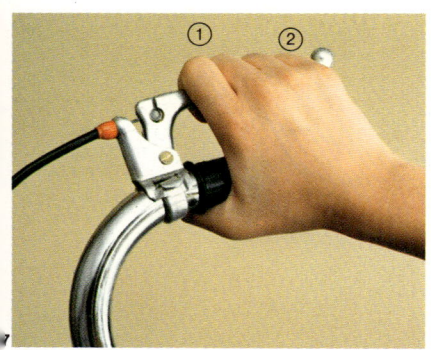

V 6 In Bild 6 siehst du einen Versuchsaufbau zum *einseitigen Hebel*.

a) Untersuche, ob für das Gleichgewicht am einseitigen Hebel die gleiche Gesetzmäßigkeit gilt wie am zweiseitigen (Tabelle anlegen!).

b) Wie groß ist die Kraft F_2 in der Anordnung von Bild 6?

V 7 Untersuche die Handbremse deines Fahrrades (Bild 7).

a) Macht es einen Unterschied, ob du bei 1 oder bei 2 drückst?

b) Wie unterscheidet sich der Handbremsgriff von den bisher verwendeten Hebeln?

V 8 Ein Hebel muß nicht immer eine gerade Stange sein.

Um das Hebelgesetz für beliebige Hebel zu ermitteln, verwenden wir eine drehbar gelagerte Lochscheibe (Bild 8).

In Loch A wird ein Wägestück eingehängt. Wenn man außerdem ein zweites Wägestück mit gleicher Masse in B befestigt, bleibt die Scheibe in Ruhe: Sie ist im Gleichgewicht.

a) Wird die Scheibe auch dann im Gleichgewicht sein, wenn man das zweite Wägestück in C einhängt? Begründe deine Vermutung, und überprüfe sie im Versuch.

b) Man kann das zweite Wägestück an verschiedenen Punkten anbringen, um ein Gleichgewicht zu erhalten. Was kannst du über die Lage all dieser Punkte aussagen?

c) Wie muß der Begriff *Hebelarm* definiert werden, damit auch solche Gleichgewichtssituationen mit dem Hebelgesetz erfaßt werden?

V 9 Statt des zweiten Wägestückes wird jetzt ein Kraftmesser an der Lochscheibe befestigt (Bild 9). Wir können so Kräfte mit beliebigen Richtungen wirken lassen.

Gilt auch hier das Hebelgesetz, wenn du den in Versuch 8 definierten Begriff des Hebelarms verwendest?

Miß die Hebelarme und die Kräfte, um diese Frage beantworten zu können.

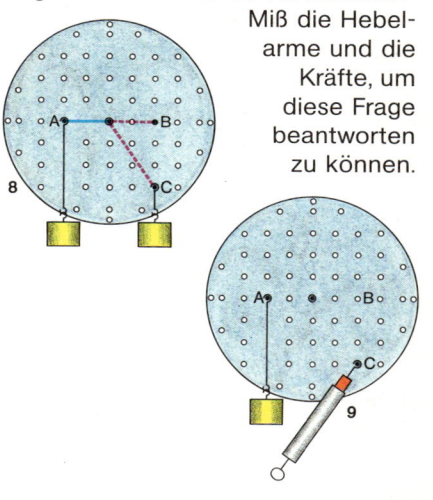

Aus der Geschichte: **Der Hebel – ein uraltes Hilfsmittel des Menschen**

Mit seinen körperlichen Fähigkeiten hätte der Mensch eigentlich vielen Tieren unterlegen sein müssen. Trotzdem gelang es ihm, eine beherrschende Stellung in der Natur einzunehmen.

Das ist vor allem auf seinen Erfindungsreichtum zurückzuführen:

Schon frühzeitig benutzte er Hilfsmittel, mit denen er Kräfte verstärken konnte: Zum Beispiel bediente sich der Mensch bei der Herstellung feiner Steinklingen des **Hebels**. Bild 10 zeigt eine Methode zur Absprengung einer Klinge von einem Feuerstein.

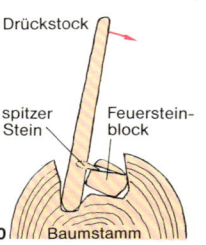

Ohne Hilfsmittel hätte der Mensch auch kaum die riesigen Tempel und Grabstätten errichten können, die zum Teil noch heute erhalten sind. Beim Bau der ägyptischen Pyramiden (in der Zeit um 2000 v. Chr.) hatten Hebel vermutlich eine große Bedeutung (Bild 11).

Das Drehmoment

Info: Hebel und Drehmoment

Wir haben in den Versuchen verschiedene Geräte kennengelernt, die ein gemeinsames Merkmal besitzen: Sie können um eine Achse gedreht werden.

Die einfachsten dieser Geräte bezeichnen wir als **Hebel**. (Das Wort *Hebel* ist verwandt mit dem Wort *heben*.) Bild 1 zeigt einen „Schrankheber". Die beiden Arme a_1 und a_2 nennt man *Hebelarme*. Da die Hebelarme hier auf verschiedenen Seiten der Drehachse liegen, spricht man von einem *zweiseitigen Hebel*. In der gezeichneten Stellung sind die Kräfte senkrecht zum Hebel.

Das muß nicht immer so sein. Zum Beispiel ist das bei dem *einseitigen Hebel* von Bild 2 nicht der Fall. Um auch hier die Hebelarme festlegen zu können, benötigt man den Begriff *Wirkungslinie der Kraft*. Man versteht darunter die Gerade, die sich ergibt, wenn man den Kraftpfeil nach beiden Seiten verlängert.

Als **Hebelarm** bezeichnen wir von jetzt an den Abstand der Wirkungslinie der Kraft von der Drehachse. Der so definierte Hebelarm ist immer senkrecht zur Wirkungslinie der Kraft.

In Bild 2 wird von der Kraft $\vec{F}_1$ eine Drehwirkung im Uhrzeigersinn erzeugt, während $\vec{F}_2$ eine Drehung gegen den Uhrzeigersinn bewirkt. Die Drehwirkungen heben sich gegenseitig auf – obwohl $\vec{F}_1$ viel größer ist als $\vec{F}_2$. Die Drehwirkung hängt also nicht nur von der Kraft, sondern auch vom Hebelarm ab. Wie die Versuche zeigen, kann man die Drehwirkung einer Kraft durch das Produkt aus Kraftbetrag und Hebelarm beschreiben; dieses Produkt bezeichnet man als **Drehmoment** M.

$$M = F \cdot a.$$

Als Einheit des Drehmoments ergibt sich 1 Nm (Newtonmeter).

Wenn das *linksdrehende* Drehmoment auf einen Hebel (oder auf einen anderen Körper, der um eine Achse drehbar ist) genauso groß ist wie das *rechtsdrehende Drehmoment*, heben sich die Drehwirkungen gegenseitig auf. Man sagt, der Körper ist im **(Drehmoment-)Gleichgewicht**.

Zur Drehachse parallele Kräfte können keine Drehwirkung hervorrufen. Wir betrachten deshalb immer nur Kräfte, die senkrecht zur Drehachse gerichtet sind.

Wir haben bisher nur diejenigen Kräfte betrachtet, die *auf den Hebel* wirken. Mit einem Hebel will man aber oft eine möglichst große Kraft z. B. auf einen Schrank ausüben (Bild 3). Im Gleichgewicht ist die Kraft $\vec{F}_1'$ auf den Schrank genauso groß wie die Kraft $\vec{F}_1$, die der Schrank auf den Hebel ausübt.

$\vec{F}_1'$ ist aber wesentlich größer als $\vec{F}_2$.

Mit einem Hebel kann man Betrag, Richtung und Angriffspunkt einer Kraft verändern. Der Hebel ist also ein **Kraftwandler**. Auch eine Tretkurbel mit Kettenrad (Bild 4) oder ein Winkelhebel (Bild 5) sind solche Kraftwandler.

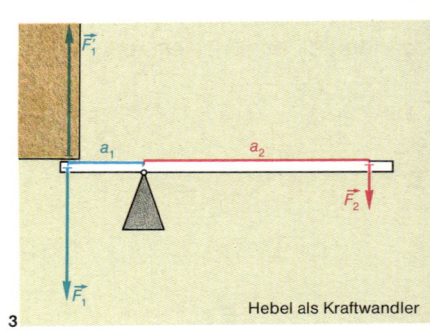

1 Es sind die Kräfte eingezeichnet, die *auf den Hebel* wirken. Der Hebel ist im Gleichgewicht. (zweiseitiger Hebel)

2 Es sind die Kräfte eingezeichnet, die *auf den Hebel* wirken. Der Hebel ist im Gleichgewicht. (einseitiger Hebel)

3 Hebel als Kraftwandler

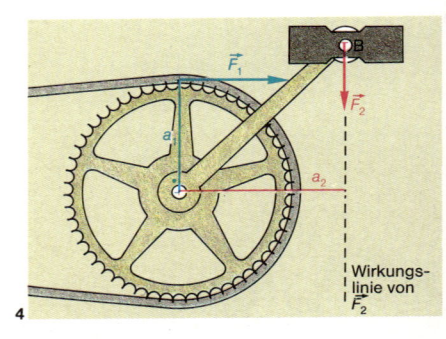

4

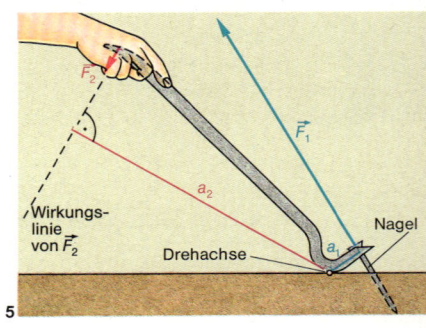

5

Aufgaben

1 In einer Versuchsreihe wurden Gleichgewichtssituationen am Hebel untersucht:

F_1	a_1	F_2	a_2
10 N	3 cm	?	5 cm
?	20 cm	1,5 N	60 cm
12 N	30 cm	4,5 N	?
9 N	25 cm	?	30 cm

Übertrage die Tabelle in dein Heft, und ergänze die fehlenden Werte.

2 In Werkstätten werden Radmuttern mit einem *Drehmomentschlüssel* festgezogen (Bild 6): Beim Anziehen der Mutter verbiegt sich der Schaft; am (nicht verbogenen) Zeiger liest man das Drehmoment ab.

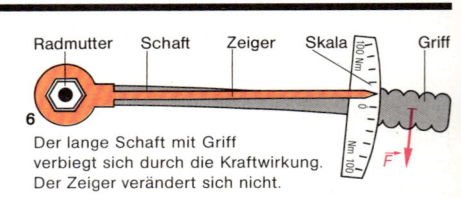

6 Der lange Schaft mit Griff verbiegt sich durch die Kraftwirkung. Der Zeiger verändert sich nicht.

Warum ist es bei Radmuttern *wichtig*, daß sie mit einem bestimmten Drehmoment angezogen werden?

3 Welche Kraft ist nötig, um eine Mutter mit einem Drehmoment von 100 Nm anzuziehen? Der Hebelarm am Drehmomentschlüssel ist 25 cm (80 cm) lang.

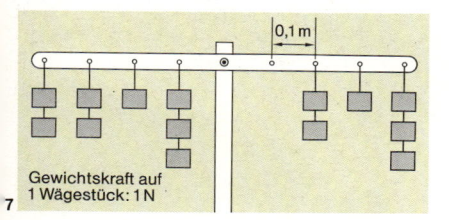

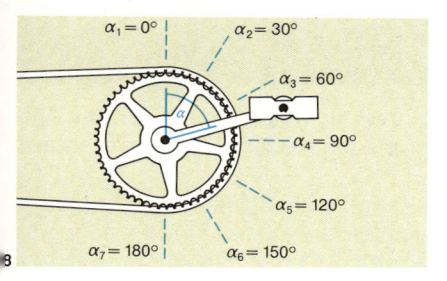

4 An einen Hebel wurden Wägestücke gehängt (Bild 7). Die Gewichtskraft auf jedes Wägestück beträgt 1 N. Begründe, daß dieser Hebel im Gleichgewicht ist.

5 Ein Radfahrer belastet ein Pedal mit seinem ganzen Körper. Er übt dabei eine Kraft von 500 N aus. Der Kurbelarm ist 17 cm lang.

a) Bild 8 zeigt verschiedene Stellungen der Tretkurbel. Bestimme jeweils die Länge des Hebelarms (mit Hilfe einer Zeichnung), und berechne die Drehmomente.

b) Stelle deine Ergebnisse auch graphisch dar (*waagerechte Achse:* Maßzahl des Winkels; *senkrechte Achse:* Drehmoment).

c) In welcher Stellung sollte man die Rücktrittbremse betätigen?

6 Eine Stange ist um eine Achse drehbar gelagert (Bild 9).

a) Übertrage das Bild ins Heft. Der Abstand zwischen A und D beträgt 48 mm. Berechne das Drehmoment M, das von der Kraft $\vec{F}$ erzeugt wird.

b) Zerlege $\vec{F}$ in eine Komponente $\vec{F_1}$ parallel zur Stange und eine Komponente $\vec{F_2}$ senkrecht dazu. Berechne das Drehmoment, das von $\vec{F_2}$ hervorgerufen wird.

c) Begründe physikalisch, warum sich in beiden Fällen dasselbe Drehmoment ergibt.

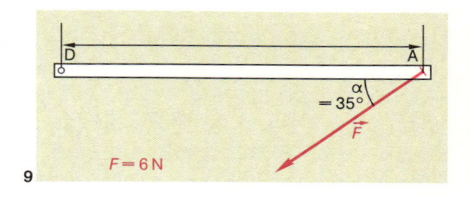

Aus Umwelt und Technik: **Hebel an Maschinen**

Beim Ausheben einer Baugrube muß viel Erdreich abtransportiert werden, um Platz für das Fundament zu schaffen. Ein *Schaufellader* (Bild 10) leistet da gute Dienste. Mit der Schaufel kann er Lasten von 3 t heben.

Bei dieser Maschine spielen **Hebel** eine wichtige Rolle. Die Bilder 11 u. 12 zeigen verschiedene Schaufelstellungen: Mit dem kurzen Hebel 1 wird die Schaufel gedreht, mit dem langen Hebel 2 wird sie gehoben und gesenkt.

Sieh dir Hebel 2 einmal genauer an: F ist der Angriffspunkt für die Kraft, die von der Maschine (mit Hilfe ihrer Hydraulik) ausgeübt wird; D_2 ist die Drehachse. Die Gewichtskraft auf die Schaufel (samt Inhalt) greift in B an.

Der Hebelarm, der zur Gewichtskraft gehört, ist viel länger als der Hebelarm, der zu der in F angreifenden Kraft gehört. Mit dem Hebel 2 spart die Maschine also keine Kraft! Im Gegenteil, in F muß eine Kraft angreifen, die *größer* als die Gewichtskraft auf die Schaufel ist.

Wahrscheinlich fragst du nun, warum die Ingenieure hier überhaupt einen Hebel eingebaut haben, wenn doch *keine Kraft gespart* wird. Die Antwort ist einfach: Der Hebel bewirkt, daß die Schaufel einen viel längeren Weg zurücklegt als der Kolben, der die Kraft ausübt.

Das ist wichtig, denn nur so können auch über 3 m hohe Lastwagen beladen werden. Der Weg, den der Punkt F dabei zurücklegt, ist nur etwa 1 m lang – und nur auf diesem Weg muß die Maschine eine Kraft ausüben.

Ein solcher Hebel erfüllt also eine andere Aufgabe als die, die du bisher kennengelernt hast: Es wird keine Kraft gespart, sondern ein Weg wird vergrößert.

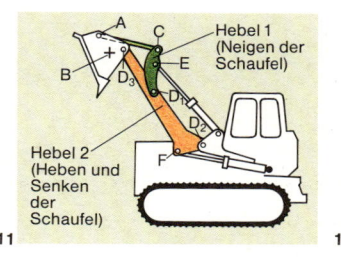

Fragen und Aufgaben zum Text

1 Skizziere in deinem Heft den Schaufellader von Bild 11. Trage für Hebel 2 die Hebelarme ein.

2 Wird mit Hebel 1 Kraft gespart? Begründe deine Antwort.

3 Die Schaufel kann sich um die Achse D_3 drehen. Stelle in einer Skizze die Kräfte dar, die eine Drehung der Schaufel bewirken. Zeichne auch die Hebelarme ein.

Aus Umwelt und Technik: Hebel in der Natur

Eine Pflanze kann nur dann Früchte und Samen entwickeln, wenn ihre Blüten bestäubt werden. Dafür sorgen bei vielen Pflanzen Insekten, die – auf der Suche nach dem Nektar – von Blüte zu Blüte fliegen. Ohne es zu wissen, tragen sie so Blütenstaub von einer Blüte zur anderen.

Beim **Salbei** (Bild 1), einer Heilpflanze, die man auf Wiesen findet, „hat sich die Natur einen Trick ausgedacht". Bei diesem Trick spielt ein Hebel die Hauptrolle:

Der Staubfaden, der den Staubbeutel mit dem Blütenstaub trägt, liegt meist dicht am Blütenblatt an (Bilder 2 u. 3). Eine Platte am Ansatz des Staubfadens versperrt dem Insekt den Weg zum Nektar.

Will nun z. B. eine Hummel an den Nektar heran, muß sie in die Blüte hineinkriechen; dabei drückt sie mit ihrem Kopf die Platte nach hinten. Das hat zur Folge, daß der Staubfaden nach unten klappt (Bilder 4 u. 5). Jetzt berührt der Staubbeutel den haarigen Rücken der Hummel, und der Blütenstaub bleibt dort „kleben".

Wenn dann die Hummel zurückkriecht, nimmt der Staubfaden seine ursprüngliche Lage wieder ein. Die Hummel fliegt zur nächsten Blüte, wo der Blütenstaub am Stempel abgestreift wird.

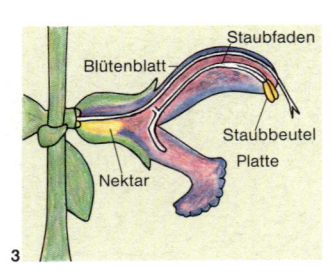

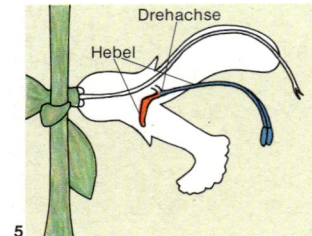

Auch bei Tieren findet man Hebel in vielerlei Formen. Die **Kreuzotter** mit ihren Giftzähnen ist dafür ein interessantes Beispiel (Bild 6):

Die Giftzähne richten sich erst auf, wenn die Kreuzotter ihr Maul öffnet. Bei geschlossenem Maul sind sie dagegen nach oben geklappt – mit der Spitze nach hinten (Bild 7). Dieser Klappmechanismus läßt sich mit dem eines Taschenmessers vergleichen.

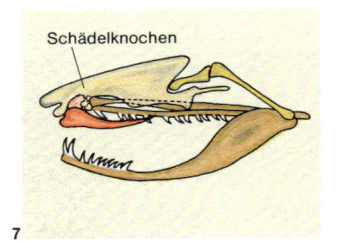

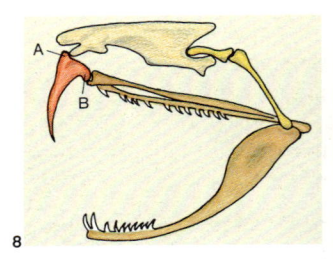

Die Giftzähne der Kreuzotter werden mit Hilfe von verschiedenen Schädelknochen aufgerichtet, die ein kompliziertes Hebelsystem bilden. Vereinfacht kann man die „automatische Giftzahnaufrichtung" so beschreiben (Bild 8):

Die Giftzähne sind zusammen mit den Oberkieferknochen, in denen sie fest verankert sind, bei B drehbar gelagert. Öffnet die Otter das Maul, so heben sich die Schädelknochen, und der Zahn klappt nach vorne. Wenn sie das Maul schließt, senken sich die Schädelknochen, und der Zahn klappt nach innen.

Fragen und Aufgaben zum Text

1 Bei der Salbeiblüte ist der eine Hebelarm wesentlich kürzer als der andere. Welchen Vorteil hat das?

2 Wenn ein **Mensch** eine Last hebt, wirkt sein Unterarm wie ein Hebel (Bild 9). Zeichne den Arm ab, und trage Drehachse, Kräfte und Hebelarme ein.

Eine Last von 10 kg wird angehoben. Wie groß muß die Kraft etwa sein, die der Bizeps auf den Unterarm ausübt?

3 Wo findest du in deiner Umwelt Hebel? Nenne Beispiele.

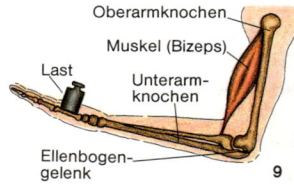

2 Schwerpunkt und Gleichgewichtsarten

Ob es bei diesem Balanceakt (Bild 10) mit rechten Dingen zugeht?

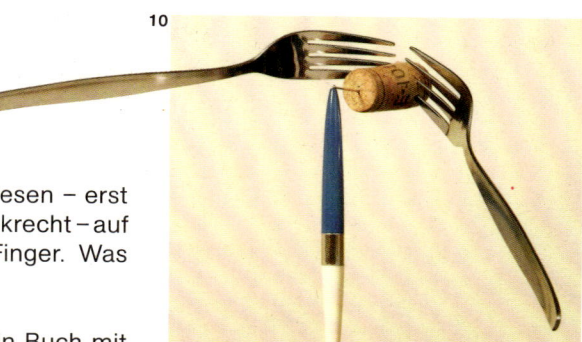

V 10 Balanciere einen Besen – erst waagerecht und dann senkrecht – auf einem ausgestreckten Finger. Was fällt dir leichter?

V 11 Diesmal sollst du ein Buch mit seiner größten Fläche auf einem Finger balancieren. An welche Stelle mußt du deinen Finger halten?
Kannst du das Buch balancieren, wenn du eine Hälfte des Buches mit einem Gegenstand belastest?

V 12 Lege einen Besen waagerecht auf beide Zeigefinger. Deine Hände sollen dabei möglichst weit voneinander entfernt sein.

a) Halte nun die linke Hand still, und bewege die rechte langsam auf die linke zu. Was beobachtest du?
Markiere die Stelle des Besenstieles, an der deine Zeigefinger zusammentreffen.

b) Wiederhole den Versuch mehrmals. Halte statt der linken auch einmal die rechte Hand still, oder bewege beide Hände gleichzeitig aufeinander zu. Welche überraschende Feststellung machst du?

V 13 Wir verwenden wieder eine drehbar gelagerte Lochscheibe.

a) Wenn man auf die Lochscheibe eine Kraft wie in Bild 11 ausübt, setzt sie sich in Bewegung. Warum?

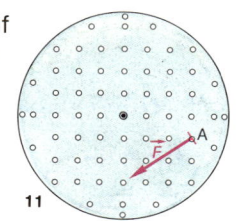

b) Die Kraft greift weiterhin in A an (und ist parallel zur Scheibe gerichtet); es soll jetzt aber kein Drehmoment wirken. Welche Richtung muß die Kraft haben (zwei Lösungen)?

V 14 Baue aus einem Stativfuß und einer Stativstange einen „Turm" auf. Am oberen Ende der Stange wird ein Tonnenfuß befestigt.

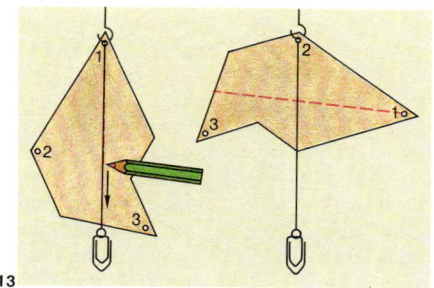

a) Wenn du den Turm ein bißchen nach rechts neigst und ihn dann losläßt, dreht er sich nach links in die Ausgangsstellung zurück; auf den Turm wirkt also ein *linksdrehendes* Drehmoment. Wenn du den Turm weiter nach rechts neigst, setzt er sich nach rechts in Bewegung; jetzt wirkt ein *rechtsdrehendes* Drehmoment.
Durch welche Kraft werden diese Drehmomente hervorgerufen?

b) Es gibt auch eine Stellung des Turmes, in der kein Drehmoment wirkt, obwohl er nach rechts geneigt ist.
Versuche, den Turm in diese Lage zu bringen, und laß ihn dann los.

c) Stell dir vor, daß die gesamte Gewichtskraft auf den Turm in einem einzigen Punkt angreift. (Er heißt *Schwerpunkt*; → Info.) Wo muß dieser Punkt in Versuchsteil b liegen?
Ein Tip: Die Gewichtskraft ruft kein Drehmoment hervor. Lege eine Skizze an, und zeichne die Wirkungslinie der Gewichtskraft.

V 15 Mit diesem Versuch untersuchen wir das Umkippen eines Kästchens (Bild 12). Damit es nicht rutscht, befestigst du eine Kugelschreibermine oder eine Stricknadel mit Klebestreifen auf dem Tisch.

a) Halte das Kästchen in der Lage fest, in der es gerade umzufallen beginnt. Zeichne dann auf das Kästchen eine vertikale Gerade, die die Drehachse schneidet.
Wiederhole den Vorgang. Stelle das Kästchen diesmal aber mit einer anderen Seite an die Mine. Du erhältst eine zweite Gerade.
Welche Bedeutung hat der Schnittpunkt der beiden Geraden?

b) Klebe eine Schraube von innen auf den Boden des Kästchens. Wie verändert sich das Versuchsergebnis?

V 16 Ermittle den Schwerpunkt eines unregelmäßig geformten Stücks Pappe. Bild 13 zeigt das Vorgehen.
Begründe, wieso du auf diese Weise den Schwerpunkt erhältst.
Schneide aus Pappe den Buchstaben L oder O aus, und versuche, den Schwerpunkt zu ermitteln. Welche Schwierigkeit tritt dabei auf?

V 17 Fertige aus einem größeren Stück Pappe einen Buchstaben an (zum Beispiel ein H). Bestimme seinen Schwerpunkt.
Befestige im Schwerpunkt mit einer Heftzwecke ein Lot (z. B. eine Büroklammer mit Faden); es zeigt die Richtung der Gewichtskraft an.
Drehe dann den Buchstaben mit einer Hand langsam um eine Ecke. Mit der anderen Hand führst du den Buchstaben, damit er nicht zur Seite hin umfällt. In welcher Lage befindet sich das Lot, wenn der Buchstabe umzukippen beginnt?

Das Drehmoment

Info: Der Schwerpunkt

Es ist nicht schwer, ein Buch auf der Fingerspitze zu balancieren. Du mußt das Buch nur mit der „richtigen" Stelle auf den Finger legen. Wählst du eine andere Stelle, so kippt das Buch und fällt herunter. Daß das Buch kippt, liegt an der Gewichtskraft, die ein Drehmoment auf das Buch hervorruft.

Daß man das Buch balancieren kann, können wir uns so erklären:

Das Buch und alle anderen Körper verhalten sich so, *als ob die Gewichtskraft in einem einzigen Punkt angreifen würde*. Dieser Punkt heißt **Schwerpunkt**.

Wenn du deinen Finger genau unter den Schwerpunkt des Buches hältst, erzeugt die Gewichtskraft kein Drehmoment, denn für den zugehörigen Hebelarm gilt: $a = 0$ cm; die Wirkungslinie der Gewichtskraft verläuft ja durch den Drehpunkt (Fingerspitze).

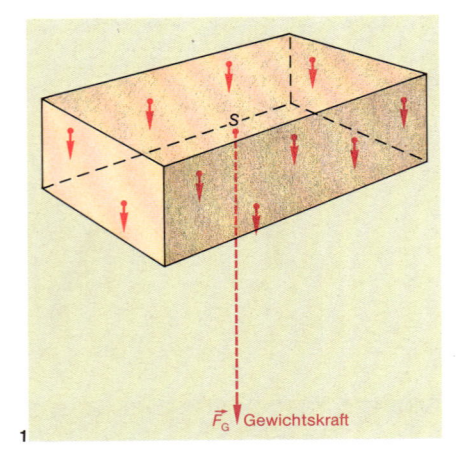

Bild 1 zeigt am Beispiel eines Ziegelsteins, daß diese Vorstellung eine Vereinfachung darstellt:

In Wirklichkeit besteht der Stein aus vielen einzelnen Teilchen, von denen jedes eine bestimmte Masse hat. Auf jedes Teilchen wirkt deshalb auch eine bestimmte Gewichtskraft. Der Stein verhält sich aber so, als würden die Gewichtskräfte auf die einzelnen Teilchen in einem einzigen Punkt, dem Schwerpunkt, angreifen.

Info: Verschiedene Gleichgewichtsarten

Bild 2 zeigt einen Körper, der um eine Achse drehbar gelagert ist. Wenn nur die Gewichtskraft auf ihn wirkt, gibt es drei verschiedene Möglichkeiten für ein Gleichgewicht:

Wir nehmen zunächst an, daß die Drehachse *nicht* durch den Schwerpunkt verläuft. In diesem Fall sind zwei Gleichgewichtszustände möglich:

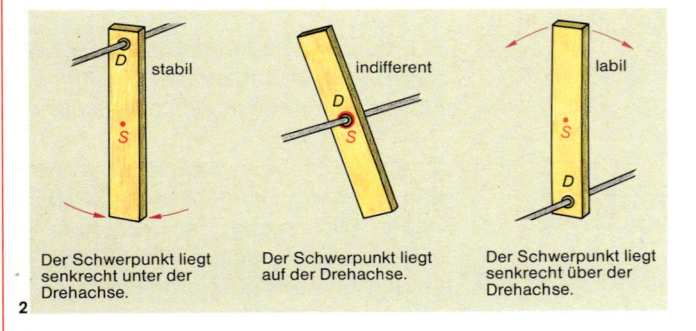

Der Schwerpunkt kann *vertikal unter der Drehachse* oder *vertikal darüber* liegen. In beiden Fällen schneidet die Wirkungslinie der Gewichtskraft die Drehachse; die Schwerkraft erzeugt also kein Drehmoment.

Aber nur wenn der Schwerpunkt *unterhalb* der Drehachse liegt, ist der Körper in einem **stabilen Gleichgewicht** (lat. *stabilis*: feststehend, zuverlässig). Lenkt man ihn aus dieser Lage aus, so entsteht stets ein Drehmoment, das ihn in Richtung auf seine ursprüngliche Lage zurückdreht.

Wenn der Schwerpunkt genau *über* der Drehachse liegt, spricht man von einem **labilen Gleichgewicht** (lat. *labilis*: schwankend). Die kleinste Auslenkung aus dieser Lage genügt, und der Körper verläßt sie.

In dem Fall, daß die Drehachse genau *durch* den Schwerpunkt verläuft, kann die Gewichtskraft kein Drehmoment hervorrufen; ihre Wirkungslinie verläuft ja stets durch den Schwerpunkt. Man kann den Körper drehen, wie man will – er ist immer im Gleichgewicht. Man spricht von einem **indifferenten Gleichgewicht** (lat. *indifferens*: gleichgültig, unentschieden).

Aufgaben

1 Wie kannst du in einem **Versuch** herausfinden, in welcher Höhe der Schwerpunkt eines Spielzeugautos liegt? Beschreibe das Vorgehen. (*Tip:* Du kannst z. B. an die Stoßstange eine Pappscheibe kleben.)

2 Warum bleibt ein Bleistift nicht auf der Spitze stehen, wenn man ihn losläßt?

3 Bild 3 zeigt dir ein Stehaufmännchen. Wo muß sein Schwerpunkt liegen, damit es sich aus jeder Lage wieder aufrichten kann? (*Tip:* Die Bodenfläche ist kugelförmig. Überlege, wo der Schwerpunkt in der Stellung von Bild 3 nicht liegen darf.)

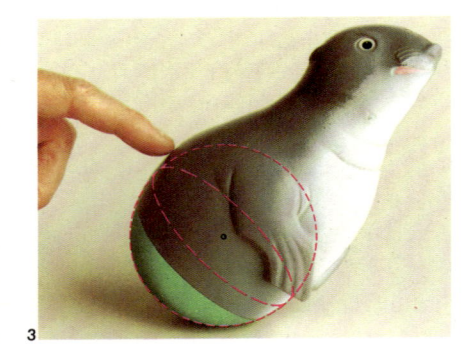

4 In Versuch 12 wurde der Schwerpunkt eines Besens ermittelt. Würde man zwei gleich schwere Teile erhalten, wenn man den Besen an dieser Stelle durchsägte? Begründe deine Vermutung.

5 Frank will den Schwerpunkt eines unregelmäßig geschnittenen Brettes bestimmen. Er legt das Brett auf den Tisch und schiebt es ganz langsam über die Tischkante. Wenn es gerade zu kippen beginnt, hält er es fest und zieht von unten an der Tischkante entlang einen Strich auf das

Aus Umwelt und Technik: **Menschen im Gleichgewicht**

Du hast sicherlich schon Kleinkinder in unterschiedlichen Altersstufen beobachtet.

Babys können nur liegen. Versucht man, sie hinzusetzen, ohne sie anzulehnen, fallen sie gleich wieder um.

Erst mit etwa sechs Monaten können sie alleine sitzen; einige Monate später stehen sie auch – zunächst allerdings noch auf recht wackligen Beinen.

Das Kleinkind hat dann gelernt, seinen Körper so zu bewegen, daß der Schwerpunkt über seiner Standfläche bleibt.

Wieder einige Zeit später wagt es das Kind, sich etwas nach vorn fallenzulassen (z. B. um die ausgestreckten Arme der Eltern zu erreichen). Bevor es tatsächlich vornüberkippt, stellt es schnell einen Fuß vor: Dadurch verändert sich seine Standfläche, der Schwerpunkt liegt wieder darüber, und das Kind fällt nicht um.

Solch eine Reaktion erfordert ein schnelles und gezieltes Zusammenspiel von Gehirn, Nerven und Muskeln. Viele Male am Tag übt das Kind dieses „Spiel", bis es endlich nach einigen Wochen und nach zahllosen Stürzen geschafft ist: Das Kind kann gehen (Bild 5).

Das Gehen verlernt der Mensch sein Leben lang nicht wieder. Im Gegenteil, er lernt noch weit schwierigere Balancekunststücke zu beherrschen: das Tragen einer Last, das Stehen auf Zehenspitzen, das Gleiten auf schmalen Schlittschuhkufen, das Fahren auf zwei Rädern usw.

Wie stellen wir fest, ob unser eigener Körper gerade im Gleichgewicht ist? Dazu haben wir im Innern des Ohres ein **Gleichgewichtsorgan** (*Lagesinnesorgan*; Bild 6).

Es besteht in jedem Ohr aus zwei von Haut umgebenen Hohlräumen. In beiden Hohlräumen befindet sich an einem Teil der Wand eine geleeartige Platte (*Gallertplatte*); in dem einen Hohlraum ist sie waagerecht angeordnet (Bild 7), in dem anderen vertikal. Kleine Kalkkristalle an der Oberfläche dienen dazu, die Platte schwerer zu machen.

In die Gallertplatte ragen feine Sinneshärchen. Wenn wir z. B. den Kopf schief halten, verschiebt sich die Gallertplatte unter dem Einfluß der Schwerkraft (Bild 8). Die Sinneshärchen werden dadurch verschoben und geben diesen Reiz über Nerven ans Gehirn weiter. Wenn nötig, „befiehlt" dieses dann den Muskeln „Gegenmaßnahmen", um das Gleichgewicht wiederherzustellen.

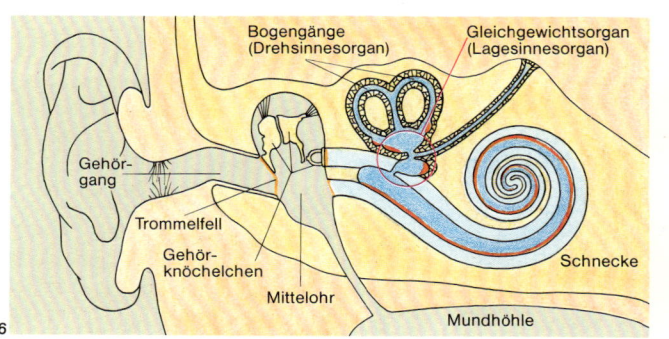

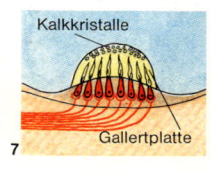

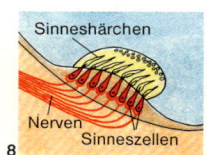

Brett. Dann dreht er das Brett und wiederholt den Vorgang.

Begründe Franks Vorgehensweise. Wo genau liegt der Schwerpunkt?

6 Die *Standfläche* eines Menschen kann erheblich größer sein als die Fläche seiner Schuhsohlen (Bild 4).

a) In welcher Haltung erwarten Ringkämpfer ihren Gegner? Welchen Vorteil hat diese Haltung?

Warum haben Seeleute oft einen „breiten Gang"?

b) Erkläre den Begriff *Standfläche*.

7 Die *Standfestigkeit* eines Körpers hängt von der Größe seiner Standfläche, der Lage seines Schwerpunktes und der Gewichtskraft ab.

Wie muß ein Körper aussehen, damit er besonders standfest ist?

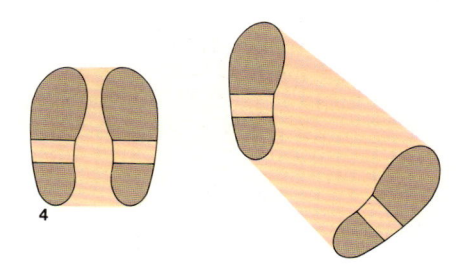

8 Probiere aus und erkläre:

a) Stelle dich auf ein Bein, und schließe die Augen.

b) Stelle dich dicht an eine Wand; deine Fersen sollen an die Wand stoßen. Schaffst du es, bei durchgedrückten Knien den Fußboden mit den Fingerspitzen zu berühren?

c) Stehe von einem Stuhl auf, ohne den Oberkörper vorzubeugen.

d) Trage mit seitlich ausgestrecktem Arm eine Tasche, und beobachte dabei deine Haltung im Spiegel.

Das Drehmoment

Alles klar?

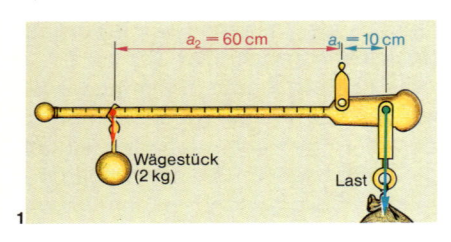

1 Bei der *römischen Schnellwaage* von Bild 1 werden mit nur *einem* Wägestück verschiedene Lasten gewogen. Erkläre die Funktionsweise.

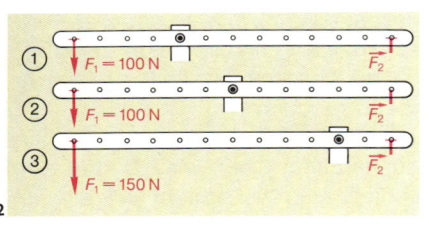

Welche Masse hat der Sack Getreide, der hier gerade gewogen wird?

2 Die Hebel von Bild 2 sollen im Gleichgewicht sein. Übertrage sie in dein Heft, und zeichne die Kräfte $\vec{F}_1$ und $\vec{F}_2$ als Kraftpfeile ein (100 N entsprechen 1 cm).

3 Ein zweiseitiger Hebel soll ins Gleichgewicht gebracht werden.

In der folgenden Tabelle sind Kraftbeträge und Hebelarme angegeben. Ergänze die fehlenden Werte.

F_1	a_1	F_2	a_2
24 N	6 cm	?	3 cm
8 N	2,5 cm	?	4 cm
30 N	7 cm	35 N	?
0,6 N	4 cm	0,8 N	?
28 N	1,5 cm	10,5 N	?

4 In Bild 3 siehst du ein **Wellrad**. Beim Wellrad sind eine Welle (Walze) und ein Rad (hier: eine Kurbel) fest miteinander verbunden. Der Eimer soll mit dem Wellrad gehalten werden. Wie groß muß F_2 sein, wenn a_2 doppelt so lang ist wie a_1?

5 Bild 4 zeigt einen Wettkampfrollstuhl für behinderte Sportler. Auch hier findest du ein Wellrad. Beschreibe es.

Welchen Vorteil bringt dieses Wellrad?

6 Schätze, wo beim *Schiefen Turm von Pisa* (Bild 5) der Schwerpunkt liegt.

7 Ein Fahrrad mit einer Schultasche auf dem Gepäckträger kippt leicht um, wenn man nur die seitliche Stütze zum Abstellen des Fahrrads benutzt. Nenne den Grund dafür.

8 Warum besitzen eigentlich Autokrane Stützbeine, die zur Seite ausgefahren werden können?

9 Vergleiche die Standfestigkeit eines „Kutschwagens" mit der eines Rennautos (Bilder 6 u. 7).

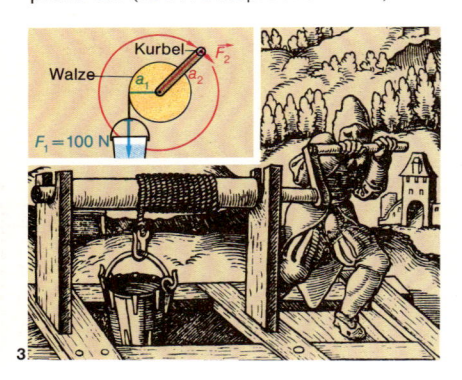

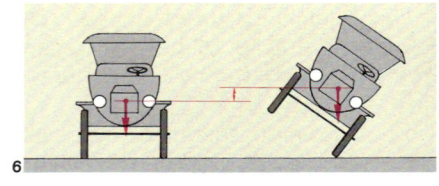

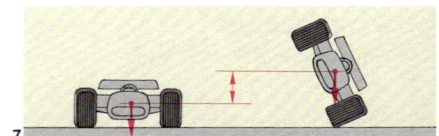

Auf einen Blick

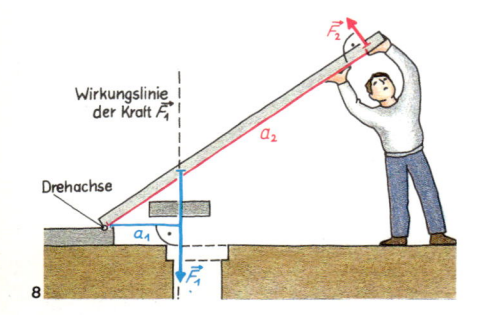

Hebel und Hebelarme

Man unterscheidet
einseitige und zweiseitige Hebel.

Als *Hebelarm* einer Kraft bezeichnet man den Abstand, den die Wirkungslinie der Kraft von der Drehachse hat.

Hebelarm und Wirkungslinie der Kraft sind also stets senkrecht zueinander.

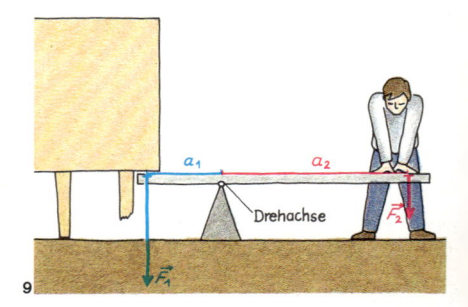

Das Drehmoment

Definition des Drehmomentes

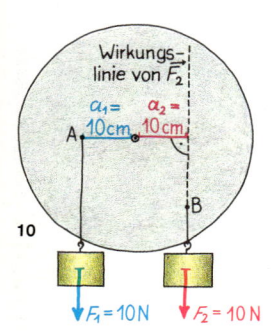

Das Produkt aus Kraftbetrag F und zugehörigem Hebelarm gibt an, wie groß die Drehwirkung der Kraft ist.
Man bezeichnet dieses Produkt als **Drehmoment** M.

$$M = F \cdot a$$

$M_1 = F_1 \cdot a_1$	$M_2 = F_2 \cdot a_2$	$M_1 = F_1 \cdot a_1$	$M_2 = F_2 \cdot a_2$
$M_1 = 10\,\text{N} \cdot 10\,\text{cm}$	$M_2 = 10\,\text{N} \cdot 10\,\text{cm}$	$M_1 = 10\,\text{N} \cdot 10\,\text{cm}$	$M_2 = 5\,\text{N} \cdot 20\,\text{cm}$
$= 100\,\text{N} \cdot \text{cm}$	$= 100\,\text{N} \cdot \text{cm}$	$= 100\,\text{N} \cdot \text{cm}$	$= 100\,\text{N} \cdot \text{cm}$
$= \mathbf{1\,Nm}$	$= \mathbf{1\,Nm}$	$= \mathbf{1\,Nm}$	$= \mathbf{1\,Nm}$

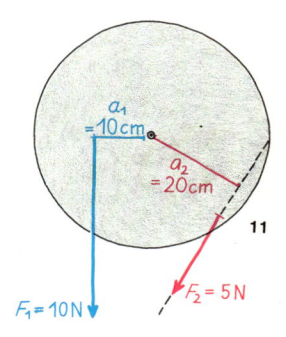

Drehmomentgleichgewicht am Hebel

An einem Hebel herrscht **Gleichgewicht**, wenn die Summe aller rechtsdrehenden Drehmomente gleich der Summe aller linksdrehenden Drehmomente ist.

Die Drehwirkungen der Kräfte heben sich dann gegenseitig auf, die Kräfte rufen keine Drehung hervor.

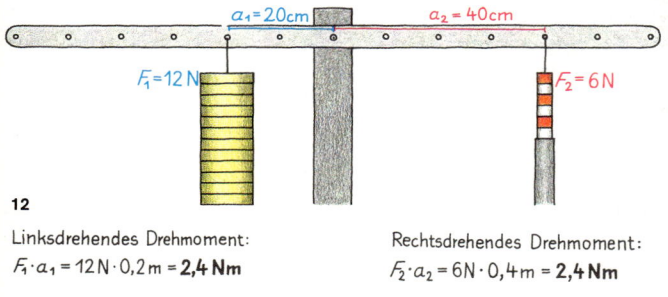

Linksdrehendes Drehmoment:
$F_1 \cdot a_1 = 12\,\text{N} \cdot 0{,}2\,\text{m} = \mathbf{2{,}4\,Nm}$

Rechtsdrehendes Drehmoment:
$F_2 \cdot a_2 = 6\,\text{N} \cdot 0{,}4\,\text{m} = \mathbf{2{,}4\,Nm}$

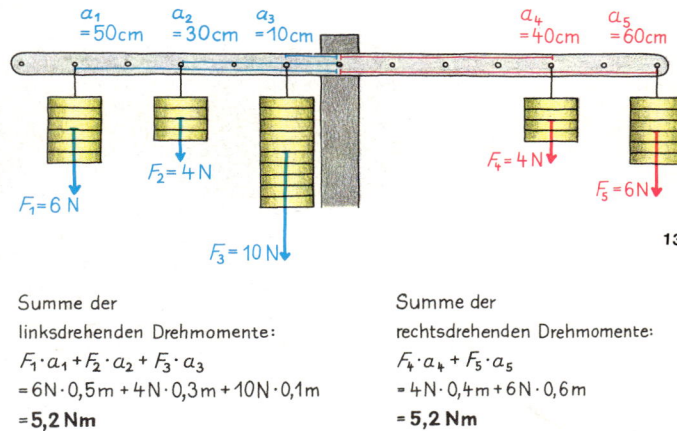

Summe der linksdrehenden Drehmomente:
$F_1 \cdot a_1 + F_2 \cdot a_2 + F_3 \cdot a_3$
$= 6\,\text{N} \cdot 0{,}5\,\text{m} + 4\,\text{N} \cdot 0{,}3\,\text{m} + 10\,\text{N} \cdot 0{,}1\,\text{m}$
$= \mathbf{5{,}2\,Nm}$

Summe der rechtsdrehenden Drehmomente:
$F_4 \cdot a_4 + F_5 \cdot a_5$
$= 4\,\text{N} \cdot 0{,}4\,\text{m} + 6\,\text{N} \cdot 0{,}6\,\text{m}$
$= \mathbf{5{,}2\,Nm}$

Schwerpunkt und Gleichgewichtsarten

Jeder Körper verhält sich so, als würde die ganze Gewichtskraft in einem einzigen Punkt angreifen. Diesen Punkt bezeichnet man als **Schwerpunkt**.

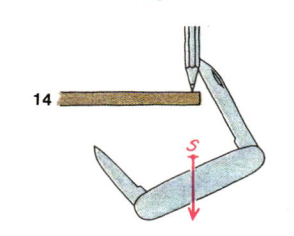

Die Gewichtskraft auf einen drehbar gelagerten Körper kann ein Drehmoment erzeugen und so eine Drehung hervorrufen. Es gibt drei Fälle, in denen die Gewichtskraft *kein* Drehmoment erzeugt:

○ Der Schwerpunkt liegt vertikal unter der Drehachse
(**stabiles Gleichgewicht**).

○ Der Schwerpunkt liegt vertikal über der Drehachse
(**labiles Gleichgewicht**).

○ Der Schwerpunkt liegt auf der Drehachse
(**indifferentes Gleichgewicht**).

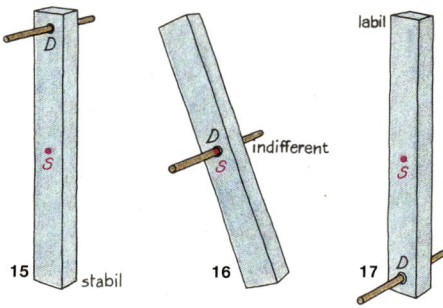

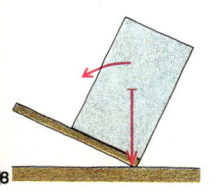

Versucht man einen Gegenstand (z. B. einen Kasten) zu kippen, so bewirkt die Gewichtskraft zunächst ein „rücktreibendes" Drehmoment. Wenn man den Gegenstand losläßt, fällt er in seine alte Lage zurück.
 Dreht man den Körper aber weiter, so kippt er schließlich um. Das ist genau dann der Fall, wenn ein vom Schwerpunkt ausgehendes Lot nicht mehr durch die *Standfläche* des Körpers verläuft.

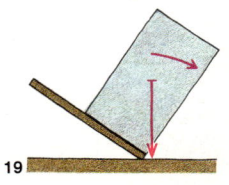

Einfache Maschinen

1 Seile und Rollen

Bist du sicher, daß dies kein Trickfoto ist?
Ob dieses Mädchen (29 kg) tatsächlich seine Lehrerin (62 kg)
an die Decke der Turnhalle ziehen kann?

V 1 Eine Last (z. B. Wasser oder Steine) kann man auf unterschiedliche Weise hochziehen. Die Bilder 2–5 zeigen vier verschiedene Möglichkeiten.

a) Welchen Einfluß haben die Vorrichtungen auf Betrag, Richtung und Angriffspunkt der Zugkraft? Stelle Vermutungen an, falls du eine der Antworten nicht weißt.

b) Plane zu jedem der vier Bilder einen Versuch (Skizze!). Als Last könntest du zum Beispiel ein 500-g-Wägestück benutzen. Lege im Heft eine Tabelle an (→ Muster), und fülle die ersten beiden Spalten aus.
Überprüfe dann deine Vermutungen durch Messungen.

c) Warum unterscheiden sich die Ergebnisse, die du zu den Anordnungen nach den Bildern 3 u. 4 erhältst?

d) Welchen Vorteil hat das Verfahren von Bild 4, welchen hat das Verfahren von Bild 5?
Erfinde eine Vorrichtung, die diese beiden Vorteile vereint. Fertige eine Skizze an.

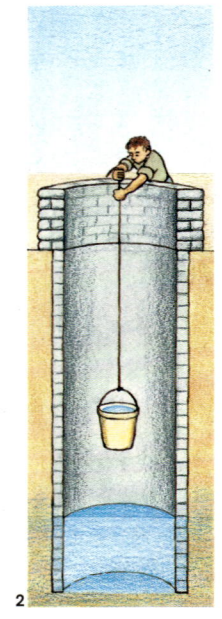

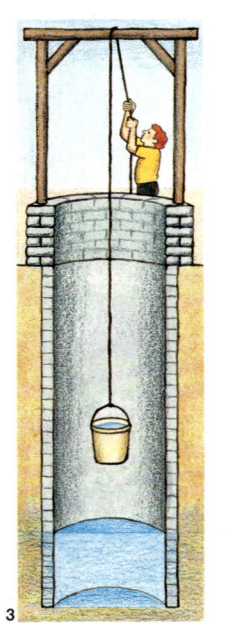

Anordnung nach …	auf die Last wirkende Gewichtskraft in N	vermutete Zugkraft in N	gemessene Zugkraft in N
Bild 2	?	?	?
Bild 3	?	?	?
…	?	?	?

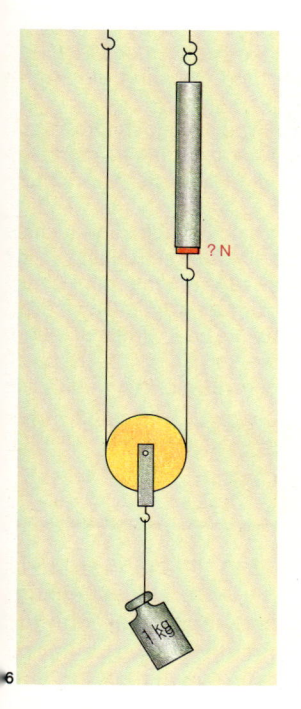

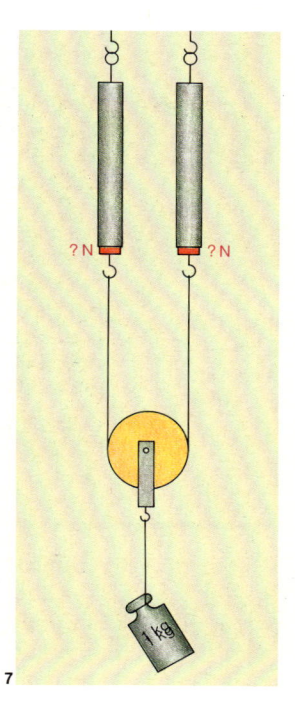

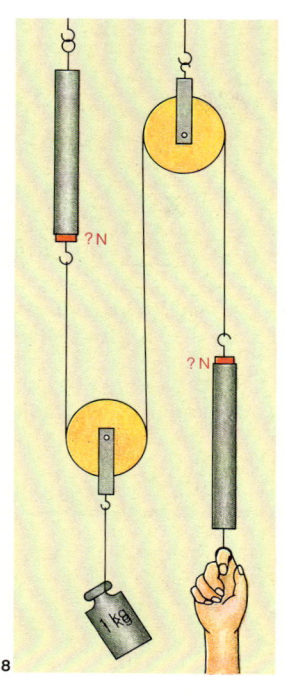

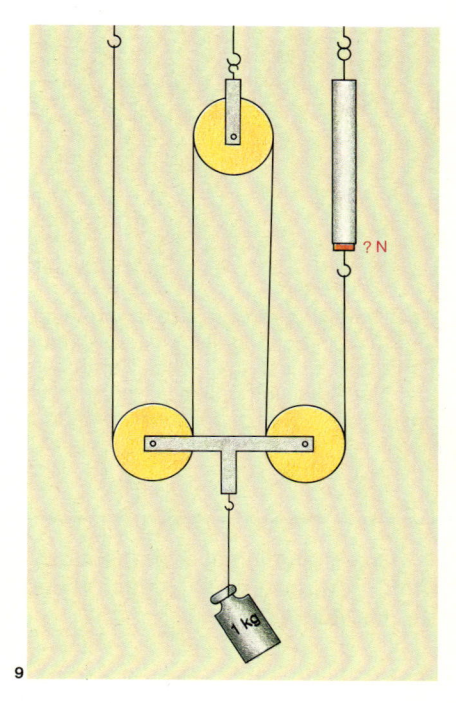

V 2 Die in den Bildern 6–9 gezeigten Anordnungen helfen dir, das Verfahren von Bild 5 zu erklären und eine Gesetzmäßigkeit herauszufinden.

a) Was werden deiner Meinung nach die Kraftmesser anzeigen? Begründe deine Ansicht, und überprüfe sie im Versuch.

b) Welche Gesetzmäßigkeit vermutest du?

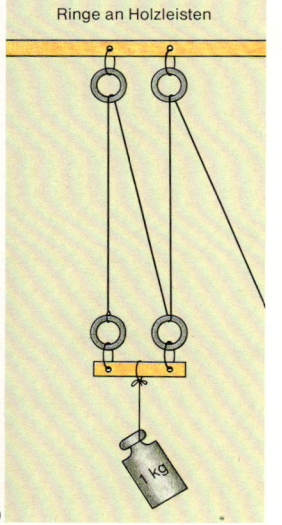

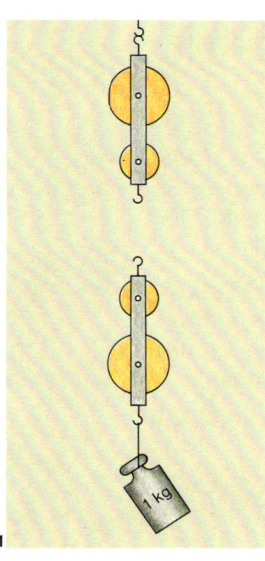

V 3 Als *Flaschenzug* bezeichnet man eine Hebevorrichtung, bei der mehrere Rollen verwendet werden. Die Rollen sind in zwei Gruppen zusammengefaßt; diese Rollengruppen heißen *Flaschen*.

Es gibt Flaschenzüge mit unterschiedlich vielen Rollen. Je nach Bauart kann man mit ihrer Hilfe unterschiedlich viel Kraft sparen.

Wenn du zu Hause mit Flaschenzügen experimentieren willst, werden dir wahrscheinlich keine Rollen zur Verfügung stehen. In Bild 10 siehst du, was du dann tun könntest.

a) Übertrage die Bilder 11 u. 12 in dein Heft, und zeichne die noch fehlenden Seile ein.

b) Welche Versuchsergebnisse erwartest du hier?

c) Miß nach, und trage deine Meßwerte in eine Tabelle ein (→ Muster).

d) Ziehe die Last jeweils genau 20 cm hoch. Wie lang ist der Weg, auf dem die Zugkraft wirken muß? Welche Regel vermutest du?

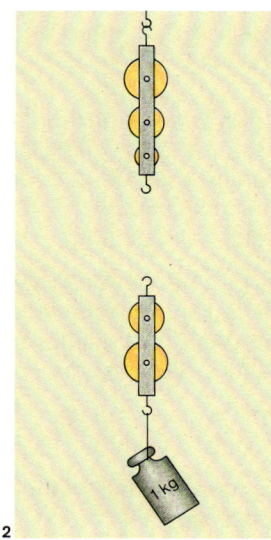

Flaschen-zug von...	Gewichts-kraft auf die Last in N	Anzahl der tragenden Seile	Zugkraft (bei Gleich-gewicht) in N	Weg, den die Last zurücklegt in cm	Weg, auf dem die Zugkraft wirkt in cm
Bild 10	10	?	?	20	?
...	10	?	?	20	?

Einfache Maschinen

Info: Stangen, Seile und Rollen als Kraftwandler

Eine Kraft ist durch ihre Größe, ihre Richtung und ihren Angriffspunkt bestimmt. Durch den Einsatz einfacher Geräte wie Stangen, Seile und Rollen lassen sich die Bestimmungsstücke der Kraft verändern – bei gleichbleibender Wirkung. Diese Geräte sind **Kraftwandler** (Bilder 1–4).

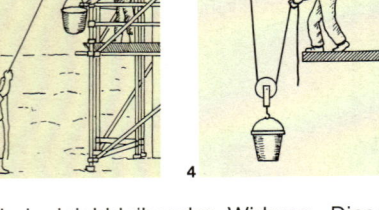

○ Mit Hilfe eines *Seiles* oder einer *Stange* läßt sich der Angriffspunkt entlang der Wirkungslinie verlagern.

○ Ein *Seil* und eine *feste Rolle* (die irgendwo verankert ist) ermöglichen es, Angriffspunkt und Richtung der Kraft zu verändern.

○ Mit einem *Seil* und einer *losen Rolle*, an der die Last hängt, verringert man die Zugkraft auf die Hälfte der Gewichtskraft.

○ *Flaschenzüge* sind Kombinationen aus einem Seil und mehreren Rollen, die in zwei Gruppen zusammengebaut sind. Bei Flaschenzügen wird die Gewichtskraft F_G, die auf die Last wirkt, auf mehrere Seilstücke verteilt. Wird die Last auf n Seilstücke verteilt, kann man die Last mit einer Kraft $F = \frac{F_G}{n}$ halten.

Aufgaben

1 Tauziehen einmal anders (Bild 5). Steffi gewinnt immer – auch wenn sie die Schwächere ist.

2 Schülerin hebt Lehrerin (Bild 6).

a) Welche Zugkraft wäre bei einem „idealen" Flaschenzug erforderlich?

b) Warum muß die Zugkraft tatsächlich größer sein als die berechnete?

3 Wie groß ist hier jeweils die Kraft, die nötig ist, um die Last zu halten (Bilder 7 u. 8)?

4 In einer Autowerkstatt wird ein Motor (90 kg) mit Hilfe eines Flaschenzuges um 2 m angehoben. Er besteht aus zwei Rollen. Jede Flasche hat eine Masse von 2 kg.

a) Es gibt zwei Möglichkeiten: Das eine Seilende ist entweder an der Decke oder an der unteren Flasche befestigt. Skizziere die Anordnungen.

b) Welche dieser Anordnungen hältst du für praktischer?

c) Wie viele Seilstücke tragen jeweils die Last?

d) Wie groß ist die Kraft, die zum Heben der Last erforderlich ist? (Reibungskräfte nicht berücksichtigen.)

e) Wieviel Meter Seil werden jeweils durch den Flaschenzug gezogen?

f) Welche Kräfte wirken auf den Haken, an dem der Flaschenzug hängt?

5 Überprüfe die folgende Regel: „Die Zugkraft beim Flaschenzug kann man ganz leicht berechnen. Man braucht nur die Rollen zu zählen. Dann teilt man die Gewichtskraft einfach durch die Anzahl der Rollen."

Wende die „Regel" auf die Flaschenzüge an, die in den Bildern 9 u. 10 gezeigt sind. Rechne nach, ob die Ergebnisse stimmen.

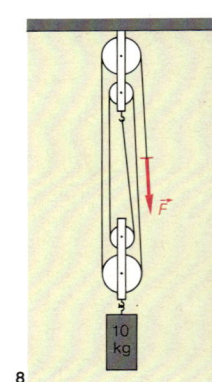

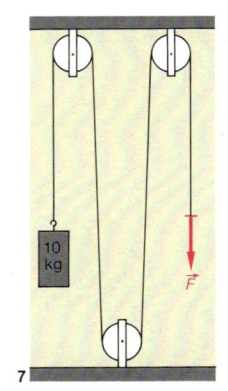

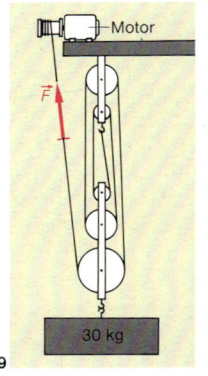

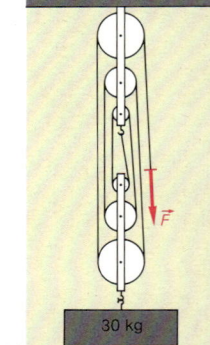

Aus Umwelt und Technik: **375 t Tragfähigkeit**

Der riesige Kran, den du in Bild 11 siehst, steht in einem Stahlwerk im Ruhrgebiet. Aus der Pfanne – so nennt man den am Kran hängenden großen „Eimer" – wird das flüssige Eisen in die bereitstehenden Gießformen gefüllt.

Vorher muß aber noch die Schlacke, die oben auf dem flüssigen Eisen schwimmt, abgegossen werden. Zu diesem Zweck besitzt der Kran neben dem *Haupthubwerk* einen *Hilfshub,* der die Pfanne kippen kann.

Es ist schon eindrucksvoll, was dieser Kran zu heben vermag:

Der Hilfshub allein kann schon 115 t tragen – das entspricht der Masse von 115 Pkws.

Die Pfanne ist 4,6 m hoch und hat einen Durchmesser von 4,3 m. In die Pfanne passen 270 t flüssiges Eisen hinein – soviel wiegen 270 Autos! Zum Heben dieser gewaltigen Last sind vier Flaschenzüge im Haupthubwerk nötig; jede einzelne Flasche besitzt fünf Rollen.

Und das Seil reißt nicht, wenn die riesige Last daran hängt! Dabei ist es nur 4 cm dick und hat eine Tragfähigkeit von lediglich 11,5 t.

Fragen und Aufgaben zum Text

1 In Bild 11 wird die *Tragkraft* des Krans mit 375 t angegeben. Wieso ist dieser Begriff falsch? (Heute verwendet man daher den Ausdruck *Tragfähigkeit*.)

2 Die Tragfähigkeit des Kranes beträgt 375 t, die Pfanne kann aber nur 270 t Eisen aufnehmen. Begründe diesen Unterschied.

3 Wieviel Rollen hat der Gießkran insgesamt?

4 An wieviel Seilstücken hängt die Last?

5 Das 4 cm dicke Seil hat eine Tragfähigkeit von „nur" 11,5 t. Warum reißt es aber trotzdem nicht, wenn die Pfanne am Kran hängt?

6 Bild 12 zeigt einen Eisenbahnkran für schwerste Lasten. Sein Haupthubwerk (A) hat eine Tragfähigkeit von 150 t.

a) Dieses Hubwerk ist „zwölfstrangig". Berechne die Zugkraft, die zum Heben einer Last von 150 t nötig ist.

b) Für das Seil, dessen Durchmesser 32 mm beträgt, wird eine „Bruchlast" von 87 t angegeben. Was bedeutet das?

Wieso kann trotzdem eine Last von 150 t an den Kran gehängt werden?

c) Das Seil ist 263 m lang. Der Kran kann Lasten lediglich um etwa 20 m anheben. Erkläre den Unterschied.

d) Der Kran darf nur dann mit 150 t belastet werden, wenn der Ausleger steil steht. (Die „Ausladung" des Krans darf nur 8 m betragen.) Wird der Ausleger geneigt, sinkt die Tragfähigkeit; bei einer Ausladung von 16 m beträgt sie nur noch 45 t.

Welchen Grund hat diese Abnahme der Tragfähigkeit?

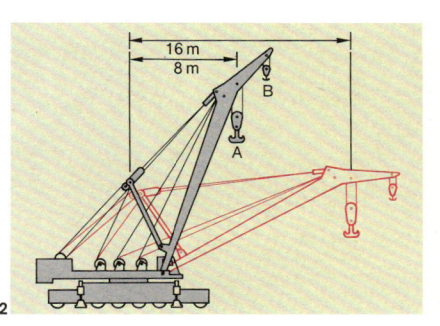

Einfache Maschinen

Aus der Geschichte: **Von Rollen und Flaschenzügen**

Eine der wichtigsten Erfindungen in der Geschichte der Menschheit war das **Rad**. Als erste haben es vor ungefähr 5000 Jahren vermutlich die Sumerer benutzt, die im Zweistromland zwischen Euphrat und Tigris (im heutigen Irak) lebten. Mit der Erfindung des Rades wurde auch die Entwicklung von Rollen und von Flaschenzügen möglich. Um 800 v. Chr. kannten bereits die Assyrer **Rollen** zum Heben von Lasten.

Die älteste Abbildung eines Kranes mit **Flaschenzug** wurde auf der Grabplatte einer römischen Familie gefunden (Bild 1). Sie lebte vermutlich um 200 v. Chr. Wahrscheinlich ist einer der dort Begrabenen von Beruf Baumeister gewesen.

Bild 2 zeigt ein Modell dieses Kranes. Der Flaschenzug, der an diesem Kran hing, hatte oben drei und unten zwei Rollen. Das Ende des Seiles war an der beweglichen Flasche befestigt. Bei diesem Kran wurde also die Gesamtlast auf insgesamt fünf Seilstücke verteilt. Zum Ziehen des Seiles diente ein Tretrad, das von Menschen angetrieben wurde. Um es in Drehung zu versetzen, mußten mehrere Menschen im Innern des Rades laufen.

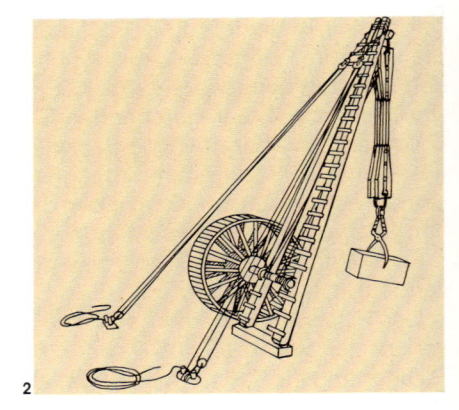

2 Die schiefe Ebene

Für Rollstuhlfahrer wurde hier eine lange Auffahrt – eine **schiefe Ebene** – gebaut. Warum ist sie nicht so kurz wie die Treppe?

V 4 Bild 4 zeigt den Versuchsaufbau. Das Brett stellt eine schiefe Ebene dar.

Vergleiche jeweils die Kraft, die nötig ist, um den Wagen zu halten, mit der Gewichtskraft auf den Wagen.

Von welchen Größen hängt diese (parallel zum Brett gerichtete) Kraft ab?

V 5 Auf einer *Schrotleiter* liegt ein Faß mit der Gewichtskraft $\vec{F}_G$ (Bild 5). Man beobachtet *zwei* Kraftwirkungen. Beschreibe! Wie könnte man die Kräfte nennen?

Mit einem *Kraftwandler* kann man Betrag, Richtung oder Angriffspunkt von Kräften verändern. Begründe, daß die schiefe Ebene ein Kraftwandler ist.

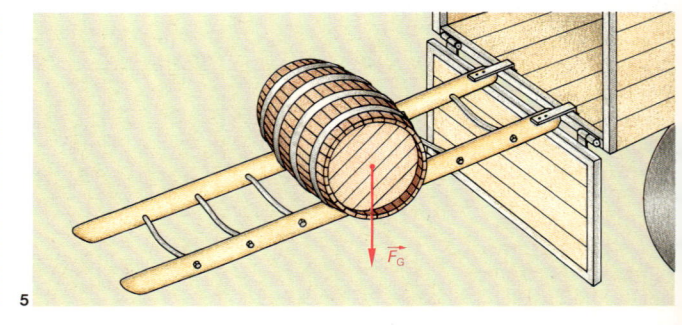

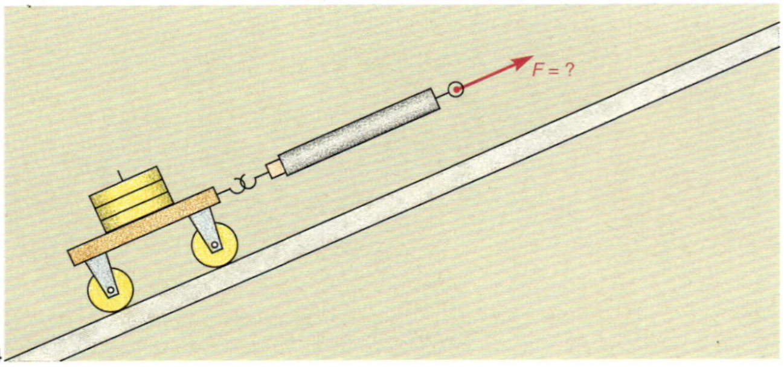

Info: Die schiefe Ebene als Kraftwandler

Durch die schiefe Ebene wird die Gewichtskraft $\vec{F}_G$ des Körpers in zwei Komponenten zerlegt (Bild 6):
○ die parallel zur Ebene wirkende **Hangabtriebskraft $\vec{F}_H$** und
○ die senkrecht zu ihr wirkende **Anpreßkraft** oder **Normalkraft $\vec{F}_N$**.

Der Zusammenhang zwischen der Gewichtskraft und ihren Komponenten ergibt sich aus dem Kräfteparallelogramm. Verändert man die Neigung der Ebene, so ändern sich auch die Hangabtriebskraft und die Normalkraft (Bild 7): **Je größer die Neigung der Ebene, um so größer ist die Hangabtriebskraft.**

Die schiefe Ebene verwandelt die wirkende Kraft in zwei Kräfte mit gleichem Angriffspunkt; sie gehört daher zu den *Kraftwandlern*.

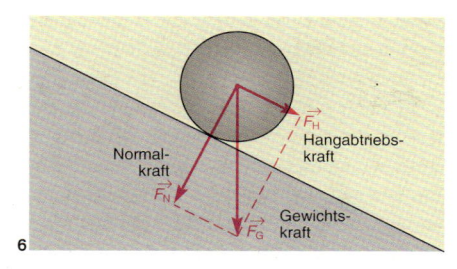

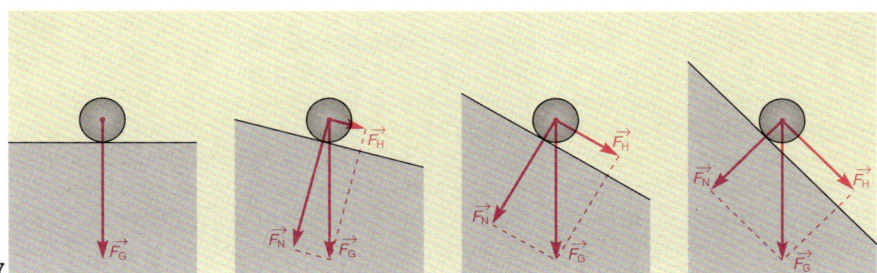

Aufgaben

1 Bild 8 zeigt eine Gebirgsstraße, die in Serpentinen verläuft. Erläutere physikalisch, welchen Vorteil Serpentinen haben.

2 Auf zwei Keile soll jeweils die Kraft $\vec{F}$ mit einem Betrag von 50 N wirken. Die Schenkel des einen Keils schließen einen Winkel von 30° ein, die des anderen einen Winkel von 40°.

Konstruiere, welche Kräfte von den Schenkeln der Keile ausgeübt werden. Vergleiche! (*Tip:* Bild 1 auf der folgenden Seite zeigt eine solche Konstruktion.)

3 Schneide aus einem Blatt Papier ein rechtwinkliges Dreieck aus, und wickle es anschließend um einen Bleistift (Bild 9). Auf diese Weise erhältst du eine *Schraubenlinie*.

Schneide ein zweites Dreieck so aus, daß eine Schraubenlinie wie in Bild 10 entsteht. Wie müssen sich die Dreiecke unterscheiden?

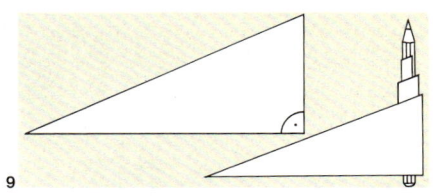

Erkläre, wie die unterschiedlichen Steigungen bei den Gewinden von Schrauben entstehen (Bild 11).

4 Woran erkennst du in Bild 11 die Holzschrauben?

Beide Holzschrauben sollen in das gleiche Brett geschraubt werden. Bei welcher benötigt man zum Eindrehen eine größere Kraft? Begründe!

Welche Schraube muß man öfter drehen, bis sie festgeschraubt ist?

5 Ein Faß (60 kg) soll auf einen Wagen geladen werden.

a) Welche Kraft ist zum Hoch*heben* nötig? Wie lang ist der Weg, über den es gehoben wird (Bild 12)?

b) Das Hoch*rollen* auf einer schiefen Ebene (z. B. einer Schrotleiter mit 4 m Länge) geht viel leichter als das Hochheben (Bild 13).

Wievielmal länger wird der Weg? Welcher Bruchteil der Kraft ist nötig? *Tip:* Zeichne das Kräfteparallelogramm. Wie läßt sich die erforderliche Kraft noch kleiner machen?

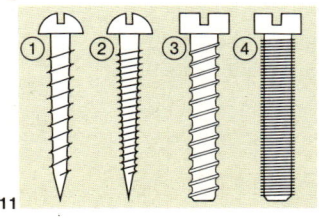

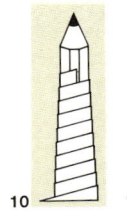

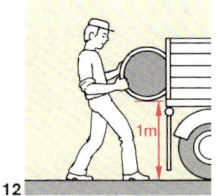

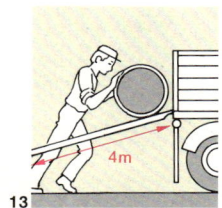

Aus Umwelt und Technik: Von Keilen und Schrauben

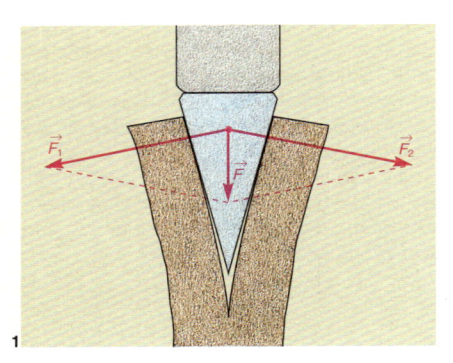

Bei näherem Hinsehen entpuppen sich Meißel, Beile, Pflüge, Tischlerhobel und andere Schneidegeräte als Verwandte der schiefen Ebene, nämlich als **Keile**. Man versteht ihre Wirkungsweise, wenn man sich den Keil aus zwei schiefen Ebenen zusammengesetzt vorstellt (Bild 1). Die Kraft, die senkrecht auf den Rücken der Schneide wirkt, wird in Komponenten zerlegt. Die Komponenten, die senkrecht zu den Seitenflächen wirken und das Material auseinanderteilen, sind größer als die wirkende Kraft.

Das Prinzip der **Schraube** wurde bereits ungefähr 200 v. Chr. vom griechischen Mathematiker *Apollonius von Perga* beschrieben.

Das Gewinde der Schraube kann man als „aufgewickelte" schiefe Ebene ansehen. Die *Ganghöhe* ist durch die Neigung dieser schiefen Ebene bestimmt. Es kommt aber nicht nur auf die Ganghöhe an, sondern auch auf den Hebel, über den die Kraft auf die Schraube wirkt (Bild 2).

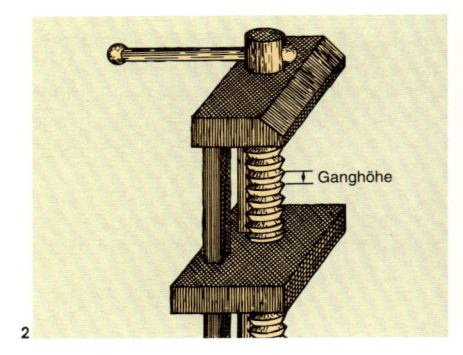

Einfache Maschinen

Alles klar?

1 Ein Bauer ist mit einem Traktor samt Anhänger auf sein Feld gefahren. Der Anhänger ist steckengeblieben. Ungefähr in Fahrtrichtung steht ein Baum. Der Bauer holt ein Seil und eine Rolle mit Haken. Dann kuppelt er den Anhänger ab …

Skizziere, wie sich der Bauer helfen will. Begründe sein Vorgehen.

2 Thomas hangelt an einem Tau hoch, Gabi zieht sich nach oben (Bild 3). Wer hat es leichter? Welchen Einfluß hat die Rolle an der Decke auf die Zugkraft?

3 Wie groß sind die Kräfte in den Bildern 4–8 bei Gleichgewicht? (Die Gewichtskräfte, die auf die Rollen wirken, und die Reibung bleiben unberücksichtigt.)

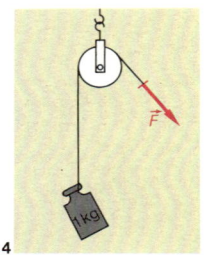

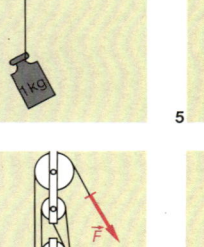

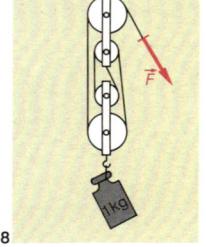

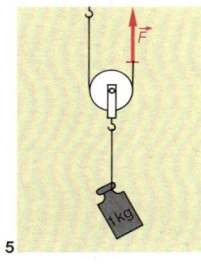

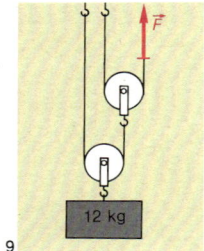

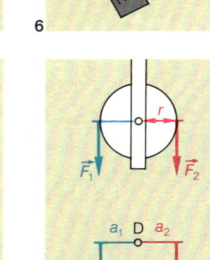

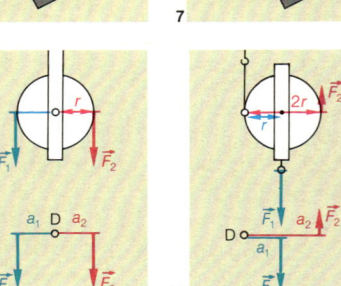

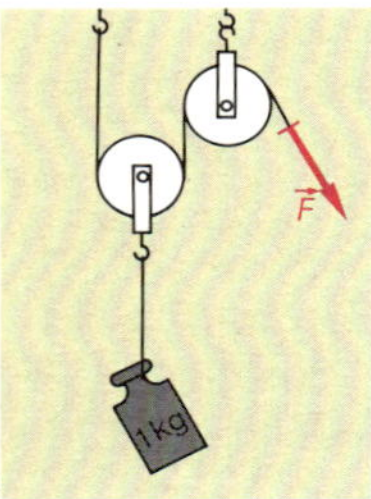

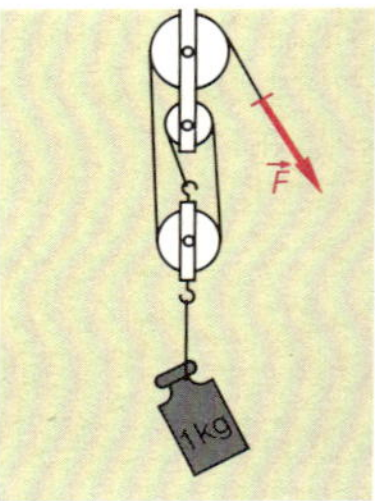

4 Um bei Flaschenzügen die Zugkraft zu berechnen, haben wir bisher die Gewichtskraft, die auf die Last wirkt, durch die Anzahl der tragenden Seilstücke dividiert. Ob man so auch bei Bild 9 vorgehen kann? Einige Fragen werden dir helfen:

a) Auf wie viele Seilstücke verteilt sich die Last bei der Anordnung nach Bild 9?

b) Wie groß sind die in den einzelnen Seilstücken wirkenden Kräfte?

c) Woran liegt es, daß das übliche Berechnungsverfahren hier versagt?

5 *Leonardo da Vinci* (1452–1519) leitete die Gesetze, die für die Rollen gelten, aus dem *Hebelgesetz* her (Bilder 10 u. 11).

Welche Anordnung ist mit dem zweiseitigen (einseitigen) Hebel vergleichbar?

Begründe mit dem Hebelgesetz, daß bei der Anordnung von Bild 10 $F_2 = F_1$ und bei der von Bild 11 $F_2 = \frac{1}{2} F_1$ gilt.

Einfache Maschinen

Auf einen Blick

Stange, Seil, Rollen

Mit einem **Seil** oder einer **Stange** kann man den Angriffspunkt einer Kraft verändern. Der Betrag der Kraft bleibt gleich: $F_2 = F_1$.

Mit **Rollen und Seilen** kann man die Richtung der Zugkraft oder ihren Betrag oder beides verändern – je nach Anordnung der Rollen und Seilführung.

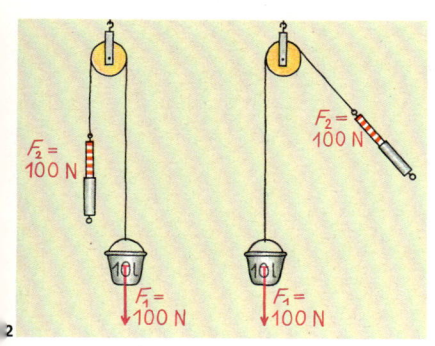

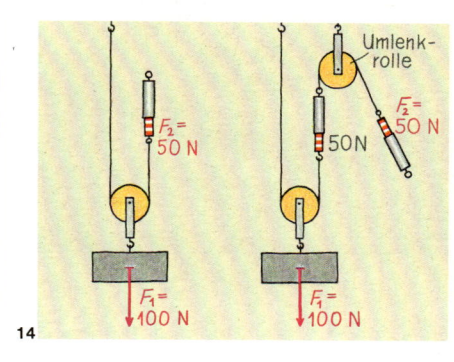

Mit dieser Anordnung wird nur die Richtung der Kraft verändert. Man spart keine Kraft ein:

$$F_2 = F_1.$$

Die Gewichtskraft, die auf die Last wirkt, wird auf zwei Seilstücke übertragen und gleichmäßig verteilt:

$$F_3 = F_2 = \tfrac{1}{2} F_1.$$

Auch hier verteilt die lose Rolle die Gewichtskraft auf zwei Seilstücke; die eine Hälfte der Last wird vom Haken getragen. Die feste Rolle verändert nur die Richtung der Kraft.

Der Flaschenzug

Bei einem **Flaschenzug** sind mehrere Rollen in zwei Gruppen (Flaschen) zusammengebaut. Die Gewichtskraft F_1, die auf die Last wirkt, wird gleichzeitig auf mehrere Seilstücke verteilt.

Wenn n die Anzahl der tragenden Seilstücke ist, gilt für die Zugkraft F_2 (bei Gleichgewicht):

$$F_2 = \frac{F_1}{n}.$$

Da immer größere Reibungskräfte auftreten und da mit der Last auch die untere Flasche angehoben wird, muß die Zugkraft in der Praxis größer sein als $\frac{F_1}{n}$.

Damit eine Last um die Strecke s_1 angehoben wird, muß man das Seilende n-mal so weit ziehen:

$$s_2 = n \cdot s_1.$$

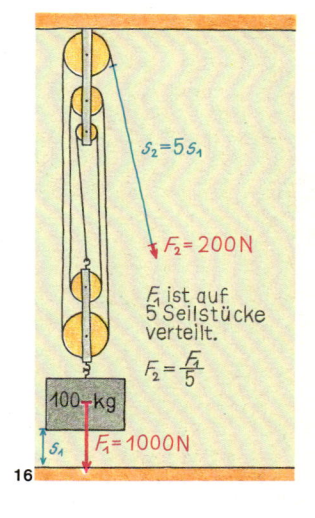

Die schiefe Ebene

Die schiefe Ebene zerlegt die Gewichtskraft in zwei Kräfte:
○ die Hangabtriebskraft und
○ die Normalkraft.

Wie die Kräfte zusammenhängen, ergibt sich aus dem Kräfteparallelogramm. Je größer die Neigung ist, desto größer ist die Hangabtriebskraft.

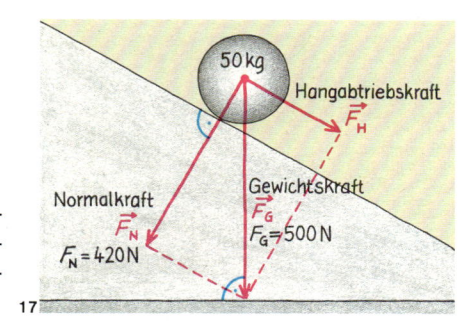

Kraftwandler

Geräte oder einfache Maschinen, mit denen man Betrag, Richtung oder Angriffspunkt von Kräften verändern kann, nennt man **Kraftwandler**.

Zu den Kraftwandlern gehören Stangen, Seile, Rollen, Flaschenzüge, schiefe Ebenen und Hebel.

Die Arbeit

1 Arbeit – physikalisch betrachtet

Herr Marten ist Lehrer. Er korrigiert gerade Hefte (Bild 1).

Handelt es sich bei dieser Tätigkeit um Arbeit? Nun, er selbst ist sicher der Meinung, daß er arbeitet. Doch im physikalischen Sinne verrichtet er **keine Arbeit**!

Hier geht Herr Marten seinem Hobby nach: Bergsteigen (Bild 2). Die Hefte sind vergessen, die Schule ist weit. An *Arbeit* denkt er nicht.

Und doch: Gerade jetzt wird ein Physiker sagen, daß Herr Marten **Arbeit** verrichtet!

V 1 Dieser Versuch soll nahelegen, was man in der Physik als Arbeit bezeichnet.

Ein Körper wird um die Strecke h angehoben – einmal auf direktem Wege und einmal mit Hilfe eines schräg gestellten Brettes (Bild 3). Das Brett heißt *schiefe Ebene*.

Miß jeweils die erforderliche Kraft F und den zurückgelegten Weg s. Notiere die Meßwerte in einer Tabelle.

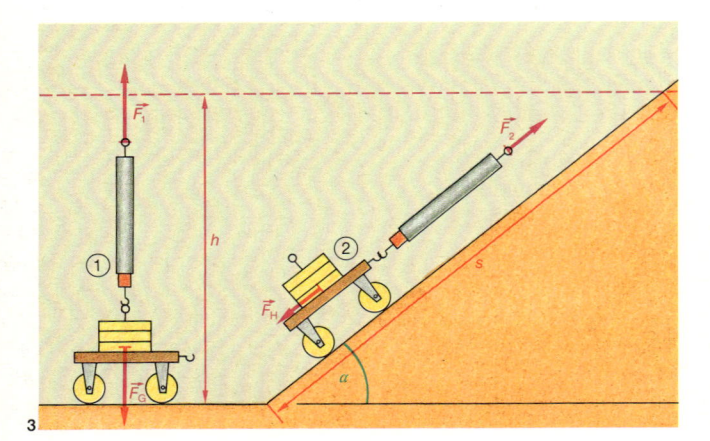

a) Der Wagen wird an einen Kraftmesser gehängt und auf direktem Wege hochgehoben. (Die Geschwindigkeit soll konstant sein, wenn du die Kraft abliest.)

Vergleiche die gemessene Kraft F_1 mit der Gewichtskraft F_G, die auf den Wagen wirkt.

b) Baue eine schiefe Ebene auf.

Bestimme den Weg s, den der Wagen zurücklegen muß, um wieder den Höhenunterschied h zu überwinden. Achte bei der Messung von F_2 darauf, daß du den Kraftmesser parallel zur schiefen Ebene hältst.

Noch ein *Tip*, wie du den Einfluß der Reibungskraft ausschalten kannst: Ziehe den Wagen zunächst mit konstanter Geschwindigkeit hoch, und lies dabei die Kraft ab. Bestimme dann die Kraft, die zum gleichmäßigen Hinablassen des Wagens nötig ist. Der Mittelwert zwischen diesen beiden Meßwerten entspricht der Kraft, die du ohne Reibung beim Hochziehen ausüben müßtest.

c) Wiederhole den Versuch für unterschiedliche Steigungswinkel der schiefen Ebene (bei gleicher Hubhöhe).

d) Ergänze die Tabelle um eine Spalte, in die du das Produkt aus F und s einträgst. Formuliere das Ergebnis.

Info: Die Definition der Arbeit

Beim Heben eines Körpers spart man mit einem Flaschenzug Kraft. Dafür muß man aber mehrere Meter Seil durch den Flaschenzug ziehen, um den Körper um 1 m anzuheben (Bild 4).

Wenn man denselben Körper mit verschiedenen Flaschenzügen um 1 m anhebt, stellt man fest: Je kleiner die Kraft ist, mit der man am Seil ziehen muß, desto länger ist der Weg, auf dem diese Kraft wirken muß. Dabei bleibt das Produkt aus Kraftbetrag und Weg konstant.

Dieses Produkt scheint also eine besondere Bedeutung zu haben.

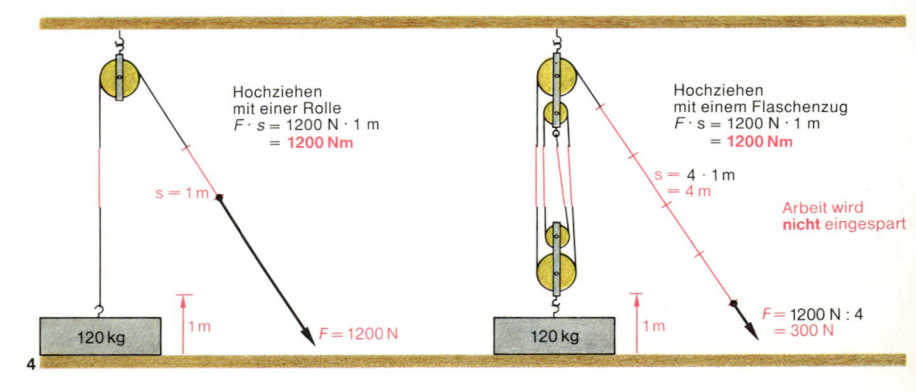

Hochziehen mit einer Rolle
$F \cdot s = 1200\ N \cdot 1\ m$
$= \mathbf{1200\ Nm}$
$s = 1\ m$
$F = 1200\ N$

Hochziehen mit einem Flaschenzug
$F \cdot s = 1200\ N \cdot 1\ m$
$= \mathbf{1200\ Nm}$
$s = 4 \cdot 1\ m$
$= 4\ m$
Arbeit wird **nicht** eingespart
$F = 1200\ N : 4$
$= 300\ N$

Unsere Vermutung wird durch entsprechende Versuche mit der schiefen Ebene gestützt: Auch dort ändert sich das Produkt aus Kraftbetrag und Weg bei unterschiedlichen Steigungen nicht (wenn die Hubhöhe konstant bleibt).

Wir müssen allerdings beachten, daß bei all diesen Versuchen ganz spezielle Bedingungen erfüllt waren:
○ Der Betrag der Kraft war auf dem ganzen Weg konstant.
○ Die Kraft war immer parallel zum Weg gerichtet.

Für konstante Kräfte in Wegrichtung definieren wir: Arbeit ist das Produkt aus Kraft(betrag) und Weg.
$W = F \cdot s$.

Das Formelzeichen W für Arbeit ist von engl. *work* abgeleitet.

Wenn die Kraft zwar parallel zum Weg gerichtet ist, sich aber ihr Betrag auf dem Weg *ändert*, wird auch Arbeit verrichtet; nur können wir dann nicht so leicht angeben, wie groß sie ist.

Allgemein gilt: Arbeit wird verrichtet, wenn ein **Weg** zurückgelegt wird und dabei eine **Kraft in Wegrichtung** wirkt.

Ist die Kraft *senkrecht* zu dem zurückgelegten Weg gerichtet, so wird *keine Arbeit* verrichtet.

Beispiel: Beim Tragen einer Tasche mußt du eine nach oben gerichtete Kraft ausüben, um die Gewichtskraft auszugleichen. Die Kraft ist senkrecht zum Weg und spielt daher für die Arbeit keine Rolle.

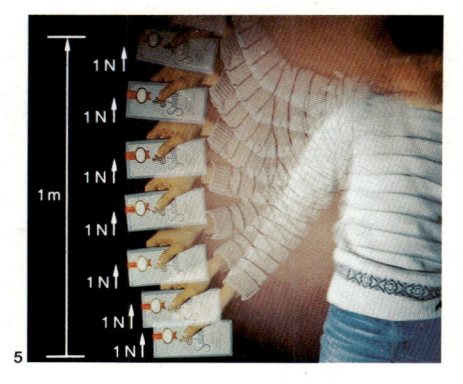

Aus der Gleichung $W = F \cdot s$ ergibt sich als Einheit der Arbeit $1\,\text{N} \cdot 1\,\text{m} = 1\,\text{Nm}$ (Newtonmeter). Eine Arbeit von $1\,\text{Nm}$ wird verrichtet, wenn ein Weg von $1\,\text{m}$ zurückgelegt wird und wenn dabei in Wegrichtung stets eine Kraft von $1\,\text{N}$ wirkt.

Die Arbeitseinheit hat einen besonderen Namen; sie heißt **1 Joule** (1 J).
$$1\,\text{N} \cdot 1\,\text{m} = 1\,\text{Nm} = 1\,\text{J}.$$
Den Namen *Joule* (sprich: dschūl) hat man der Arbeitseinheit zu Ehren des englischen Physikers *James Prescott Joule* (1818–1899) gegeben.

Bild 5 zeigt ein Beispiel für die Arbeitseinheit: Zum Heben einer Tafel Schokolade (Masse: 100 g) benötigst du eine Kraft von 1 N. Wenn du sie um 1 m anhebst, verrichtest du eine Arbeit von 1 Nm oder 1 J.

Aufgaben

1 Bild 6 zeigt Beispiele für verschiedene Arbeiten.

a) Begründe jeweils, daß im physikalischen Sinne gearbeitet wird.

b) Die dargestellten Formen der Arbeit haben besondere Namen: *Spannarbeit*, *Verformungsarbeit* und *Beschleunigungsarbeit*. Ordne zu!

c) Was versteht man unter *Hubarbeit*, was unter *Reibungsarbeit*?

d) Nenne weitere Beispiele, in denen physikalische Arbeit verrichtet wird. Um welche Form der Arbeit handelt es sich jeweils?

2 Welcher mathematische Zusammenhang besteht zwischen Arbeit und Kraft (bei konstantem Weg)?

3 Ein Auto ($F_G = 10$ kN) fährt 1 km mit konstanter Geschwindigkeit.
Welche Form der Arbeit wird verrichtet?
Kannst du die Arbeit berechnen? Begründe deine Antwort.

4 Beim Spannen einer Feder verrichtet man Spannarbeit. Weshalb kann diese Arbeit nicht mit der Formel $W = F \cdot s$ berechnet werden?

5 Sabine zieht ihren Bruder auf dem Schlitten (Bild 7). Sie legt einen Weg von 300 m zurück und zieht mit einer konstanten Kraft von 50 N.

Michael will die verrichtete Arbeit berechnen; er rechnet so: $W = F \cdot s$;
$$W = 50\,\text{N} \cdot 300\,\text{m} = 15\,000\,\text{Nm}.$$
Das Ergebnis ist falsch. Gib an, welche Fehler Michael gemacht hat.

6 Ein Auto fährt mit einer Geschwindigkeit von 80 km/h eine 1 km lange Bergstraße hinauf. Welche Formen der Arbeit werden verrichtet?

Die Straße steigt um 10 % (der Höhenunterschied auf 100 m Straßenlänge beträgt 10 m). Auf das Auto wirkt eine Reibungskraft von 700 N und eine Gewichtskraft von 10 000 N.

Berechne die gesamte Arbeit.

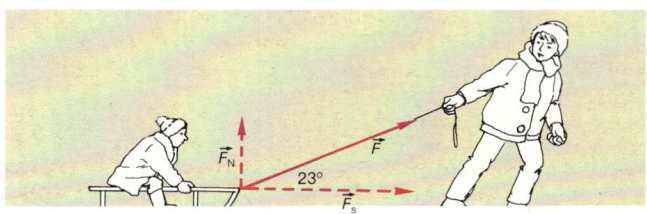

Die Arbeit

2 Alle reden von Arbeit ...

Was man in der Physik *Arbeit* nennt, unterscheidet sich von dem, was man in der Umgangssprache unter Arbeit versteht. So umfaßt der physikalische Arbeitsbegriff z. B. keine geistigen Tätigkeiten. Und auch nicht alle körperlich anstrengenden Tätigkeiten sind Arbeit im physikalischen Sinn.

○ Beschreibe, was man in der Umgangssprache unter *Arbeit* versteht.

○ Die Bilder 1–4 zeigen verschiedene Situationen.
Überlege jeweils, ob im physikalischen oder im umgangssprachlichen Sinn gearbeitet wird. Begründe deine Antworten.

○ Bei welchen der folgenden Tätigkeiten handelt es sich um Arbeit im physikalischen Sinn? Begründe deine Auswahl.
a) Der *Arzt* schreibt ein Rezept aus.
b) Ein *Elektromotor* treibt eine Pumpe an.
c) Ein *Elektromagnet* zieht einen Nagel hoch.
d) *Karin* lernt Formeln für eine Mathematikarbeit.
e) Ein *Arbeiter* hält einen schweren Balken fest.
f) *Sabine* fährt mit einem Bus nach Hause.
g) *Matthias* klettert auf einen Baum.
h) *Marion* zündet ein Streichholz an.
i) Beim Sportfest läuft *Uwe* 100 m.

Die Arbeit

Alles klar?

1 Stelle zunächst fest, wie groß die Gewichtskraft ist, mit der dein Körper nach unten gezogen wird.

a) Wieviel Arbeit wird verrichtet, wenn du vom Keller in dein Zimmer steigst, ohne etwas zu tragen?

b) Welche Rolle spielt dabei die Steigung („Steilheit") der Treppe?

c) Berechne die Arbeit, wenn du beim Hochsteigen noch einen 25 kg schweren Koffer trägst.

d) Wie ändert sich die von dir verrichtete Arbeit, wenn du mal stehenbleibst?

e) Welchen Einfluß hat es auf die Arbeit, wenn du den Koffer zwischendurch absetzt?

2 Frank und Michael gelangen auf verschiedenen Wegen nach oben (Bild 5). Unter welcher Bedingung sind die verrichteten Arbeiten gleich groß?

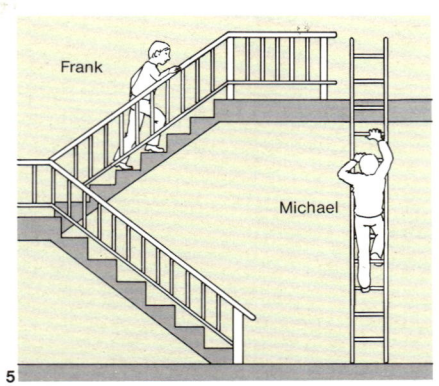

3 Auf einer Baustelle soll eine Last (420 kg) mit einer Motorwinde und einem Flaschenzug um 6 m angehoben werden. Der Flaschenzug hat zwei Flaschen mit je drei Rollen, die Motorwinde steht neben der Last.

a) Wie groß muß die Zugkraft mindestens sein?

b) Berechne die Arbeit der Motorwinde aus der Länge des aufgewickelten Seils und der Zugkraft.

c) Vergleiche mit der Arbeit beim direkten Hochheben.

4 Die Feuerwehr pumpt einen überfluteten Keller leer. Das Wasser wird zu einem 2,70 m höher gelegenen Straßengully „angehoben".
Die Motorpumpe verrichtet dabei eine Hubarbeit von 54 kJ.
Wieviel Liter Wasser wurden hochgepumpt?

5 Im Supermarkt: Michael schiebt mit einer Kraft von 90 N Ware aus dem Lager zu einem Regal. Dabei verrichtet er eine Arbeit von 3,2 kJ.
Berechne den Weg, den Michael zurückgelegt hat.
Welche Annahme mußt du für diese Rechnung machen?

Die Arbeit

6 Frank will seinen Bruder auf einem Schlitten ziehen. Von der Länge des Zugseils hängt die Richtung der Zugkraft ab (Bild 6). Deshalb überlegt er, ob es sich lohnt, ein anderes Seil anzubinden.
a) Hätte er es mit einem längeren oder kürzeren Seil leichter?
b) Welchen Einfluß hat die Länge des Seiles auf die verrichtete Arbeit?

7 Die Größen *Drehmoment* und *Arbeit* sind etwas ganz Verschiedenes, obwohl man beide in Newtonmeter angibt.
a) Bei beiden Größen wird ein Kraftbetrag mit einer Länge multipliziert. Worin liegt der Unterschied?
b) Berechne die Arbeit, die man beim Drehen des Schraubenschlüssels von Bild 7 verrichten muß.

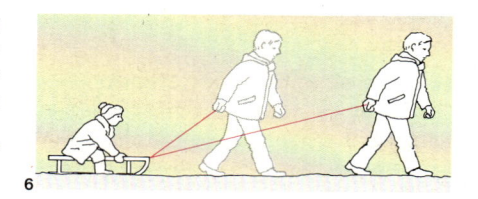

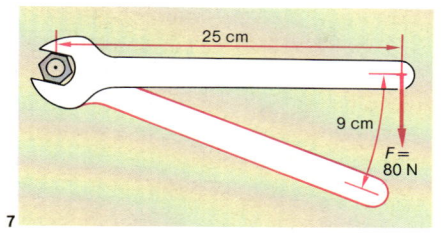

c) Die Schraube wird mit einem 12,5 cm bzw. 50 cm langen Schraubenschlüssel um den gleichen Winkel gedreht. Wie groß ist in diesen Fällen die verrichtete Arbeit?

8 Karl fährt mit seinem Fahrrad (ohne Gangschaltung) auf ebener Straße zu seinem Freund, der 5 km weit entfernt wohnt. Da Karl starken Gegenwind hat, muß er besonders kräftig in die Pedale treten. Auf dem Rückweg hat er es viel leichter …
a) Überlege zunächst, welche Art Arbeit beim Radfahren auf ebener Strecke verrichtet wird.
b) Bei welcher der beiden Fahrten hat Karl mehr Arbeit verrichtet? Begründe deine Antwort.
c) Wovon hängt es vor allem ab, wie groß die Arbeit beim Radfahren auf ebener Strecke ist?

Auf einen Blick

Was versteht man in der Physik unter Arbeit?

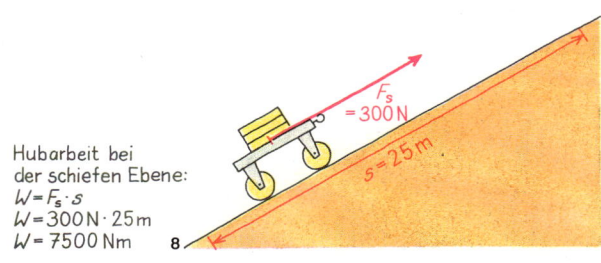

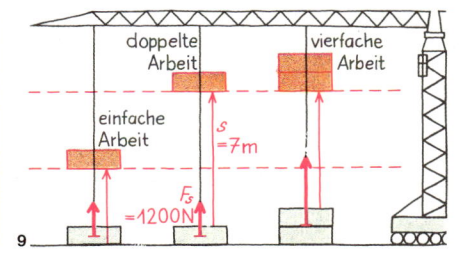

Hubarbeit bei der schiefen Ebene:
$W = F_s \cdot s$
$W = 300 N \cdot 25 m$
$W = 7500 Nm$

Hubarbeit:
$W = F_s \cdot s$
$W = 1200 N \cdot 7 m$
$W = 8400 Nm$

Arbeit wird verrichtet, wenn auf einen Körper längs seines Weges eine Kraft *in Wegrichtung* wirkt.

Wenn dagegen die Richtung der Kraft senkrecht zum Weg ist, wird keine Arbeit verrichtet.

Für den Fall, daß der Betrag F_s der Kraft in Wegrichtung auf dem ganzen Weg s konstant ist, definiert man:

Die **Arbeit** W ist das Produkt aus der Kraft F_s in Wegrichtung und dem Weg s.
$$W = F_s \cdot s$$

Aus der Definition der Arbeit ergibt sich die **Einheit** der Arbeit:

Da die Kraft in N und der Weg in m gemessen wird, ist die Einheit der Arbeit $1 N \cdot 1 m = 1 Nm$ (Newtonmeter). Man nennt sie auch **1 Joule** (1 J).
$1 Nm = 1 J$.

Gemäß der Definition ist die Arbeit
○ proportional zu der Kraft F_s (s konstant) und
○ proportional zum zurückgelegten Weg s (F konstant).

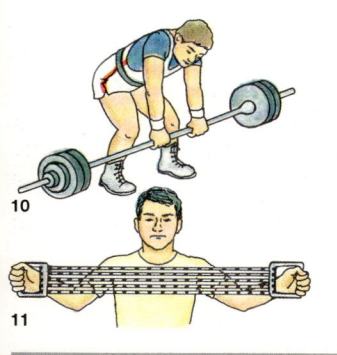

Formen der mechanischen Arbeit

Beim Hochheben einer Last wird **Hubarbeit** verrichtet (Gewichtheber, Kran, Aufzug).

Verformungsarbeit tritt beim Verformen oder Zerbrechen eines Körpers auf (Ton kneten, Pappe zerreißen).

Elastische Körper werden durch **Spannarbeit** gedehnt und gespannt (Gummiband, Stahlfeder).

Beschleunigungsarbeit und **Reibungsarbeit** sind zwei weitere Formen mechanischer Arbeit.

Die Leistung

1 Was bedeutet *Leistung*?

Streit in der Sportstunde

Bald gibt es Zeugnisse mit Noten in allen Fächern. Auch Herr Steffen, der Sportlehrer, hat jetzt öfter sein Notenbuch dabei.

Heute wird an den Tauen geklettert (Bild 1). Jörg und Gerd sind gerade dran: „Auf die Plätze – fertig – los!" Herr Steffen stoppt die Zeit. Beide benötigen genau 7,0 s, um 5 m nach oben zu klettern und anzuschlagen.

„Gut gemacht, ihr beiden! Das gibt für jeden eine Zwei", sagt Herr Steffen.

Gerd freut sich. Jörg aber protestiert: „Das finde ich ungerecht! *Meine Leistung* war besser als die von Gerd!" ...

Leistung im Supermarkt

Sabine, Stefan und Andreas haben einen Ferienjob; sie arbeiten gemeinsam im Supermarkt. Mit ihren Wagen müssen sie Kisten zu verschiedenen Regalen fahren (Bilder 2–4):

○ Wer verrichtet gerade die größte *Arbeit*? Begründe deine Antwort!

○ Stefans Wagen ist schwerer beladen als der Wagen von Sabine; er läßt sich deshalb schwerer schieben als ihrer. Trotzdem *leisten* Stefan und Sabine gleich viel. Wieso ist das möglich?

○ Andreas hat seinen Wagen genauso voll geladen wie Stefan, aber er schiebt ihn nur halb so weit wie dieser. Wie groß ist seine *Arbeit* im Vergleich zu der von Stefan?

Andreas *leistet* aber mehr! Hast du eine Erklärung dafür?

○ Wie hängen Kraft, Weg und Zeit mit der *Leistung* zusammen?

Auf welche Weise könnte man die Leistung berechnen?

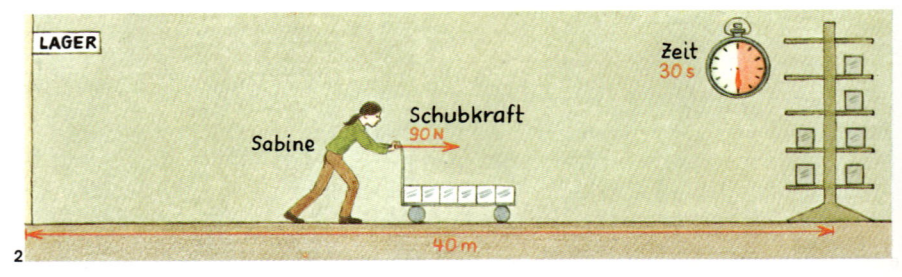

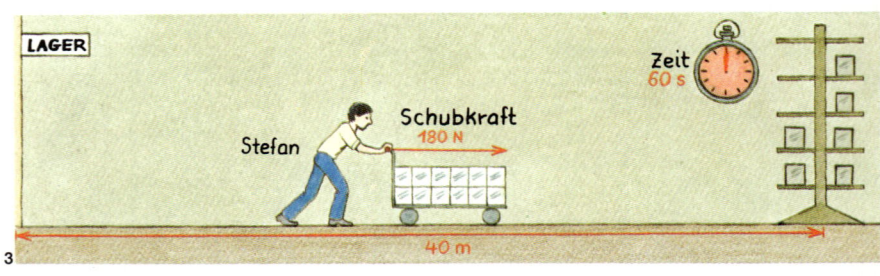

Die Einheit der Leistung

Die Leistung wird in der Einheit **Newtonmeter durch (pro) Sekunde** gemessen:
$$1 \frac{\text{Newtonmeter}}{\text{Sekunde}} = 1 \frac{\text{Nm}}{\text{s}}.$$

Deine Leistung beträgt $1 \frac{\text{Nm}}{\text{s}}$, wenn du z. B. eine Tafel Schokolade hochhebst (Bild 5) und
○ dafür die Kraft 1 N einsetzt,
○ die Tafel um den Weg 1 m anhebst,
○ dafür die Zeit 1 s benötigst.

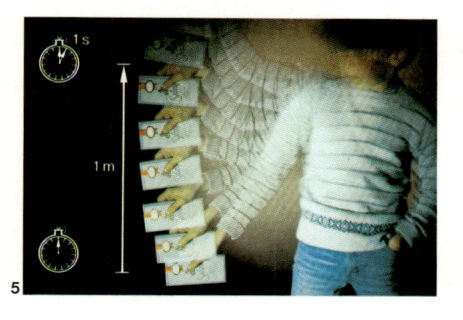

Auf elektrischen Geräten oder Motoren wird die Leistung oft in **Watt** (W) oder **Kilowatt** (kW) angegeben:
$1 \text{ W} = 1 \frac{\text{Nm}}{\text{s}}$;
$1 \text{ kW} = 1000 \text{ W} = 1000 \frac{\text{Nm}}{\text{s}}$.

Für die physikalische Größe *Leistung* verwendet man das Formelzeichen *P* (abgeleitet von engl. *power*: Fähigkeit, Vermögen, Leistung).

V 1 Ermittle deine Leistung beim Treppensteigen. Welche Meßgeräte brauchst du? Notiere deine Ergebnisse in einer Tabelle (→ Muster).

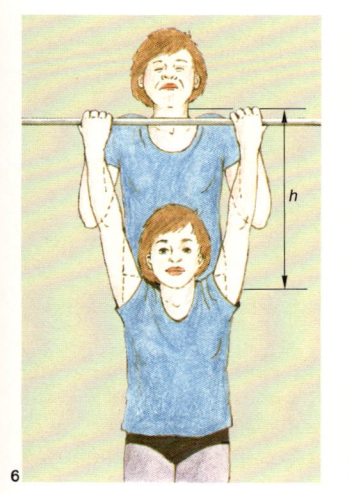

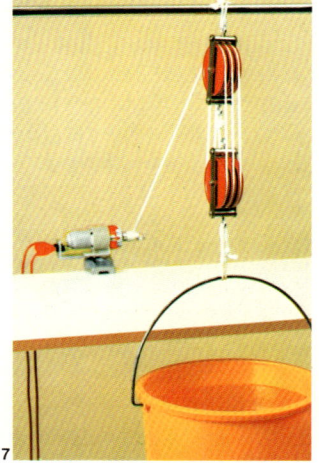

Name	Zeit t in s	Masse m in kg	Gewichtskraft F_G in N	Treppenhöhe h in m	Arbeit W in Nm	Leistung P in W
?	?	?	?	?	?	?

V 2 So kannst du deine Dauerleistung bestimmen: Steige zwei Minuten lang immer wieder auf einen Stuhl, und stelle dich oben jedesmal ausgestreckt hin.
Bewege dich dabei so, als ob du diese Arbeit stundenlang tun solltest.

a) Wie viele Aufstiege *n* schaffst du in der Zeit $t = 120$ s?
Zähle vor und nach dem Versuch deine Pulsschläge pro Minute. Wie reagiert dein Herz auf die Hubarbeit?

b) Bestimme die Stuhlhöhe *h* (in m) und deine Gewichtskraft F_G (in N).
Berechne anschließend deine Leistung *P* (in W):

$$\text{Leistung} = \frac{\text{Kraft} \cdot \text{Weg}}{\text{Zeit}} = \frac{\text{Gewichtskraft} \cdot \text{Höhe} \cdot \text{Aufstiege}}{\text{Zeit}},$$

$$P = \frac{F_G \cdot h \cdot n}{t}.$$

V 3 Wie lange benötigst du für fünf Klimmzüge an einer Reckstange (Bild 6)? Berechne deine Leistung *P* in Watt. Was mußt du dazu alles messen?

V 4 Hier zieht ein Motor Lasten von 1 kg (2 kg, 4 kg, 10 kg) über einen Flaschenzug nach oben (Bild 7). Ermittle jeweils die Leistung des Motors.

Aufgaben

1 Leistungen mißt man in Nm/s. Welche anderen Einheiten stecken darin? Warum gerade *diese*?

2 Gerd (49 kg) verrichtet beim Klettern am Tau folgende *Arbeit* (Bild 1):
$W = F \cdot s = 490 \text{ N} \cdot 5 \text{ m} = 2450 \text{ Nm}.$
Seine *Leistung* beträgt:
$P = \frac{W}{t} = \frac{2450 \text{ Nm}}{7 \text{ s}} = 350 \frac{\text{Nm}}{\text{s}}.$
Was hat Jörg, der 56 kg wiegt und gleich groß ist, geleistet?

3 Berechne die Leistungen der drei Schüler im Supermarkt (Bilder 2–4).

4 Ergänze die folgenden Sätze:
„Je mehr *Zeit* für eine bestimmte Arbeit benötigt wird, desto … ist die Leistung." „Je mehr *Arbeit* …"

5 Christine (45 kg) besteigt einen 600 m hohen Berg in einer Stunde (1 h). Berechne ihre Leistung.

6 Große Leistungen mißt man in Megawatt: 1 MW = 1 000 000 W.
Ein Kernkraftwerk hat eine Leistung von 1200 MW. Wie viele Automotoren (40 kW) haben zusammen die gleiche Leistung?

7 Matthias (48 kg) rennt eine Treppe ins 3. Stockwerk hinauf (8 m). Seine Leistung beträgt dabei 320 W. Wieviel Zeit benötigt er für sein schnelles Treppensteigen?

8 Ein 800 kg schweres Auto hat einen Motor, der 40 kW leistet.

a) In welcher Zeit müßte das Auto auf einen 1000 m hohen Berg fahren können? (Schätze zuerst, bevor du die Zeit berechnest!)

b) Beurteile das von dir berechnete Ergebnis.

Aus Umwelt und Technik: Was kann ein Mensch leisten?

Rekordsprung bei den Olympischen Spielen 1992: *Heike Henkel* schleudert ihren Körper über die 202 cm hohe Latte. Sie muß ihren Schwerpunkt um rund 1 m anheben (Bild 1). Die erforderliche Hubarbeit von etwa 500 Nm verrichten ihre Muskeln in weniger als 0,2 s. Die Leistung der Hochspringerin beträgt während des Absprungs somit mehr als 2,5 kW. Als Belohnung gibt es die Goldmedaille.

Auch diese Mutter verrichtet Hubarbeit (Bild 2). Viele Male am Tag hebt sie ihr Kind, sie trägt es zur Wohnung im zweiten Stock hoch, sie schleppt die eingekauften Lebensmittel und die Wannen mit der Wäsche ... Was sie dabei wohl leistet?

Wenn ein Mensch viele Stunden am Tag körperlich arbeiten muß, beträgt seine **Dauerleistung etwa 75 Watt**. Das ist nicht viel; die Leistung einer Haushaltsglühlampe liegt in der gleichen Größenordnung.

Eine höhere Leistung ist nur für kurze Zeit möglich, etwa beim Sport (→ Tabelle). Dann steigt sofort die Anzahl der Herzschläge, und die Atmung wird schneller. Um mehr leisten zu können, benötigt der Körper zusätzliche Energie. Läufst du z. B. 400 m in 100 s, so leisten deine Muskeln etwa 220 Watt. Für diese Leistung ist in jeder Sekunde 1 kJ Energie zusätzlich nötig, denn nur rund ein Viertel der aufgenommenen Energie kann von den Muskeln zum Arbeiten genutzt werden. Weil dein Körper die Energie aus der „Verbrennung" der Nahrung bezieht, mußt du in jeder Sekunde 1 l Luft zusätzlich einatmen.

Die Leistung des Körpers mißt der Arzt mit einem *Fahrrad-Ergometer* (Bild 3).

Je stärker es abgebremst wird, um so mehr muß der Patient leisten, er fährt sozusagen mit dem Rad bergauf. Welche Höchstleistung erreicht werden kann, hängt von verschiedenen Umständen ab. Alter und Geschlecht spielen eine Rolle, ebenso das Körpergewicht, das Training durch Beruf und Sport sowie der Gesundheitszustand. Daher wird die Leistungsmessung auch zur Diagnose von Krankheiten eingesetzt.

Auch ein Mensch, der nur liegt oder schläft, wandelt ständig chemische Energie um, um Blutkreislauf und Atmung in Gang und die Körpertemperatur konstant zu halten. Bei 50 kg Körpergewicht sind pro Tag ca. 5000 kJ nötig. Teilt man die umgewandelte Energie durch die Zeit, ergibt sich ein Wert von rund 60 W.

Tätigkeit	Muskelleistung in Watt
Spazierengehen	30 bis 40
Gartenarbeit, Hausarbeit, Radfahren, Treppensteigen	75 bis 120
Dauerlauf, Radfahren (bergauf)	150
Fußball spielen, Sprinten	220
Skilanglauf, Schwimmen (Kraulen)	250

niedrige Leistung 20 – 50 W
durchschnittliche Leistung 50 – 100 W
hohe Leistung 100 – 200 W
Höchstleistung >200 W

Fragen und Aufgaben zum Text

1 Beschreibe den Zusammenhang zwischen körperlicher Leistung, Herzschlag und Atmung.

2 Von 1 kJ Energie, die der Körper durch das Verbrennen der Nahrungsmittel gewinnt, können die Muskeln rund ein Viertel zum Arbeiten nutzen. Wo bleibt die restliche Energie?

3 Wie könntest du die Leistung der Mutter (Bild 2) ermitteln?

4 Man kann die Leistung auch so berechnen:
Leistung = Kraft · Geschwindigkeit, $P = F \cdot v$.
Leite diese Formel aus der Beziehung $P = W/t$ her.

5 In der Ebene übt ein Radfahrer im „Berggang" eine kleine Tretkraft aus, muß aber mit hoher Geschwindigkeit treten (→ rechte Seite). Was ändert sich, wenn er auf den „Schnellgang" umschaltet? Was kannst du über seine Leistung aussagen?

6 Erkläre, was in den folgenden Beispielen jeweils mit der *Leistung* gemeint ist. Gibt es Gemeinsamkeiten mit dem physikalischen Leistungsbegriff?
a) Im Zeugnis wird deine Leistung in Mathematik bewertet.
b) Katrin betreibt Leistungssport.
c) Der Maurer wird nach Leistung bezahlt.
d) Die neuen Computer werden immer leistungsfähiger.
e) Die Kuh hat eine hohe Milchleistung.

Aus Umwelt und Technik: Der Fahrradantrieb

Du hast den falschen Gang drin...

Sporträder, Rennräder und Mountainbikes haben Kettenschaltungen mit 12 oder 21 Gängen. Zwei oder drei große Kettenräder sitzen vorn an den Tretkurbeln und sechs oder sieben Zahnräder hinten auf der Antriebsachse.

Der Sinn der vielen Zahnräder hängt mit der Leistungsfähigkeit unseres Körpers zusammen. Die Dauerleistung der Muskeln ist nicht beliebig groß. Außerdem ist die Tretkraft begrenzt, und wir können die Pedalkurbeln auch nicht beliebig schnell drehen. Drehzahlen von 50 bis 80 Umdrehungen pro Minute empfinden wir als bequem. Rennfahrer schaffen 120 Umdrehungen pro Minute.

Die Leistung P ergibt sich aus der Antriebskraft, die auf das Fahrrad wirkt, und der Fahrgeschwindigkeit:

Leistung = Kraft · Geschwindigkeit, $P = F \cdot v$.

Man kann für F auch die Tretkraft und für v die Geschwindigkeit einsetzen, mit der die Pedale gedreht werden.

Die verschiedenen *Übersetzungen* durch die Zahnräder passen das Fahrrad in unterschiedlichem Gelände an unsere Fähigkeiten an.

Nehmen wir als Beispiel ein Fahrrad mit 27er Rädern. Sie haben einen Durchmesser von 27 Zoll = 69 cm und einen Radumfang von 2,15 m.

Der Fahrer von Bild 5 fährt auf ebener Strecke im „Normalgang" mit der Übersetzung 1 : 3. Er tritt die Pedale mit geringer Tretgeschwindigkeit und setzt dabei eine Tretkraft von 110 N ein. Seine Geschwindigkeit beträgt etwa 20 km/h und seine Leistung 100 W. So kommt er bequem und schnell voran.

Wenn die Straße bergauf geht, wird das Treten schwerer. Die Tretkraft muß größer werden. Gleichzeitig wird die Tretgeschwindigkeit abnehmen, da die Leistung kaum steigt. Wer jetzt eine Gangschaltung hat, ist „fein raus".

Der Fahrer von Bild 6 hat auf ebener Strecke den „Berggang" mit der Übersetzung 1 : 2 eingelegt. Die erforderliche Tretkraft ist klein, er muß allerdings schneller treten. Auch er leistet 100 W.

Am Berg kann er die Tretkraft ohne weiteres erhöhen, wird dann aber langsamer treten. Das Fahren ist für ihn damit recht bequem. Wenn er die Leistung nicht erhöht, muß er am Berg natürlich eine kleinere Fahrgeschwindigkeit in Kauf nehmen.

Die Gangschaltung erlaubt es also, je nach Steigung der Straße zwischen höherer Tretgeschwindigkeit und größerer Tretkraft zu wählen.

Rennradfahrer bevorzugen immer gleich hohe Tretgeschwindigkeiten. Sie fahren mit wenigstens 90 Umdrehungen pro Minute. Mit der Gangschaltung passen sie ihre Tretkraft der Straßensteigung an.

Fragen und Aufgaben zum Text

1 Der Schnellgang hat eine *Übersetzung* von 1 : 4. Was bedeutet das?

2 Welchen Sinn haben die verschiedenen Übersetzungen bei einer Gangschaltung?

3 Warum haben Mountainbikes vorn kleinere Kettenräder und hinten größere Zahnräder als andere Fahrräder?

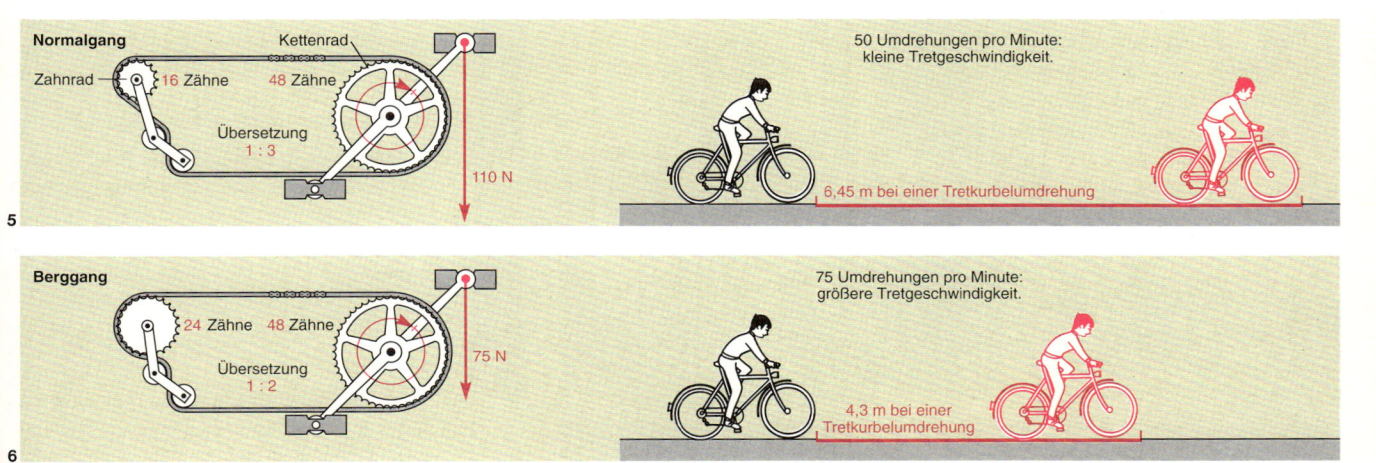

Normalgang — Zahnrad 16 Zähne, Kettenrad 48 Zähne, Übersetzung 1 : 3, 110 N
50 Umdrehungen pro Minute: kleine Tretgeschwindigkeit.
6,45 m bei einer Tretkurbelumdrehung

Berggang — 24 Zähne, 48 Zähne, Übersetzung 1 : 2, 75 N
75 Umdrehungen pro Minute: größere Tretgeschwindigkeit.
4,3 m bei einer Tretkurbelumdrehung

Die Leistung

Aus der Geschichte: Von Pferdestärken und Feuermaschinen

Seit etwa 5000 Jahren ist das Pferd ein Haustier. Mit seiner Kraft und Leistungsbereitschaft half es dem Menschen, Felder zu bestellen, Mühlsteine zu bewegen, Wagen zu ziehen oder große Entfernungen zurückzulegen.

Leistungen von Pferden dienten dazu, die Größe von Ländereien anzugeben: So war z.B. in Westfalen ein *Morgen Land* diejenige Fläche, die ein Pferdegespann im Laufe eines Morgens pflügen konnte (das sind ungefähr 2500 m² ≙ ca. 1/4 Fußballplatz).

Bis zum 18. Jahrhundert blieb das Pferd (neben dem fließenden Wasser) die wichtigste „Antriebsmaschine" – auch im Bergbau: So zogen Grubenpferde Wagen mit Kohle durch die Stollen. In Göpeln liefen die Pferde oft stundenlang im Kreis herum; auf diese Weise trieben sie Vorrichtungen an, mit denen das Grubenwasser hochgehoben wurde. Wenn die Leistung der Pferde dafür nicht mehr ausreichte, mußte die Grube aufgegeben werden, und die Bergleute wurden arbeitslos.

Im Jahre 1689 erfand der Engländer *Thomas Savery* eine Pumpe mit Dampfantrieb, die er „Freund des Bergmannes" nannte. Sie konnte das Wasser aber höchstens 10 m hochpumpen.

1712 stellte *Thomas Newcomen* – ebenfalls in England – eine Wasserpumpe vor, von der später mehr als 100 Stück gebaut wurden. Eine „Feuermaschine" (Bild 1) trieb sie an. In jeder Minute pumpte sie 600 Liter Wasser aus den Gruben nach oben. Diese „Feuermaschine" arbeitete aber unwirtschaftlich; für die Feuerung ihres Dampfkessels benötigte man nämlich soviel Kohlen, wie ein kleines Bergwerk gerade fördern konnte.

Im Jahre 1769 erhielt *James Watt* ein Patent auf „eine neue Methode zur Senkung des Dampf- und Brennstoffverbrauches bei Feuermaschinen". Tatsächlich konnte er mit seinen Dampfmaschinen etwa zwei Drittel des Brennstoffes gegenüber Newcomens Pumpen einsparen.

Bald gab es nicht nur in England, sondern in ganz Europa Watts Dampfmaschinen. Heute gelten sie als Auslöser der *industriellen Revolution*.

Was **leistete** Watts Dampfmaschine?

Watt rechnete den Bergwerksbesitzern vor, wieviel Pferde sie an den Göpeln durch seine Maschine einsparen könnten. Wenn diese z.B. so viel leistete wie 12 Pferde, dann sagte er: „Die Maschine hat *12 Pferdestärken*." (Abgekürzt: 12 PS.) Genauer hätte es eigentlich „Pferdeleistungen" heißen müssen.

Später stellte Watt Versuche an, um die Leistung eines Pferdes zu messen. Er fand heraus, daß ein Pferd in einer Sekunde eine 75 kg schwere Last um einen Meter hochheben kann (Bild 2). Watt hatte aber offensichtlich ein besonders kräftiges Pferd genommen oder nur kurze Zeit gemessen. Andere Messungen ergaben nämlich, daß die Dauerleistung eines Pferdes viel geringer ist.

Heute mißt man physikalische Leistungen nicht mehr in PS. Zur Ehre von James Watt hat man der **Einheit** der Leistung *seinen* Namen gegeben: **Watt (W)** bzw. **Kilowatt (kW)** – neben der Einheit *Newtonmeter durch Sekunde*.

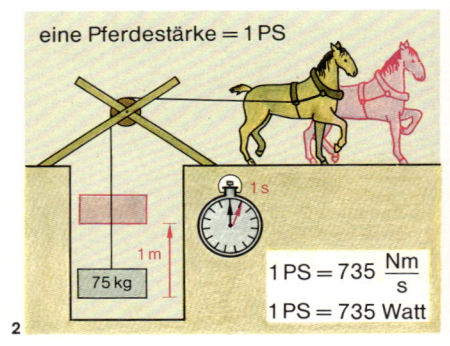

eine Pferdestärke = 1 PS

$1 \text{ PS} = 735 \frac{\text{Nm}}{\text{s}}$

$1 \text{ PS} = 735 \text{ Watt}$

Fragen und Aufgaben zum Text

1 Wie wurde vor der Erfindung der Dampfmaschine das Grubenwasser aus den Bergwerken nach oben gepumpt?

2 Viele Maschinen wurden früher mit Pferdekraft oder vom fließenden Wasser bewegt. Vergleiche diese beiden Antriebsarten miteinander.

3 Was ist ein PS?

4 „Der neue *Audi* dort leistet 90 Kilowatt!" – „Was, nicht mehr? Unser *Opel* hat 120 PS!" ...

Die Leistung

Alles klar?

1 Auf einer Baustelle zieht ein Kran Steine hoch. Wie könntest du seine Leistung berechnen?

2 Vergleiche die in Versuch 1 ermittelte Leistung mit den Angaben in der Tabelle unten. Suche auch nach einer Erklärung für den Unterschied.

3 Im Elektrogeschäft: „Haben Sie Glühlampen mit etwa 1/10 PS?" – „Aber natürlich", meint der Verkäufer. Welche Glühlampe wird der Kunde bekommen?

4 Beim Vergleich von Autoprospekten findet man z. B. Angaben dieser Art:
Die Leistung von Fahrzeug A beträgt 48 kW und seine Höchstgeschwindigkeit 170 km/h. Wagen B hat eine Leistung von 54 kW und erreicht 160 km/h.
Was fällt dir auf? Gib eine Erklärung für die „widersprüchlichen" Angaben.

5 „Mit leistungsstarken Autos fährt man öfter in gefährliche Situationen hinein als aus ihnen heraus."
Was ist mit dieser Aussage gemeint?

6 Alle Autos haben wenigstens vier Gänge. Erkläre, warum mehrere Gänge nötig sind.

7 Der Motor des Traktors von Bild 3 hat die gleiche Höchstleistung wie der des Personenwagens. Der Unterschied liegt im Getriebe! Erkläre anhand der Formel Leistung = Kraft · Geschwindigkeit.

8 Auch heute noch haben „Holland"-Fahrräder oft keine Gangschaltung. Was mag der Grund sein?

Einige Leistungen	
Fahrraddynamo	3 W
Mensch	
Dauerleistung	75 W
Höchstleistung	1400 W
Mofa	1100 W
Mittelklasseauto	60 kW
Lastwagen	320 kW
Elektrolokomotive	5 600 kW
Kraftwerk	1 000 MW
Mondrakete	bis 70 000 MW

3

Auf einen Blick

Was versteht man unter Leistung?

Ein Kran leistet mehr als ein Arbeiter, denn er kann die gleiche Arbeit *in kürzerer Zeit* verrichten. Das „Arbeitstempo" des Krans ist größer.

Würde der Kran ebenso lange arbeiten wie der Mensch, würde er in dieser Zeit *mehr* Arbeit verrichten.

In der Physik wird das „Arbeitstempo" durch die Leistung angegeben: Die **Leistung** ist definiert als Quotient aus Arbeit W und Zeit t. Das Formelzeichen der Leistung ist P (von engl. *power*).

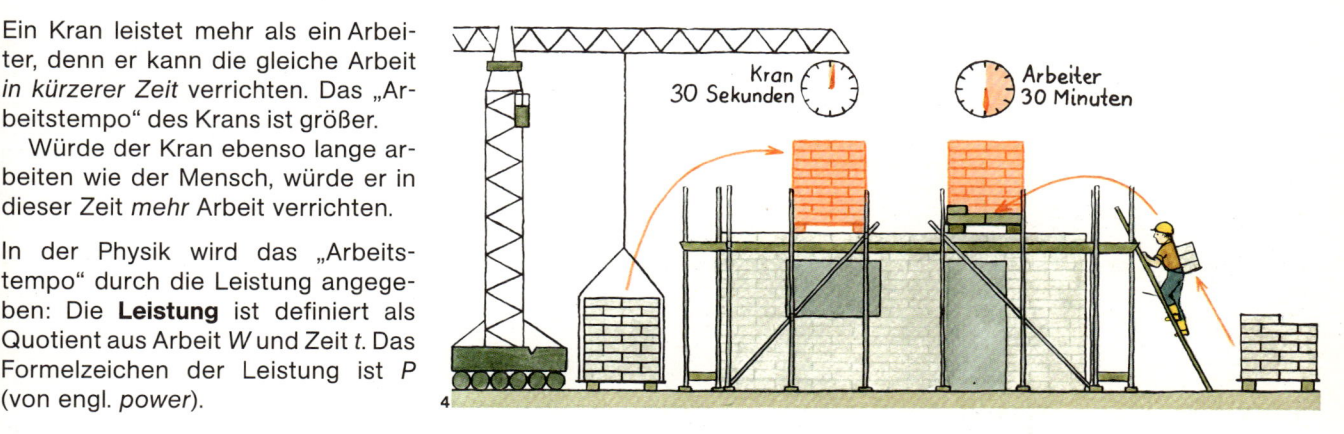

4

Die Leistung gibt an, wieviel Arbeit in einer Sekunde verrichtet wird.

$$\text{Leistung} = \frac{\text{Arbeit}}{\text{Zeit}} \quad \text{oder} \quad \text{Leistung} = \frac{\text{Kraft} \cdot \text{Weg}}{\text{Zeit}} \quad \text{oder} \quad \text{Leistung} = \text{Kraft} \cdot \text{Geschwindigkeit},$$

$$P = \frac{W}{t}, \qquad P = \frac{F \cdot s}{t}, \qquad P = F \cdot v.$$

Die Einheit der Leistung heißt **Watt (W)**: $1 \text{ Watt} = 1 \frac{\text{Newtonmeter}}{\text{Sekunde}}$, $1 \text{ W} = 1 \frac{\text{Nm}}{\text{s}}$.

Energie und Energieumwandlungen

1 Keine Arbeit ohne Energie

Wenn ein Auto wie in Bild 1 aufwärts fährt, muß sein Motor schwer arbeiten; er benötigt dann mehr Benzin. Aber auch auf waagerechter Strecke kommt sein Motor nicht ohne Treibstoff aus, denn er muß Reibungsarbeit verrichten.

Die Bilder 2–4 zeigen weitere Situationen, in denen gearbeitet wird.

Arbeit geschieht nicht „von alleine". Damit gearbeitet werden kann, muß etwas zugeführt werden.

In der Physik formuliert man diesen Sachverhalt so: Es ist **Energie** notwendig, damit Arbeit verrichtet werden kann.

○ Beschreibe, woher in den Bildern 1–4 die Energie stammt, mit deren Hilfe Arbeit verrichtet wird.
○ Man unterscheidet verschiedene Energieformen: *Bewegungsenergie, Lageenergie, Spannenergie, elektrische Energie, chemische Energie, Strahlungsenergie* . . .

Welche Energieformen werden in den Bildern 1–4 genutzt?
○ Nenne weitere Beispiele für die verschiedenen Energieformen.

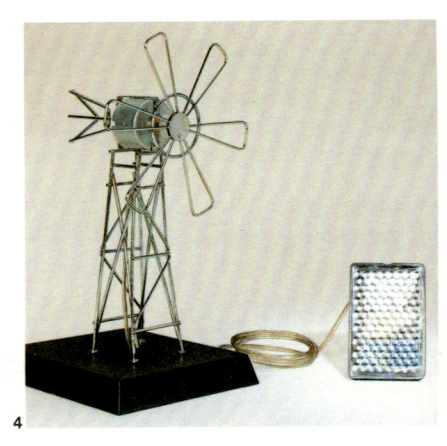

V 1 Eine Luftkissenfahrbahn (Bild 5) ist mit vielen kleinen Öffnungen versehen, aus denen Luft ausströmt. Zwischen Wagen und Fahrbahn bildet sich ein Luftpolster, auf dem sich der Wagen fast ohne Reibung bewegen kann.

a) Die Fahrbahn ist auf beiden Seiten durch federnde Anschläge begrenzt. Der Wagen wird angestoßen. Beschreibe den anschließenden Bewegungsablauf möglichst genau.

b) Wann wird Arbeit verrichtet? Um welche Formen der Arbeit handelt es sich dabei?

c) Welche Energie ermöglicht die jeweilige Arbeit? Was geschieht mit dieser Energie beim Arbeiten?

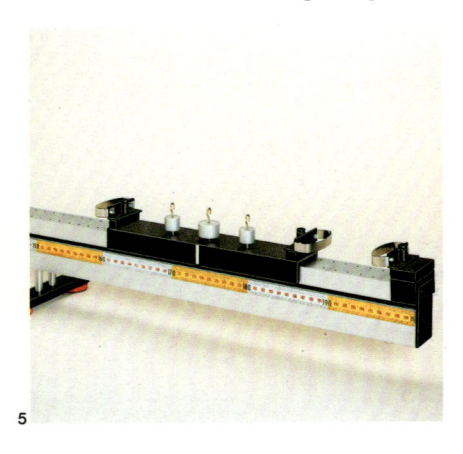

V 2 Ein Körper, den du anstößt, kommt irgendwann zur Ruhe. Was geschieht mit seiner Bewegungsenergie? Eine Versuchsreihe soll dir helfen, diese Fragen zu beantworten:

a) Bearbeite einen Nagel kräftig mit Sandpapier, und befühle anschließend den Nagel.

Was hat diese Beobachtung mit unserer Fragestellung zu tun?

b) Bild 6 zeigt einen Versuchsaufbau. Die Flasche wird in einen Eimer mit heißem Wasser getaucht. Beobachte, was dann geschieht.

Welche Arbeit wird in diesem Versuch verrichtet? Woher kommt die Energie?

c) Der Wagen in Versuch 1 bleibt nach einiger Zeit stehen.

Was geschieht mit seiner Bewegungsenergie?

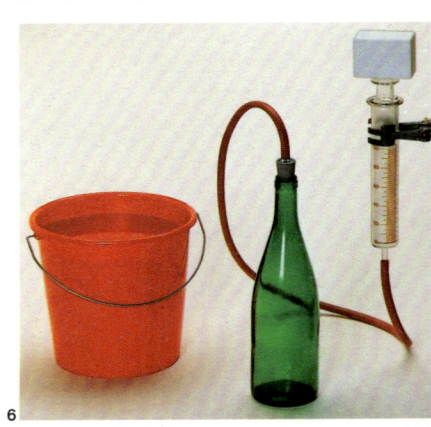

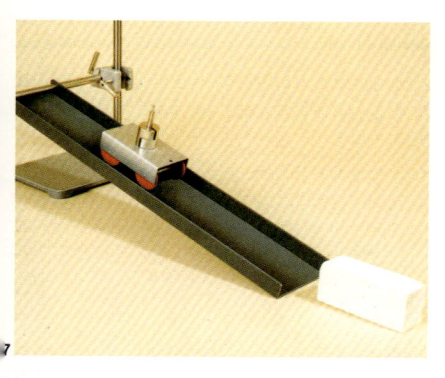

V 3 Eine gespannte Feder besitzt *Spannenergie*. Sie wird z. B. zum Antrieb von Spielzeugautos genutzt.

Ziehe die Feder eines solchen Autos unterschiedlich stark auf, und laß es fahren. Was stellst du fest?

V 4 Nach dem Herunterrollen besitzt der Wagen von Bild 7 *Bewegungsenergie*. Er kann den Klotz verschieben oder eine Plastilinkugel verformen. Welche Möglichkeiten gibt es, die Bewegungsenergie des Fahrzeugs zu vergrößern?

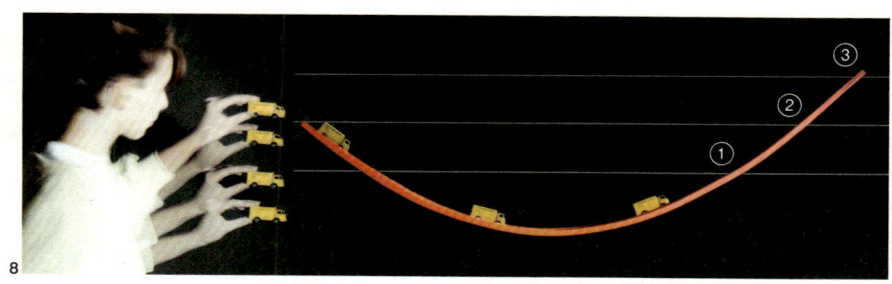

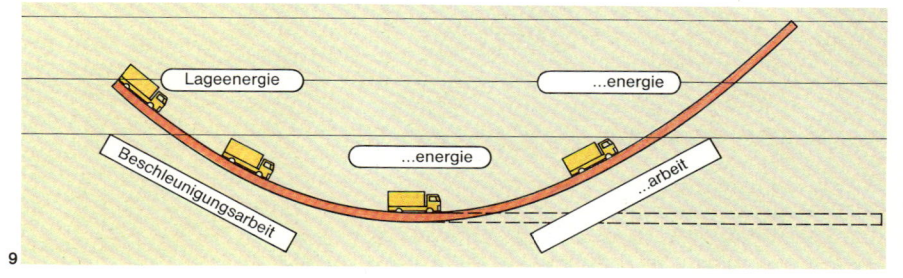

V 5 Führe auf einer gekrümmten Bahn (Bild 8) Fahrversuche mit unterschiedlicher *Lageenergie* durch.

a) Bis wohin rollt der Wagen in Bild 8 höchstens? Warum kommt er nach einiger Zeit zur Ruhe?

b) Beschreibe die Energieumwandlungen. Bild 9 kann dir dabei helfen.

c) Nimm an, der Auslauf der Fahrbahn wäre waagerecht (in Bild 9 gestrichelt). Welche Energieumwandlungen würden ablaufen?

Aus der Geschichte: Erste Energiequellen

Maschinen, wie wir sie heute kennen, gab es im Altertum nicht. Man war auf Muskelarbeit angewiesen, wenn Getreide gemahlen, Felder bewässert oder Lasten transportiert wurden.

„Energiequellen" waren oft Menschen, in der Antike vor allem Sklaven – oder man spannte Tiere ein. In einem **Göpel** gingen z. B. Pferde im Kreis herum und drehten hölzerne Zahnräder. Bild 10 zeigt einen Göpel aus dem Jahr 1588, mit dem ein Mühlstein angetrieben wurde.

Um 200 v. Chr. kam man auf die Idee, das Wasser als Energiequelle zu nutzen. In größerem Umfang wurden Wasserräder aber erst im Mittelalter eingesetzt. Sie dienten z. B. als Antrieb für Sägewerke und Mühlen.

Bild 11 zeigt ein hölzernes **Wasserrad** aus dem 16. Jahrhundert. Mit seiner Hilfe wurde Wasser aus einem Bergwerk nach oben befördert.

Das Rad war größer als ein dreistöckiges Haus. Den Grund dafür macht Bild 12 deutlich.

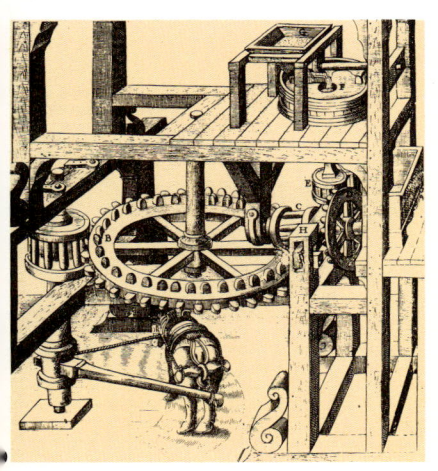

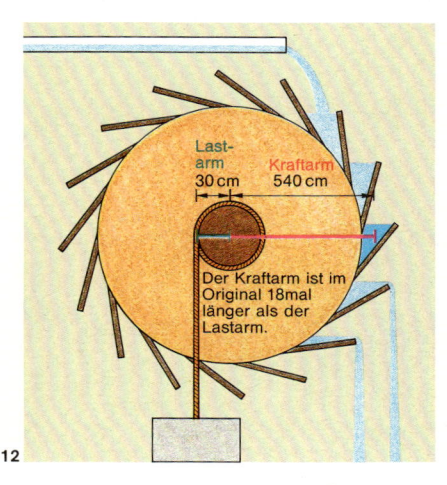

Energie und Energieumwandlungen

Info: Was versteht man unter Energie?

Wenn du Sport treibst oder schwer arbeitest, hast du mehr Hunger als sonst. Dein Körper braucht dann besonders viel Energie. **Zum Arbeiten ist Energie erforderlich.**

Das gilt nicht nur für Menschen oder für andere Lebewesen. Auch Maschinen benötigen Energie, um Arbeit verrichten zu können.

Die Energie, die du beim Essen aufnimmst, ist in den Nahrungsmitteln enthalten und geht durch biologisch-chemische Vorgänge auf dich über. Die Energie, die einen Automotor antreibt, ist im Benzin enthalten und wird durch die Verbrennung mit Luft freigesetzt. Vorgänge wie das Pflanzenwachstum oder das Wettergeschehen werden durch die Energie in Gang gehalten, die mit dem Sonnenlicht auf die Erde gelangt.

Diese Beispiele zeigen, daß Energie nicht alleine auftritt, sondern an einen **Energieträger** gebunden ist.

Energie ist nötig, um z. B. einen Gegenstand hochzuheben. Beim Heben wirkt eine Kraft (gegen die Anziehungskraft der Erde) entlang des Hubweges. Es wird *Hubarbeit* verrichtet. Der Gegenstand erhält dadurch Energie. Die Energie „steckt" in dem vergrößerten Abstand zur Erdoberfläche.

Energie, die ein Körper aufgrund seiner Lage hat, bezeichnet man als **potentielle Energie** E_{pot}.

Die Energie ist gespeichert, solange der Körper seine Lage beibehält. Die Energie wird frei, wenn der Körper wieder in einen geringeren Abstand zur Erde gebracht wird, z. B. beim Herunterfallen.

Man braucht auch Energie, um z. B. einen Bogen zu spannen, also um *Spannarbeit* zu verrichten.

Durch die Arbeit wird Energie auf den Bogen übertragen: Ist der Bogen gespannt, besitzt er *Spannenergie*. Sie ist ebenfalls als *potentielle Energie* anzusehen. Durch die Spannarbeit hat sich nämlich die Anordnung von Bogen und Sehne, also ihre Lage zueinander, verändert. Die Energie ist so lange gespeichert, wie die Sehne gespannt bleibt.

Die Spannenergie kann wieder genutzt werden, um den Pfeil zu beschleunigen. Durch die *Beschleunigungsarbeit* wird Energie vom Bogen auf den Pfeil übertragen.

Der Pfeil erhält dadurch *Bewegungsenergie* oder **kinetische Energie** E_{kin} (griech. *kinein:* bewegen).

Solange sich der Pfeil bewegt, hat er kinetische Energie gespeichert. Trifft er auf das Ziel, so verrichtet er dort z. B. *Verformungsarbeit*.

Auch ein rotierendes Rad besitzt aufgrund seiner Bewegung kinetische Energie. Wenn man es abbremst, werden z. B. die Bremsscheibe und die Bremsklötze durch *Reibungsarbeit* erwärmt. Die Energie geht dabei in die erwärmten Körper über. Sie ist im „Innern" der Körper gespeichert. Man bezeichnet sie als **innere Energie**.

Energie kann gespeichert werden, z. B. als potentielle, kinetische oder innere Energie. Durch Arbeit (Hubarbeit, Verformungsarbeit, Reibungsarbeit, Beschleunigungsarbeit, …) wird Energie von einem Körper auf einen anderen übertragen.

Neben der Arbeit gibt es weitere Möglichkeiten der Energieübertragung. Wir werden sie später kennenlernen.

Wenn Energie von einem Körper auf einen anderen übertragen wird, ändert sich häufig die Energieform (Bilder 1 u. 2). Man spricht von **Energieumwandlungen**.

Energie und Arbeit werden in derselben Einheit gemessen, nämlich in **Newtonmeter** (Nm) oder **Joule** (J).
1 Nm = 1 J.

Veranschaulichung von Energien

Energie	Vorgang, für den die Energie nötig ist oder bei dem sie frei wird
1 J	100 g Schokolade um 1 m anheben oder 1 l Wasser um 10 cm anheben
1 kJ	10 l Wasser um 10 m anheben oder 1 l Wasser um etwa 0,2 °C erwärmen
1 MJ	1000 l Wasser um 100 m anheben oder 10 l Wasser um 24 °C erwärmen
23 MJ	10 l siedendes Wasser verdampfen
29 MJ	1 kg Steinkohle wird verbrannt
44 MJ	1 kg Benzin (1,4 l) wird verbrannt

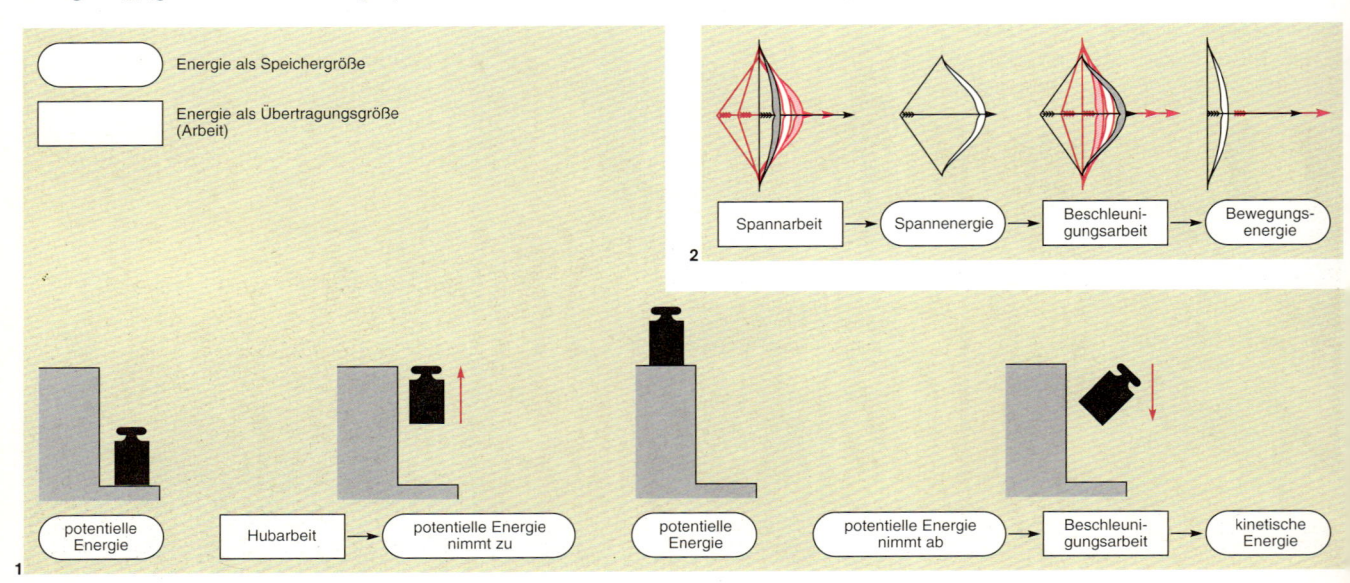

1 potentielle Energie → Hubarbeit → potentielle Energie nimmt zu | potentielle Energie → potentielle Energie nimmt ab → Beschleunigungsarbeit → kinetische Energie

Energie als Speichergröße
Energie als Übertragungsgröße (Arbeit)

2 Spannarbeit → Spannenergie → Beschleunigungsarbeit → Bewegungsenergie

Aufgaben

1 Beschreibe die Energieumwandlungen beim Stabhochsprung (Bilder 3–7). Benenne die Arbeiten.

2 Herr Valentin will sein Dach neu decken. Die alten Dachpfannen müssen nach unten und die neuen nach oben transportiert werden. Er möchte ausnutzen, daß die alten Dachpfannen potentielle Energie haben … Beschreibe seinen Plan.

3 Ein rollendes Fahrrad besitzt kinetische Energie. Was geschieht mit ihr, wenn der Fahrer bremst?

4 „Beim Abbremsen eines Autos geht Energie verloren." Nimm Stellung zu dieser Behauptung.

5 Berechne die potentielle Energie, die ein 1-kg-Wägestück erhält, wenn man es um 20 cm anhebt. Welcher Zusammenhang besteht zwischen Energie, Masse und Hubhöhe?

6 Beschreibe die Energieumwandlungen beim Schlagen eines Tennisballs (Bild 8).

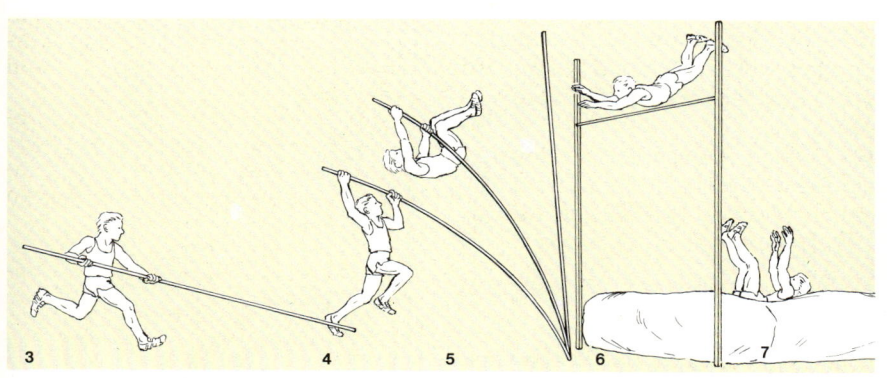

Aus Umwelt und Technik: Das größte Wasserkraftwerk der Welt

Das riesige Wasserkraftwerk *Itaipú* (Bild 9) steht an der Grenze zwischen Brasilien und Paraguay.

Der Staudamm ist 7,7 km lang und überragt mit seiner Höhe von 196 m sogar den Kölner Dom. Der *Stausee* ist dreimal so groß wie der Bodensee.

In 18 Rohren stürzt das Wasser dieses Sees auf die Turbinen herab – aus 120 m Höhe! Dabei fließen pro Sekunde bis zu 600 m³ Wasser durch jedes einzelne Rohr.

Jede Einheit aus Turbine und angekoppeltem Generator (Dynamomaschine) liefert in jeder Sekunde genausoviel elektrische Energie wie ein ganzes Kohlekraftwerk – und in Itaipú gibt es davon 18!

Ein Bauwerk dieser Größe stellt einen schweren Eingriff in die Umwelt dar: 67 000 Menschen mußten dem Stausee weichen; sie erhielten kein neues Land, sondern Geld als Entschädigung. Riesige Wälder wurden gerodet. Tiere wurden in Reservate gebracht. Die seichten Küstenregionen des Sees bieten den Überträgern der Malaria ideale Lebensbedingungen. Starkes Pflanzenwachstum im Stausee muß mit Chemikalien bekämpft werden …

Energie und Energieumwandlungen

2 Energie geht nicht verloren

Für diesen Versuch brauchst du starke Nerven!

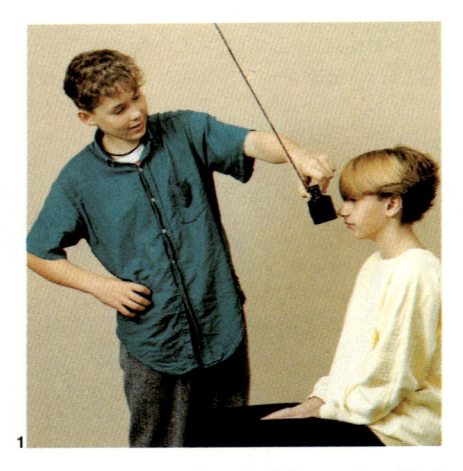

Der schwere Pendelkörper berührt deine Nase und wird losgelassen. Du sollst den Kopf ganz ruhig halten, auch wenn das Wägestück sich wieder deiner Nase nähert.

V 6 Wir betrachten ein Pendel.

a) Der Pendelkörper wird bis an die markierte Stelle ausgelenkt und losgelassen. Beobachte die Bewegung.

b) Welche Höhe erreicht das Pendel nach ein, zwei, drei Schwingungen?

c) Beschreibe die Energieumwandlungen während des Schwingens.

d) Beim anfänglichen Auslenken des Pendels wurde Hubarbeit zugeführt. Was geschieht mit dieser Energie?

V 7 Einige Zirkusartisten benutzen ein Schleuderbrett. Hier ist es nachgebaut worden (Bild 2). Die Wägestücke haben gleiche Massen.

a) Wie hoch fliegt das Wägestück B höchstens?

b) Wie könntest du das Wägestück B *höher* fliegen lassen?

V 8 Du hebst einen „Superball" hoch und läßt ihn anschließend los.

a) Beobachte sein Verhalten, bis er zur Ruhe kommt.

b) Beschreibe die Energieumwandlungen. (Tip: Der Ball wird beim Aufprall am Boden stark verformt.)

c) Wohin ist die Energie „verschwunden", die beim Hochheben des Balls zugeführt wurde?

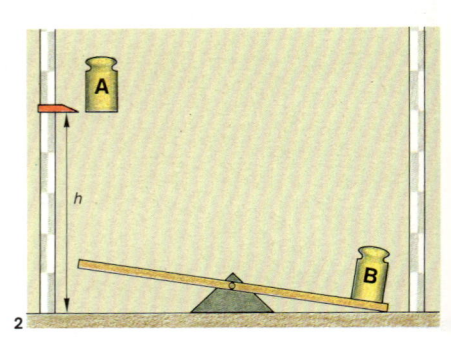

Info: Energieerhaltung

Ein „Superball" erreicht schon nach einmaliger Ab- und Aufbewegung nicht mehr die Ausgangshöhe. Bei mehrmaliger Wiederholung der Auf- und Abbewegung nimmt die erreichte Höhe und damit die potentielle Energie ständig ab (Bild 3). Ähnliches beobachtet man bei einem Pendel (Bild 4).

Welches sind die Ursachen für die Abnahme der potentiellen Energie? Der Ball reibt sich beim Fallen und beim Aufsteigen an der Luft. Zusätzlich erwärmt er sich, wenn er sich beim Auftreffen auf den Boden verformt. Auch der Boden verformt sich an der Auftreffstelle ein wenig und wird dabei wärmer. Beim Pendel reibt die Schnur am Haken der Aufhängung. Auch das Pendel muß sich bei seiner Bewegung durch die Luft „drängen", was ebenfalls Reibung bedeutet.

Alle Körper haben nach mehreren Energieumwandlungen **weniger nutzbare Energie** als vorher. Die Reibungsvorgänge, die auf der Erde unvermeidbar sind, bewirken stets eine Erwärmung der beteiligten Körper. Die innere Energie der Körper nimmt durch die Reibung zu.

Wenn man bei mechanischen Energieumwandlungen auch die innere Energie der Körper berücksichtigt, bleibt die *Gesamtenergie* in jedem Augenblick gleich groß.

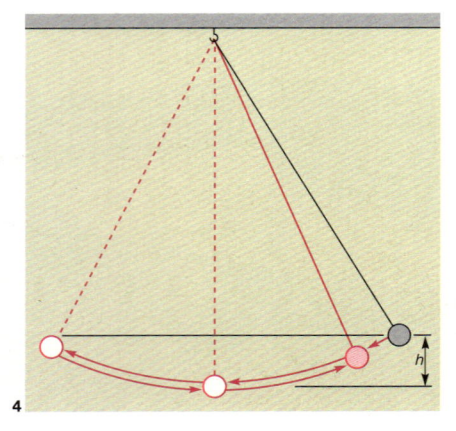

Energie geht nicht verloren, sie wird nur jeweils in andere Formen gewandelt. Dieses Prinzip, das bisher noch durch kein Experiment widerlegt wurde, nennt man **Energieerhaltungssatz**.

Für jede Maschine gilt, daß selbst im „Idealfall" die zugeführte Energie (aufgewandte Arbeit) und die abgegebene Energie (verrichtete Arbeit) höchstens gleich groß sein können. Dieses Prinzip gilt auch für Kraftwandler wie Hebel, Flaschenzug und schiefe Ebene. Mit ihnen kann zwar die Kraft verändert werden, zugleich ändert sich aber auch stets die Länge des Weges, auf dem die Kraft wirken muß. Wird z. B. der Betrag der Kraft halbiert, verdoppelt sich dafür die Weglänge.

Der Einsatz solcher Kraftwandler erleichtert zwar die Arbeit, da sie in der Regel zur Verkleinerung der Kraft eingesetzt werden. Die Arbeit selbst bleibt aber gleich groß, da der Weg entsprechend länger wird. Das Produkt aus Kraft(betrag) und Weg bleibt konstant. Arbeit (oder Energiezufuhr) kann durch Kraftwandler nicht „gespart" werden.

Es hat sich gezeigt, daß der Satz von der Erhaltung der Energie nicht nur für mechanische Vorgänge gilt, sondern für alle physikalischen, chemischen und biologischen Vorgänge – sowohl auf der Erde als auch im Weltall.

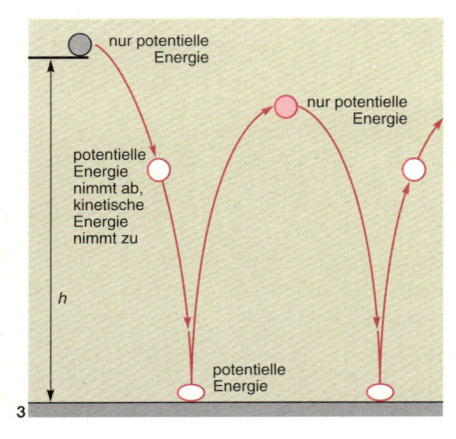

Aus Umwelt und Technik: **Wasserkraftwerke**

Im **Wasserkraftwerk** *Walchensee* (Bilder 5 u. 6) wird der Höhenunterschied zwischen dem Walchensee und dem 200 m tiefer liegenden Kochelsee genutzt. Der Walchensee dient als Speicher, aus dem Wasser bei Bedarf entnommen wird. Man spricht von einem *Speicherkraftwerk*. (Dagegen strömt bei *Laufwasserkraftwerken* das Wasser eines gestauten Flusses ständig durch die Turbinen.)

Durch die sechs Rohre (Durchmesser: ca. 2 m) stürzt das Wasser 183 m tief hinunter zum Kraftwerk. Dort werden acht Turbinen angetrieben. Alle Turbinen zusammen „schlucken" *pro Sekunde* 84 m^3 Wasser. Jede Turbine treibt einen Generator an. Zusammen leisten sie 125 MW.

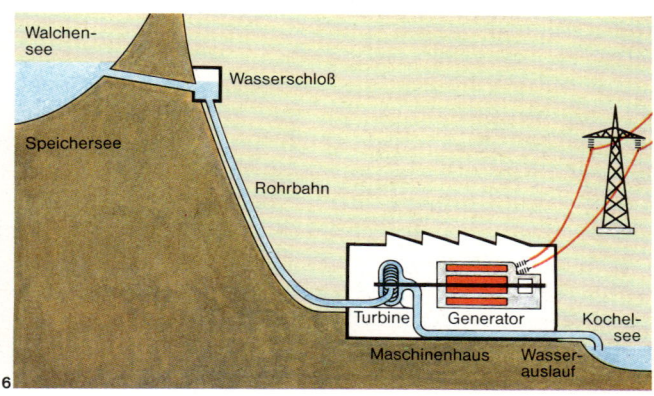

Info: **Wirkungsgrad**

Jede Energieumwandlung ist mit „Verlusten" verbunden. Zum Beispiel erwärmen sich die beteiligten Körper durch Reibung. Die verlorene Energie steckt dann als innere Energie in diesen Körpern. **Nach Energieumwandlungen ist die nutzbare Energie kleiner als vorher** (Bild 7).

Bei Maschinen sollen die „Verluste" möglichst klein gehalten werden. Wie gut das gelingt, kann man am **Wirkungsgrad** η (eta) ablesen. Darunter versteht man das Verhältnis der Energie, die die Maschine in nutzbarer Form abgibt, zu der Energie, die sie zum Antrieb aufnimmt:

Wirkungsgrad = $\eta = \dfrac{\text{Nutzenergie}}{\text{zugeführte Energie}}$.

Da die nutzbare Energie immer kleiner als die aufgewandte Energie ist, ist der Quotient stets kleiner als 1. Es kann keine Maschine geben, aus der mehr Energie herauskommt, als in sie hineingesteckt wurde. Meist wird der Wirkungsgrad in Prozent angegeben (→ Tabelle).

Im Alltag wird oft – physikalisch nicht ganz korrekt – vom „Energieverbrauch" gesprochen. Gemeint ist die Energie, die zum Nutzen des „Verbrauchers" umgesetzt wird. Sie wird aber nicht „verbraucht", sondern nur in andere Energieformen umgewandelt.

Einige Wirkungsgrade

Glühlampe	5 %
Dampfmaschine	10 %
Solarzelle	12 %
offenes Kaminfeuer	15 %
Benzinmotor	25 %
Dieselmotor	35 %
Dampfturbine	40 %
Elektromotor	bis 90 %
Sonnenkollektor	50 %
Generator	bis 95 %
Ofenheizung	60 %
Zentralheizung (Öl, Gas)	85 %

Aufgaben

1 Beschreibe die Energieumwandlungen im Kraftwerk Walchensee (Bild 6). Wo treten „Verluste" auf? Erläutere die Angabe: „Wirkungsgrad des Wasserkraftwerks: 90 %".

Woher stammt die Energie, die nötig war, um das Wasser in den Walchensee zu heben?

2 Wie müßten folgende Sätze physikalisch richtig lauten?

„Im Haushalt wird Energie verbraucht." „Im Kraftwerk wird Energie erzeugt." „Energie geht verloren."

3 Wieso ist der Begriff *Kraftwerk* nicht korrekt?

4 Wie groß ist der Wirkungsgrad des Schleuderbrettes in V 8, wenn das linke Massenstück aus einer Höhe von 50 cm fällt und das rechte nur eine Höhe von 40 cm erreicht?

5 Warum ist es nicht möglich, eine Maschine mit η = 100 % zu bauen?

Energie und Energieumwandlungen

Aus der Geschichte: **Das Perpetuum mobile**

An einen Fahrraddynamo kann man nicht nur ein Lämpchen, sondern auch einen Elektromotor anschließen. Könnte man nicht versuchen, mit dem Elektromotor wiederum den Dynamo anzutreiben? ... Man hätte dann eine Maschine konstruiert, die sich selbst in Bewegung hält – ein **Perpetuum mobile** (lat. *perpetuus:* dauernd; *mobilis:* beweglich).

Ja, wäre es mit dieser Maschine nicht sogar möglich, eine Glühlampe zum Leuchten zu bringen?

Nach einem Perpetuum mobile wurde lange Zeit gesucht. Im Mittelalter konnten Maschinen nur durch Menschen, Tiere, Wind oder fließendes Wasser angetrieben werden. Arbeitskräfte waren aber häufig knapp, Wind und Wasser standen nicht überall und jederzeit zur Verfügung. Deshalb haben sich seit dem 12. Jahrhundert kleine Tüftler und große Denker die Köpfe darüber zerbrochen, wie man ein Perpetuum mobile bauen könnte. Die Bilder 1–3 zeigen einige Pläne.

Aber alle Versuche, ein Perpetuum mobile zu konstruieren, scheiterten. Ganz allmählich kam man zu der Einsicht, daß der Grund für das Scheitern nicht die Unfähigkeit der Konstrukteure sein konnte.

Im Jahre 1775 entschied die Französische Akademie der Wissenschaften, keine weiteren Entwürfe für ein Perpetuum mobile mehr zu prüfen – die Wissenschaftler waren von der *Unmöglichkeit* eines solchen Gerätes überzeugt.

Es dauerte jedoch noch bis zur Mitte des 19. Jahrhunderts, bis sich diese Überzeugung allgemein durchgesetzt hatte.

Die Einsicht, daß es kein Perpetuum mobile geben kann, war mit der allmählichen Ausschärfung des *Energiebegriffs* verbunden: Maschinen sollen Arbeit verrichten. Arbeit ist aber nichts anderes als die Übertragung (und eventuell Umwandlung) von Energie.

Ein Perpetuum mobile bauen zu wollen, bedeutet also aus heutiger Sicht: Man sucht eine Möglichkeit, Energie zu übertragen und umzuwandeln – und zwar so, daß nach der Umwandlung mehr Energie vorhanden ist als vorher. Die Suche nach einer solchen Umwandlung ist vergleichbar mit dem Versuch, Wasser zu Eis erstarren zu lassen und danach wieder zu schmelzen – in der Hoffnung, auf diese Weise mehr Wasser zu erhalten.

Heute wissen wir, daß wegen der unvermeidlichen Reibung bei jeder Arbeit ein Teil der Energie „verlorengeht". Diese Energie führt zur Erwärmung der Umgebung; sie läßt sich nicht mehr vollständig zum erneuten Arbeiten nutzen. Nach der Umwandlung steht also grundsätzlich *weniger* Energie zur Verfügung als vorher. Aus diesem Grund mußten alle Konstruktionen versagen.

Der Gedanke vom Perpetuum mobile ist jedoch immer noch sehr verlockend. Bis zum heutigen Tage versuchen Bastler, ein solche Maschine zu bauen – aber auch ihnen wird es nicht gelingen.

Fragen und Aufgaben zum Text

1 Im Text ist ein Vorschlag für ein Perpetuum mobile aus Dynamo und Elektromotor beschrieben.
a) Warum kann man mit einer solchen Vorrichtung kein Glühlämpchen zum Leuchten bringen?
b) Weshalb funktioniert die Vorrichtung auch ohne das Glühlämpchen nicht?

2 Weshalb versagten die in den Bildern 1–3 gezeigten Konstruktionen?

3 Entwirf einen Plan für ein Perpetuum mobile aus folgenden Bauteilen: Wasserturbine, Pumpe, Dynamo, Staubecken.
Beschreibe die Energieumwandlungen, die in der Anordnung ablaufen.

Aus dem Becken A strömt das Wasser durch das Rohr B auf das Wasserrad C. Über ein Getriebe (D–J) wird die Pumpe P angetrieben, die das Wasser aus dem unteren Becken nach oben befördert. Das Schwungrad K soll für einen gleichmäßigen Lauf der Maschine sorgen.
1

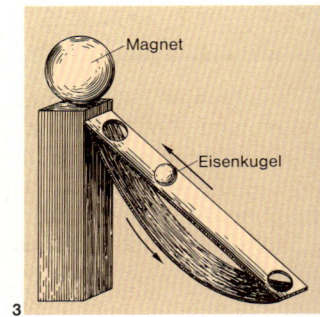

Das Wasser im Gefäß drückt auf das Wasser im Rohr. Dadurch soll das Wasser oben aus dem Rohr ins Gefäß zurückfließen.
2

3

Energie und Energieumwandlungen

Alles klar?

1 Arbeit kann nur dann verrichtet werden, wenn …

2 Welche Energieformen kennst du? Gib zu jeder Energieform wenigstens ein Beispiel an.

3 Bei der Achterbahn fahren die Wagen oft scheinbar „von allein" nach oben. Beschreibe die Energieumwandlungen, die dabei stattfinden.

4 Jutta schreibt in ihr Physikheft: „Ohne Energie kann niemand arbeiten." Frank schreibt genau das Gegenteil ins Heft: „Ohne Arbeit besitzt niemand Energie." Wer hat recht?

5 „In allen Lebensmitteln steckt Sonnenenergie." Erkläre diese Behauptung.

6 Wieviel potentielle Energie wird umgewandelt, wenn im Kraftwerk Itaipú 1 m³ Wasser aus 120 m Höhe herabfällt?

7 Herr Witzig hat eine automatische Apfel-Erntemaschine erfunden. In Bild 4 siehst du seine Erfindung.

a) Überlege, wie die Maschine von Bild 4 funktionieren soll. Was geschieht, wenn der Apfel fällt?

b) Wo steckt die Energie für Herrn Witzigs Maschine?

8 Bild 5 zeigt den Bewegungsablauf einer Trampolinspringerin.

a) Wann ist die kinetische Energie am größten, wann die Spannenergie, wann die potentielle Energie?

b) In welchen Bewegungsphasen nimmt die kinetische Energie zu?

9 Bild 6 zeigt das Ergebnis von *Crashtests* mit unterschiedlich schnellen Autos.
Wenn ein Fahrzeug auf eine bestimmte Geschwindigkeit gebracht werden soll, muß *Beschleunigungsarbeit* verrichtet werden: Soll es die *doppelte (dreifache)* Geschwindigkeit erreichen, ist die Beschleunigungsarbeit *viermal* (bzw. *neunmal*) so groß.
Vergleiche die Energien, die bei den drei Tests umgewandelt werden, sowie die Ergebnisse der Verformungsarbeit.

10 Durch Arbeit wird Energie nur umgewandelt. Wieso gibt es trotzdem Probleme mit der Energieversorgung?

11 Ein Skispringer steigt mit seinen Skiern auf die Sprungschanze, startet und landet im Auslauf der Schanze. Beschreibe die Energieumwandlungen bei diesem Vorgang bis zum Stillstand der Skier.

12 Beschreibe die Energieumwandlungen an einer angezupften Gitarrensaite. Beachte dabei, daß man etwas hört.

13 Eine Kiste ($m = 240$ kg) liegt mit einer Ecke auf dem Boden, mit der anderen auf einer Hebelstange (Bild 7).

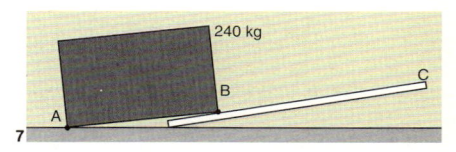

a) Wie groß ist die Kraft, die im Punkt B auf die Hebelstange wirkt, wenn die Stange fast am Boden liegt?

b) Die Stange ist 120 cm lang, Punkt B ist 20 cm vom Ende der Stange entfernt. Berechne die Kraft, die in C senkrecht zum Hebel wirken muß.

c) Die Kiste soll in B um 15 cm gehoben werden. Welche Energie ist dazu nötig? (Nimm zur Vereinfachung an, daß der Betrag der Kraft in B sich nicht ändert.)

d) Wieviel Energie muß ein Arbeiter, der bei C zieht, aufbringen? Über welche Strecke muß er den Hebel bewegen?

14 Ein schweres Eisenpendel (Bild 8) wird im Punkt A losgelassen. Im Punkt B behindert ein Gegenstand die Pendelschnur. Zerschlägt die Kugel die Glasplatte? Begründe deine Antwort!

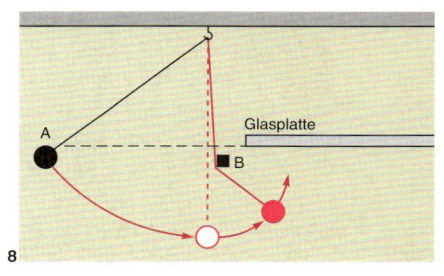

Energie und Energieumwandlungen

Auf einen Blick

Energie und Energieübertragung

Um arbeiten zu können, wird Energie benötigt. Die Energie wird beim Arbeiten *übertragen*.

1. Beim Heben einer Last wird durch die Hubarbeit Energie übertragen. Die Energie „steckt" dann in der neuen Lage der Last.

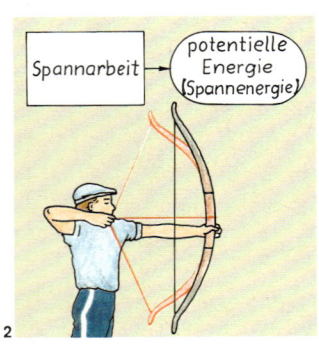

2. Beim Spannen des Bogens geht durch Spannarbeit Energie vom Menschen in die Spannung des Bogens über.

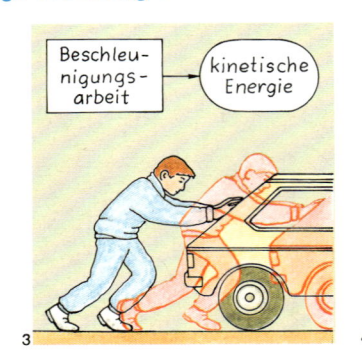

3. Beim Anschieben des Pkw wird Energie vom Menschen durch Beschleunigungsarbeit auf das Fahrzeug übertragen.

4. Auf die Bremsscheibe wird Energie durch Reibungsarbeit übertragen. Sie steckt anschließend in der heißen Scheibe (*innere Energie*).

Arbeit ist also eine Form der **Energieübertragung**.

Energie kann aber auch noch auf andere Weisen übertragen werden (→ Wärmelehre, Elektrizitätslehre, Optik).

Mechanische Energie und Reibung

Mechanische Arbeit ist stets mit Bewegung verbunden, und bei Bewegungen ist Reibung unvermeidlich.

Daher tritt bei jeder Arbeit auch Reibungsarbeit auf. Sie führt zu einer (meist unerwünschten) Erwärmung z. B. von Radlagern oder der umgebenden Luft. Ein Teil der Energie geht somit „verloren" und läßt sich nicht mehr vollständig zum Arbeiten nutzen. Die „verlorengegangene" Energie ist aber noch vorhanden. Sie steckt in den erwärmten Körpern (als *innere* Energie; → Wärmelehre).

Wirkungsgrad

Wie gut eine Maschine die Energie umwandelt, wird durch den Wirkungsgrad beschrieben:

$$\text{Wirkungsgrad} = \eta = \frac{\text{Nutzenergie}}{\text{zugeführte Energie}}.$$

Da bei der Energieübertragung die Reibung nicht zu vermeiden ist, ist der Wirkungsgrad stets kleiner als 100 %. Keine Maschine kann ohne Energiezufuhr ständig weiterlaufen. Ein *Perpetuum mobile* zu bauen ist unmöglich.

Energieumwandlung

Wenn Arbeit verrichtet wird (wenn also Energie übertragen wird), ändert sich häufig die Energieform. Man spricht von Energieumwandlungen.

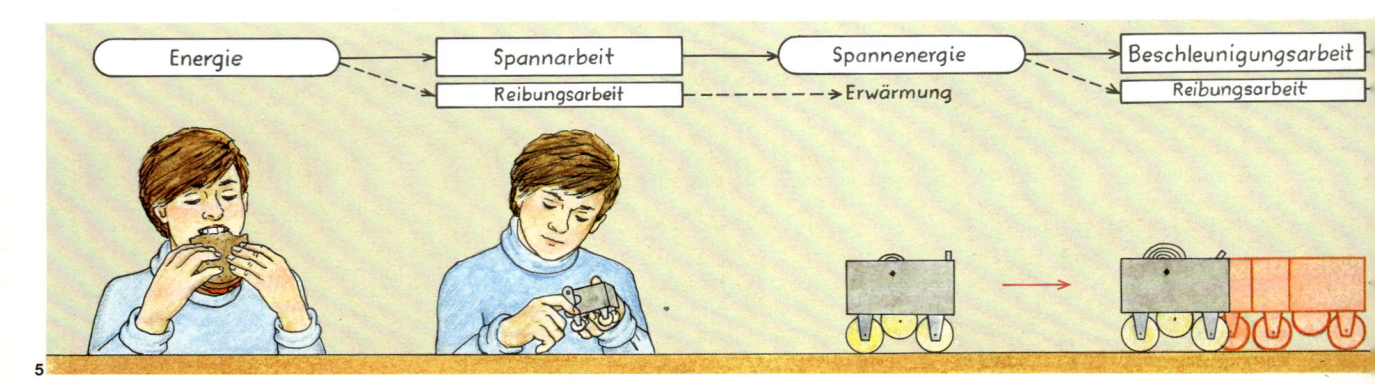

Energie und Energieumwandlungen

Energie und Energiespeicherung

Energie kann über längere Zeit aufgehoben, also *gespeichert* werden.

potentielle Energie

kinetische Energie

innere Energie

Auf dem Tisch hat das Glas (gegenüber dem Fußboden) Energie gespeichert. Ebenso besitzt der gespannte Bogen Energie gegenüber dem ungespannten Bogen. Energie, die durch Lageänderung gespeichert wird, heißt **potentielle Energie**.

Der Hammer besitzt aufgrund seiner Bewegung die Energie, die nötig ist, um den Nagel einzuschlagen.

Energie, die ein Körper aufgrund seiner Bewegung besitzt, bezeichnet man als **kinetische Energie**.

Im heißen Wasserdampf ist Energie gespeichert. Sie wird **innere Energie** genannt.

Der Dampf ist daher in der Lage, zum Beispiel mechanische Arbeit zu verrichten.

Energie läßt sich in verschiedenen Formen speichern. Mechanische Energieformen sind die *potentielle Energie* und die *kinetische Energie*. Es gibt noch andere Speichermöglichkeiten, z. B. die Speicherung als *innere Energie*.

Energieerhaltung

Bei mechanischen Arbeiten ist die Reibung unvermeidbar. Dadurch geht Energie in innere Energie Körper über, die an der Reibung beteiligt sind. Bezieht man diese innere Energie in die Überlegung ein, so bleibt die Gesamtenergie in jedem Augenblick *gleich groß*.

Beim Arbeiten wird Energie nur *übertragen*.
Dabei verschwindet grundsätzlich keine Energie,
und es kommt auch keine Energie hinzu
(Satz von der **Erhaltung der Energie**).

Der Satz von der Erhaltung der Energie gilt über die mechanischen Vorgänge hinaus. Er hat für alle Energieumwandlungen grundlegende Bedeutung.

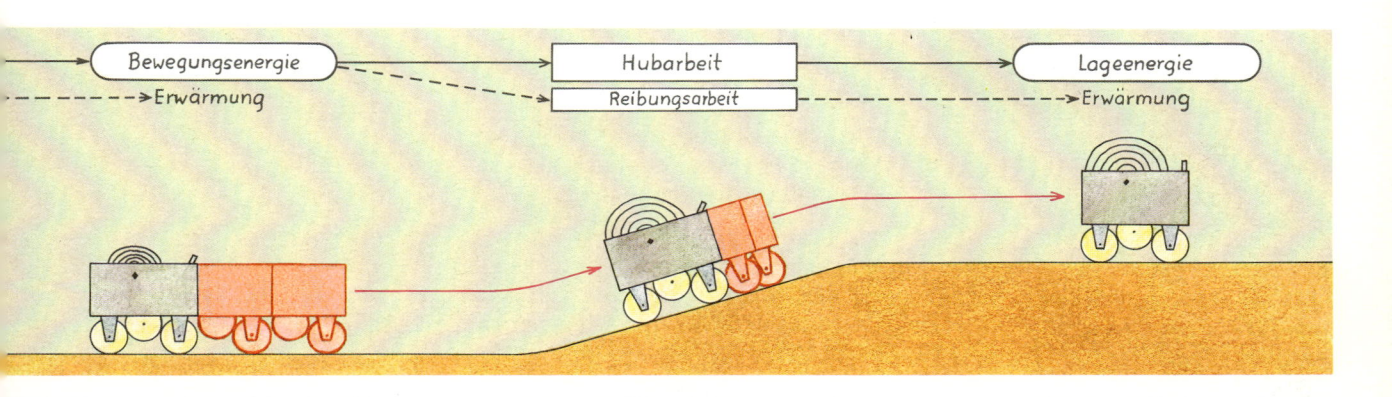

Bewegungsenergie → Hubarbeit / Reibungsarbeit → Lageenergie
Erwärmung — — — Erwärmung

Mechanik der Flüssigkeiten

1 Der Stempeldruck

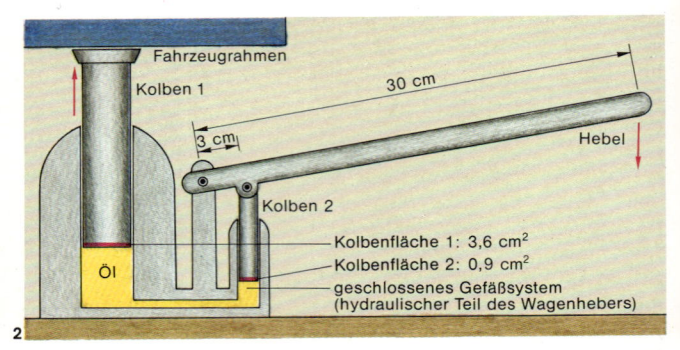

Ein Kraftfahrzeug anzuheben,
mit einem hydraulischen Wagenheber ist das kinderleicht!
Ob das nur an dem Hebel liegt?

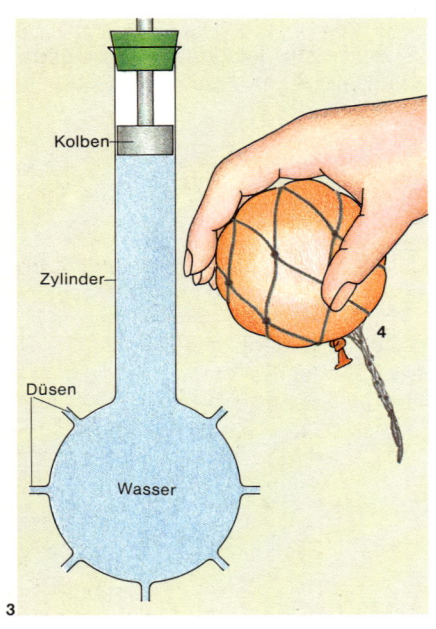

V 1 Bild 3 zeigt den Versuchsaufbau. Was wird zu beobachten sein, wenn man den Kolben nach unten schiebt?

V 2 Stecke einen Luftballon in ein Netz, und fülle ihn mit Wasser (Bild 4). Ziehe dann das Netz straff, und drücke mit dem Daumen auf die Gummihaut.

Wiederhole den Versuch, nachdem du das Netz etwas zusammengezogen hast.

V 3 Was wirst du bei diesem Versuch beobachten (Bild 5)?

Beschreibe das Versuchsergebnis, und suche eine Erklärung dafür.

V 4 Zwei unterschiedlich große Kolbenprober werden miteinander verbunden (Bild 6). Mit ihnen soll untersucht werden, wie der hydraulische Teil des Wagenhebers funktioniert.

a) Was geschieht, wenn du auf einen der beiden Kolben ein Wägestück stellst?

b) Stelle auf beide Kolben je ein 1-kg-Wägestück. Was beobachtest du? Was kannst du daraus folgern?

c) Belaste Kolben 1 mit einem 1-kg-Wägestück. Welches Wägestück muß auf Kolben 2 stehen, damit sich jeder der beiden Kolben im Kräftegleichgewicht befindet?

d) Stelle das 1-kg-Wägestück nun auf Kolben 2. Mit welchem Wägestück mußt du gleichzeitig den Kolben 1 belasten, damit die Kolben in Ruhe bleiben?

e) Ersetze das 1-kg-Wägestück durch ein anderes Wägestück, und stelle es zunächst wieder auf Kolben 1 und dann auf Kolben 2.

Versuche in beiden Fällen vorherzusagen, welches weitere Wägestück erforderlich ist.

f) Vergleiche die Querschnittsflächen der beiden verwendeten Kolben.

Welche Beziehung vermutest du zwischen den Größen dieser Flächen und den Kräften, bei denen die Kolben in Ruhe bleiben?

g) Überprüfe deine Vermutung:

Ersetze einen der beiden Kolbenprober durch einen mit einer anderen Querschnittsfläche, und stelle dann mit Wägestücken wieder ein Kräftegleichgewicht her.

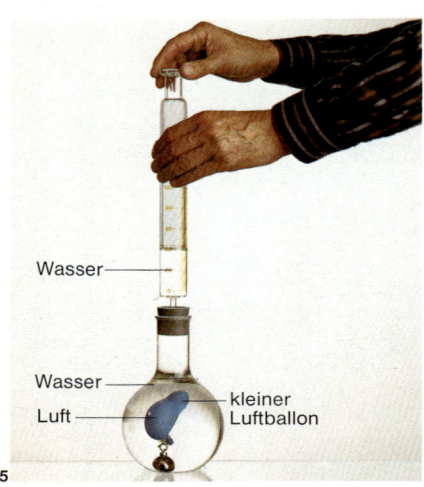

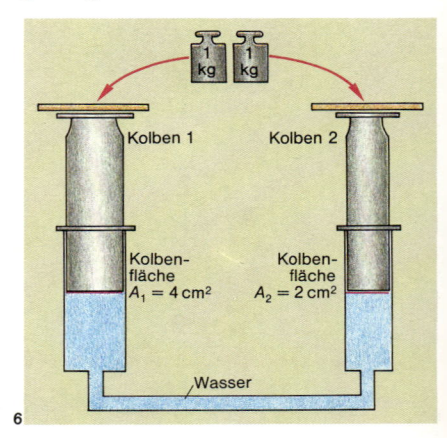

Info: Eingeschlossene Flüssigkeiten in einem Spannungszustand

Wenn man eine Tube mit flüssigem Klebstoff längere Zeit nicht benutzt hat, ist häufig die Öffnung verstopft. Man rollt dann das Tubenende auf und versucht so, den Klebstoff aus der Öffnung herauszupressen.

Durch das Aufrollen erhält man wieder eine prall gefüllte Tube mit glatter Oberfläche. Die Flüssigkeit in der Tube steht „unter Druck"; sie befindet sich in einem Spannungszustand, der sich dadurch bemerkbar macht, daß die Flüssigkeit auf jedes Teilstück ihrer Begrenzungsfläche eine Kraft ausübt. Ist die Tubenfläche an irgendeiner Stelle zu schwach, so bricht sie, und der Klebstoff tritt aus.

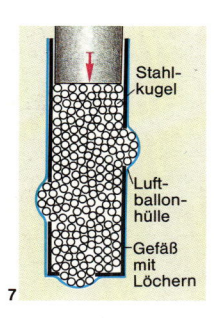

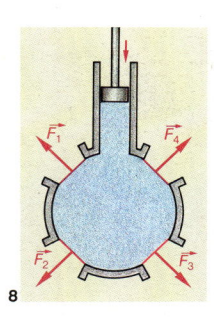

Ganz ähnlich ist es, wenn man auf den Kolben in Bild 3 eine Kraft ausübt. Das Wasser wird dann aus allen Öffnungen der Glaskugel herausgepreßt.

Bei allen Flüssigkeiten sind die Teilchen leicht gegeneinander verschiebbar. Daher fühlst du z. B. kaum einen Widerstand, wenn du deinen Finger in Wasser tauchst. Die Teilchen weichen dem Finger einfach aus. Wenn auf die Flüssigkeit eine Kraft ausgeübt wird, versuchen die Teilchen aufgrund ihrer Verschiebbarkeit in alle Richtungen auszuweichen.

Stoßen die Teilchen an Begrenzungsflächen, so üben sie Kräfte auf die Flächen aus. In Bild 7 wird dieses Verhalten der Flüssigkeitsteilchen im Modell dargestellt.

Die Kraft, die die Flüssigkeit auf ihre Begrenzungsflächen ausübt, ist immer senkrecht zu diesen Flächen (Bild 8).

Info: Der Druck in eingeschlossenen Flüssigkeiten

In den drei Kolbenprobern von Bild 9 wird das Wasser durch die belasteten Kolben in einen „Spannungszustand" versetzt. Das Wasser übt Kräfte auf alle Begrenzungsflächen aus, auch auf die Kolben.

Ein Vergleich der Kräfte auf die Kolben zeigt: Je größer die Querschnittsfläche eines Kolbens ist, desto größer ist die auf ihn wirkende Kraft. **Die Kraft F, die die Flüssigkeit auf eine Fläche ausübt, ist proportional zum Flächeninhalt A.**

$$F \sim A.$$

Daher ist der Quotient aus Kraft und Flächeninhalt konstant:

$$\frac{F}{A} = \text{konst.}$$

Je stärker wir das Wasser „unter Spannung" setzen, desto größer ist dieser Quotient. Er ist also ein Maß für den Spannungszustand und heißt **Druck** p:

$$p = \frac{F}{A}.$$

Gelegentlich spricht man auch vom *Stempeldruck*. Man will dadurch andeuten, wie der Druck erzeugt wird: Mit einem Stempel (Kolben) wird eine Kraft auf eine eingeschlossene Flüssigkeit ausgeübt.

Die Aussage, daß der Quotient aus Kraft und Flächeninhalt konstant ist, gilt für jedes (annähernd ebene) Stück der Begrenzungsfläche.

Auch die Oberfläche eines *in* der Flüssigkeit befindlichen Körpers begrenzt die Flüssigkeit (Bild 10). Für jedes Flächenstück eines solchen Körpers ist der Quotient F/A ebenfalls konstant. Man kann deshalb sagen: Dieser Quotient beschreibt den Spannungszustand auch *im Innern* der Flüssigkeit.

Der (Stempel-)Druck ist überall in der Flüssigkeit gleich groß.

Wie groß die Kraft auf eine Fläche ist, hängt nicht nur vom Druck, sondern auch von der Größe der Fläche ab. Deshalb stellen wir Kräfte, die Flüssigkeiten infolge ihres Druckes ausüben, durch einen Pfeil mit einem Querstrich dar. Der Querstrich soll die Fläche andeuten, auf die die Kraft wirkt (→ Bilder 8 u. 10).

Die Einheit des Druckes ist **1 Pascal** (1 Pa). Sie ist nach dem französischen Mathematiker und Physiker *Blaise Pascal* (1623–1662) benannt. Aus der Definition des Druckes ergibt sich:

$$1 \text{ Pa} = 1 \frac{\text{N}}{\text{m}^2}.$$

Ein Druck von 1 Pa herrscht also, wenn eine Kraft von 1 N senkrecht auf eine Fläche von 1 m² wirkt.

Ein Druck von 1 Pa ist recht klein. Man gibt den Druck daher oft in Hektopascal (hPa) oder in Bar (bar) an:

1 hPa = 100 Pa.
1 bar = 10 000 Pa = 10^5 Pa.

Am besten merkst du dir:
1 hPa = 1 mbar (Millibar).

Der Druck einer Flüssigkeit beträgt 1 bar, wenn sie eine Kraft von 10 N auf eine Fläche von 1 cm² ausübt (Bild 11):

$$1 \text{ bar} = 100\,000 \text{ Pa} = 100\,000 \frac{\text{N}}{\text{m}^2} = \frac{100\,000 \text{ N}}{10\,000 \text{ cm}^2} = 10 \frac{\text{N}}{\text{cm}^2}.$$

Druckmeßgeräte nennt man **Manometer**. Bild 12 zeigt ein solches Gerät: Die Flüssigkeit übt eine Kraft auf die Membran aus; deren Verformung wird angezeigt.

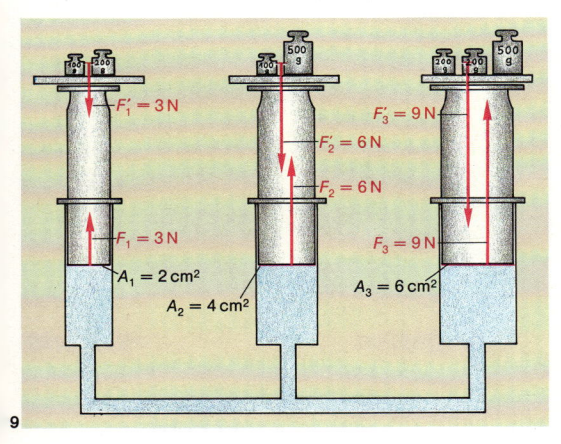

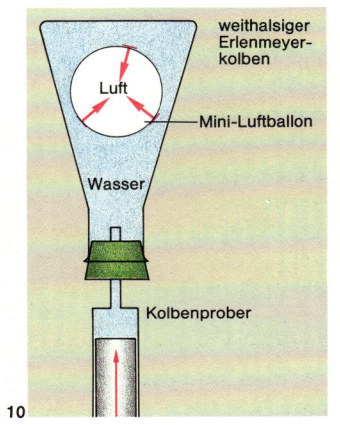

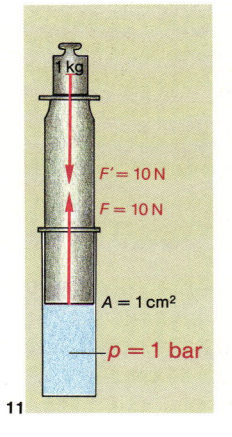

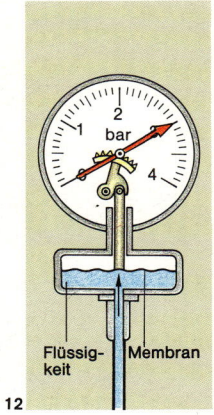

Aufgaben

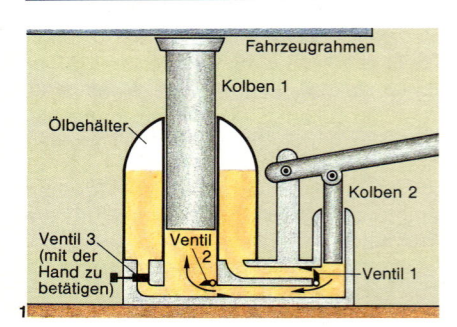

1 Zum hydraulischen Wagenheber (Bild 2 der vorherigen Doppelseite):

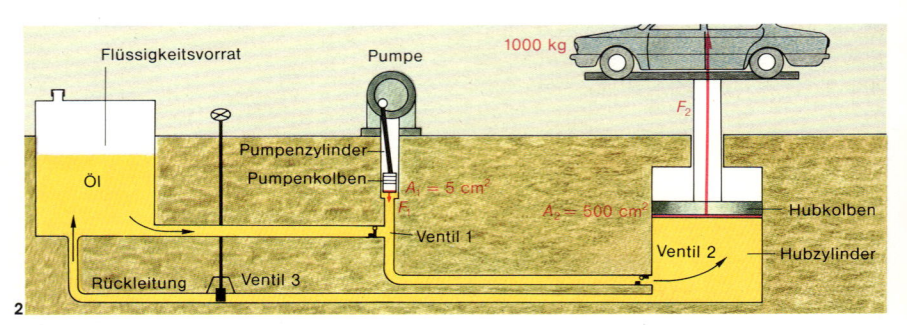

a) Wie groß muß die Kraft (senkrecht zum Hebel) sein, um eine Last von 500 kg anzuheben?

Wie hoch ist der Druck im System?

b) Gehe von den Kolbenabmessungen in Bild 2 auf der vorigen Doppelseite aus. Nimm nun an, daß die Flüssigkeit eine Kraft von 600 N auf Kolben 1 ausübt. Wie groß ist der Druck in der Flüssigkeit?

Welche Kraft muß auf Kolben 2 ausgeübt werden, um diesen Druck zu erzeugen?

2 Der Wagenheber von Bild 2 auf der vorigen Doppelseite ist vereinfacht dargestellt. Mit einem solchen Wagenheber könnte man ein Auto nur um einige Millimeter anheben.

Gib dafür eine Begründung.

Beschreibe mit Hilfe von Bild 1, wie dieser Mangel beseitigt wird.

3 Auch viele Hebebühnen arbeiten hydraulisch (Bild 2).

a) Beschreibe die Funktionsweise der Hebebühne.

b) Wie groß ist der Druck in der Flüssigkeit? Welche Kraft muß auf den Pumpenkolben ausgeübt werden, um diesen Druck zu erzeugen?

Um wieviel Millimeter wird der Wagen angehoben, wenn der Pumpenkolben um 10 cm gesenkt wird?

c) Auf die beiden Kolben wirken unterschiedliche Kräfte. Auch die Wege, auf denen diese Kräfte wirken, sind verschieden. Erkennst du eine Gesetzmäßigkeit?

4 In einer Wasserleitung herrscht ein Druck von 6 bar.

a) Kann man ein 10 cm² großes Loch mit der Hand zuhalten? Wie groß wäre die erforderliche Kraft?

b) Angenommen, an die Wasserleitung wird ein Zylinder angeschlossen, in dem sich ein Kolben bewegen kann. Wie groß müßte die Querschnittsfläche dieses Kolbens sein, wenn durch ihn ein Auto von 1000 kg Masse angehoben werden soll?

Aus Umwelt und Technik: Kräfteverstärkung durch hydraulische Systeme

Vorrichtungen, bei denen Kräfte mit Hilfe von Flüssigkeiten übertragen und verstärkt werden, nennt man *hydraulische Systeme* – abgeleitet von gr. *hydraulos*: Wasserorgel. (Die Wasserorgel wurde ca. 100 v. Chr. erfunden; im heutigen Sinne war sie aber kein hydraulisches System.)

Beispiele für hydraulische Systeme sind der Wagenheber von Bild 1 der vorigen Doppelseite und die Bremsanlage eines Autos. Auch Bagger, Planierraupen, Schaufellader, Kipperfahrzeuge und moderne Traktoren arbeiten mit solchen Vorrichtungen (Bilder 3 u. 4).

Wie hydraulische Systeme funktionieren, ist vereinfacht in Bild 5 dargestellt: Auf den Kolben 1 wird eine Kraft $F_1 = 1000$ N ausgeübt. Der Druck p in der Flüssigkeit beträgt also:

$$p = \frac{F_1}{A_1} = \frac{1000 \text{ N}}{2 \text{ cm}^2} = 500 \frac{\text{N}}{\text{cm}^2}.$$

Weil der Druck überall in der Flüssigkeit gleich groß ist, übt diese auf jeden Quadratzentimeter der Begrenzungsfläche eine Kraft von 500 N aus. Die Kraft auf Kolben 2 beträgt daher:

$$F_2 = p \cdot A_2 = 500 \frac{\text{N}}{\text{cm}^2} \cdot 4 \text{ cm}^2$$
$$F_2 = 2000 \text{ N}.$$

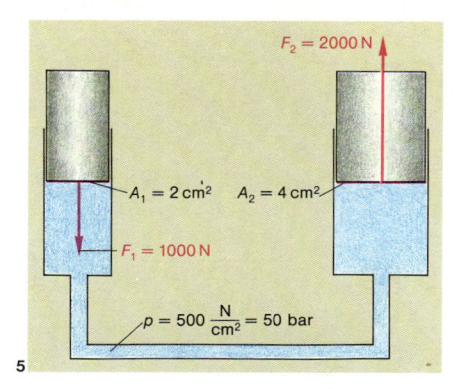

5 Die Kraft auf den Kolben 2 ist also doppelt so groß wie jene Kraft, die auf den Kolben 1 ausgeübt wird.

Die Kraft, die von der Flüssigkeit auf den zweiten Kolben ausgeübt wird, kann leicht vergrößert werden. Man muß nur einen Kolben mit größerer Querschnittsfläche verwenden.

Hydraulische Systeme verändern Beträge und Richtungen von Kräften, sie sind *Kraftwandler* – genau wie Hebel. Während aber Hebel oft unförmig lang sind, lassen sich entsprechende hydraulische Systeme auf recht kleinem Raum unterbringen.

In den heute verwendeten hydraulischen Systemen beträgt der Druck bis zu 200 bar. Als Flüssigkeit wird Öl verwendet.

2 Der Schweredruck

Aus Umwelt und Technik: **11 000 m unter der Meeresoberfläche**

23. Januar 1960: Der 11 000 m tiefe Marianengraben im Pazifischen Ozean ist Schauplatz eines kühnen Unternehmens. Der Schweizer *Jacques Piccard* und der Amerikaner *Don Walsh* wollen mit ihrer „Trieste" (Bild 6) den Meeresgrund erreichen.

Die „Trieste" besteht aus einem zigarrenförmigen Auftriebskörper und einer Tauchkugel, in der sich die Forscher aufhalten.

Der Auftriebskörper ist teilweise mit Benzin (das ja leichter ist als Wasser) und teilweise mit Meerwasser gefüllt. Das Wasser steht über Rohrleitungen mit dem äußeren Meerwasser in Verbindung.

Don Walsh berichtet: „Der Abstieg begann sehr langsam. Durch den starken Wellengang wurden wir heftig durchgeschüttelt, aber bereits in 30 m Tiefe war nichts mehr von der unruhigen See zu spüren. Wir sanken jetzt mit einer Geschwindigkeit von 1,3 m/s.

Bald waren wir im Bereich vollkommener Dunkelheit angelangt. Wir hatten die Scheinwerfer meistens nicht eingeschaltet. So konnten wir die selbstleuchtenden Lebewesen der Tiefsee beobachten.

Nach etwa 4 Stunden waren wir in 9000 m Tiefe angelangt. Um nicht zu heftig auf dem Meeresboden aufzusetzen, warfen wir Eisenballast ab.

Erst in 10 907 m Tiefe erreichten wir nach 4 Stunden 48 Minuten Fahrt den Meeresboden. Im Scheinwerferlicht sahen wir einen ca. 30 cm langen, flachen Fisch, wenig später eine dunkelrote Krabbe. Auch in dieser ungeheuren Tiefe lebten also noch Tiere.

Nach 20 Minuten Aufenthalt begann der Aufstieg. Und 3 Stunden 27 Minuten später kamen wir wieder wohlbehalten an der Meeresoberfläche an."

Fragen und Aufgaben zum Text

1 Warum mußten die Wände der Tauchkugel so dick sein (→ Technische Daten)?
Weshalb wurde die gesamte Tauchkugel – und nicht nur die obere Hälfte – mit so dicken Wänden ausgestattet?

2 Die Wände des Auftriebskörpers waren nicht so stabil gebaut. Begründe!

Technische Daten der „Trieste"		
	Tauchkugel:	
	Außendurchmesser	2,18 m
	Wandstärke (Edelstahl)	**12 cm**
Auftriebskörper:	Durchmesser der Plexiglasfenster	
Länge 20 m	innen/außen	6 cm/40 cm
Wandstärke (Eisenblech) 0,5 cm	Dicke der Fensterscheiben	15 cm

6

Mechanik der Flüssigkeiten

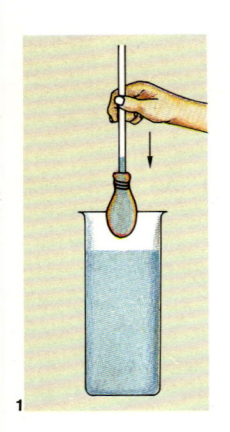

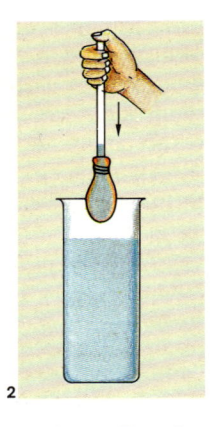

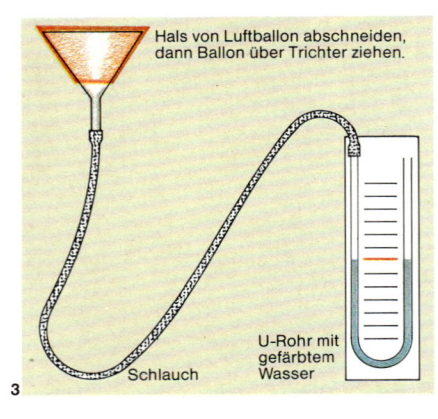

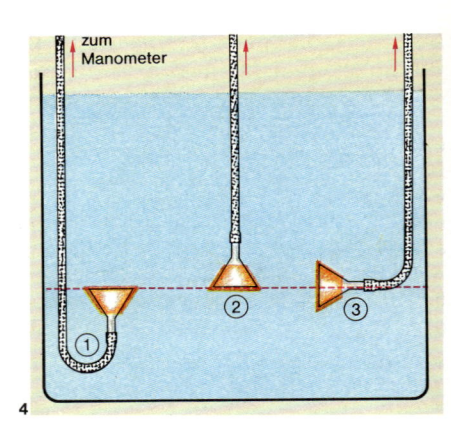

V 5 Du benötigst eine leere Flasche mit Schraubverschluß. Bohre ein Loch in den Verschluß, stecke einen durchsichtigen Trinkhalm in das Loch, und klebe ihn luftdicht fest.

Stülpe die Flasche um, und tauche den Halm langsam in ein hohes, mit Wasser gefülltes Glas. Beobachte, wie weit das Wasser in den Trinkhalm eindringt.

Erkläre deine Beobachtung.

V 6 Ein Ballon wird an einem Glasrohr befestigt und anschließend mit Wasser gefüllt (Bilder 1 u. 2).

a) Tauche den Ballon in das Wasser ein, und ziehe ihn wieder heraus.

Halte dann das Rohr vor dem Eintauchen zu. Gib die Öffnung frei, wenn sich der Ballon am Boden des Gefäßes befindet.

b) Wie lassen sich die Beobachtungen erklären?

V 7 Ein Trichter ist mit einer Gummihaut verschlossen (Bild 3); die Haut soll nicht gespannt sein.

a) Wenn du den Trichter unter Wasser hältst, steht das Wasser in den Schenkeln des U-Rohres nicht mehr in gleicher Höhe. Begründe!

b) Wovon hängt der Höhenunterschied des Flüssigkeitsstands in den Schenkeln des U-Rohres ab?

c) Spielt es eine Rolle, ob die Trichteröffnung nach oben, nach unten oder zur Seite zeigt (Bild 4)?

V 8 Schließe ein Manometer an den Trichter an, und miß den Druck in Abhängigkeit von der Eintauchtiefe.

Werte die Meßreihe graphisch aus. Welche Gesetzmäßigkeit ergibt sich?

Info: Der Schweredruck in Flüssigkeiten

Im Wasser steigt der Druck mit zunehmender Tiefe an. Daß der Druck größer wird, hast du sicherlich schon beim Tauchen zu fühlen bekommen; das Trommelfell wird wie eine Membran verformt und mehr und mehr nach innen gedrückt.

Um diese Druckzunahme zu erklären, stellen wir uns ein sehr hohes, wassergefülltes Gefäß in Form eines Quaders vor. Seine Grundfläche soll 1 m² betragen. In dem Quader betrachten wir eine Wasserschicht, die sich z. B. in 30 m Tiefe befindet (Bild 5).

Auf dieser Schicht lastet das darüber liegende Wasser, also eine 30 m hohe „Flüssigkeitssäule". Die Säule wirkt wie der Stempel eines Kolbenprobers. Daher herrscht in der markierten Schicht ein Druck; man nennt ihn **Schweredruck**.

Wie groß der Schweredruck ist, ergibt sich sowohl aus der Gewichtskraft F_G, die auf die Flüssigkeitssäule wirkt, als auch aus der Grundfläche A der Säule:

$$p = \frac{F_G}{A}.$$

Die Gewichtskraft auf 30 m³ Wasser beträgt ungefähr 300 000 N. Der Druck, der in der Wasserschicht in 30 m Tiefe von der darauf stehenden Flüssigkeitssäule hervorgerufen wird, beträgt also:

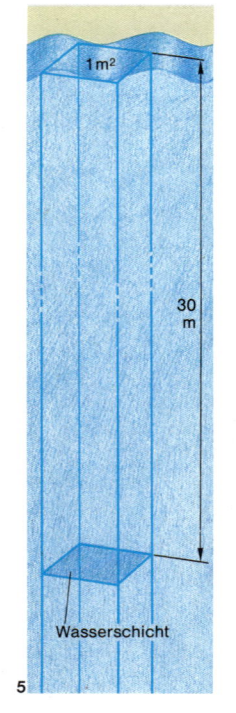

$$p = \frac{300\,000 \text{ N}}{1 \text{ m}^2} = 300\,000 \text{ Pa} = 3 \text{ bar}.$$

Betrachten wir eine Schicht in größerer Tiefe, so lastet auf ihr eine höhere Flüssigkeitssäule; die Gewichtskraft auf diese Säule ist entsprechend größer. Mit zunehmender Tiefe herrscht somit ein immer größerer Druck.

Wir können mathematisch herleiten, welcher Zusammenhang zwischen Druck und Tiefe besteht. Dazu stellen wir uns wieder einen hohen Quader vor, der mit einer Flüssigkeit (Dichte: ϱ_{Fl}) gefüllt ist. In der Tiefe h wird wieder eine Schicht gekennzeichnet. Auf ihr lastet eine Flüssigkeitssäule mit dem Volumen $V = A \cdot h$ und der Masse $m = \varrho_{Fl} \cdot V = \varrho_{Fl} \cdot A \cdot h$.

Aus der Masse läßt sich die Gewichtskraft berechnen, die auf die Flüssigkeitssäule wirkt:

$F_G = g \cdot m.$
$F_G = g \cdot \varrho_{Fl} \cdot A \cdot h.$

Damit ergibt sich für den Schweredruck, der in der Tiefe h der Flüssigkeit herrscht:

$$p = \frac{F_G}{A} = g \cdot \varrho_{Fl} \cdot h.$$

Der Schweredruck p in einer Flüssigkeit ist proportional zur Tiefe h, denn sowohl der Faktor g als auch die Dichte der Flüssig-

keit sind praktisch konstant; sie hängen nicht von der Tiefe h ab. Die Dichte bleibt gleich, weil sich Flüssigkeiten (im Gegensatz zu Gasen) nicht zusammenpressen lassen.

Die Querschnittsfläche A taucht in der Formel nicht auf. Daß der Druck *nicht* von dieser Fläche abhängt, läßt sich so erklären: Bei gleicher Höhe wirkt auf eine „dicke" Säule zwar eine größere Gewichtskraft als auf eine „dünne" Säule, aber die Kraft wird bei der dicken Säule auf eine größere Fläche ausgeübt. Der Quotient aus Kraft und Fläche ist von der Fläche unabhängig.

Die Formel $V = A \cdot h$ gilt nicht nur für Quader, sondern z. B. auch für Zylinder. Daher kann man den Druck in einem zylinderförmigen Gefäß genauso berechnen wie in einem rechteckigen.

Beispiel: Wie groß ist der Schweredruck am Boden einer Brennspiritusflasche (Füllhöhe: 22 cm)?

Lösung:

$$p = g \cdot \varrho_{Fl} \cdot h,$$

$$p = 9{,}81 \, \frac{N}{kg} \cdot 0{,}79 \, \frac{g}{cm^3} \cdot 22 \, cm = 9{,}81 \, \frac{N}{kg} \cdot 790 \, \frac{kg}{m^3} \cdot 0{,}22 \, m,$$

$$p = 1705 \, \frac{N}{m^2} = 1705 \, Pa = 17{,}05 \, hPa = 17{,}05 \, mbar.$$

Der Schweredruck beträgt also etwa 17 mbar.

Aus Umwelt und Technik: **Vom Tauchen und seinen Gefahren**

Beim Tauchen ist der menschliche Körper geänderten Umweltbedingungen ausgesetzt. Daß der Aufenthalt in großen Tiefen nur in einer Tauchkugel möglich ist, hängt mit dem Schweredruck des Wassers zusammen. Nach jeweils 10 m Tauchtiefe ist der Druck um 1 bar gestiegen.

Erstaunlich ist, daß es auch an den tiefsten Stellen des Meeres, in rund 10 km Tiefe, noch Lebewesen gibt. Wieso können sie den ungeheuren Druck von ca. 1000 bar in der Tiefe ertragen, der Mensch aber nicht?

Bei der Erklärung hilft ein Beispiel: Eine luftgefüllte, verschlossene Flasche, die mit Eisen beschwert ist und im Meer versinkt, wird durch den Druck in großer Tiefe zerstört. Eine wassergefüllte, offene Flasche dagegen bleibt unbeschädigt. Bei der *offenen* Flasche herrscht nämlich innen und außen der gleiche Druck; von innen und außen wirken somit gleich große Kräfte auf die Glaswand. Bei der *verschlossenen* Flasche wirken die Kräfte nur von außen.

Die Tiere der Tiefsee kann man mit der offenen Flasche vergleichen: In ihrem Körper herrscht der gleiche Druck wie im Wasser, und sie sind auf diese Druckverhältnisse eingestellt. Der Mensch dagegen entspricht der geschlossenen Flasche; seine Lunge ist der Hohlraum.

Ohne Hilfsmittel und ohne besonderes Training können Menschen nur etwa 40 s lang tauchen. Geübte Schwamm- und Perlentaucher schaffen es, bis zu 4 min unter Wasser zu bleiben. Sie erreichen Tiefen von bis zu 30 m.

6

Mit Preßluftgeräten kann man 80 m bis 90 m Tauchtiefe erreichen. Die aus der Preßluftflasche eingeatmete Luft steht stets unter dem gleichen Druck wie das Wasser der Umgebung. Daher wird der Lungenhohlraum nicht zusammengequetscht.

Allerdings wird es ab 50 m Tiefe wegen des *Tiefenrausches* sehr gefährlich. Bei ungeübten Tauchern können sogar schon ab 15 m Anzeichen dieses rauschartigen Zustandes auftreten: ein Verlust der Urteilsfähigkeit, leichtsinniges Verhalten, Schläfrigkeit. Der Tiefenrausch entsteht durch den Stickstoffanteil der Atemluft.

Wie es zur gefürchteten *Taucherkrankheit* kommt, kannst du dir an einer Sprudelflasche klarmachen:

Wenn du sie öffnest, entstehen Gasbläschen, die aufsteigen und entweichen. In der geschlossenen Flasche herrscht nämlich ein höherer Druck, und das Gas ist im Wasser gelöst. Bei geringerem Druck kann das Wasser nicht soviel Gas aufnehmen.

Ähnlich ist es mit unserem Blut: Bei hohem Druck löst es viel Stickstoff. Läßt der Druck plötzlich nach, bilden sich Gasbläschen im Blut und verstopfen die Adern. Es kommt zu Schmerzen und Lähmungen, die sogar zum Tode führen können. Taucher, die längere Zeit dem Druck in größerer Tiefe ausgesetzt waren, müssen erst wieder an geringeren Druck gewöhnt werden. Das geschieht durch Pausen beim Auftauchen oder in einer *Dekompressionskammer* (Bild 6).

Um den Tiefenrausch zu vermeiden, wird der Stickstoffanteil der Atemluft durch ein anderes Gas (z. B. Helium) ersetzt. Mit diesem Gasgemisch (und speziellen Geräten) lassen sich Tiefen von einigen hundert Metern erreichen. Die Gefahr der Taucherkrankheit ist damit allerdings nicht gebannt; auch Helium wird nämlich im Blut gelöst.

Regeln zum Tauchen ohne Atemgerät

1. Vor dem Tauchen nur ein- oder zweimal tief durchatmen! Schnelles und tiefes Atmen vor dem Tauchen kann unter Wasser zu Bewußtlosigkeit führen. Mehr Sauerstoff gelangt durch das schnelle Atmen nicht ins Blut.

2. Schnorchel nicht verlängern; 35 cm sind genug! Bei verlängertem Schnorchel sind Lungenschäden zu befürchten. Durch den Schweredruck des Wassers wird Blut aus den Venen in den Brustraum gepreßt, so daß in der Lunge Blutgefäße platzen. Auch der Kreislauf wird in Mitleidenschaft gezogen; es kann zu Bewußtlosigkeit kommen.

3. Für Druckausgleich sorgen! (Nase zuhalten und Luft aus der Lunge in die Nase drücken.) Durch den Schweredruck des Wassers wird das Trommelfell nach innen gewölbt. Schon ab 5 m Tauchtiefe können Schäden auftreten.

Mechanik der Flüssigkeiten

Aufgaben

1 Mit Hilfe der Beobachtungen von Versuch 6 läßt sich das Druckgefühl erklären, das man beim Tauchen im Ohr empfindet. Beschreibe!

Berechne den Druck in 4 m Wassertiefe. Welche Kraft wirkt in dieser Tiefe von außen auf das Trommelfell (Fläche: ca. 0,5 cm^2)?

2 Wenn eine eingeschlossene Flüssigkeit mit einem Stempel unter Druck gesetzt wird, gehen wir davon aus, daß der Druck überall in der Flüssigkeit gleich groß ist. Welche Einschränkung müssen wir dabei strenggenommen machen?

3 In einem langgestreckten Gefäß befindet sich eine 76 cm hohe Quecksilbersäule.

Berechne den Druck am Boden des Gefäßes. Wie hoch müßte eine Wassersäule sein, damit unten in der Säule der gleiche Druck herrscht?

4 Die Dichte von Meerwasser beträgt 1,03 g/cm^3.

a) Berechne den Schweredruck des Meerwassers in 10 m, 1000 m und 10 000 m Tiefe.

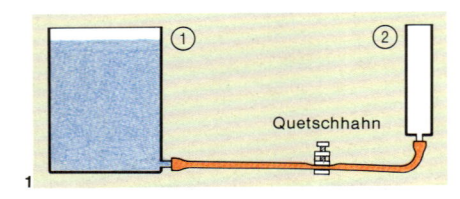

b) Die Außenfläche eines Fensters der „Trieste" beträgt etwa 1260 cm^2. Welche Kraft wirkt in den unterschiedlichen Tiefen auf dieses Fenster?

5 Berechne die Kraft, die das Meerwasser in 5000 m Tiefe auf jeden Quadratzentimeter der Haut eines Fisches ausübt.

Warum wird der Fisch nicht vom Wasser zerquetscht?

6 Zwei Gefäße sind durch einen Schlauch verbunden (Bild 1).

Wie hoch steigt in Gefäß 2 das Wasser, wenn der Hahn geöffnet wird? Begründe deine Antwort.

Was geschieht, wenn du Gefäß 2 anschließend etwas anhebst?

7 Warum sind in Bild 2 die Flüssigkeitssäulen nicht gleich hoch?

3 Schweredruck und Gefäßform

Von dem berühmten französischen Philosophen und Naturwissenschaftler *Blaise Pascal* (1623–1662) wird folgende Geschichte erzählt:

Pascal behauptete, er könne mit ein paar Gläsern Wein ein volles Weinfaß zerstören. Aber niemand glaubte ihm.

Daraufhin bohrte Pascal ein Loch oben in ein Faß und steckte ein mehrere Meter langes, dünnes Rohr hinein (Bild 3). Nachdem er das Faß sorgfältig abgedichtet hatte, goß er Wein in das Rohr. Das dünne Rohr füllte sich schnell – und plötzlich barst das Faß mit lautem Krachen!

Wie war das möglich?

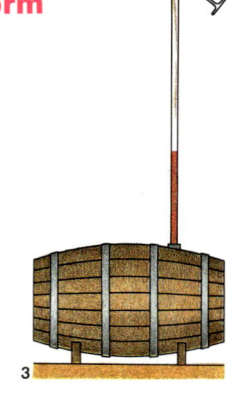

V 9 Eine wassergefüllte Wärmflasche wird mit einem durchbohrten Gummistopfen verschlossen und mit einem durchsichtigen Schlauch verbunden (Bild 4).

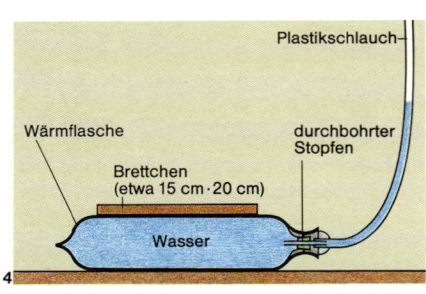

Auf die Flasche wird ein Brettchen gelegt und darauf ein 5-kg-Wägestück gestellt. Versuche vorherzusagen, wie hoch das Wasser im Schlauch steigen wird.

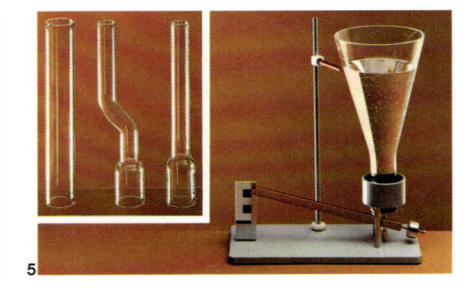

V 10 Wir messen den Schweredruck des Wassers am Boden unterschiedlich geformter Gefäße (Bild 5). Der Druck bewirkt, daß eine Membran am Gefäßboden ausgewölbt wird. Diese Auswölbung wird über einen Hebel angezeigt und kann durch Anhängen von Wägestücken rückgängig gemacht werden.

a) Stelle Vermutungen über den Druck am Boden der Gefäße an.

b) Überprüfe die Vermutungen durch Messungen.

Formuliere das Ergebnis.

Info: Unglaublich, aber wahr – das Paradoxon des Schweredrucks

Wir wissen bereits, daß der Schweredruck in einem Quader oder einem Zylinder nicht davon abhängt, ob die Querschnittsfläche groß oder klein ist. Wie groß ist aber der Schweredruck in Gefäßen, die oben enger oder weiter sind als unten?

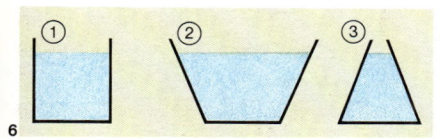

In Bild 6 siehst du solche Gefäße; die Flüssigkeit steht in ihnen gleich hoch. Mißt man den Schweredruck am Boden dieser Gefäße, so erhält man ein erstaunliches Ergebnis: Obwohl Gefäß 2 mehr Flüssigkeit enthält als die Gefäße 1 und 3, herrscht am Boden aller drei Gefäße der gleiche Druck.

Der Schweredruck ist also unabhängig von der Gefäßform; er hängt nur von der Füllhöhe und der Dichte der Flüssigkeit (sowie vom Ortsfaktor) ab.

Weil dieser Sachverhalt auf den ersten Blick merkwürdig erscheint, spricht man von einem **Paradoxon**.

Wir können uns dieses überraschende Ergebnis so erklären:

Jedes Teilchen im Innern einer Flüssigkeit ist im Kräftegleichgewicht; sonst würde es sich sofort in Bewegung setzen, denn die Teilchen sind ja leicht gegeneinander verschiebbar.

Wir betrachten jetzt eine ganz bestimmte Flüssigkeitsschicht (Bild 7). Auch diese Schicht befindet sich im Kräftegleichgewicht, weil ihre Teilchen im Gleichgewicht sind. Du kannst die Flüssigkeitsschicht in Gedanken durch eine stabile Wand ersetzen. Am Schweredruck ändert sich dadurch nichts. Wir haben das Gefäß aber in zwei Teile geteilt.

Wenn man die Trennwand mit den übrigen Gefäßwänden fest verbindet, kann man auch die Flüssigkeit aus Teil 1 entfernen, ohne daß sich der Druck in Teil 2 ändert. Allerdings übt die Flüssigkeit dann nur noch von einer Seite eine Kraft auf die Trennwand aus; die erforderliche Gleichgewichtskraft wird von den Gefäßwänden erzeugt, an denen die Trennwand befestigt ist.

Die gleichen Überlegungen können wir auch für beliebig geformte Trennwände anstellen. Die Gefäßform hat also keinen Einfluß auf den Schweredruck.

Beispiele: In gleicher Tiefe unter der Flüssigkeitsoberfläche herrscht in dem Faß mit aufgesetztem Rohr (Bild 3) der gleiche Druck wie in einem Zylinder.

Beim Tauchen in wassergefüllten Höhlen spielt es keine Rolle, ob sich unmittelbar über dem Taucher Wasser oder Gestein befindet; der Druck ist in beiden Fällen der gleiche (Bild 8).

Als **verbundene Gefäße** bezeichnet man beliebig geformte Gefäße, die nach oben hin offen sind und die z. B. durch ein Rohr miteinander in Verbindung stehen.

Beide Gefäße sollen mit der gleichen Flüssigkeit gefüllt sein (Bild 9).

Die Flüssigkeit im Rohr ist nur dann in Ruhe, wenn an beiden Seiten des (waagerechten) Verbindungsrohres der gleiche Druck herrscht. Daher müssen *die Flüssigkeitsspiegel in verbundenen Gefäßen auf gleicher Höhe liegen.* Solange das nicht der Fall ist, fließt Flüssigkeit von dem einen Gefäß ins andere.

Auch in verbundenen Gefäßen hängt der Schweredruck also nicht von der Gefäßform ab, sondern einzig und allein von der Tiefe.

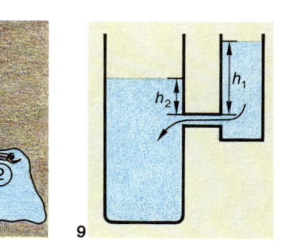

Aufgaben

1 Am Fuß einer Staumauer befindet sich der *Grundablaß*, der dazu dient, den Stausee zu entleeren. Die Öffnung liegt 200 m unter dem Wasserspiegel des Sees und ist durch einen 2 m² großen Schieber verschlossen.

Berechne die Kraft, die auf den Schieber wirkt.

Warum hängt die Kraft weder von der Größe des Stausees ab noch davon, ob der Schieber vertikal steht oder geneigt ist?

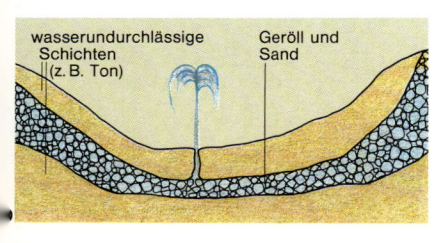

2 Bild 10 zeigt einen *artesischen Brunnen*. Der Name ist abgeleitet von der Landschaft Artois im Norden Frankreichs. Erkläre die Entstehung dieser natürlichen Springbrunnen.

3 In Bild 11 steht das Öl im Einfüllstutzen höher als im Tank. Warum?

Wie kann man erreichen, daß der Tank vollständig gefüllt werden kann?

4 Die Bilder 12 u. 13 zeigen Anwendungen des Prinzips der verbundenen Gefäße. Beschreibe jeweils die Funktionsweise.

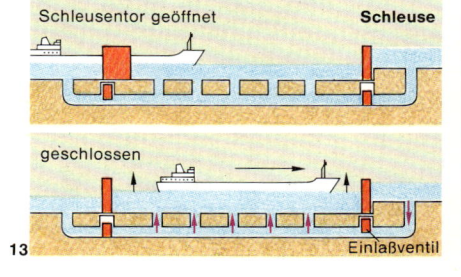

Mechanik der Flüssigkeiten

4   Der Auftrieb

Da hat Dagobert mal wieder Pech gehabt...

Zugegeben, der Zeichner hat ein wenig übertrieben: Es gibt keinen Hufeisenmagneten, der diese schwere Truhe tragen kann.

Aber daß die Truhe nicht schon *unter Wasser* zerbrochen ist, läßt sich physikalisch begründen...

V 11 Hänge einen Metallquader an einen Kraftmesser, und lies die Gewichtskraft ab.

Tauche den Quader dann in Wasser ein. Wie groß ist die Kraft, die jetzt angezeigt wird?

V 12 Wirkt auf einen Körper, der sich unter Wasser befindet, nicht mehr die ganze Gewichtskraft?

Stelle auf die eine Waagschale einer Balkenwaage ein Glas mit Wasser und einen kleinen Metallquader. Bringe die Waage dann mit Hilfe von Wägestücken ins Gleichgewicht.

Nun versenkst du den Quader im Glas. Was stellst du fest?

V 13 Fülle einen Luftballon mit Wasser, und binde ihn zu. Im Ballon darf keine Luft mehr sein.

Hänge den Ballon an einen Gummiring, und tauche ihn dann langsam in einen mit Wasser gefüllten Eimer.

Achte dabei auf den Gummiring und auf die Form des Ballons.

V 14 Wir suchen eine Gesetzmäßigkeit für den scheinbaren Gewichtsverlust von Körpern, die sich in einer Flüssigkeit befinden.

Du benötigst den wassergefüllten Ballon von V 13, verschiedene Metallquader, einen Kraftmesser, ein Überlaufgefäß und einen Meßzylinder.

a) Bestimme für jeden Körper die folgenden Größen:

○ die Gewichtskraft F_G (in Luft);
○ die Kraft F_W, mit der der Körper nach unten gezogen wird, wenn du ihn ganz im Wasser versenkt hast;
○ das Volumen V des verdrängten Wassers.

Trage die Meßergebnisse in eine Tabelle ein (→ Muster unten). Erkennst du eine Gesetzmäßigkeit?

b) Führe die Messungen mit Brennspiritus statt mit Wasser durch.

V 15 Nimm eine Eisenschraube, und stelle eine Plastilinkugel her, auf die die gleiche Gewichtskraft wirkt wie auf die Schraube.

Laß die Körper ganz in Wasser eintauchen, und miß die zum Halten nötige Kraft. Was stellst du fest?

V 16 Wenn du eine Styroporkugel (oder einen Gummiball) unter Wasser losläßt, wirkt auf die Kugel (oder den Ball) eine nach oben gerichtete Kraft. Bild 2 zeigt, wie du sie messen kannst.

Bestimme das Volumen des verdrängten Wassers, und berechne die Gewichtskraft auf das Wasser. Vergleiche mit der gemessenen Kraft.

Gewichtskraft auf den Körper F_G in N	nach unten gerichtete Kraft in Wasser F_W in N	scheinbarer Gewichtsverlust $F_G - F_W$ in N	Volumen des verdrängten Wassers V in cm³	Gewichtskraft auf das verdrängte Wasser F_A in N
?	?	?	?	?

Info: Die Auftriebskraft

Unter Wasser kannst du schwerere Gegenstände leichter tragen als an Land. Es scheint, als würde auf einen untergetauchten Körper eine kleinere Gewichtskraft wirken.

In Wirklichkeit ist aber die Gewichtskraft auf einen Körper in Wasser und in Luft *gleich groß*. Unter Wasser wird ein Körper ja genauso von der Erde angezogen, als würde er sich in Luft befinden.

Daß ein Körper im Wasser leichter zu tragen ist, liegt daran, daß das Wasser eine nach oben gerichtete Kraft auf ihn ausübt. Diese Kraft heißt **Auftriebskraft**.

Versenkt man einen Körper in Wasser, so zeigt ein Kraftmesser nicht mehr die Gewichtskraft an (Bilder 3 u. 4). Vielmehr wird die Resultierende aus der Gewichtskraft und der nach oben wirkenden Auftriebskraft gemessen.

Wie läßt sich die Auftriebskraft erklären?
Infolge des Schweredrucks wirken auf einen eingetauchten Körper Kräfte, die senkrecht zu seinen Begrenzungsflächen sind. Da der Schweredruck mit der Tiefe zunimmt, wirkt auf die Unterseite des Körpers eine etwas größere Kraft als auf seine Oberseite. Als Resultierende der Kräfte auf Ober- und Unterseite ergibt sich die nach oben gerichtete Auftriebskraft.

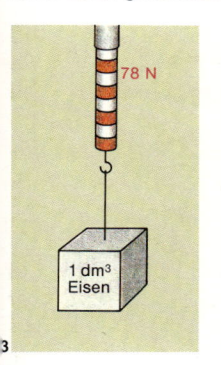

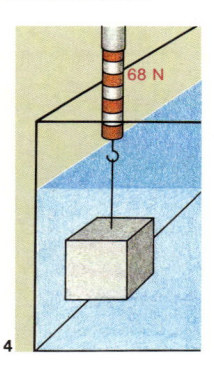

Bei einem quaderförmigen Körper können wir eine Formel für die Auftriebskraft herleiten (Bild 5):

Wir bezeichnen die Grundfläche des Quaders mit A und seine Höhe mit h. Die Eintauchtiefe der Deckfläche nennen wir h_1, die der Grundfläche h_2.

Es gilt: $h = h_2 - h_1$.
Die Dichte der Flüssigkeit sei ϱ_{Fl}.

In Höhe der Deckfläche herrscht der Schweredruck
$$p_1 = g \cdot \varrho_{Fl} \cdot h_1.$$
In Höhe der Grundfläche herrscht der Schweredruck
$$p_2 = g \cdot \varrho_{Fl} \cdot h_2.$$
Somit wirkt auf die Deckfläche die Kraft
$$F_1 = p_1 \cdot A = g \cdot \varrho_{Fl} \cdot h_1 \cdot A$$
und auf die Grundfläche die Kraft
$$F_2 = p_2 \cdot A = g \cdot \varrho_{Fl} \cdot h_2 \cdot A.$$
Die Resultierende der beiden Kräfte ist die Auftriebskraft:
$$F_A = F_2 - F_1,$$
$$F_A = g \cdot \varrho_{Fl} \cdot A \cdot h_2 - g \cdot \varrho_{Fl} \cdot A \cdot h_1,$$
$$F_A = g \cdot \varrho_{Fl} \cdot A \cdot (h_2 - h_1),$$
$$F_A = g \cdot \varrho_{Fl} \cdot A \cdot h.$$
Da $A \cdot h$ das Volumen des Quaders ist, gilt:
$$F_A = g \cdot \varrho_{Fl} \cdot V.$$
Die Kräfte auf einander gegenüberliegende Seitenflächen des Quaders sind gleich groß, aber entgegengesetzt gerichtet. Sie heben sich also gegenseitig auf.

Durch Messungen stellt man fest, daß die Formel für die Auftriebskraft auf einen Quader auch für andere Körper gilt.

Wir erhalten somit als Ergebnis: *Wenn sich ein Körper mit dem Volumen V in einer Flüssigkeit befindet, übt diese auf ihn eine Auftriebskraft aus mit dem Betrag*
$$F_A = g \cdot \varrho_{Fl} \cdot V.$$
Dabei ist ϱ_{Fl} die Dichte der Flüssigkeit.

Das Produkt $g \cdot \varrho_{Fl} \cdot V$ hat eine anschauliche Bedeutung: Es ist genauso groß wie die Gewichtskraft auf die Flüssigkeit, die der Körper verdrängt hat. Man kann daher sagen:

Die Auftriebskraft, die ein Körper in einer Flüssigkeit erfährt, ist so groß wie die Gewichtskraft auf die verdrängte Flüssigkeit (Archimedisches Prinzip).

Beispiel: Auf einen Eisenwürfel von 10 cm Kantenlänge wirkt eine Gewichtskraft von 78 N. Er verdrängt 1 l Wasser.

Die Auftriebskraft in Wasser ist so groß wie die Gewichtskraft auf 1 l Wasser; sie beträgt also etwa 10 N. Wenn der untergetauchte Würfel an einem Kraftmesser hängt, zeigt dieser nur 68 N an.

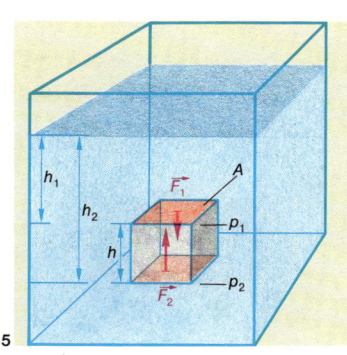

Beispiel: Eisenwürfel mit 10 cm Kantenlänge in Wasser (Eintauchtiefen: $h_1 = 15$ cm, $h_2 = 25$ cm)

Schweredruck in 15 cm Tiefe: $p_1 = 0{,}15 \frac{N}{cm^2}$

Kraft auf die Deckfläche: $F_1 = p_1 \cdot A$
$$F_1 = 0{,}15 \frac{N}{cm^2} \cdot 100\ cm^2 = 15\ N.$$

Schweredruck in 25 cm Tiefe: $p_2 = 0{,}25 \frac{N}{cm^2}$

Kraft auf die Grundfläche: $F_2 = p_2 \cdot A,$
$$F_2 = 0{,}25 \frac{N}{cm^2} \cdot 100\ cm^2 = 25\ N.$$

Auftriebskraft: $F_A = F_2 - F_1 = 25\ N - 15\ N = 10\ N.$

Aufgaben

1 Warum wird ein Taucher eigentlich nicht durch das Wasser über ihm zu Boden gedrückt?

2 Im Schwimmbad kannst du eine Person, die sich weitgehend unter Wasser befindet, ohne Schwierigkeiten tragen. Begründe!

3 Stell dir vor, der Eisenwürfel von Bild 5 würde sich nicht 15 cm, sondern 5 m unter der Wasseroberfläche befinden. Wie groß wäre die zum Halten nötige Kraft?

4 Ein Eisenwürfel ($V = 75\ cm^3$) wird in Leitungswasser ($\varrho = 1{,}00\ g/cm^3$) und in Salzwasser ($\varrho = 1{,}03\ g/cm^3$) getaucht.

Wie groß ist dabei jeweils die Auftriebskraft?

Berechne auch die Auftriebskräfte auf einen gleich großen Würfel aus Aluminium.

5 Um eine 400 cm^3 große Holzkugel unter Wasser zu halten, ist eine Kraft von 1 N erforderlich.

Berechne die Gewichtskraft auf die Kugel.

6 Auf einen Gegenstand wirkt eine Gewichtskraft von 135 N. Wenn man ihn in Wasser taucht, mißt man nur noch eine Kraft von 85 N.

Aus welchem Material könnte der Gegenstand bestehen?

Mechanik der Flüssigkeiten

Aus der Geschichte: **Archimedes als Detektiv**

Der Überlieferung nach deckte der berühmte griechische Naturwissenschaftler und Philosoph *Archimedes* (285–212 v. Chr.) eine Straftat auf. Folgendes soll sich zugetragen haben:

König *Hieron von Syrakus* ließ sich von einem Goldschmied aus einem Barren reinen Goldes eine Krone anfertigen. Damit ihn der Goldschmied nicht betrügen konnte, hatte er den Barren vorher wiegen lassen.

Die Krone, die der Goldschmied ablieferte, hatte tatsächlich das gleiche Gewicht wie der Barren. Trotzdem war das Mißtrauen des Königs noch nicht verflogen. War es nicht möglich, daß der Goldschmied einen Teil des Goldes durch Silber ersetzt und dieses im Innern der Krone versteckt hatte? Natürlich hätte man nachschauen können, aber dabei wäre die Krone zerstört worden.

So beauftragte der König Archimedes. Er sollte die Echtheit der Krone prüfen, ohne sie zu beschädigen. Ein schwieriges Problem – Archimedes grübelte lange darüber nach.

Als er gerade ein Bad nahm, soll er plötzlich ausgerufen haben: „Heureka!" (Ich hab's gefunden.)

Er eilte zum König und ließ sich die Krone und ein gleich schweres Stück Gold geben. Dann nahm er eine Waage, legte die Krone auf die eine Waagschale und das Gold auf die andere – die Waage war, wie erwartet, im Gleichgewicht.

Anschließend tauchte er die beiden Waagschalen samt Krone und Goldbarren in ein Becken mit Wasser.

Da geschah etwas Erstaunliches: Die Waagschale mit dem Goldklumpen senkte sich; die Waage war nicht mehr im Gleichgewicht (Bild 1).

Keiner der Umstehenden verstand das. Für Archimedes aber war der Fall vollkommen klar: Der Goldschmied war ein Betrüger.

Fragen und Aufgaben zum Text

1 Erkläre, warum die Waage unter Wasser nicht im Gleichgewicht war.

2 Der Goldschmied wurde überführt, weil die Krone eine physikalische Stoffeigenschaft von Gold nicht aufwies. Um welche Eigenschaft handelt es sich?

5   Das Schwimmen

Eisen schwimmt und Holz sinkt …

V 17 Untersuche, ob (massive) Körper aus folgenden Stoffen in Wasser schwimmen:

Eisen, Kupfer, Wachs (Stearin), Holz, Kohle, Eis, Glas, Gummi, Kunststoff, Stein …

V 18 Prüfe diese Behauptung nach: „Körper schwimmen eher in einem tiefen Wasserbecken als in einem flachen."

Als Schwimmkörper eignet sich ein teilweise mit Sand gefülltes Tablettenröhrchen oder ein Korken, der an seiner Unterseite mit Nägeln „gespickt" ist. Der Körper soll in einem flachen Wasserbecken ganz langsam zu Boden sinken (oder im Wasser schweben).

V 19 Untersuche jetzt, ob Salzwasser „besser trägt" als Süßwasser.

a) Fülle z. B. einen Meßbecher etwa zur Hälfte mit Wasser, und lege ein rohes Ei hinein. Gib dann mehrere Löffel Salz in das Wasser, und rühre um …

b) Du benötigst einen Schwimmkörper wie in Versuch 18; er soll in Leitungswasser schwimmen. Bringe an dem Körper eine Skala an. Merke dir, bis zu welchem Skalenstrich er eintaucht.

Laß den Körper dann in Salzwasser schwimmen. Wie weit taucht der Schwimmkörper ein?

V 20 Bild 4 zeigt den Aufbau.

a) Die Waage wird ins Gleichgewicht gebracht. Dann setzt du den Holzquader auf das Wasser. Wieviel Wasser verdrängt er? Was kannst du über die Gewichtskräfte auf die verdrängte Wassermenge und auf den Holzquader aussagen?

b) Mit dem Schwimmkörper aus V 18 wird der Versuch mehrfach wiederholt. Der Körper soll so belastet sein, daß er unterschiedlich tief eintaucht.

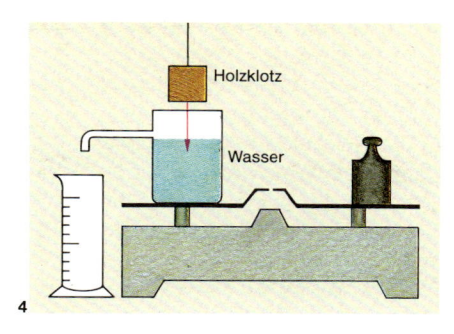

c) Verwende jetzt Salzwasser statt Leitungswasser.

d) Wieviel Flüssigkeit verdrängt ein schwimmender Körper? Formuliere eine Regel.

V 21 Du brauchst Wasser, Speiseöl und Brennspiritus.

a) Aus etwa 10 cm Höhe läßt du einen Teelöffel Speiseöl in ein Glas mit Wasser laufen.

b) Gieße einen Teelöffel Speiseöl in ein leeres Glas, und fülle dieses anschließend langsam mit Wasser.

Aufgaben

1 Denke dir einen untergetauchten Körper. Auf ihn wirken die Gewichtskraft und die Auftriebskraft. In welcher Beziehung müssen diese Kräfte stehen, damit der Körper *aufsteigt*, *sinkt* bzw. im Wasser *schwebt*?

2 Häufig kann man von der (mittleren) Dichte ϱ_K eines Körpers reden (z. B. bei einer verschlossenen Flasche). Wir verstehen darunter den Quotienten aus der Masse und dem Volumen des Körpers:

$$\varrho_K = \frac{m}{V}.$$

Verwende diese Größe, um anzugeben, wann ein untergetauchter Körper in einer Flüssigkeit der Dichte ϱ_{Fl} *aufsteigt*, *sinkt* bzw. *schwebt*.

3 Denke dir einen quaderförmigen Körper. In welcher Beziehung muß seine Dichte zur Dichte der Flüssigkeit stehen, damit er *schwimmt*?

4 Warum schwimmt ein Schiff?
Was kannst du über die Auftriebskraft und die Gewichtskraft auf ein schwimmendes Schiff aussagen?
Vergleiche mit der Gewichtskraft auf die verdrängte Flüssigkeit.

5 Übertrage die Tabelle rechts in dein Heft, und ergänze sie.

6 Eisberge befinden sich zum Teil über und zum Teil unter der Wasseroberfläche. Berechne das Verhältnis des untergetauchten Volumens zum Gesamtvolumen ($\varrho_{Eis} = 0{,}92$ g/cm³).

7 In einem Buch von *Karl May* will ein Gauner einem Händler eine Ölquelle verkaufen. Er behauptet, am Grund eines Sees lagern große Ölmengen, die vom Wasser niedergedrückt würden. Dem Händler leuchtet diese Erklärung ein. Was meinst du?

8 Die Ballons in Bild 5 enthalten nur Wasser, auch das Becken ist mit Wasser gefüllt. Warum schwimmen einige Ballons, während andere schweben oder gesunken sind?

9 Eine verschlossene, leere Flasche verdrängt 0,95 l Wasser, wenn sie untergetaucht wird. Auf die Flasche wirkt eine Gewichtskraft von 6 N.

a) Welche Kraft muß man ausüben, um die leere Flasche unter Wasser zu halten?

b) Wieviel Wasser müßte man in die leere Flasche füllen, damit sie im Wasser schwebt?

10 Man kann die Dichte von Flüssigkeiten mit einer *Senkwaage* (einem *Aräometer*) bestimmen.
Erkläre ihre Funktionsweise anhand von Bild 6.

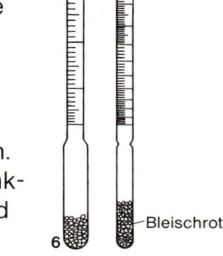

11 Ein Reagenzglas mit einer Querschnittsfläche von 3 cm² ist so mit Nägeln beschwert, daß es im Wasser schwimmt. Die Gewichtskraft auf Reagenzglas und Nägel beträgt insgesamt 0,3 N.

a) Wie groß ist die Gewichtskraft auf die verdrängte Flüssigkeit? Wie groß ist ihre Masse?

b) Das Reagenzglas wird einmal in Leitungswasser und einmal in Salzwasser ($\varrho = 1{,}03$ g/cm³) getaucht.
Welches Volumen hat jeweils die verdrängte Flüssigkeit?
Um wieviel Millimeter sinkt das Reagenzglas in Leitungswasser tiefer ein als in Salzwasser?

Körper	mittlere Dichte in $\frac{g}{cm^3}$	Flüssigkeit	Dichte in $\frac{g}{cm^3}$	schwimmt	schwebt	sinkt
Eisenwürfel	?	?	?	x	–	–
Stahlkasten	0,4	?	?	x	–	–
Aluminiumdraht	?	Salzwasser	1,03	?	?	?
Korken mit Nägeln	1,0	Wasser, 100 °C	0,96	?	?	?
Korken mit Nägeln	1,0	Wasser, 4 °C	1,0	?	?	?

Mechanik der Flüssigkeiten

Aus Umwelt und Technik: **Schiffshebung durch Schaumstoff**

Im Hafen von Kuweit sank im November 1965 das Frachtschiff „Al Kuweit" mit etwa 5000 Schafen an Bord. Von verschiedenen Firmen gingen Angebote zur Bergung des Schiffes ein. Dabei machte der Däne *Karl Krøyer* – man nannte ihn den dänischen „Ideenmann" – einen phantastisch klingenden Vorschlag:

Kleine Styroporkügelchen sollten das Schiff heben! Ob er wohl beim Lesen dieser Bildgeschichte (Bild 1) darauf gekommen war?

Tatsächlich übertrug man ihm den Auftrag. So konnte es also losgehen! Per Flugzeug ließ Krøyer zunächst Pumpen, dicke Schläuche und eine Ladung Styroporkügelchen nach Kuweit bringen. Die Hauptladung der Kugeln kam dann per Schiff.

Die Schaumstoffkugeln ließ er zunächst mit Wasser vermischen. Dann wurden sie mit Preßluft durch die Schläuche in den vorher abgedichteten Schiffsrumpf gepumpt (Bild 2).

Nach sechs Wochen war es dann soweit: Die „Al Kuweit" erschien an der Wasseroberfläche (Bild 3).

Seine Methode zur Hebung eines gesunkenen Schiffes wollte Krøyer zum Patent anmelden.

Das Patentamt lehnte aber seinen Antrag mit der Begründung ab, nicht er – Krøyer – sei der Erfinder dieser Methode, sondern der Autor der Donald-Duck-Geschichte...

Aus Umwelt und Technik: **Von U-Booten und Fischen**

Unterseeboote und Fische haben eine Gemeinsamkeit: Sie können unter Wasser schweben, steigen und sinken.

Beim Schweben sind Gewichtskraft und Auftriebskraft gleich groß. Dieses Kräftegleichgewicht wird in der Natur und in der Technik auf verschiedene Weise erreicht:

Ein **U-Boot** hat eine starre Form und damit ein konstantes Volumen. Somit ist auch die Auftriebskraft immer gleich groß. Um den Schwebezustand zu erreichen, muß also die *Gewichtskraft* auf das Boot passend „eingestellt" werden. Zu diesem Zweck verfügt das U-Boot über große Tanks. Wenn sie mit Wasser gefüllt werden, nimmt die Gewichtskraft auf das Boot zu. Zur Verringerung der Gewichtskraft bläst man sie mit Preßluft leer (Bild 4).

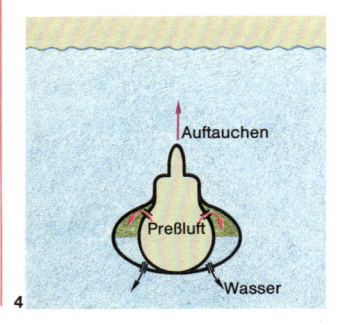

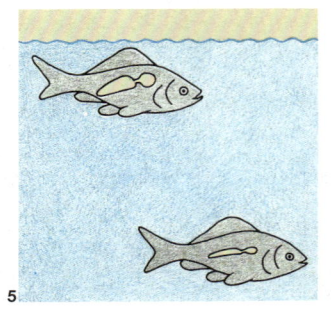

Bei **Fischen** dagegen ist die Gewichtskraft praktisch unveränderlich. Viele Fische können aber ihr Körpervolumen und damit die *Auftriebskraft* verändern. Sie besitzen dazu ein besonderes Organ, die *Schwimmblase* (Bild 5). Sie ist mit Kohlenstoffdioxid und Sauerstoff gefüllt.

Über den Blutkreislauf kann der Schwimmblase weiteres Gas zugeführt werden, dann wird sie größer. Oder das Blut nimmt Gas auf, dann wird sie kleiner. Hat die Schwimmblase die richtige Größe, so schwebt der Fisch.

Ein Fisch, der in großer Tiefe schwimmt, ist dem enormen Schweredruck des Wassers ausgesetzt. Damit seine Schwimmblase nicht zusammengequetscht wird, muß in ihr der gleiche Druck herrschen wie außerhalb.

Beim Aufsteigen gibt der Fisch Gas aus der Schwimmblase ab und paßt sich so dem abnehmenden Schweredruck an. Holt man aber einen Fisch plötzlich aus großer Tiefe an die Oberfläche, so kann er den Druck in der Schwimmblase nicht schnell genug verringern. Die Blase dehnt sich stark aus: Der Fisch sieht aus wie eine Trommel und geht zugrunde; man sagt, er sei *trommelsüchtig*.

Manche Fische, z. B. Haie, besitzen keine Schwimmblase. Sie können nicht bewegungslos im Wasser schweben. Um nicht nach unten zu sinken, müssen sie ständig mit den Flossen eine Kraft erzeugen.

Mechanik der Flüssigkeiten

Alles klar?

1 Die Bezeichnungen *Stempeldruck* und *Schweredruck* lassen erkennen, wie der Druck jeweils erzeugt wird. Erläutere!

2 Bild 6 zeigt eine recht originelle Personenwaage. Auf einem wassergefüllten Gummikissen liegt eine 25 cm · 25 cm große Holzplatte.

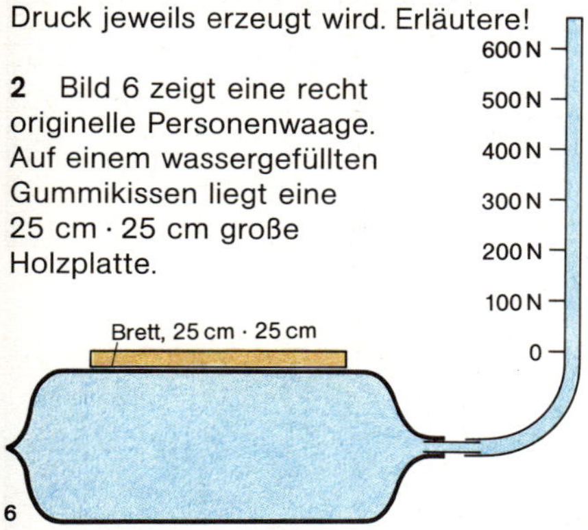

a) Wie funktioniert diese Waage?

b) Jörg (40 kg) stellt sich auf die Platte. Welcher Druck entsteht im Wasser? Wie hoch steigt das Wasser in dem Schlauch?

c) Bei Ute steigt das Wasser im Schlauch 50 cm hoch. Berechne die Gewichtskraft.

3 Beschreibe einen einfachen Versuch, der zeigt, daß die Gewichtskraft auf einen untergetauchten Körper nur scheinbar abnimmt.

4 Das größte Lebewesen auf der Erde ist der Blauwal. Er wiegt mehr als 30 Elefanten. Selbst die Saurier waren leichter. Warum kann ein so schweres Tier nur im Wasser leben?

5 Beim Bau einer Staumauer sind Betonblöcke verwendet worden ($l = 1$ m, $b = 50$ cm, $h = 40$ cm, $\varrho = 2{,}1$ g/cm^3).
Wie stark belastet ein solcher Betonblock das Seil eines Kranes vor und nach dem Eintauchen ins Wasser?

6 Von Wind und Wellen hängt es ab, wie tief ein Schiff im Wasser liegen darf. Wind und Wellen sind aber in den verschiedenen Gebieten der Weltmeere zu verschiedenen Jahreszeiten recht unterschiedlich. Daher sind an Schiffen „Freibordmarken" angebracht (Bild 7), bis zu denen das Schiff eintauchen darf.
Auf besonderen Karten ist festgelegt, zu welchen Zeiten welche der Markierungen T, S, W, WNA in einem *See*gebiet zu beachten ist.
Die Marken TF und F sind von Bedeutung, wenn das Schiff in einem *Fluß*hafen beladen wird.
Erkläre, aus welchem Grund diese Marken höher liegen als die entsprechenden Seewassermarken T und S.

7 Sinkt ein Schiff im Winter oder im Sommer (in Seewasser) tiefer ein? Begründe deine Antwort.

8 Stell dir vor, ein Schiff wird im Winter in Wilhelmshaven (Nordsee) beladen. Dann nimmt es Kurs auf Afrika und fährt in die Kongomündung (Süßwasser) ein.
Wie ändert sich dabei die Eintauchtiefe? (Die Abnahme der Treibstoffmenge kannst du außer acht lassen.)

9 In Bild 8 ist ein Wasserversorgungsnetz mit einem Wasserturm dargestellt. Beschreibe und erkläre!

10 Nur wenn du tief Luft holst und dich langgestreckt ins Wasser legst, gehst du nicht unter.

a) Gib dafür eine Erklärung.

b) Was schließt du daraus über die Dichte des menschlichen Körpers?

c) Ein Mensch geht im Toten Meer nicht unter, auch nicht, wenn er ausatmet (Bild 9). Erkläre mit dem Begriff *Auftriebskraft*!

11 Zwei gleich große Überlaufgefäße sind bis zum Rand mit Wasser gefüllt.

a) In eines der beiden Gefäße wird vorsichtig ein Holzklotz gelegt. Nachdem das Wasser abgelaufen ist, werden beide Gefäße auf eine Balkenwaage gestellt.
Befindet sich die Waage im Gleichgewicht? Begründe!

b) Statt des Holzklotzes wird ein Eisenwürfel verwendet. Was geschieht?

12 Das Hühnerei in Bild 10 schwebt an der Grenzfläche von Leitungswasser und konzentriertem Salzwasser. Erkläre!

13 Wenn ein Auto bei einem Unfall in einen Fluß oder Kanal stürzt, können die Insassen die Türen zunächst nicht öffnen. Warum nicht?
Wie muß man sich verhalten, um aus dem Auto herauszukommen?

14 Bild 11 zeigt, wie du einen „Flaschenteufel" bauen kannst.
In den Deckel des Tablettenröhrchens wird ein kleines Loch gestochen. Dann wird das Röhrchen zum Teil mit Wasser gefüllt und mit Nägeln beschwert, so daß es im Wasser gerade noch schwimmt.
Wenn du die Flasche etwas zusammendrückst, sinkt das Röhrchen nach unten, wenn du sie losläßt, steigt es wieder nach oben.
Versuche, dieses merkwürdige Verhalten des „Flaschenteufels" zu erklären.

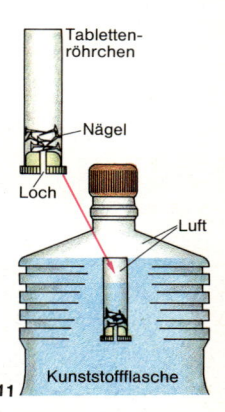

Freibordmarke an der Bordwand eines Schiffes
TF – Tropen Frisch(Süß-)wasser, F – Frischwasser Sommer, T – Tropen See(Salz-)wasser, S – Seewasser Sommer, W – Seewasser Winter, WNA – Winter Nordatlantik.

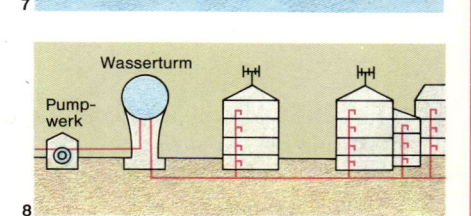

Mechanik der Flüssigkeiten

Auf einen Blick

Der Stempeldruck

Wenn man auf eine eingeschlossene Flüssigkeit mit Hilfe eines Kolbens (Stempels) eine Kraft ausübt, ändert sich der Zustand der Flüssigkeit: In ihr herrscht ein **Druck**.

Wir erkennen diesen Zustand daran, daß die Flüssigkeit Kräfte auf ihre Begrenzungsflächen (und auch auf eingetauchte Körper) ausübt. Die Kräfte wirken auf jedes Teilstück der Begrenzungsflächen. *Gleich große Teilstücke erfahren gleich große Kräfte.*

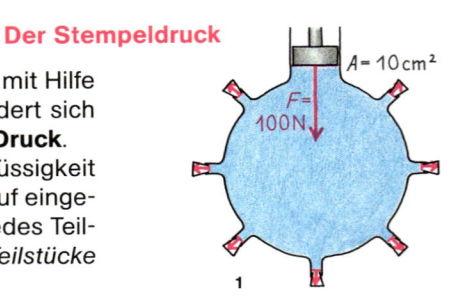

Das Wasser spritzt nach allen Seiten gleich stark heraus, wenn die Stopfen entfernt werden.

Druck in der Flüssigkeit:
$$p = \frac{F}{A} = \frac{100\,N}{10\,cm^2} = \frac{10\,N}{1\,cm^2}$$
$$= 1\,bar = 1000\,hPa$$

Wie groß der Druck ist, wird durch den Quotienten aus Kraft und Fläche angegeben:
$$p = \frac{F}{A}.$$

Hydraulische Systeme sind Kraftwandler. Wie sie im Prinzip funktionieren, zeigt Bild 2:

Auf den Kolben mit der kleinen Querschnittsfläche wird eine Kraft ausgeübt. Der entstehende Druck ist überall in der Flüssigkeit gleich.

Da der zweite Kolben eine dreimal so große Querschnittsfläche hat wie der erste, wirkt auf ihn auch eine dreimal so große Kraft.

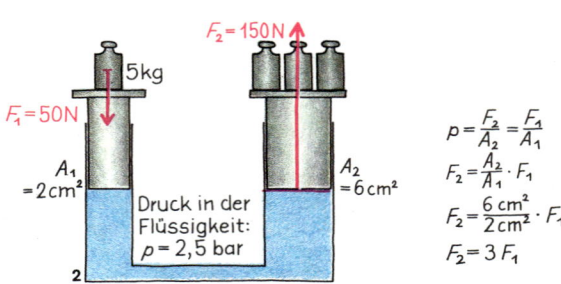

$$p = \frac{F_2}{A_2} = \frac{F_1}{A_1}$$
$$F_2 = \frac{A_2}{A_1} \cdot F_1$$
$$F_2 = \frac{6\,cm^2}{2\,cm^2} \cdot F_1$$
$$F_2 = 3\,F_1$$

Der Schweredruck

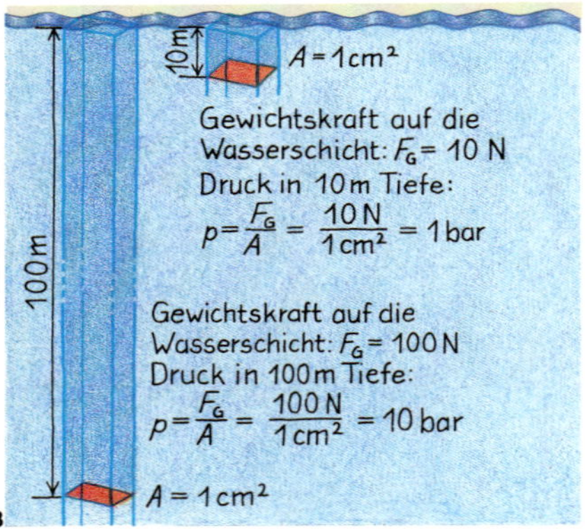

Auf jeder waagerecht liegenden Flüssigkeitsschicht lastet die darüber liegende Flüssigkeit. Dadurch entsteht in der Schicht ein Druck, der um so größer ist, je höher die Flüssigkeit über der Schicht steht.

Den Druck in einer Flüssigkeitsschicht, der von der darüber liegenden Flüssigkeit hervorgerufen wird, nennt man **Schweredruck**. Es gilt: $p = g \cdot \varrho_{Fl} \cdot h$.

Dabei sind g der Ortsfaktor, ϱ_{Fl} die Dichte der betreffenden Flüssigkeit und h die Höhe der auf der Schicht lastenden Flüssigkeitssäule.

Der Schweredruck hängt nicht von der Form des Gefäßes ab.

Gewichtskraft auf die Wasserschicht: $F_G = 10\,N$
Druck in 10 m Tiefe:
$$p = \frac{F_G}{A} = \frac{10\,N}{1\,cm^2} = 1\,bar$$

Gewichtskraft auf die Wasserschicht: $F_G = 100\,N$
Druck in 100 m Tiefe:
$$p = \frac{F_G}{A} = \frac{100\,N}{1\,cm^2} = 10\,bar$$

4 Wenn die Höhe h gleich ist, ist der Druck am Boden in allen Gefäßen gleich groß.

Verbundene Gefäße

In zwei miteinander *verbundenen Gefäßen* steht die Flüssigkeit gleich hoch.

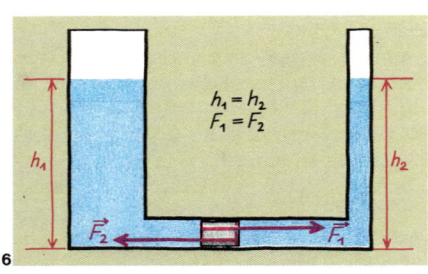

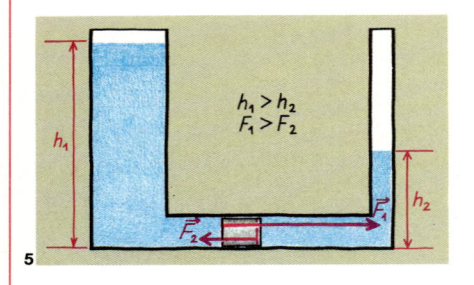

Auf den beweglichen Kolben wirkt von links eine größere Kraft als von rechts; links ist nämlich der Schweredruck größer.

Der Kolben bewegt sich so lange nach rechts, bis in beiden Gefäßen das Wasser gleich hoch steht. Dann ist auch der Schweredruck auf beiden Seiten des Kolbens gleich groß.

Für die Wahlpflichtfächergruppe I

Mechanik der Flüssigkeiten

Der Auftrieb in Flüssigkeiten

Auf Körper in Flüssigkeiten wirken **Auftriebskräfte**.

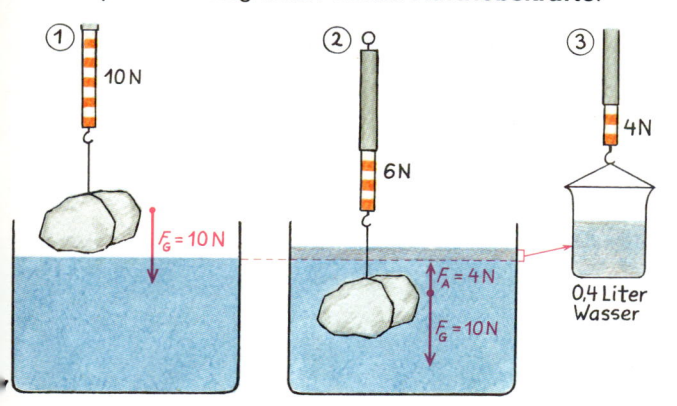

Die Auftriebskraft läßt sich so erklären: Der Schweredruck nimmt mit der Tiefe zu. Auf die Unterseite des Körpers wirkt daher eine größere Kraft als auf die Oberseite.

Die Auftriebskraft ist stets der Gewichtskraft entgegen gerichtet. Aus diesem Grund wird der eingetauchte Körper scheinbar leichter.

Die Auftriebskraft, die ein eingetauchter Körper erfährt, ist so groß wie die Gewichtskraft auf die vom Körper verdrängte Flüssigkeit (Archimedisches Prinzip).

Für die Auftriebskraft F_A ergibt sich: $F_A = g \cdot \varrho_{Fl} \cdot V$.

Dabei sind g der Ortsfaktor, ϱ_{Fl} die Dichte der Flüssigkeit und V das Volumen der verdrängten Flüssigkeit.

Sinken, schweben, steigen

Ein Körper, der vollständig in eine Flüssigkeit eingetaucht ist,…

…*sinkt*, wenn die auf ihn wirkende Auftriebskraft kleiner ist als die Gewichtskraft,

…*schwebt*, wenn die auf ihn wirkende Auftriebskraft genauso groß ist wie die Gewichtskraft,

…*steigt*, wenn die auf ihn wirkende Auftriebskraft größer ist als die Gewichtskraft.

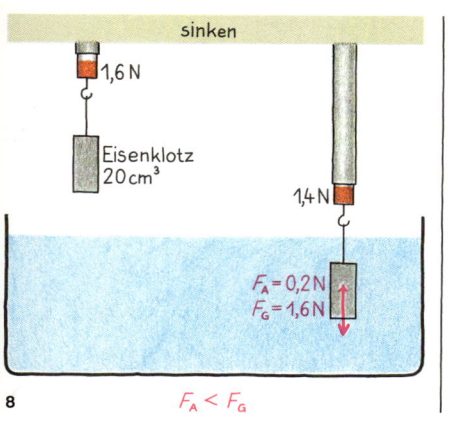

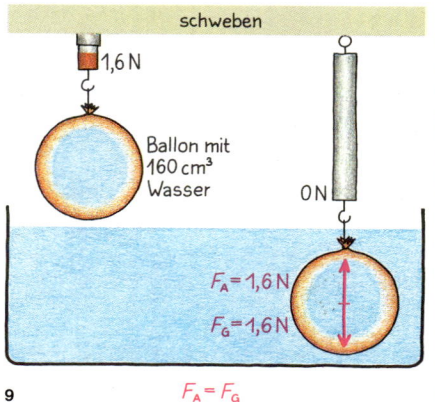

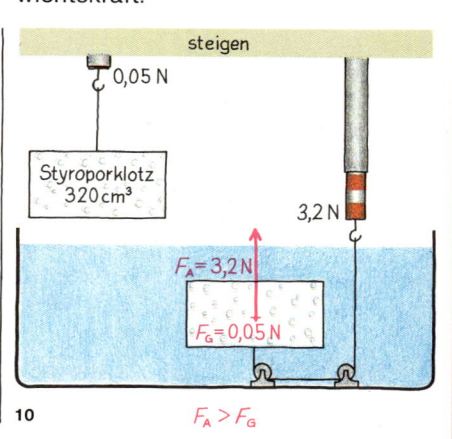

Welcher der drei Fälle eintritt, kann man voraussagen, wenn man die Dichte der Flüssigkeit ϱ_{Fl} und die (mittlere) Dichte des Körpers ϱ_K kennt.

Sinken: $\varrho_K > \varrho_{Fl}$ Schweben: $\varrho_K = \varrho_{Fl}$ Steigen: $\varrho_K < \varrho_{Fl}$

Das Schwimmen

Die Auftriebskraft, die auf einen schwimmenden Körper wirkt, ist genauso groß wie die Gewichtskraft auf diesen Körper.

Der Körper taucht so tief ein, bis die Gewichtskraft auf die verdrängte Flüssigkeit genauso groß ist wie die Gewichtskraft auf den Körper.

Wenn die (mittlere) Dichte eines Körpers kleiner als die Dichte der Flüssigkeit ist, schwimmt er.

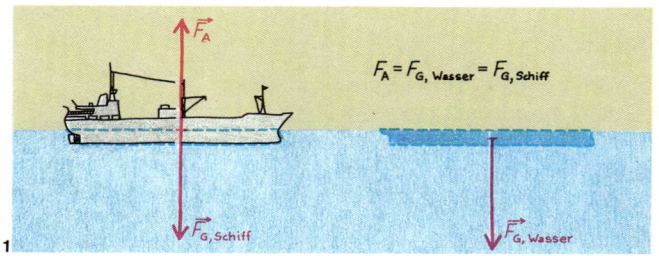

Mechanik der Gase

1 Eingesperrte Gase

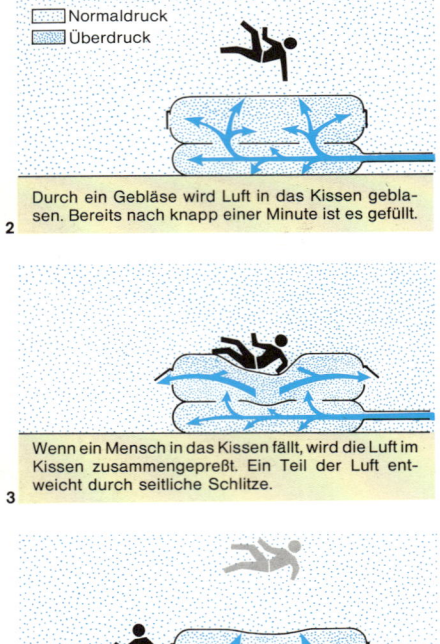

Durch ein Gebläse wird Luft in das Kissen geblasen. Bereits nach knapp einer Minute ist es gefüllt.

Wenn ein Mensch in das Kissen fällt, wird die Luft im Kissen zusammengepreßt. Ein Teil der Luft entweicht durch seitliche Schlitze.

Nach nur zehn Sekunden ist das Kissen wieder gefüllt, und der nächste Mensch kann springen.

Brand im 7. Stockwerk eines Hochhauses! Den Bewohnern der darüberliegenden Stockwerke ist der Fluchtweg abgeschnitten. Die Drehleiter der Feuerwehr reicht nicht hoch genug.

Mit einem Riesenluftkissen, dem „Sprungretter", können die Eingeschlossenen gerettet werden (Bilder 1–4).

○ Auf welche Weise wird der fallende Mensch durch das Luftkissen abgebremst?

○ Sind die seitlichen Öffnungen des Sprungretters nicht ein Nachteil? Es muß doch ständig Luft in das Kissen geblasen werden.

V 1 Du benötigst eine Luftpumpe oder eine Kunststoffspritze (ohne Nadel).

a) Ziehe den Kolben heraus, und halte die Öffnung mit dem Daumen zu. Stoße nun den Kolben hinein, und laß ihn dann sofort wieder los.
Beschreibe, welche Beobachtungen du machst.

b) Fülle die Spritze mit Wasser, und wiederhole den Versuch.
Welchen Unterschied zur Luftfüllung kannst du feststellen? Beschreibe!

V 2 Bild 5 zeigt die Versuchsanordnung. Puste kräftig in das Röhrchen.
Was geschieht, nachdem du das Röhrchen aus dem Mund genommen hast?

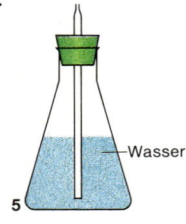

V 3 Ein aufgeblasener Luftballon wird in ein grobmaschiges Einkaufsnetz gesteckt.
Damit das Netz dicht am Ballon anliegt, mußt du es an seiner Öffnung zusammenhalten.

a) Anschließend ziehst du das Netz noch straffer. Beschreibe, was dabei geschieht.

b) Versuche, deine Beobachtungen zu erklären.

Info: So kann man sich das Verhalten von Gasen erklären

Wenn in einem Raum eine Parfümflasche geöffnet wird, kannst du das Parfüm nach einiger Zeit überall riechen – selbst wenn kein Luftzug vorhanden ist.

Das Parfüm verdunstet, es wird gasförmig. Wie aber gelangt dieses Gas an alle Stellen des Raumes?

Wir stellen uns vor, daß alle Stoffe aus Teilchen bestehen. Im Gegensatz zu festen und flüssigen Stoffen sind bei einem Gas die kleinsten Teilchen nicht durch Kräfte aneinander gebunden; sie können sich (fast) frei bewegen und befinden sich in ständiger Bewegung. Zwischen den Teilchen kommt es dauernd zu Zusammenstößen. Sie bewegen sich daher kreuz und quer im gesamten Raum, der ihnen zur Verfügung steht.

Die Teilchen z. B. der Zimmerluft sind erstaunlich schnell: Bei geradliniger Bewegung würden sie die Strecke München–Berlin in rund 20 min zurücklegen. Sie bewegen sich nämlich mit Geschwindigkeiten, die in der Größenordnung von 500 $\frac{m}{s}$ liegen.

Angesichts solch hoher Geschwindigkeiten ist es recht verwunderlich, daß es immerhin einige Minuten dauern kann, bis Teilchen aus der Parfümflasche in alle Ecken des Raumes gelangt sind.

Man muß aber bedenken, daß die Teilchen sich nicht geradlinig fortbewegen, sondern ständig mit anderen Teilchen zusammenstoßen.

Wir betrachten nun ein Gas, das in ein Gefäß eingesperrt ist, z. B. die Luft in einer Luftpumpe. Auf die Begrenzungsflächen prasseln in jeder Sekunde unzählige Gasteilchen (Bild 6). Dadurch übt das Gas auf die Pumpenwände Kräfte aus; es steht also „unter Druck".

Wenn man die Pumpenöffnung zuhält und gleichzeitig den Kolben in die Pumpe preßt, steigt der Druck: Weil den Gasteilchen nun weniger Raum zur Verfügung steht, prallen sie häufiger gegen die Begrenzungsflächen. Die Kräfte auf die Wände werden größer (Bild 6).

Immer wenn sich Gase in einem abgeschlossenen Raum befinden, herrscht dort ein Druck. Er ist eine Folge der ständigen Bewegung der Gasteilchen.

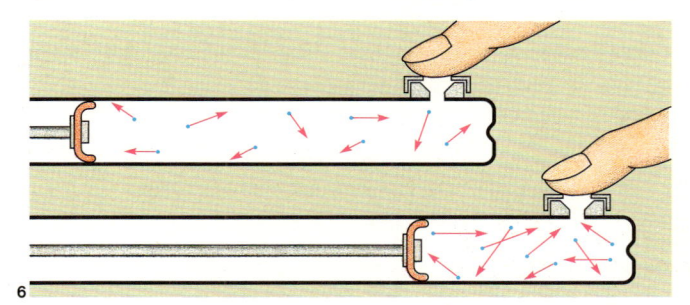

Info: Der Druck in eingeschlossenen Gasen

Eingeschlossene Gase üben Kräfte auf alle Begrenzungsflächen aus (Bilder 7 u. 8). Wir betrachten Kräfte, die auf (annähernd) ebene Teilstücke der Begrenzungsfläche wirken. Wie bei den Flüssigkeiten gilt auch bei den Gasen:

○ Die Kraft ist senkrecht zur Fläche.
○ Die Kraft ist proportional zur Größe der Fläche.

Auf eine doppelt so große Fläche übt die Flüssigkeit eine doppelt so große Kraft. Der Quotient aus Kraft(betrag) und Fläche ist konstant:

$\frac{F}{A}$ = konst.

Je stärker wir das Gas „unter Druck" setzen, desto größer wird auch dieser Quotient. Er ist also (wie bei den Flüssigkeiten) ein Maß für den Druckzustand.

Auch bei Gasen gibt der Quotient aus Kraft und Fläche an, wie groß der Druck im Gas ist.

$$p = \frac{F}{A}.$$

Der Druck eines eingeschlossenen Gases ist überall gleich groß.

Zwischen Gasen und Flüssigkeiten gibt es jedoch einen wichtigen Unterschied: Gase lassen sich zusammenpressen, Flüssigkeiten dagegen (fast) nicht.

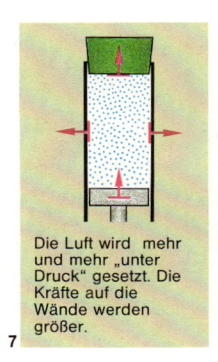

Man sagt: Gase sind *kompressibel*, Flüssigkeiten sind *inkompressibel* (lat. *comprimere:* zusammendrücken).

Wenn man also den Druck einer eingeschlossenen Flüssigkeitsmenge erhöht, ändert sich ihr Volumen nur ganz geringfügig.

Dagegen kann man das Volumen einer Gasmenge, die in einem Kolbenprober eingeschlossen ist, erheblich verkleinern oder vergrößern, indem man den Kolben verschiebt.

Beim Hineindrücken des Kolbens nimmt der Druck des Gases zu, beim Herausziehen nimmt er ab.

Die Luft wird mehr und mehr „unter Druck" gesetzt. Die Kräfte auf die Wände werden größer.

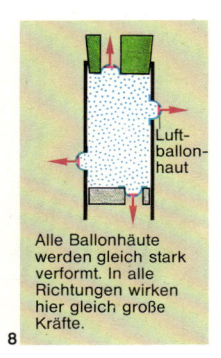

Alle Ballonhäute werden gleich stark verformt. In alle Richtungen wirken hier gleich große Kräfte.

Mechanik der Gase

Aufgaben

1 Auf eine eingeschlossene Flüssigkeit und ein eingeschlossenes Gas werden mit Hilfe von Kolben gleich große Kräfte ausgeübt. Was geschieht in beiden Fällen? Welche unterschiedlichen Auswirkungen ergeben sich?

2 Schlägt man mit der Hand auf eine aufgeblasene Papiertüte, so zerplatzt diese. Wieso eigentlich?

3 Viele Fahrzeuge haben *luftgefüllte* Gummireifen.

a) Welche Eigenschaft der Luft wird dabei genutzt?

b) Nenne Vorteile gegenüber anderen Verfahren, die man früher zur Federung anwandte (Bilder 1 u. 2).

c) Reisebusse sind häufig „luftgefedert" (Bild 3). Warum kann man das Gas nicht durch eine Flüssigkeit ersetzen?

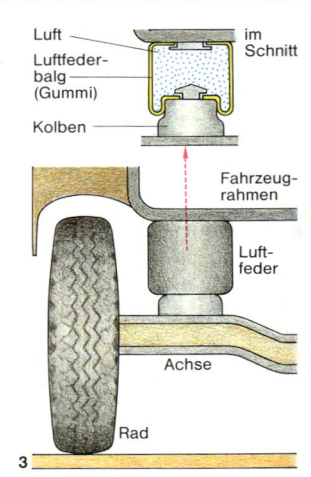

Militärfahrrad mit Ersatzbereifung aus Schraubenfedern, 1916

Hochrad mit Vollgummireifen, 1870

Info: Manometer und Druckangaben

Den Druck eingesperrter Gase (z. B. Luftdruck im Autoreifen) mißt man mit einem **Manometer** (Bild 4). Das „unter Druck stehende" Gas verformt dabei z. B. eine Feder (Bild 5).

Häufig wird nicht der im eingeschlossenen Gas herrschende Druck angegeben, sondern der *Überdruck* oder der *Unterdruck*.

Unter Überdruck versteht man die Differenz zwischen dem tatsächlichen Druck und dem äußeren Luftdruck von 1 bar (Bild 6). Zum Überdruck ist also der äußere Luftdruck zu addieren.

Der Unterdruck ist die Differenz zwischen äußerem Luftdruck und dem Druck im Gefäß. Den Unterdruck muß man also vom äußeren Luftdruck abziehen.

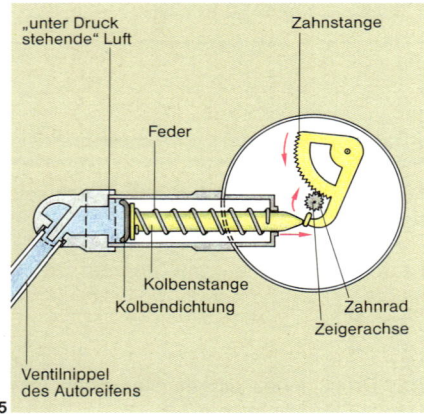

Einige (Über-)Druckwerte

Traglufthalle	0,003 bar
Fahrradreifen	2 bis 8 bar
Autoreifen	1,6–2,2 bar
Lkw-Reifen	3,5–5,0 bar
Spraydosen	max. 10 bar
„Taucherflasche" (Preßluft)	200 bar

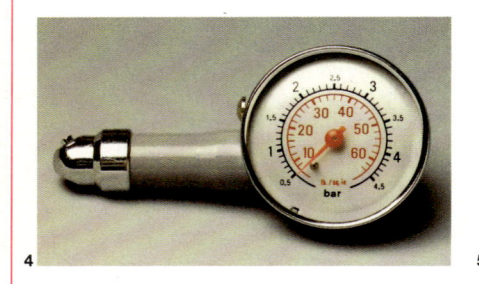

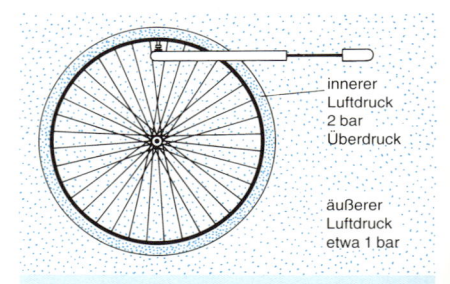

Der Luftdruck ist innerhalb und außerhalb des Reifens zunächst gleich. Mit der Luftpumpe wird dann zusätzliche Luft in den Reifen gepumpt. Im Reifen entsteht ein Druck von 3 bar: 1 bar äußerer Luftdruck plus 2 bar Überdruck.

Aus der Geschichte: Druckluftmotoren und Wasserorgeln

Als im 19. Jahrhundert leistungsfähige Dampfmaschinen für den Antrieb riesiger Luftpumpen zur Verfügung standen, gewann die Druckluft große Bedeutung: Die Energie, die in ihr steckt, wurde genutzt, um Maschinen anzutreiben. In „Dampfkraft"-Stationen verdichtete man die Luft und leitete sie über kilometerlange Rohrleitungen in Fabriken und Werkstätten. Dort wurde sie zunächst bis auf 150 °C erhitzt und dann zum Antrieb von Druckluftmotoren, Schmiedehämmern und anderen Maschinen eingesetzt.

Gegen Ende des 19. Jahrhunderts begann der Siegeszug der elektrischen Energie. Die Energieversorgung mit Druckluft verlor rasch an Bedeutung.

Auch heute werden **Druckluftgeräte** benutzt (Bild 7). Für sie wird

Druckluftschrauber

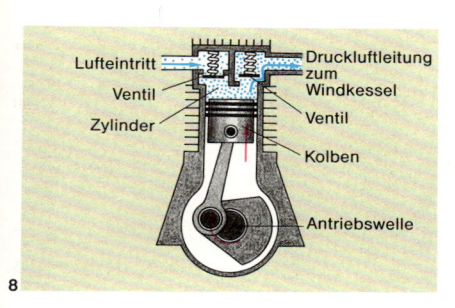

Luft mit elektrisch angetriebenen Kompressoren zusammengepreßt (Bild 8) und in einem Druckluftbehälter, dem *Windkessel*, gespeichert.

Druckluftgeräte können in explosionsgefährdeten Betrieben (z. B. in Lackierereien) eingesetzt werden. Mit Elektromotoren kann man dort nicht arbeiten, weil in ihrem Innern beim Betrieb ständig kleine Funken entstehen.

Schon vor über 2000 Jahren gab es Geräte, die mit Druckluft betrieben wurden. Um das Jahr 100 v. Chr. entstand eine mit Druckluft betriebene **Wasserorgel** (Bild 9).

Mit Hilfe zweier Kolben wurde Luft angesaugt und in die *Windlade* (Druckkammer) gepreßt. Diese befand sich in einem Wasserbehälter. Die einströmende Luft drängte Wasser aus der Kammer in den äußeren Behälter; dort stieg der Wasserspiegel an. Dadurch war der Druck in der Kammer stets ungefähr gleich groß.

Mit Hilfe von Ventilen konnte die Luft dann in die einzelnen Orgelpfeifen geleitet werden.

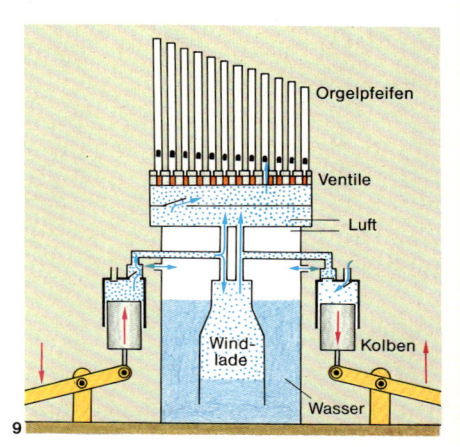

Aus Umwelt und Technik: **Druck auch in Festkörpern?**

Gase und Flüssigkeiten verhalten sich in einer Hinsicht völlig gleich: Sie geraten unter Druck, wenn man sie in ein Gefäß einsperrt und dann mit einem Stempel versucht, ihr Volumen zu verkleinern. Der Druck ist überall im Gas oder in der Flüssigkeit gleich. Wie groß er ist, wird durch den Quotienten F/A angegeben.

Festkörper zeigen ein ganz anderes Verhalten.

Auch in Festkörpern gibt es Spannungszustände: Wenn du z. B. versuchst, eine Eisenstange zu verbiegen, so gerät sie in einen Spannungszustand.

In Bild 10 ist der Spannungszustand im Kunstharzmodell eines Kranhakens sichtbar gemacht. Man erkennt, wo der Haken am stärksten belastet wird. Unterschiedliche Farben bedeuten unterschiedliche Spannungen. Je dichter die farbigen Linien zusammenliegen, desto mehr steht das Material „unter Spannung".

Wie du siehst, *ist der Spannungszustand in einem Festkörper also keineswegs überall gleich* – im Gegensatz zu dem in einer Flüssigkeit und einem Gas. Deswegen kann man *nicht* von Druck in festen Körpern reden.

Der Quotient F/A ist aber auch bei Festkörpern von Bedeutung. In Bild 11 drückt sich der Stein um so tiefer in den Schaumgummi ein, je kleiner die Auflagefläche ist. Die „Eindrücktiefe" hängt vom Quotienten aus Gewichtskraft und Auflagefläche ab. Man könnte ihn „Flächenbelastung" nennen. Die Bilder 12 u. 13 machen den Unterschied zwischen Druck und Flächenbelastung deutlich.

Daß sich Festkörper anders verhalten als Flüssigkeiten und Gase, läßt sich mit dem Teilchenmodell erklären:

Bei einem Festkörper haben die Teilchen eine ganz bestimmte räumliche Anordnung; sie sind an feste Plätze gebunden. Bei den Flüssigkeiten hatten wir aber gesehen, daß gerade die leichte Verschiebbarkeit der Teilchen der Grund dafür ist, daß der Druck überall gleich groß ist.

Bei manchen Stoffen ist es schwer zu sagen, ob sie flüssig oder fest sind. Kalter Teer ist steif und fest; man könnte ihn für einen Festkörper halten. Wenn man ihn ein wenig erwärmt, läßt sich seine Form verändern; er scheint dann eher eine sehr zähe Flüssigkeit zu sein.

Sogar bei Gestein gibt es solche Schwierigkeiten: Die bis zu 60 km dicke Erdkruste übt auf den darunterliegenden Erdmantel ungeheure Kräfte aus. Dadurch wird das Gestein des Erdmantels verformbar und verhält sich ähnlich wie eine Flüssigkeit. Die Erdkruste „schwimmt" auf dem Erdmantel. Im Innern der „flüssigen" Erde wird der Druck mit zunehmender Tiefe immer größer. Er beträgt im Erdkern vermutlich einige Millionen Bar.

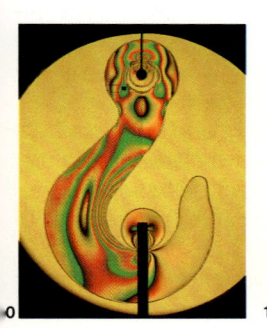

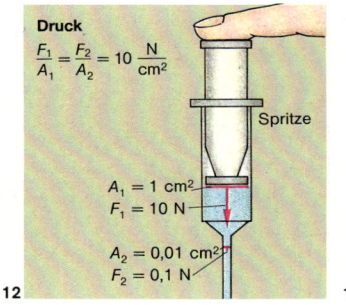

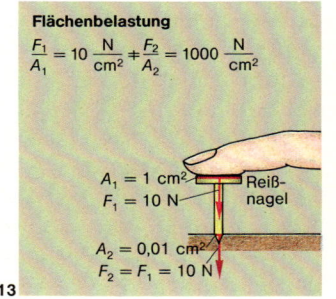

Druck

$$\frac{F_1}{A_1} = \frac{F_2}{A_2} = 10 \ \frac{N}{cm^2}$$

$A_1 = 1 \ cm^2$
$F_1 = 10 \ N$

$A_2 = 0,01 \ cm^2$
$F_2 = 0,1 \ N$

Flächenbelastung

$$\frac{F_1}{A_1} = 10 \ \frac{N}{cm^2} \ne \frac{F_2}{A_2} = 1000 \ \frac{N}{cm^2}$$

$A_1 = 1 \ cm^2$
$F_1 = 10 \ N$

$A_2 = 0,01 \ cm^2$
$F_2 = F_1 = 10 \ N$

2 Der Schweredruck der Luft und seine Wirkungen

Ein Riesenmohrenkopf ... und was davon übrigbleibt.

V 4 Bild 3 zeigt den Versuchsaufbau. Der Absperrhahn ist zunächst geschlossen.

a) Über das offene zweite Rohr wird Luft aus dem Kolben gesaugt. Was kannst du während des Absaugens beobachten?

b) Was geschieht, wenn der Hahn geöffnet wird? Erkläre die Vorgänge.

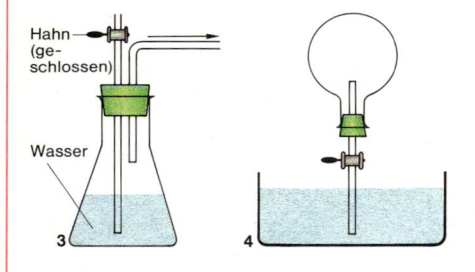

V 5 Unter Wasser öffnen wir den Hahn eines Rundkolbens, aus dem Luft abgepumpt wurde (Bild 4).
Versuche, eine Erklärung für deine Beobachtungen zu finden.

V 6 Über einen Glasring wird eine Folie aus Zellglas (Cellophan) gespannt. Der Ring wird auf eine Platte über die Ansaugöffnung einer Pumpe gestellt. Dann wird die Pumpe eingeschaltet ...

V 7 Die Bilder 5–7 zeigen die Versuchsaufbauten.
Überlege, was jeweils geschieht, wenn man die Luft aus dem Kolben pumpt.
Begründe deine Vermutungen.

V 8 Fülle ein Glas bis zum Rand mit Wasser. Lege eine Postkarte darauf, und drehe das Glas vorsichtig um. Dann läßt du die Karte los.
Lege statt der Pappe ein Stück Mullbinde (Gaze) auf das Glas, und laß Wasser hindurchlaufen, bis das Glas randvoll ist. Lege deine Hand darauf, drehe das Glas um, und ziehe die Hand weg ...

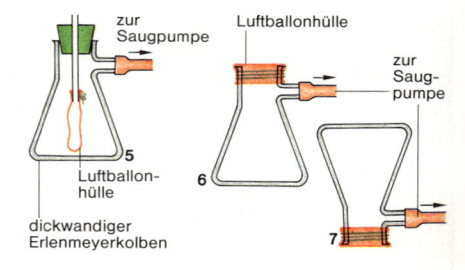

Aus der Geschichte: Vom „horror vacui" zum Luftdruck

Wenn du einen wassergefüllten Schlauch wie in Bild 8 hältst und dann die untere Öffnung freigibst, läuft das Wasser nicht aus. Wichtig ist nur, daß du die obere Öffnung weiterhin fest verschließt.

Solche und ähnliche Versuche waren schon im Altertum bekannt. Man erklärte diese Versuche durch den „horror vacui" (lat. Furcht, Grausen vor der Leere):

Wenn das Wasser ausfließen würde, müßte im oberen Teil des Schlauches ein völlig leerer Raum entstehen, ein *Vakuum*. Luft kann ja nicht eindringen, solange das obere Schlauchende verschlossen ist. Vor der Leere aber fürchtet sich die Natur (so meinte man) – und deshalb strömt das Wasser nicht aus.

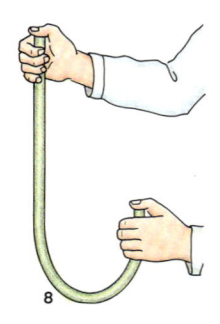

Erst im 17. Jahrhundert begann man, systematisch Versuche durchzuführen. Einer der bekanntesten Forscher auf diesem Gebiet war der Magdeburger Bürgermeister *Otto von Guericke* (1602–1686).

Für einen seiner berühmten Versuche ließ er zwei Halbkugeln (Schalen) aus Kupfer herstellen (Bild 9). Eine davon war mit einem Absperrhahn versehen. Als Dichtungsring verwendete er einen mit Wachs und Öl getränkten Lederring. Guericke berichtete folgendes:

„Diese Schalen habe ich, nachdem jener Ring dazwischen gebracht war, aufeinander gelegt und dann die Luft rasch ausgepumpt. Da sah ich, mit wieviel Gewalt sich die beiden Schalen gegen den Ring preßten! Sie hafteten unter der Einwirkung des Luftdrucks so fest aneinander, daß 16 Pferde sie nicht oder nur sehr mühsam auseinanderzureißen vermochten. Gelingt aber bei äußerster Kraftanstrengung die Trennung bisweilen doch noch, so gibt es einen

Knall wie von einem Büchsenschuß. Sobald aber durch Öffnen des Hahnes der Luft Zutritt gewährt wird, können die Schalen von jedermann sogar bloß mit der Hand voneinander getrennt werden."

Die Kunde von Guerickes Versuchen lief durch das ganze Land, und die Versuchsergebnisse erregten großes Aufsehen.

Wie aus dem Bericht hervorgeht, verwendete Guericke schon nicht mehr die Theorie vom „horror vacui". Vielmehr war er davon überzeugt, daß die Halbkugeln von der äußeren Luft zusammengepreßt wurden.

Info: Wie der Schweredruck der Luft entsteht

Die Erde ist von einer Lufthülle umgeben. Wir leben sozusagen auf dem Grund eines riesigen Meeres aus Luft (Bild 10).

Genau wie in einer Flüssigkeit entsteht auch in der Luft ein **Schweredruck**: Stell dir eine dünne Luftschicht vor, die parallel zur Erdoberfläche ist. Über dieser Luftschicht steht eine hohe Luftsäule. Auf die Säule wirkt eine Gewichtskraft, und mit dieser Kraft wird die Luftschicht unter Druck gesetzt.

Luft ist viel leichter als Wasser (Gewichtskraft auf 1 m^3 Luft: 12,7 N). Wir leben jedoch am Boden eines sehr tiefen „Luftmeeres", deswegen können wir recht eindrucksvolle und erstaunliche Wirkungen des Luftdruckes beobachten.

Je höher wir im „Luftmeer" aufsteigen, desto geringer wird der Luftdruck.

Aufgrund des Schweredruckes übt die Luft Kräfte auf alle Begrenzungsflächen aus.

Beispiele: Ist die Luft aus den Magdeburger Halbkugeln von Bild 9 herausgepumpt, werden sie von der äußeren Luft zusammengepreßt (und nicht „vom Vakuum zusammengesaugt").

Wenn man einen wassergefüllten Schlauch oben zuhält und unten freigibt, fließt das Wasser nicht aus (Bild 8 auf der linken Seite). Am unteren Ende des Schlauches übt nämlich die Luft eine Kraft auf die Wasseroberfläche aus, die das Ausströmen verhindert. Am zugehaltenen Ende kann die Luft keine Kraft auf das Wasser ausüben.

Auch mit einem Trinkhalm nutzt du den Luftdruck: Wenn der Druck der Luft im Mund kleiner als der äußere Luftdruck ist, preßt die äußere Luft das Getränk in deinen Mund hinein.

Aufgaben

1 Wie kommt es, daß man aneinandergepreßte Saughaken (Bild 11) kaum auseinanderziehen kann?

Ist der Name *Saughaken* gut gewählt? Begründe!

Warum funktionieren Saughaken eigentlich nur an glatten Wänden?

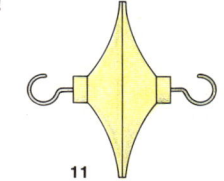

2 Wenn Gläser mit Marmelade oder eingekochtem Obst noch nicht angebrochen sind, sitzen die Deckel häufig sehr fest. Welche Kraft hält Glas und Deckel zusammen?

3 Erkläre die Funktionsweise eines *Stechhebers* (Bild 12).

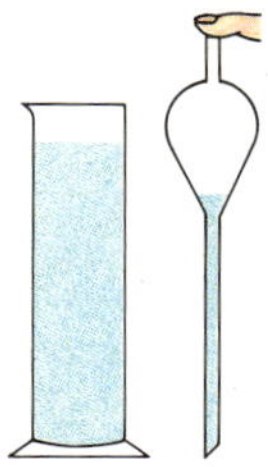

4 Was wird bei diesem **Versuch** (Bild 13) geschehen, wenn die Saugpumpe eingeschaltet wird?

Was wirst du beobachten können, wenn in der Glasglocke ein leicht aufgeblasener Luftballon liegt?

5 Für einen Mondspaziergang benötigen die Astronauten einen luftdichten Raumanzug.

Warum genügen nicht ein Helm und eine Sauerstoffflasche?

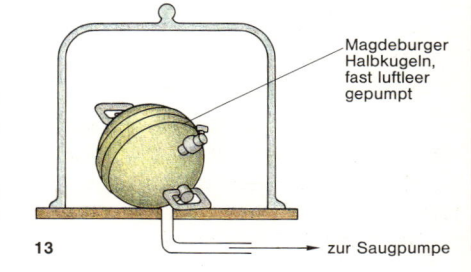

Mechanik der Gase

3 Die Messung des Schweredrucks der Luft

Aus der Geschichte: Guerickes Luftdruckmesser

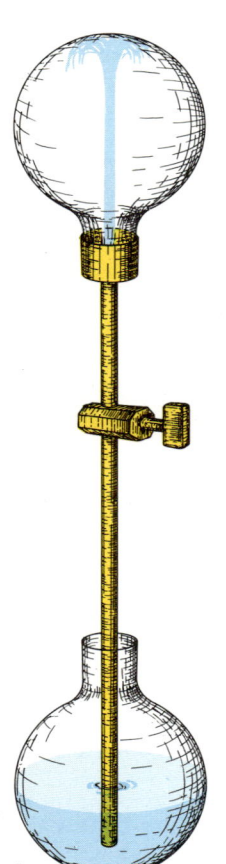

In seinem Arbeitszimmer hatte *Guericke* einen interessanten Apparat aufgestellt (Bild 1). Aus der oberen Glaskugel konnte er die Luft herauspumpen. Wenn er dann das Rohr in Wasser tauchte und den Hahn öffnete, spritzte das Wasser mit großer Gewalt nach oben.

Seine Besucher waren jedesmal verblüfft. Schließlich wußten die meisten von ihnen noch nicht, daß es einen Luftdruck gibt und daß die Luft das Wasser im unteren Teil des Apparates „unter Druck setzt".

Eines Tages fragten ihn einige seiner Besucher, bis zu welcher Höhe sich das Wasser emporleiten lasse. Guericke wußte keine Antwort, konnte sich aber auch nicht vorstellen, daß das Wasser bis zu jeder beliebigen Höhe steigen würde. Deshalb stellte er einen Versuch an:

Er baute den Apparat vor seinem Haus auf und verlängerte das Rohr immer weiter. Wieder und wieder setzte Guericke die Pumpe an den Hahn an und pumpte die Luft aus dem Glasgefäß. Doch jedesmal, wenn er das Gefäß auf das Rohr setzte und den Hahn öffnete, stieg das Wasser in die Glaskugel.

Schließlich reichte das Rohr bis zum vierten Stockwerk (Bild 2), und wieder stieg das Wasser im Rohr empor. Diesmal gelangte es aber nicht bis ins Glasgefäß – es blieb bei 19 Magdeburger Ellen (ca. 10 m) stehen.

Aufgrund dieses Versuches konnte Otto von Guericke angeben, wie groß der Luftdruck ist: Der Luftdruck ist so groß, daß die Luft eine Wassersäule von ungefähr 10 m Höhe „tragen" kann.

Bald bemerkte Guericke, daß sich der Wasserstand im Rohr im Laufe der Tage geringfügig änderte. Die Höhe des Wasserstandes hing mit dem Wetter zusammen: Bei schlechtem Wetter sank der Wasserspiegel, bei schönem Wetter stieg er. Als eines Tages der Wasserspiegel besonders tief sank, sagte er ein Unwetter vorher. Kaum waren zwei Stunden vergangen, da fegte tatsächlich ein heftiger Sturm über Magdeburg hinweg.

V 9 Mit einem 10 m langen, durchsichtigen Kunststoffschlauch, einem passenden Stopfen und einem Eimer voll abgekochtem Wasser läßt sich Guerickes Experiment zur Luftdruckmessung wiederholen. Man benötigt nicht einmal eine Pumpe …

V 10 In der Glasglocke von Bild 3 ist der Luftdruck zunächst genauso groß wie außerhalb.

a) Warum fließt das Wasser nicht aus dem Zylinder?

b) Was wird geschehen, wenn man den Luftdruck in der Glocke verringert und anschließend wieder Luft einströmen läßt?

Begründe deine Vermutung.

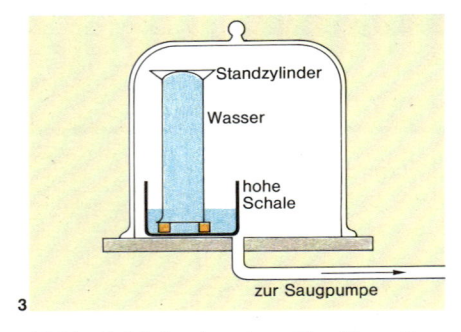

V 11 Schiebe in eine Plastikspritze (ohne Nadel) den Kolben hinein, und verschließe die Öffnung der Spritze.

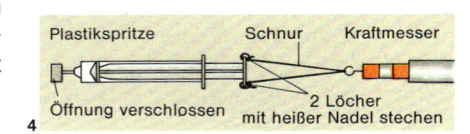

a) Miß die Kraft, die zum Herausziehen des Kolbens nötig ist (Bild 4).

b) Vergleiche die Kräfte bei unterschiedlichen Spritzen.

c) Was haben die gemessenen Kräfte mit dem Luftdruck zu tun?

Aus den Meßwerten soll der Luftdruck berechnet werden …

V 12 Mit dem Versuchsaufbau von Bild 5 läßt sich der Luftdruck recht genau bestimmen. Wie muß man vorgehen?

Stelle die wirkenden Kräfte in einer Zeichnung dar.

Info: Wie man den Luftdruck mißt

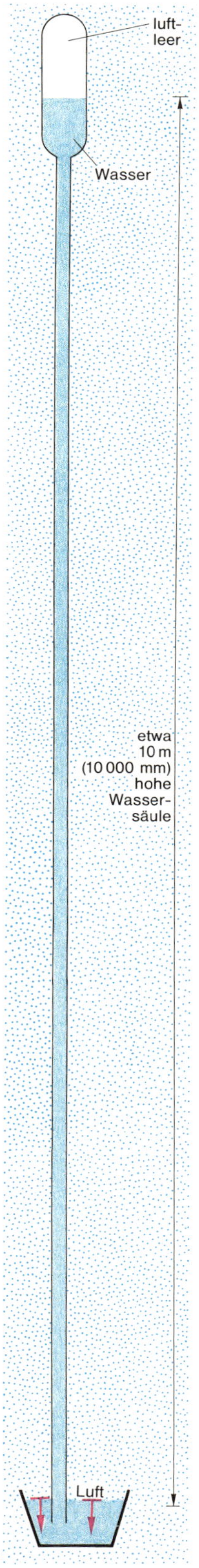

Um den Luftdruck zu messen, benutzte *Otto von Guericke* ein über 10 m langes Rohr, das mit Wasser gefüllt war. Dieser Luftdruckmesser (Bild 6) war unhandlich und für genaue Messungen ungeeignet.

Bereits einige Jahre vor Guericke beschäftigte sich der italienische Naturwissenschaftler *Evangelista Torricelli* (1608–1647) mit der Messung des Luftdrucks. Statt Wasser verwendete er das schwerere Quecksilber (Dichte bei 0 °C: ϱ_{Hg} = 13,6 g/cm³). Er kam mit einem recht kurzen Rohr aus: Die Quecksilbersäule in dem oben zugeschmolzenen Rohr war ca. 760 mm lang.

Auch Torricelli stellte mit Erstaunen fest, daß sich die Länge der Quecksilbersäule im Laufe von Tagen änderte – zwar nur um einige Millimeter, aber doch meßbar. Er vermutete zunächst Meßfehler, aber auch bei sorgfältiger Messung gab es die Schwankungen. Wie Guericke zog auch Torricelli den richtigen Schluß: Die Schwankungen der Quecksilbersäule mußten auf Änderungen des Luftdrucks zurückzuführen sein.

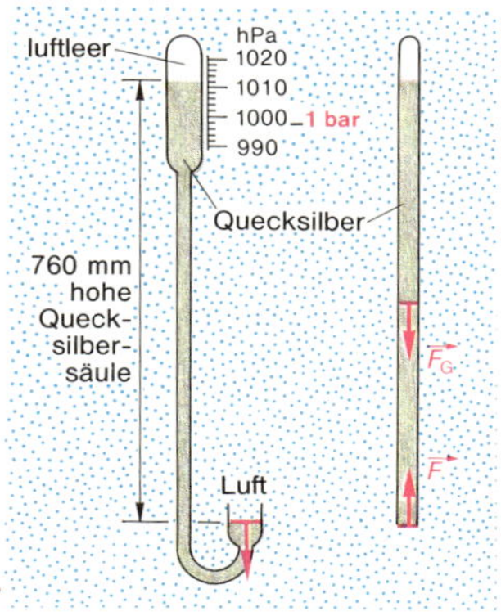

Geräte, mit denen man den Schweredruck der Luft messen kann, heißen **Barometer**. Auch heute werden noch *Quecksilberbarometer* verwendet (Bild 7).

In Meereshöhe ist die Quecksilbersäule im Mittel 760 mm lang. Daraus läßt sich der Luftdruck berechnen:

Die Quecksilbersäule wird von der Luft gehalten. Der Luftdruck p ist daher genauso groß sein wie der Schweredruck p_{Hg} am Boden der Quecksilbersäule.

$p = p_{Hg}$,
$p = g \cdot \varrho_{Hg} \cdot h$,

$$p = 9{,}81 \, \frac{N}{kg} \cdot 13{,}6 \, \frac{g}{cm^3} \cdot 76{,}0 \, cm = \frac{9{,}81 \, N \cdot 13{,}6 \, g \cdot 76{,}0 \, cm}{1000 \, g \cdot cm^3},$$

$$p = 10{,}13 \, \frac{N}{cm^2} = 1013 \, hPa = 1{,}013 \, bar.$$

Dieser Druck heißt **Normdruck** *(mittlerer Druck in Meereshöhe)*.

Statt des Quecksilberbarometers verwendet man häufig die besonders handlichen *Dosenbarometer* (Bild 8).

Wichtigster Teil des Dosenbarometers ist die fast luftleere Druckdose aus Blech (Bild 9). Je stärker die Luft von außen auf den gewellten Deckel drückt, desto mehr wird er eingedellt. Drückt die Luft weniger stark, wölbt sich der Deckel wieder zurück.

Mit dem Deckel ist eine Feder verbunden. Sie bewegt sich mit diesem. Die Bewegung der Feder wird auf den Zeiger übertragen.

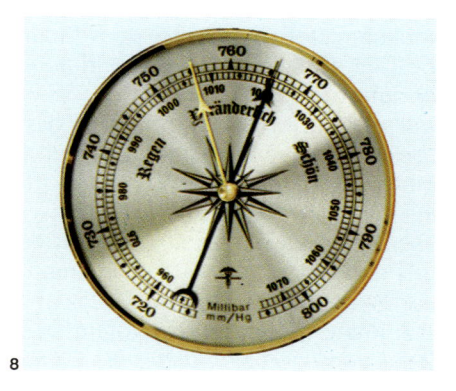

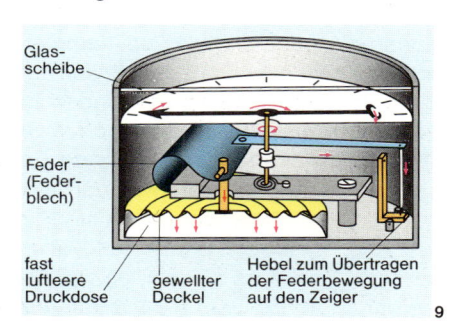

Mechanik der Gase

Aufgaben

1 Ein einfacher **Versuch**: Unter einer glattgestrichenen Zeitung liegt ein 10 cm · 10 cm großes Brettchen. In seiner Mitte ist ein Faden befestigt, der durch ein kleines Loch in der Zeitung nach oben geführt wird.

Versuche, das Brettchen mit einem Ruck nach oben zu ziehen. Ziehe auch einmal ganz langsam.

Berechne die Kraft, die die Luft auf eine 40 cm · 80 cm große Zeitung ausübt.

2 Die Messungen zu Versuch 11 ergaben z. B. folgende Kolbenflächen und Kräfte, die zum Herausziehen des Kolbens nötig waren:
$A_1 = 3,8$ cm^2, $F_1 = 40$ N,
$A_2 = 1,13$ cm^2, $F_2 = 15$ N.
Berechne den jeweiligen Luftdruck.

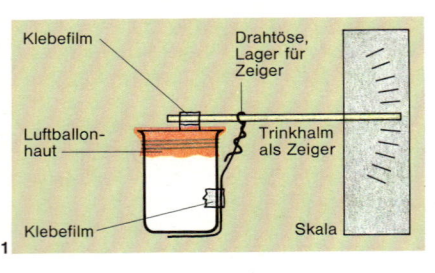

Ein Barometer zeigte 1013 hPa an. Warum erhielt man bei den Messungen abweichende Ergebnisse?

3 Bild 1 zeigt ein „Dosenbarometer" zum Selbstbauen. Es kann Luftdruckschwankungen nachweisen.

Um das Gerät auszuprobieren, kann man es unter einen Rezipienten stellen und den Druck verringern. Was wirst du beobachten? Erkläre!

4 Berechne die Höhe der Wassersäule in Guerickes Barometer bei einem Luftdruck von 1013 hPa.

5 Am Tage vor einem Gewitter sinkt der Luftdruck von 1030 auf 990 hPa. Um welche Strecke sinkt dabei der Flüssigkeitsspiegel eines Quecksilberbarometers?

6 In einem oben verschlossenen Glasrohr steht eine 76 cm lange Quecksilbersäule. Über der Säule ist das Rohr luftleer. Unten taucht das Rohr in eine Wanne mit Quecksilber ein. Das Rohr (Länge: 1 m) steht zunächst senkrecht. Wie ändert sich der Quecksilberstand, wenn es geneigt wird? Zeichne! Begründe deine Zeichnung physikalisch.

Aus Umwelt und Technik: Ohne Sauerstoffflaschen auf den Mount Everest

Beim Tauchen wird der Druck um so größer, je tiefer man taucht. Mit zunehmender Tiefe lastet ja immer mehr Wasser auf der Schicht, in der wir uns gerade befinden.

Auch der Schweredruck der Luft entsteht, weil die oberen Luftschichten auf den darunterliegenden lasten. Wir leben am Boden des „Luftmeeres". Daher wird der Luftdruck um so kleiner, je höher wir steigen:

In Meereshöhe beträgt er im Mittel 1013 hPa. Auf dem höchsten Berg Deutschlands, der Zugspitze (2963 m), ist er schon auf 699 hPa zurückgegangen. In etwa 5500 m Höhe ist er nur noch halb so groß wie in Meereshöhe, und auf dem höchsten Berg der Erde, dem Mount Everest (8848 m), beträgt er nur noch 314 hPa. In noch größerer Höhe ist der Luftdruck noch kleiner.

Nach jeweils 5,5 km ist der Luftdruck auf die Hälfte abgesunken. In 55 km Höhe beträgt er nur noch 1/1024 des Drucks in Meereshöhe, also etwa 1 hPa. Die Atmosphäre geht allmählich in den Weltraum über.

Im Gegensatz zu Wasser kann man Luft zusammenpressen; Luft ist *kompressibel*. Das Volumen einer bestimmten Luftmenge hängt also vom Druck ab: Je kleiner der Druck ist, desto größer ist das Volumen. *Mit abnehmendem Druck verringert sich daher die Dichte der Luft.*

Die Luft auf dem Mount Everest hat ein Drittel der Dichte von Luft in Meereshöhe. So „dünne" Luft reicht kaum noch zum Atmen, vor allem wenn man schwere Arbeit verrichtet – und Bergsteigen ist Schwerstarbeit.

Die Erstbesteigung des Mount Everest gelang dem Neuseeländer E. Hillary im Jahre 1953, und zwar mit einem Atemgerät. Seit dieser Zeit haben viele Expeditionen den Gipfel mit Hilfe von Sauerstoffflaschen erreicht.

Reinhold Messner aus Südtirol setzte sich das Ziel, den Mount Everest ohne Atemgerät zu bezwingen. 1978 stieg eine Gruppe von Bergsteigern mit Messner und dem Österreicher *Peter Habeler* in das Himalaya-Gebirge ein und schlug ein Basislager auf.

Messner berichtete:

„Auch nachdem die ersten unserer Kameraden mit Sauerstoff am Gipfel gewesen waren und im Basislager gefeiert wurden, zweifelten Peter Habeler und ich immer noch an unseren Aufstiegschancen. Wir wußten, daß der Engländer Norton bereits 1924 bis auf etwa 8600 m ohne Sauerstoffgeräte vorgedrungen war. Aber wir wußten nicht, ob der Mensch höher überhaupt noch lebensfähig ist. Auf jeden Fall mußten wir schnell sein, wenn wir ohne Gehirnschaden davonkommen wollten. Wir vertrauten auf unsere leichte Ausrüstung, die in Jahren aufgebaute Kondition und das instinktive Klettererkönnen."

Nach viel Mühsal kamen die beiden Bergsteiger in die Nähe des Gipfels. „Jetzt, kurz nach Mittag und auf einer Höhe von 8800 m, können wir uns selbst in den Rastpausen nicht mehr auf den Beinen halten. Wir kauern uns hin, knien uns hin und klammern uns an den Stiel des Pickels, dessen Spitze wir in den harten Firn gerammt haben ... Das Atmen ist so anstrengend, daß kaum noch Kraft zum Weitergehen bleibt. Nach jeweils zehn bis fünfzehn Schritten sinken wir in den Schnee, rasten, kriechen weiter ...

Am 8. Mai zwischen ein und zwei Uhr nachmittags erreichten Peter Habeler und ich den Gipfel des Mount Everest ... Peter Habeler und ich waren die ersten, die ohne auch nur ein einziges Mal Sauerstoff aus Flaschen zu atmen vom Basislager zum Gipfel gestiegen sind."

4 Pumpen

Für verschiedene Zwecke verwendet man verschiedene Pumpen.

V 13 Stich ein Loch in den Deckel eines Marmeladenglases, und stecke einen Trinkhalm hindurch, und verklebe ihn luftdicht. Fülle das Glas dann mit Wasser, und setze den Deckel auf.
Versuche aus dem Trinkhalm Wasser zu saugen.
Stich nun ein zweites Loch in den Deckel ...

V 14 Du kannst das Marmeladenglas aus Versuch 13 verwenden (Bild 5). Klebe im zweiten Loch einen weiteren Trinkhalm fest. Was geschieht, wenn du in den zweiten Halm pustest? Kannst du deine Beobachtung erklären?

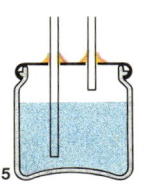

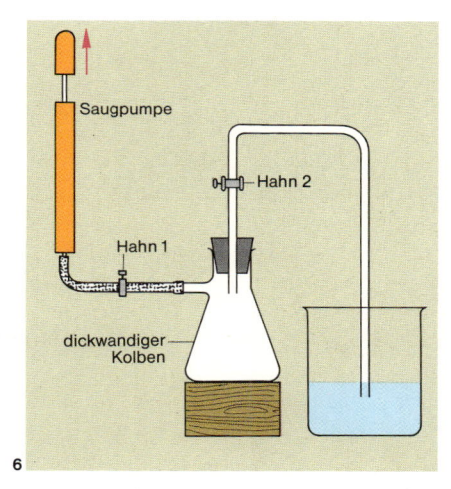

V 15 Wie ein Saugwagen funktioniert, läßt sich mit dem Aufbau von Bild 6 vorführen.
Hahn 2 ist zunächst geschlossen, Hahn 1 ist geöffnet. Was geschieht, wenn die Saugpumpe betätigt wird?
Nun wird Hahn 1 geschlossen und Hahn 2 geöffnet.
Erkläre den Saugvorgang: Welche Aufgabe hat die Pumpe? Wer treibt das Wasser in den Kolben?

Info: Wie Pumpen funktionieren

Wenn man eine Flüssigkeit hochpumpen will, gibt es grundsätzlich zwei Möglichkeiten:
Stell dir ein wassergefülltes U-Rohr vor, das an beiden Seiten mit Stempeln abgeschlossen ist (Bild 7). Auf beide Stempel wirkt eine Kraft, die durch den Luftdruck hervorgerufen wird. Diese Kraft wird von den Stempeln auf das Wasser übertragen.
Hebt man nun den Stempel 1 an, so übt nur noch Stempel 2 eine Kraft auf das Wasser aus. Diese Kraft bewirkt, daß das Wasser im linken Teil des Rohres nach oben steigt.
Man kann aber auch die nach unten gerichtete Kraft auf Stempel 2 vergrößern. Auch dann steigt das Wasser im linken Teil des Rohres an.

Beim Pumpen muß man also entweder auf der einen Seite einen Unterdruck erzeugen (Anheben des Stempels) oder an der anderen einen Überdruck (Herunterdrücken des Stempels). Pumpen, die einen Unterdruck erzeugen, nennt man *Saugpumpen*, die anderen *Druckpumpen*.

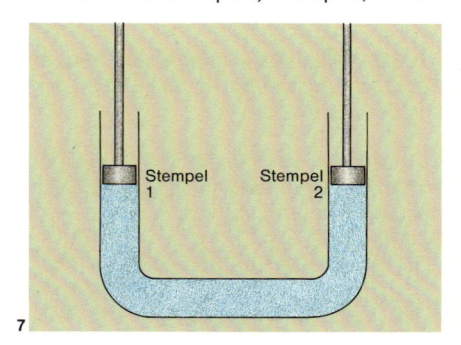

Auf den ersten Blick scheinen die beiden Pumpmethoden gleich wirkungsvoll zu sein. Das ist aber nicht der Fall. Bei einer Saugpumpe übt die *Luft* die Kraft aus, die das Wasser nach oben steigen läßt. Beträgt der Luftdruck 1 bar, kann das Wasser nur 10 m hoch steigen. Mit Saugpumpen läßt sich Wasser somit höchstens um 10 m anheben. (In der Praxis erreicht man Hubhöhen von knapp 9 m.)

Bei einer Druckpumpe ist die Hubhöhe um so größer, je größer der Überdruck ist, den man durch Herunterdrücken des Stempels erzeugt. Dieser Überdruck kann beliebig groß sein – sofern ihn nur die Gefäßwände aushalten.

Aufgaben

1 Bild 1 zeigt den Aufbau einer Wasserpumpe, wie man sie häufig in Gärten findet.

Erkläre ihre Funktionsweise.

Eine solche Pumpe kann Wasser nur um ungefähr 9 m heben. Warum nicht höher?

2 Wie funktioniert die Pumpe von Bild 2?

Sie sieht so ähnlich aus wie die Gartenpumpe. Beschreibe die Unterschiede.

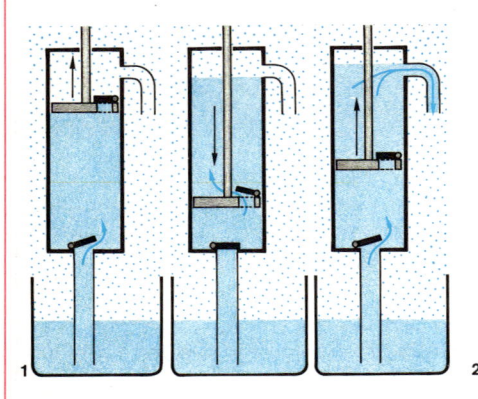

3 Der Stempel einer Fahrradluftpumpe besteht aus einer biegsamen Scheibe aus Leder oder Kunststoff (Bild 3). Welche Aufgaben hat er?

Welchen Grund kann es haben, wenn eine Luftpumpe defekt ist?

4 Mit einer *Kapselluftpumpe* (Bild 4) lassen sich Gefäße fast völlig luftleer pumpen. Man kann mit dieser Pumpe erreichen, daß die restliche Luft im Gefäß nur noch einen Druck von 0,001 mbar hat.

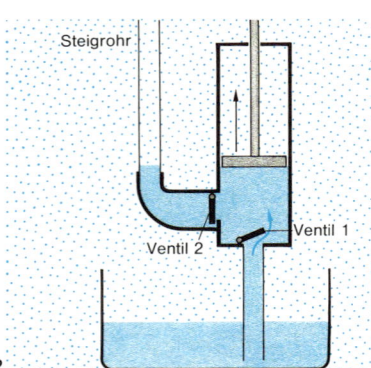

Ein Zylinder dreht sich in einer Trommel und berührt sie an einer Stelle. Zwei Schieber werden durch Federn an die Trommelwand gepreßt. Auf diese Weise entstehen drei voneinander getrennte Kammern.

a) Wenn sich der Zylinder in Bild 4 etwas weiterdreht, sinkt der Druck im angeschlossenen Gefäß. Begründe!

b) Beschreibe, was bei weiterer Drehung des Kolbens mit der Luft in Kammer 1 geschieht.

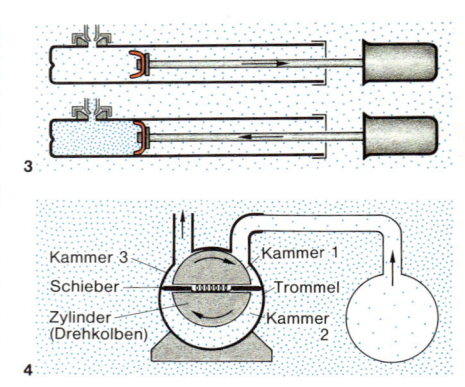

Mechanik der Gase

Alles klar?

1 Aus einer Milchdose, in die nur ein Loch gestochen wurde, fließt kaum Milch heraus. Was muß man tun? Es gibt zwei Möglichkeiten.

2 Lebensmittel werden heute oft „vakuumverpackt".

Beim Verpacken spielt der Luftdruck eine Rolle. Beschreibe und erkläre den Verpackungsvorgang.

3 Manche Häuser, besonders auf dem Lande, sind nicht an öffentliche Wasserleitungen angeschlossen. Sie haben eine eigene Wasserversorgungsanlage mit einem Brunnen.

Eine Pumpe befördert das Wasser aus dem Brunnen in einen Druckbehälter, von dem die Wasserleitungen ausgehen. Der (luftdichte) Behälter enthält stets eine bestimmte Menge Luft. Auch wenn die Pumpe gerade nicht läuft, kann Wasser aus den Hähnen fließen. Erkläre!

4 Die Fläche der Handinnenseite ist ungefähr 150 cm² groß.

Welche Kraft übt die Luft auf diese Fläche aus? Warum spürst du diese Kraft nicht?

5 Kolbenpumpen verfügen immer über Ventile. Warum sind sie nötig?

6 Warum darf das (äußere) Gehäuse eines Dosenbarometers nicht luftdicht verschlossen sein?

7 Auf dem 4478 m hohen Gipfel des Matterhorns hat die Quecksilbersäule eines Barometers eine mittlere Höhe von 433 mm.

Berechne den Luftdruck in hPa.

8 Weshalb lassen sich Barometer als Höhenmesser verwenden?

Als man zu Beginn der Luftfahrt nur Barometer als Höhenmesser einsetzte, gab es eine wichtige Merkregel: „Vom Hoch ins Tief – geht's schief." Erkläre!

9 Bei Verletzungen des Brustkorbes setzt man dem Verunglückten eine dicht schließende Gesichtsmaske auf. Dann wird er mit Sauerstoff versorgt, der unter geringem Überdruck steht.

Warum kann auch bei diesem Verfahren die Atmung funktionieren?

10 Auf eine zusammengefaltete Plastiktüte wirkt eine Gewichtskraft von 0,10 N. Die Tüte wird mit Luft gefüllt, verschlossen und an einen empfindlichen Kraftmesser gehängt. Welche Anzeige erwartest du? Begründe deine Antwort.

Mechanik der Gase

Auf einen Blick

Der Druck eingeschlossener Gase

Wenn Gase in einen Behälter eingesperrt sind, stehen sie unter **Druck**. Das hat folgenden Grund: Die Gasteilchen bewegen sich ständig kreuz und quer durch den ihnen zur Verfügung stehenden Raum. Dabei prasseln in jeder Sekunde unzählig viele Teilchen gegen die Begrenzungswände. Auf diese Weise übt das Gas Kräfte auf die Wände aus.

Beim Zusammenpressen steigt der Druck des Gases, weil den Teilchen weniger Raum zur Verfügung steht und sie daher häufiger gegen die Wände stoßen. Die Kräfte auf die Wände werden somit größer.

Eingesperrte Gase lassen sich durch Kräfte zusammenpressen. Sie sind kompressibel.

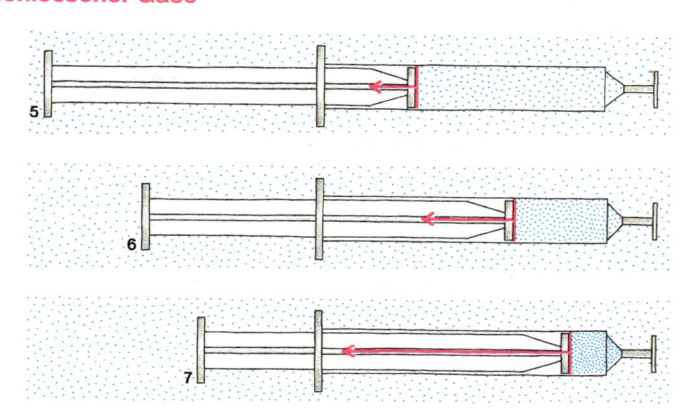

Der Schweredruck der Luft

Die Erde ist von einer Lufthülle umgeben. Die Dichte der Luft nimmt mit zunehmender Höhe ab.

Die Luft in den unteren Schichten wird durch die darüberliegende Luft zusammenpreßt. Auf diese Weise entsteht der **Schweredruck** der Luft.

Bei Druckunterschieden zwischen Hohlräumen und der Außenluft beobachtet man Wirkungen des Luftdrucks:

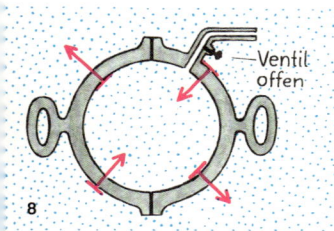

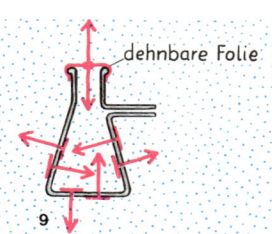

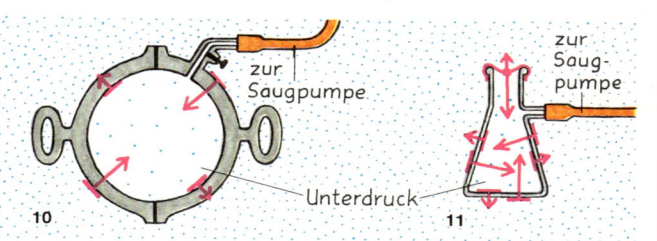

Die Halbkugeln lassen sich trennen, und die Folie ist nicht eingedellt, da der Druck innen und außen gleich groß ist. Die Luft übt von innen und außen gleich große Kräfte aus.

Die Halbkugeln lassen sich nicht trennen, und die Folie ist eingedellt, da der Druck innen kleiner als außen ist. Die Kräfte auf die Außenflächen sind größer als die von innen.

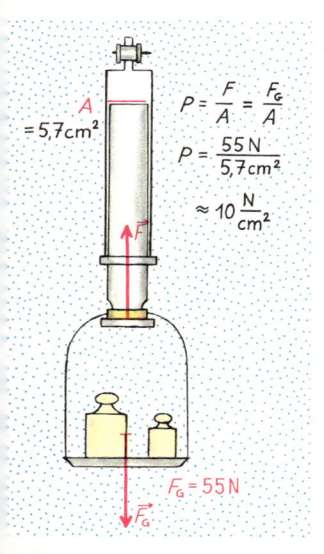

Aufgrund ihres Schweredrucks übt die Luft auf den Kolben in Bild 12 eine nach oben gerichtete Kraft aus und drückt ihn in den Kolbenprober hinein. Wenn man immer mehr Wägestücke auf die Waagschale stellt, wird der Kolben schließlich nach unten gezogen. Unmittelbar vorher ist die Gewichtskraft auf Kolben, Waagschale und Wägestücke genauso groß wie die Kraft, die die Luft auf den Kolben ausübt.

Der Luftdruck läßt sich als Quotient von Gewichtskraft F_G und Kolbenfläche A berechnen.

Für den Luftdruck ergibt sich annähernd

$$p = 10 \frac{N}{cm^2} = 1 \text{ bar}.$$

Der mittlere Luftdruck in Meereshöhe beträgt 1013 mbar = 1013 hPa.

Genauso groß ist der Schweredruck am Boden einer ca. 10 m hohen Wassersäule.

$A = 5{,}7 \text{ cm}^2$

$p = \frac{F}{A} = \frac{F_G}{A}$

$p = \frac{55 \text{ N}}{5{,}7 \text{ cm}^2}$

$\approx 10 \frac{N}{cm^2}$

$F_G = 55 \text{ N}$

Einfache und knifflige Schaltungen

1 Die Rolle der Elektrizität in unserem Leben

Elektrische Geräte und Maschinen sind im Laufe des 20. Jahrhunderts zur Selbstverständlichkeit geworden.

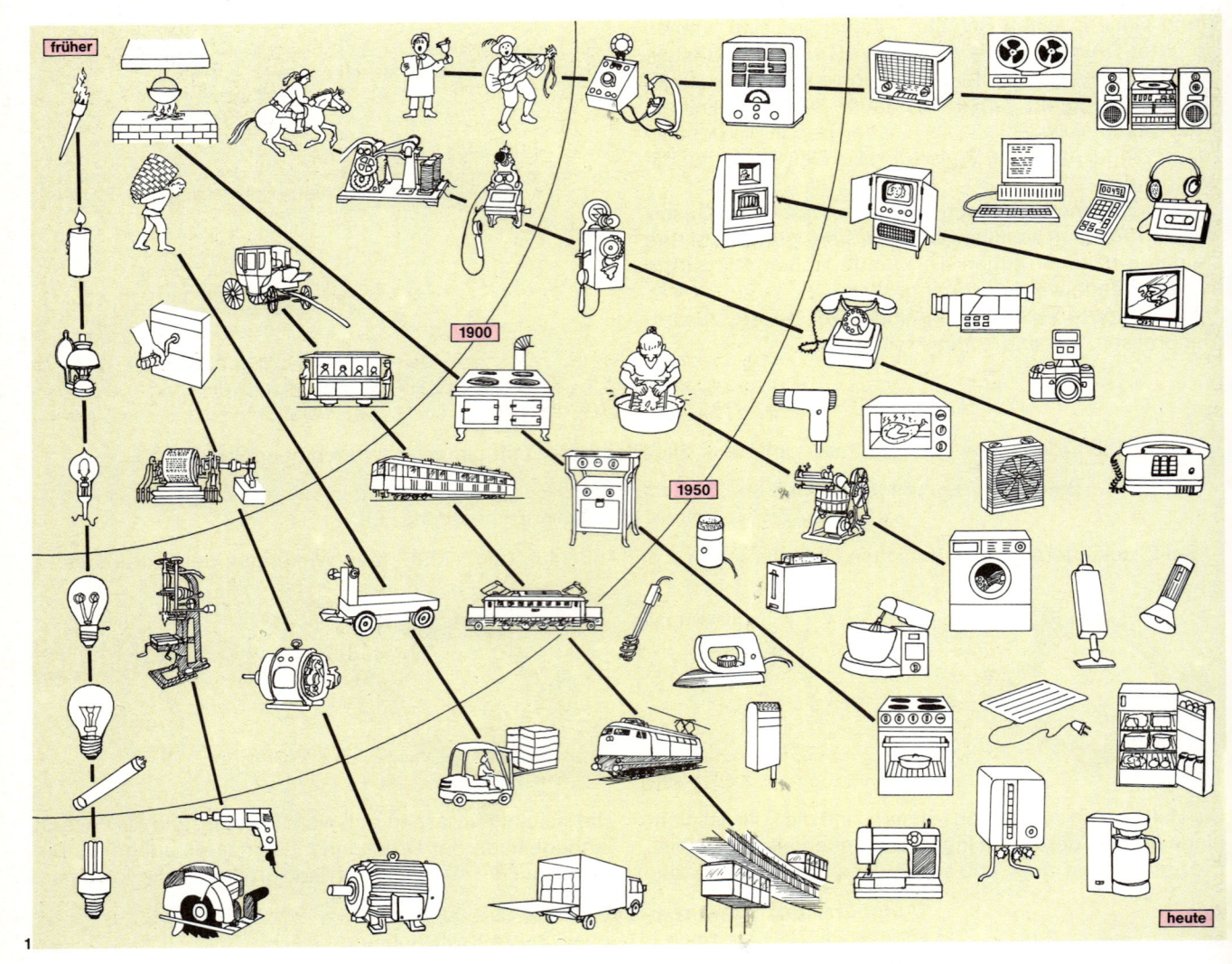

Ein Leben ohne Elektrizität ist heute kaum noch vorstellbar.

Vorsicht beim Umgang mit Elektrizität

Mit der Elektrizität sind auch Gefahren verbunden (→ Zeitungsausschnitt). Daher mußt du folgende Regeln unbedingt beachten:

Führe keine Versuche mit Elektrizität aus der Steckdose durch! Bei Versuchen verwenden wir nur Batterien oder Netzgeräte.

Öffne und repariere keine elektrischen Geräte – selbst dann nicht, wenn der Stecker aus der Steckdose gezogen ist!

Dreijähriges Kind überlebt Stromstoß in der Badewanne

Nürnberg (ddp) – Ein Bad mit seiner drei Jahre alten Tochter hat einen 30jährigen Mechaniker in Nürnberg das Leben gekostet. Wie die Polizei mitteilte, war das Kind zu seinem Vater in die Badewanne geklettert. Beim Spielen der beiden fiel ein am Beckenrand liegender Fön ins Wasser und versetzte dem Mann einen tödlichen Stromstoß. Das dreijährige Kind habe das Unglück nur überlebt, weil es zum Zeitpunkt des Unglücks wahrscheinlich in der Wanne stand.

Verhalten bei einem Elektrounfall

○ Solange der Verletzte Kontakt mit den Leitungen hat, darfst du ihn nicht berühren!

○ Drehe die Sicherung heraus, oder schalte sie aus! Im Physik- oder Werkraum ist der *Not-Aus*-Schalter zu betätigen.

○ Rettungs- oder Notarztwagen rufen („Elektrounfall")!

○ Erste Hilfe leisten! (Bei Herzversagen und Atemstillstand: Wiederbelebungsmaßnahmen; bei Bewußtlosigkeit: stabile Seitenlage.)

Aus der Geschichte: **Wie die Elektrizität unseren Alltag veränderte**

Vor hundert Jahren war das Wäschewaschen noch sehr mühevoll. Einmal im Monat, oft sogar noch viel seltener, führte die Hausfrau einen „Waschtag" durch. In reicheren Familien halfen ihr dabei Dienstmädchen oder „Waschfrauen".

In der Waschküche wurde die Wäsche in der Waschlauge gekocht. Anschließend mußte sie mit der Hand auf einem Waschbrett geschrubbt und dann ausgespült werden.

Häufig spielte sich ein Teil des Waschtages auch im Freien ab: Die Frauen knieten am Ufer von Flüssen, um die Wäsche zu schrubben und zu spülen (Bild 2).

In der ersten Hälfte des 20. Jahrhunderts gab es dann schon die ersten Waschmaschinen mit elektrischem Antrieb (Bild 3).

Heute ist das Wäschewaschen viel einfacher: Wäsche sortieren, in die Maschine werfen, Waschpulver dazugeben, Programm wählen – fertig!

2 Der elektrische Stromkreis

Mit Hilfe einer Batterie kann ein Lämpchen leicht zum Leuchten gebracht werden: Man muß nur den Fußkontakt des Lämpchens mit dem einen Pol und den Gewindesockel mit dem anderen Pol der Batterie verbinden (Bild 4).

Man sagt, das Lämpchen muß sich in einem geschlossenen *Stromkreis* befinden.

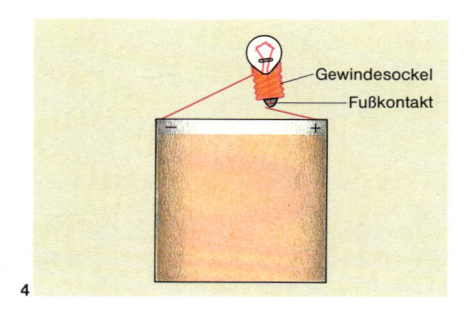

V 1 Die Bilder 5 u. 6 zeigen einen Schalter und einen Taster. Welche Aufgabe haben beide? Worin unterscheiden sie sich?

Baue einen Stromkreis mit Batterie, Lämpchen und Schalter auf.

V 2 Um die Innenbeleuchtung eines Autos ein- und auszuschalten, sind meistens Schalter an den Rahmen der Türen angebracht.

Wenn man eine der Türen öffnet, wird der Schalter an dieser Tür geschlossen. Die Lampe im Innenraum leuchtet, wenn irgendeine der Türen geöffnet ist.

Wie müssen Schalter, Batterie und Lampe angeordnet sein? Baue die Anordnung auf.

V 3 Die Hupe eines Autos funktioniert nur, wenn das Zündschloß eingeschaltet ist *und* der Hupenkontakt am Lenkrad gedrückt wird.

Baue eine entsprechende Schaltung auf. Ersetze dabei die Hupe durch eine Lampe oder Klingel.

V 4 Um die Lampe in einem Korridor von zwei Stellen aus betätigen zu können, verwendet man zwei *Wechselschalter*. Bild 7 zeigt die Schaltung.

Erprobe sie im Versuch.

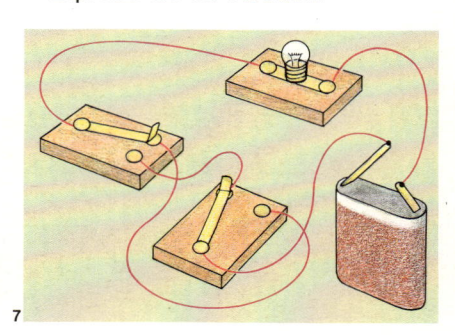

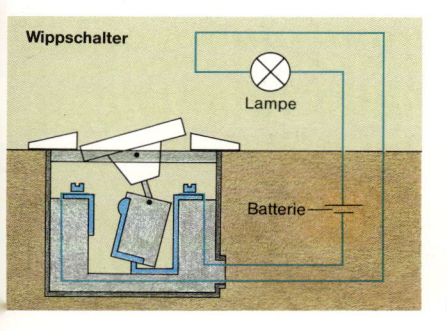

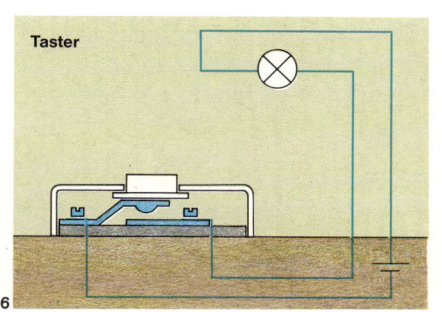

Info: Stromkreise, Schaltskizzen und Schaltzeichen

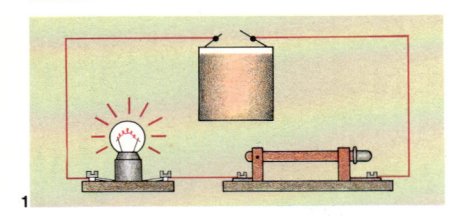

Ein Lämpchen kann nur funktionieren, wenn es durch Drähte z. B. mit beiden Polen einer Batterie verbunden ist: Das Lämpchen und die Batterie müssen Teile eines geschlossenen **Stromkreises** sein (Bild 1). Mit Hilfe eines Schalters kann man den Stromkreis unterbrechen; das Gerät funktioniert dann nicht.

Gerät und Batterie müssen also so verbunden sein, daß ein Kreislauf möglich ist: Man kann vermuten, daß in einem Stromkreis irgend etwas strömt. Wir nennen es zunächst einmal *Elektrizität*.

Wenn die Elektrizität fließt, sprechen wir von einem *elektrischen Strom*.

Die Schaltung von Bild 7 auf der vorigen Doppelseite ist unübersichtlich. Man erkennt nicht auf Anhieb, ob ein geschlossener Stromkreis vorliegt. Fehler sind in solchen Zeichnungen nur schwer zu finden. Man fertigt deshalb **Schaltskizzen** an; sie sind leichter zu durchschauen.

In Schaltskizzen werden Geräte durch **Schaltzeichen** dargestellt (Bild 2), Leitungsdrähte durch gerade Linien.

Beispiel: Bild 3 zeigt die Schaltskizze der *Wechselschaltung* (→ Versuch 4). An dieser Skizze erkennst du leicht: Man kann die Lampe mit jedem der beiden Schalter beliebig ein- oder ausschalten. Wenn z. B. der Stromkreis mit dem einen Schalter geschlossen wurde, kann er auch mit dem anderen unterbrochen werden.

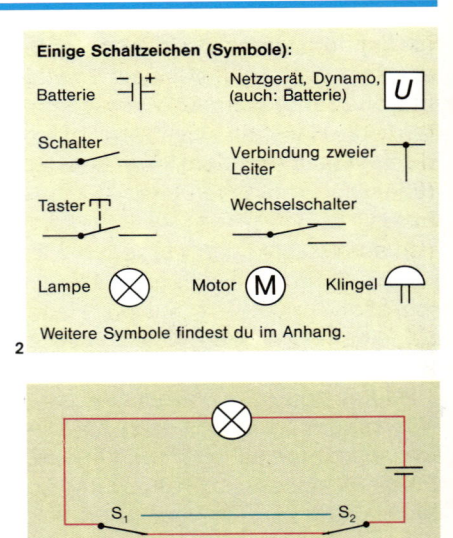

Info: Reihenschaltung und Parallelschaltung

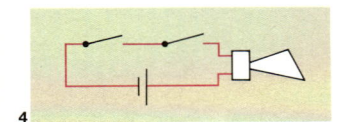

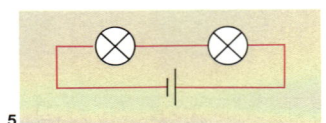

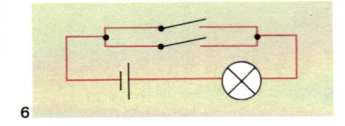

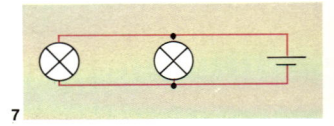

Bei einem Auto sind Hupenkontakt und Zündschloß **in Reihe geschaltet** (Bild 4): Nur wenn beide Schalter gleichzeitig geschlossen sind, ist der Stromkreis geschlossen, und die Hupe ertönt.

Bild 5 zeigt eine **Reihenschaltung** von Glühlampen: Schraubt man eine Lampe heraus, so erlischt auch die andere.

Die Schalter an den Autotüren sind **parallelgeschaltet** (Bild 6): Beim Öffnen einer Tür wird ein Schalter geschlossen, und die Lampe leuchtet.

Bild 7 zeigt eine weitere **Parallelschaltung**: Schraubt man eine Glühlampe heraus, so leuchtet die andere Lampe weiter.

Aufgaben

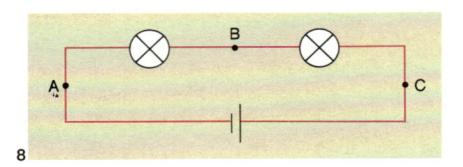

1 In diesen Schaltungen (Bilder 8 u. 9) sollen die Lampen gleichzeitig ein- oder ausgeschaltet werden.
An welchen der markierten Stellen könnte man den Schalter einbauen? Begründe deine Antwort.

2 Die Wohnungsklingel kann mit zwei Tastern betätigt werden: Der eine ist an der Haustür angebracht, der andere an der Wohnungstür.
Skizziere die Schaltung, und erläutere ihre Funktionsweise.

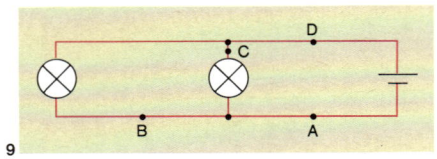

3 Eine Geschirrspülmaschine beginnt erst dann zu arbeiten, wenn der Hauptschalter auf „ein" gestellt und außerdem die Tür geschlossen ist. Fertige eine Schaltskizze an.
Warum verwendet man hier (mindestens) zwei Schalter?

4 Die Beleuchtungsanlage eines Fahrrades besteht aus Dynamo, Scheinwerfer und Rücklicht.
Fertige eine Schaltskizze an. Welche Rolle spielt der Fahrradrahmen?

5 Von drei Stellen aus soll eine Korridorlampe ein- oder ausgeschaltet werden können. Man benötigt dazu zwei Wechselschalter und einen Kreuzschalter (Bild 10).

a) Beschreibe die Funktionsweise des Kreuzschalters.

b) Fertige eine Schaltskizze für diese Flurbeleuchtung an.

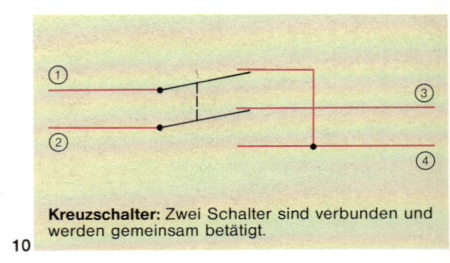

Kreuzschalter: Zwei Schalter sind verbunden und werden gemeinsam betätigt.

3 Leiter und Nichtleiter

Ein mit Kunststoff umhülltes Kabel, das zu einer leuchtenden Lampe führt, kannst du ohne Gefahr berühren: Die Elektrizität fließt nur durch die innen liegenden Kupferdrähte (Bild 11). Die äußere Hülle leitet die Elektrizität nicht; sie ist ein *Nichtleiter (Isolator)*.

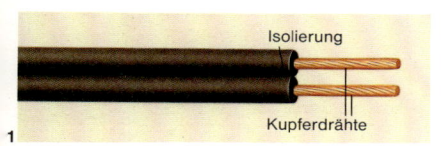

1 (Isolierung, Kupferdrähte)

Um festzustellen, welche Stoffe die Elektrizität leiten, können wir zwei Versuche durchführen:

V 5 Untersuche mit Hilfe der Schaltung von Bild 12, ob folgende Stoffe die Elektrizität leiten: Kupfer, Kunststoff, Gummi, Papier, Graphit (Bleistiftmine), Kohle, Holz, ...

Prüfe auch, ob trockenes Salz oder feuchte Blumenerde leiten. Fülle dazu das Salz oder die Erde in einen Becher, und stecke als Zuleitungen zwei Nägel hinein.

Trage deine Ergebnisse in eine solche Tabelle ein:

Leiter	Nichtleiter
?	?

V 6 Gibt es auch unter den Flüssigkeiten Leiter und Nichtleiter?

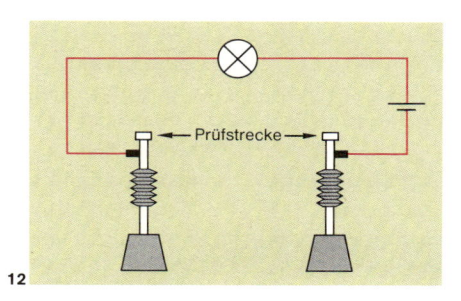

12

Zwei Kohlestäbe werden in ein Gefäß aus Glas gestellt, und zwar so, daß sie einander nicht berühren (Bild 13).

Prüfe mit diesem Versuchsaufbau, ob Leitungswasser, Salzwasser, Essigwasser, Öl, Benzin, verdünnte Säuren und Laugen ... Leiter oder Nichtleiter sind.

Zusätzlich zum Lämpchen kann auch ein Meßgerät als empfindlicherer Stromanzeiger verwendet werden.

Notiere die Ergebnisse in der Tabelle von Versuch 5.

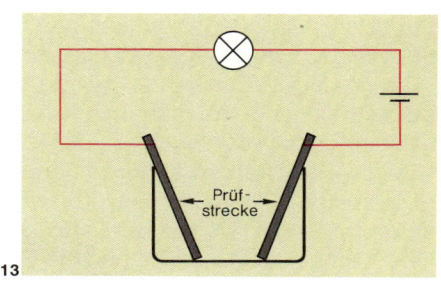

13

Info: Leiter und Nichtleiter

Wir nennen Stoffe, in denen die Elektrizität fließen kann, **elektrische Leiter**. Zu den Leitern gehören die Metalle und Kohlenstoff (Graphit, Kohle, Ruß).

Stoffe, in denen die Elektrizität nicht fließen kann, nennen wir **Nichtleiter** oder **Isolatoren**.

4 In der Leuchtstofflampe und in der Glimmlampe befindet sich ein verdünntes Gas, in dem die Elektrizität fließt.

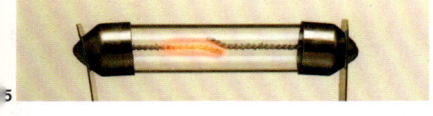

5

6 Bei einem Blitz fließt Elektrizität durch die Luft.

Isolatoren sind zum Beispiel trockenes Holz, Kunststoffe, Porzellan, Glas, Gummi, Seide und Leinen.

Auch unter den Flüssigkeiten gibt es Leiter und Nichtleiter:

Leiter sind z. B. Salzwasser, verdünnte Säuren und Laugen. Auch Leitungswasser gehört zu den Leitern.

Öl, Petroleum, Benzin dagegen zählen zu den Nichtleitern.

Gase sind in der Regel Nichtleiter. Unter besonderen Umständen können sie aber die Elektrizität leiten; oft senden sie dabei Licht aus (Bilder 14–16).

Jeder geschlossene Stromkreis besteht nur aus Leitern; durch einen Nichtleiter könnte die Elektrizität nicht fließen. Die einzelnen Bauteile sind von Nichtleitern umgeben, um zu verhindern, daß unerwünschte Stromkreise entstehen. So haben z. B. Drähte meist eine Isolierung

aus Kunststoff. Drähte werden aber auch durch die Luft geführt und an Isolatoren aus Porzellan befestigt (Bild 17).

Die Kunststoffgehäuse vieler Elektrogeräte bieten zusätzlich Schutz (Bild 18).

Der menschliche Körper ist ein Leiter (Bild 19). Er enthält nämlich Wasser, in dem geringe Mengen Kochsalz und andere Stoffe gelöst sind.

Wenn ein Mensch Teil eines Stromkreises wird, fließt Elektrizität auch durch seinen Körper. Schon recht geringe Ströme können zu schmerzhaften Verkrampfungen, Bewußtlosigkeit oder sogar Herzversagen führen.

Das „Basteln" an Steckdosen und elektrischen Haushaltsgeräten ist lebensgefährlich!

Wenn du aber z. B. eine Taschenlampenbatterie für Experimente verwendest, besteht keine Gefahr.

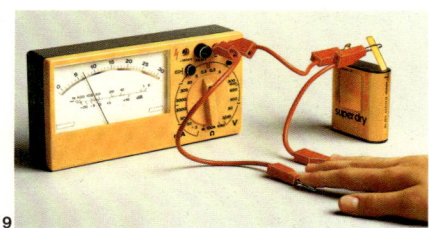

17 **18** **19**

Wirkungen des elektrischen Stromes

1 Die Wärmewirkung

Aus Umwelt und Technik: **Unsere „Heizgeräteparade"**

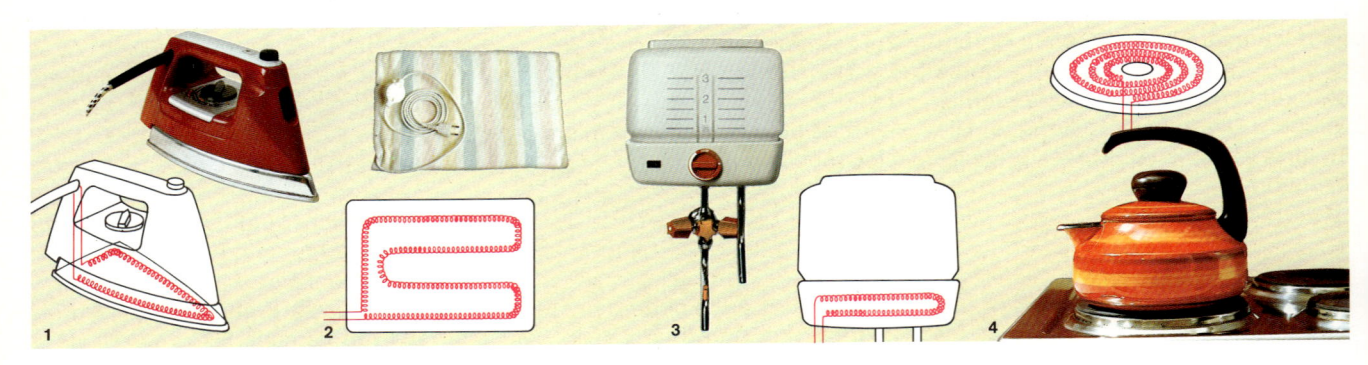

Das „Herzstück" der verschiedenen elektrischen Heizgeräte (Bilder 1–8) ist das gleiche – ein Draht!

Wenn du z. B. in einen eingeschalteten Toaster hineinschaust, siehst du rot glühende Heizdrähte. Sie haben eine Temperatur von ungefähr 850 °C.

Nicht jeder Draht hält über längere Zeit solchen Temperaturen stand. Viele Drähte „verbrennen" bei hohen Temperaturen, sofern sie mit Luft in Kontakt kommen: An der Oberfläche bildet sich eine pulvrige Zunderschicht (Oxidschicht), und der Draht zerfällt mit der Zeit.

Heizdrähte werden nicht aus reinen Metallen hergestellt, sondern aus Metall-Legierungen (Gemischen). Man verwendet z. B. Chromnickel, das aus zusammengeschmolzenem Chrom, Nickel und Eisen besteht; es hält Temperaturen von ca. 1100 °C auf Dauer aus.

Die Heizdrähte sind oftmals gewendelt. Benachbarte Drahtstücke heizen sich gegenseitig auf; sie erreichen so eine höhere Temperatur.

Natürlich muß dafür gesorgt werden, daß man die Heizdrähte nicht versehentlich berührt. Deshalb ist z. B. der Heizdraht beim Tauchsieder in feuerfeste Keramik eingebettet, die von einem Metallrohr umgeben ist. Beim Haartrockner sind die blanken Heizdrähte auf Isolationskörpern aufgewickelt. Das Gehäuse verhindert ein Berühren.

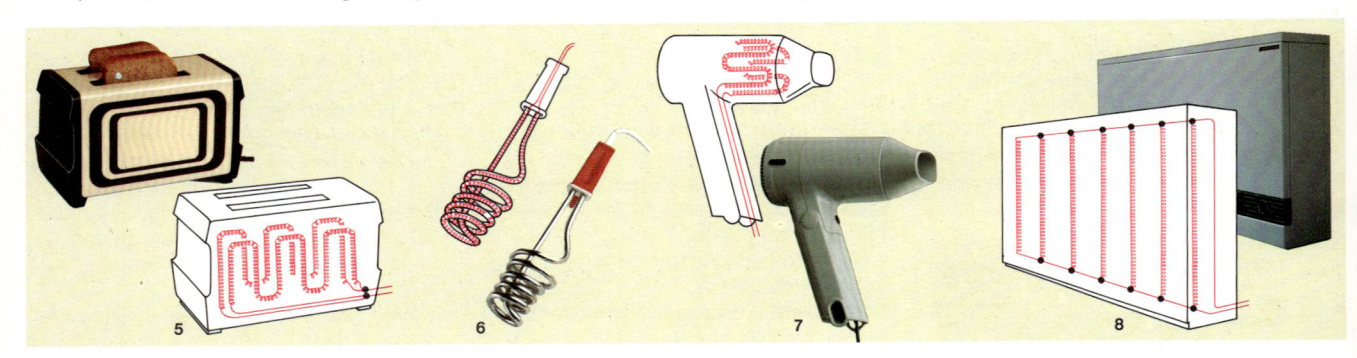

V 1 Ein nützliches Elektrogerät, das du leicht selbst bauen kannst, ist der *Styroporschneider* (Bilder 9 u. 10). Als Heizdraht ist ein ca. 10 cm langer Chromnickeldraht mit einem Durchmesser von 0,2 mm geeignet.

Regele das Netzgerät so, daß der Draht zu glühen beginnt und dann langsam immer heller aufleuchtet. Aus der Farbe eines glühenden Drahtes kann man auf seine Temperatur schließen.

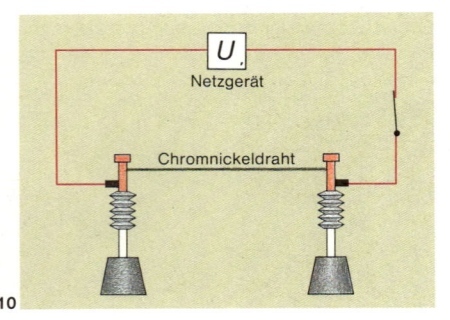

Die folgende Tabelle gilt für Drähte aus beliebigen Metallen und Legierungen:

Farbe des Glühdrahtes	Temperatur des Drahtes
dunkelrot	ca. 600 °C
kirschrot	ca. 850 °C
hellrot	ca. 1000 °C
gelb	ca. 1100 °C
weiß	über 1500 °C

V 2 Wir untersuchen, ob die Erwärmung eines Drahtes vom Material abhängt, aus dem er besteht (Bild 11).
Alle drei Drähte haben den gleichen Durchmesser. Auf jedem Drahtstück sitzt eine Kugel aus Kerzenwachs (Stearin). Stelle das Netzgerät so ein, daß einer der Drähte zu glühen beginnt. Was beobachtest du?

V 3 Die Anschlußleitungen von Heizgeräten sind viel dicker als der Heizdraht. Ob unterschiedlich dicke Drähte vom selben Strom auch unterschiedlich stark erwärmt werden?
Nimm Chromnickeldrähte mit unterschiedlichem Durchmesser. Baue den Versuch ähnlich wie in Bild 11 auf.

V 4 Eine *Schmelzsicherung* besteht aus einem dünnen Draht und einer Hülle aus Porzellan (Bild 12). Wie eine Sicherung funktioniert, läßt sich mit dem Aufbau von Bild 13 zeigen.

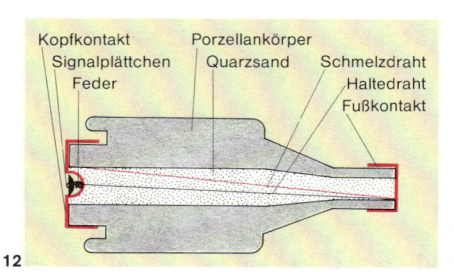

a) Wir überbrücken die Lampe mit einem Draht. Dadurch entsteht ein zusätzlicher Weg für die Elektrizität; man spricht von einem *Kurzschluß*.

b) Zu dem Lämpchen werden weitere Lämpchen parallelgeschaltet.
Erkläre deine Beobachtungen.

c) Warum werden in die Stromkreise im Haushalt Sicherungen eingebaut?
Welche Aufgabe haben die Sicherungen in Elektrogeräten?

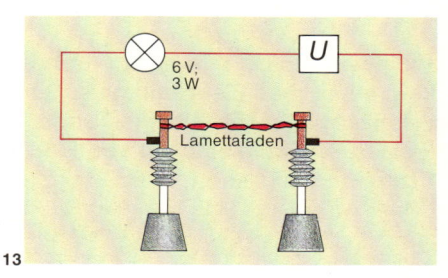

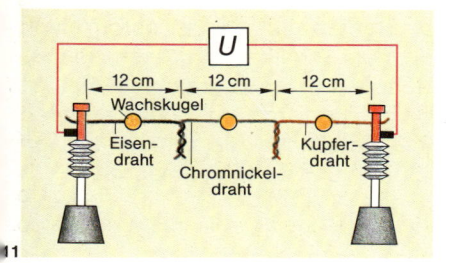

2 Die magnetische Wirkung

Aus Umwelt und Technik: **Lasthebemagneten**

In Stahlwerken sowie auf Schrottplätzen werden vielfach Kräne eingesetzt. Das Besondere an diesen Kränen ist, daß sie ihre Last nicht mit einem Greifer oder Haken halten, sondern mit einem Elektromagneten (Bild 14). Das Aufnehmen und Ablegen von Eisenteilen ist einfach: Man braucht den Magneten nur ein- und auszuschalten.

Wie ein Lasthebemagnet aufgebaut ist, zeigt Bild 15: Eine Spule aus dickem Kupfer- oder Aluminiumdraht ist von einem glockenförmigen Gehäuse aus einer speziellen Eisenlegierung umgeben. Wenn Elektrizität durch die Spule fließt, werden Spule und Gehäuse zu einem starken Magneten. Die magnetische Wirkung geht verloren, sobald der Strom ausgeschaltet wird.

Der Magnet ist 10 t schwer und hat einen Durchmesser von 2 m. Seine Tragfähigkeit hängt davon ab, *was* er halten muß. Für massive Eisenkörper beträgt die Tragfähigkeit ca. 30 000 kg (30 t) – soviel wiegt ein schwer beladener Güterwagen! Kleine Eisenplatten hält der Magnet, wenn sie nicht mehr als 2000 kg – soviel wie zwei Autos – wiegen. Für Schrott beträgt die Tragfähigkeit nur 1200 kg. Das liegt daran, daß Schrott nicht so dicht und lückenlos „gepackt" ist wie massives Eisen.

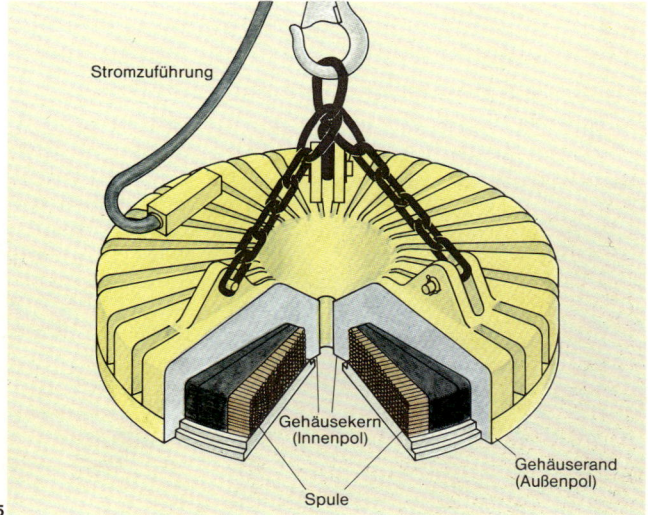

V 5 Wir bauen einen einfachen elektrischen Lasthebemagneten.

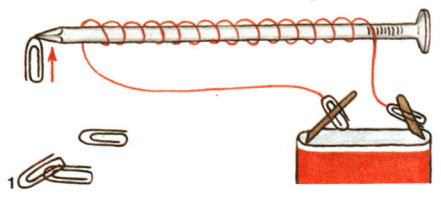

Wickle isolierten Kupferdraht um einen Nagel. Schließe den Draht an eine Batterie an (Bild 1). Wie viele Büroklammern kannst du damit heben?

V 6 Eine Spule mit einem Eisenkern nennt man **Elektromagnet**. Der Eisenkern ist nicht Teil eines Stromkreises, er wird also nicht von Elektrizität durchflossen.

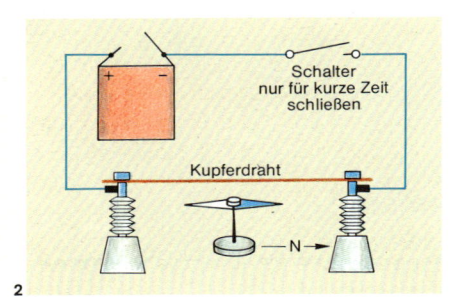

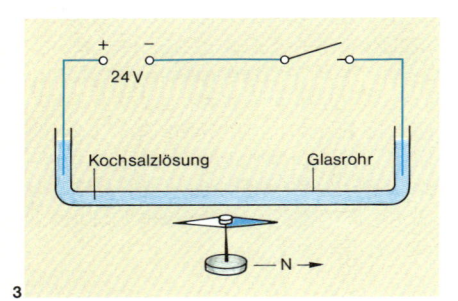

a) Untersuche, welche Rolle der Eisenkern spielt. Überlege dir dazu ein Experiment (ähnlich Versuch 5).

b) Wiederhole den Versuch mit einem Spulenkern aus Holz, Kupfer oder Aluminium.

V 7 Die magnetische Wirkung des elektrischen Stromes läßt sich auch an einem einzelnen Leiterstück beobachten.

a) Lege das Experimentierkabel in Richtung der Magnetnadel einmal über und einmal unter den Kompaß (Bild 2).

Tip: Die Kompaßnadel muß vor dem Einschalten zur Ruhe kommen.

b) Hängt die Wirkung auf die Kompaßnadel davon ab, ob der Strom groß oder klein ist?

c) Verwende auch andere Metalldrähte (z. B. Eisendraht).

d) Was geschieht, wenn der Stromkreis von Bild 3 geschlossen wird?

V 8 Wir führen jetzt den Strom seitlich an einer Magnetnadel vorbei.

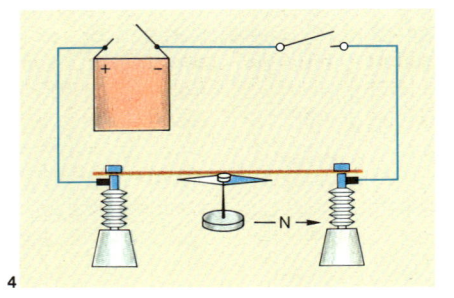

Der Leiter muß bei diesem Versuchsaufbau auf gleicher Höhe wie die Magnetnadel verlaufen; der Abstand zwischen den beiden soll dabei möglichst klein sein (Bild 4).

V 9 Bild 5 zeigt eine „Spule" mit *einer* Windung. Untersuche ihre Wirkung auf eine Kompaßnadel. (Stromkreis nur für kurze Zeit schließen!)

a) Was geschieht, wenn man die Batterie umpolt?

b) Ersetze die „Spule" durch einen dünnen Scheibenmagneten (Bild 6). Nähere ihn der Magnetnadel mal mit dem einen, mal mit dem anderen Pol. Vergleiche die Wirkungen von „Spule" und Scheibenmagnet.

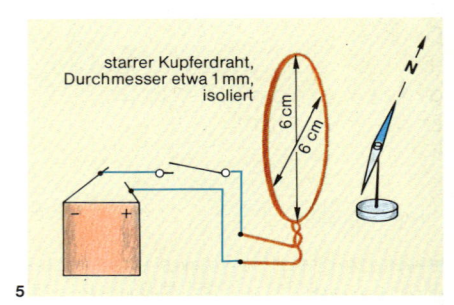

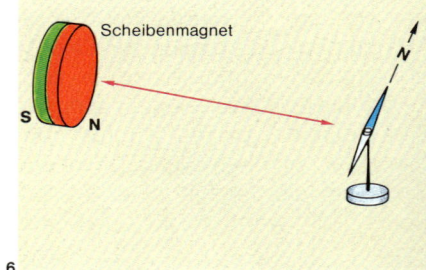

3 Die Leuchtwirkung

Der Blitz ist wohl die spektakulärste Lichterscheinung, die eine elektrische Ursache hat.

Elektrischer Strom kann in verschiedensten Lampen Licht bewirken.

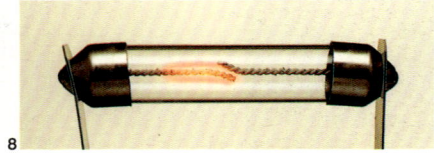

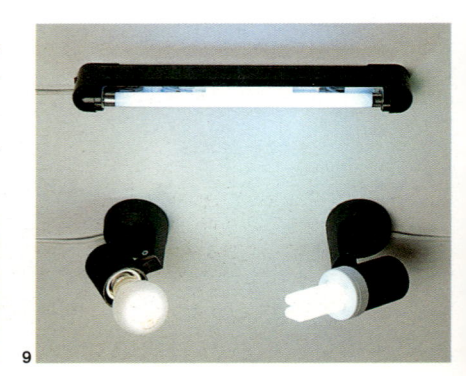

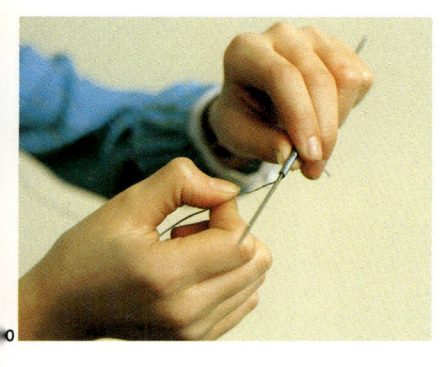

V 10 Welche Farbe hat der leuchtende Glühdraht einer **Glühlampe**? Welche Temperatur hat er ungefähr?

V 11 Schau dir den Glühdraht einer Haushaltslampe mit einer Lupe an.

Wendele einen 50 cm langen Konstantandraht (0,2 mm Ø) zu zwei Dritteln mit Hilfe einer Stricknadel (Bild 10). Schließe ihn an ein Netzgerät an, und drehe den Regler langsam hoch. Beobachte die Leuchtwirkung der verschiedenen Drahtteile.

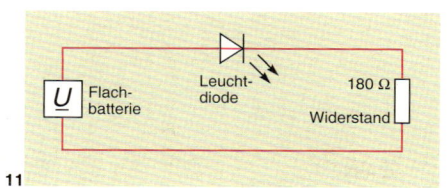

V 12 Bild 11 zeigt, wie man eine **Leuchtdiode** anschließt. Mit der Anordnung können die Bezeichnungen „+" und „–" auf Batterien überprüft werden. Probiere es aus.

V 13 Beobachte eine **Leuchtstoffröhre** beim Einschalten. Leuchtet sie wie die Glühlampe sofort auf?

Fasse sie nach einiger Zeit an. Was stellst du fest?

a) Durch die Leuchtstoffröhre verläuft kein „Glühdraht". Welche Vermutung hast du über die Entstehung des Lichtes in der Röhre?

b) Vergleiche die Leuchtstoffröhre mit einer „Sparlampe".

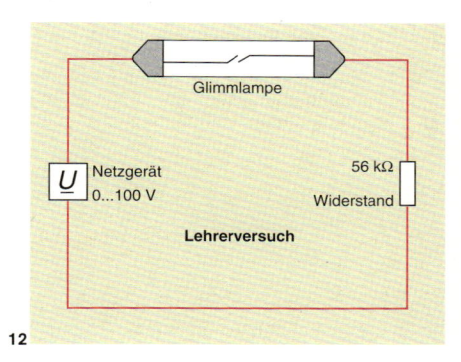

V 14 (Lehrerversuch) Die **Glimmlampe** enthält das Gas Neon unter sehr geringem Druck. Die Elektroden berühren einander *nicht*.

a) Bild 12 zeigt die Schaltung. Warum heißt die Lampe Glimmlampe?

b) Eine Glimmlampe (mit Gewindesockel) wird an eine Steckdose angeschlossen. Beobachte wieder die Elektroden. In einem Drehspiegel kannst du die Elektroden zeitlich gedehnt anschauen. Was fällt dir auf?

Info: Glühlampe, Leuchtdiode, Leuchtstoffröhre und Glimmlampe

Bei **Glühlampen** wird die Wärmewirkung des Stromes ausgenutzt: Der Glühdraht wird bis zur Weißglut erhitzt und leuchtet dann (wie jeder glühende Körper).

Der *Glühdraht* einer 40-Watt-Lampe ist ungefähr 70 cm lang; durch das Wendeln wird er auf 5,5 cm verkürzt (Bild 13). Durch das Wendeln erreicht man, daß sich benachbarte Windungen gegenseitig erwärmen.

Wenn die Glühlampe eingeschaltet ist, erreicht der Glühdraht eine Temperatur von 2600 °C. (Eisen schmilzt bei 1300 °C!) Deshalb muß der Glühdraht aus einem schwer schmelzbaren Metall hergestellt werden. Man verwendet Wolfram, dessen Schmelztemperatur 3380 °C beträgt.

Die *Glaskolben* der heutigen Glühlampen sind nicht – wie früher üblich – luftleer gepumpt. Sie sind mit Stickstoff gefüllt – einem Gas, das in der Luft enthalten ist und in dem eine Flamme erstickt. Dadurch wird die „Lebensdauer" des Glühdrahtes erhöht. Wäre der Kolben mit Luft gefüllt, würde der Draht verbrennen.

Auch bei **Leuchtdioden** (Bild 14) leuchtet ein fester Stoff auf, wenn sie „richtig" in den Stromkreis eingebaut sind.

Die Ursache dieser Leuchterscheinung ist keine hohe Temperatur. Vielmehr wird das Licht „auf kaltem Weg" erzeugt.

Der elektrische Strom kann auch durch Gase fließen, wobei Lichterscheinungen auftreten können. Bei einem **Blitz** wird die Luft stark erhitzt.

Werden Gase hinreichend stark verdünnt, können sie auch bei geringerer Temperatur durch elektrischen Strom zum Leuchten gebracht werden. Dieses Prinzip wird in den **Leuchtstoffröhren** und in den **Sparlampen** angewandt. Auch in ihnen sind an beiden Enden Elektroden eingeschmolzen (Bild 15). Um die Leuchtwirkung zu verbessern, sind die Lampen innen beschichtet.

Eine **Glimmlampe** enthält z. B. Neongas unter geringem Druck. Schließt man die Glimmlampe an Plus- und Minuspol eines Netzgerätes an (*Gleichspannungsquelle*), so leuchtet das Gas an der Elektrode auf, die mit dem *Minuspol* verbunden ist.

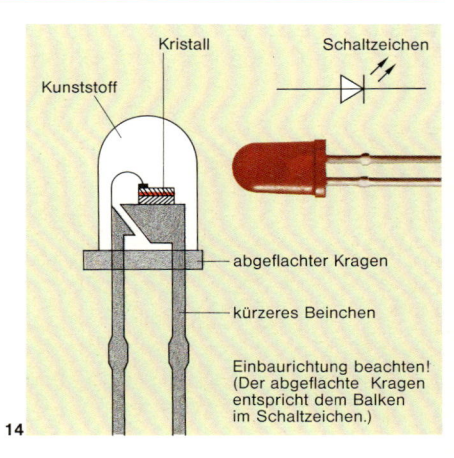

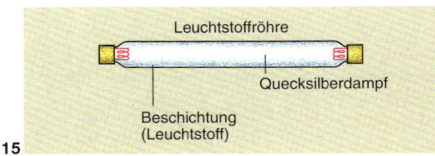

Die mit dem Minuspol verbundene Elektrode wird **Kathode**, die mit dem Pluspol verbundene **Anode** genannt.

Bei den mit „~" bezeichneten Anschlüssen leuchtet das Gas in raschem Wechsel an beiden Elektroden auf. Die Polung der Anschlüsse ändert sich ständig (*Wechselspannungsquelle*).

4 Die chemische Wirkung

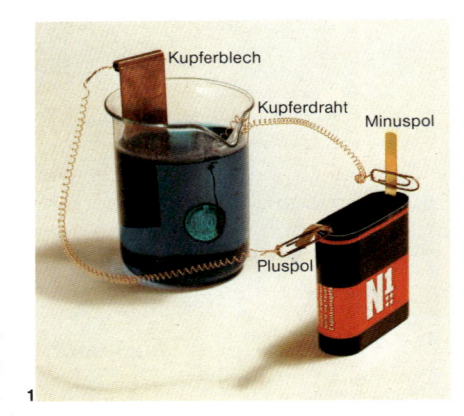

Hier wird mit Hilfe des elektrischen Stromes eine Münze verkupfert. **1**

V 15 Tauche zwei Kohleplatten in destilliertes Wasser, und verbinde sie über eine Glühlampe mit den Polen eines Akkus (Bild 2).
Schütte dann etwas Kupfersulfat (ein Salz) in das Wasser, und rühre kurz um. Beobachte die Vorgänge an den Elektroden.

a) Die Elektrode, die mit dem Pluspol des Akkus verbunden ist, nennt man *Anode*. Die mit dem Minuspol verbundene heißt *Kathode*. Kannst du Unterschiede zwischen den Vorgängen an der Anode und an der Kathode feststellen?

b) Nach 2 min werden die Anschlüsse der Kohleplatten an die Batterie vertauscht. Was passiert nun?

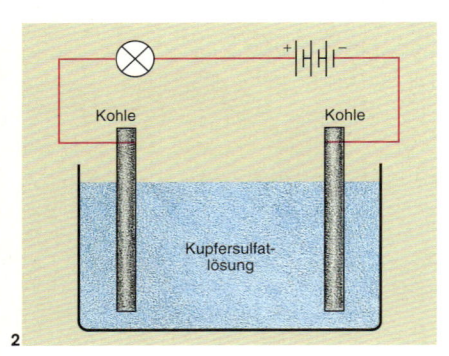

V 16 Ersetze im Aufbau von Bild 2 die Kohleplatten durch Kupferplatten, die vorher auf einer empfindlichen Waage gewogen worden sind.
Schließe wieder den Stromkreis, und beobachte die Elektroden.
Unterbrich den Stromkreis nach einiger Zeit (ca. 30 min). Nimm die Elektroden heraus, trockne sie vorsichtig ab, und wiege sie erneut.

V 17 In einem Hofmannschen Apparat befindet sich durch Schwefelsäure leitend gemachtes Wasser. Zwei Platinelektroden tauchen in die Flüssigkeit und werden über eine Glühlampe mit dem Akku verbunden (Bild 3). Beobachte die Vorgänge in den Glasrohren über den Elektroden.

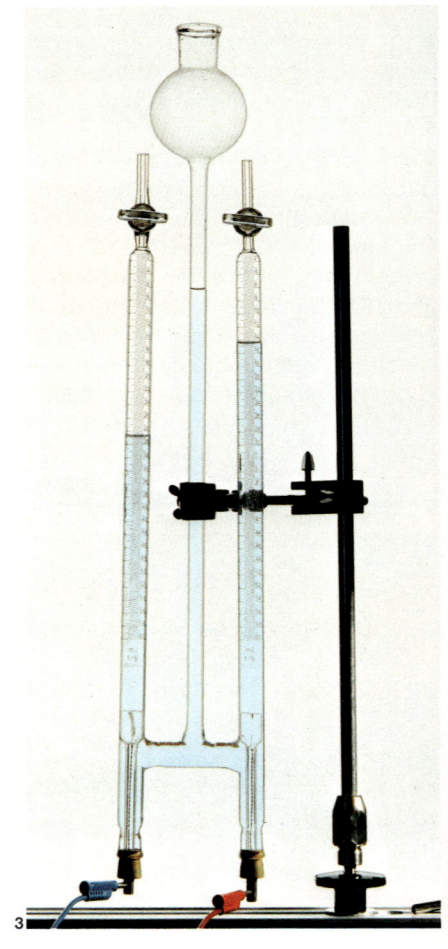

Info: Elektrische Ströme führen zu chemischen Vorgängen

Die wäßrige Kupfersulfatlösung und die Lösung von Schwefelsäure in Wasser vermögen den elektrischen Strom zu leiten. Solche wäßrige Lösungen von Salzen, Säuren oder Laugen werden **Elektrolyte** genannt (gr. *lyein*: lösen).

Während Elektrizität durch eine Anordnung wie in Bild 4 fließt, laufen an den Elektroden chemische Vorgänge ab. An den *Kathoden* scheiden sich Metalle oder Wasserstoff ab, an den *Anoden* Nichtmetalle und Gase wie Sauerstoff und Chlor. Metallische Anoden können sich dabei auflösen. Diese Vorgänge heißen **Elektrolyse**. Genauere Untersuchungen dieser Vorgänge werden im Chemieunterricht durchgeführt.

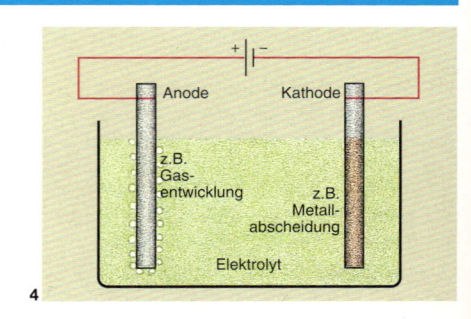

Wirkungen des elektrischen Stromes

Auf einen Blick

Wärmewirkung

Durch einen elektrischen Strom wird der Leiter erwärmt.

Die Temperatur des Leiters ist davon abhängig, wie groß der Strom ist.

Bei gleichem Strom hängt sie vom Material und von den Abmessungen des Drahtes ab: Ein dünner Draht wird stärker erwärmt als ein dicker Draht aus gleichem Material. Bei gewendelten Drähten erwärmen sich die benachbarten Windungen gegenseitig.

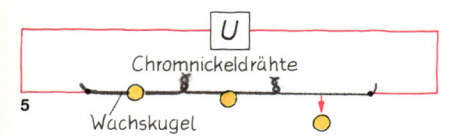

Sicherungen sollen verhindern, daß Leitungen zu heiß werden und Brände entstehen. Sie schützen auch defekte Geräte vor Schäden durch Überhitzung.

Eine Schmelzsicherung enthält einen Draht, der bei zu starker Erhitzung durchschmilzt. Bei Überlastung oder Kurzschluß unterbricht die Sicherung den Stromkreis.

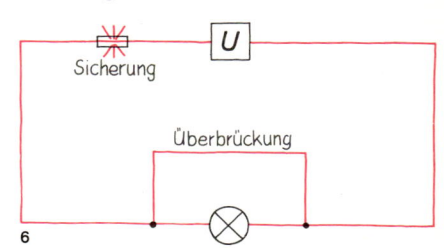

Magnetische Wirkung

Wenn Elektrizität durch die Spule fließt, wird sie zum Magneten.

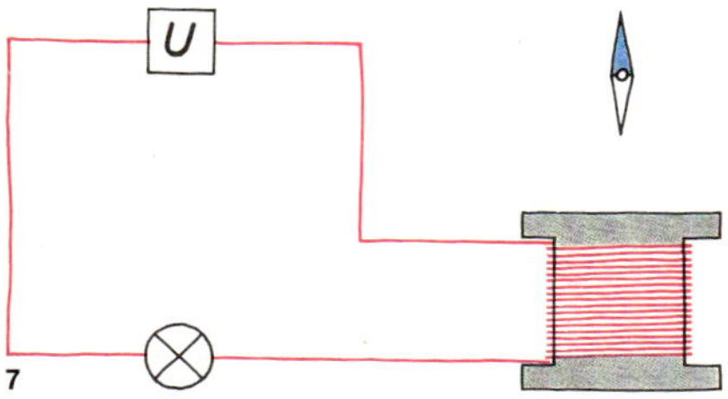

Ein Elektromagnet besteht aus einer Spule mit einem Eisenkern.

Solange der Stromkreis geschlossen ist, zeigt der Elektromagnet seine magnetische Wirkung. Er kann andere Körper aus Eisen, Nickel und Cobalt anziehen.

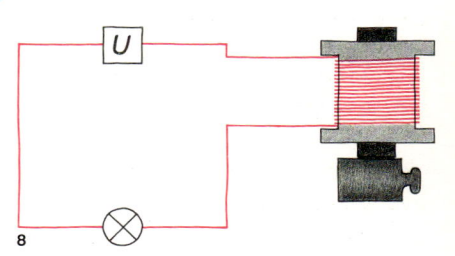

Leuchtwirkung

Der elektrische Strom kann in festen Leitern ein Leuchten bewirken.
Auch in stark verdünnten Gasen kommt es zu Leuchtwirkungen.

Zu den festen Leitern, die zum Leuchten angeregt werden können, gehört die *Leuchtdiode*. In der *Leuchtstoffröhre* wird die Leuchtwirkung durch eine Innenbeschichtung des Glasrohres verstärkt.

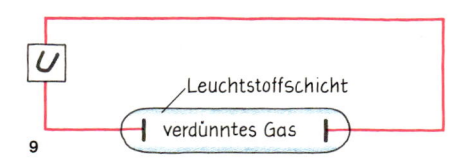

Chemische Wirkung

Der elektrische Strom bewirkt in flüssigen Leitern (Elektrolyten) chemische Vorgänge an den Elektroden.

Die chemische Wirkung ist von der Art des Elektrolyten und der Elektroden abhängig.

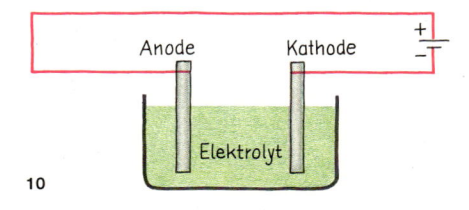

Plus- und Minuspol von Batterien und Netzgeräten

Bei der Glimmlampe leuchtet das Gas an der Elektrode auf, die mit dem Minuspol verbunden ist. Aus der Kupfersulfatlösung scheidet sich an dem Kohlestab Kupfer ab, der mit dem Minuspol verbunden ist.

Die Pole der Batterien verhalten sich unterschiedlich. Wir unterscheiden Pluspol und Minuspol. Auch Netzgeräte haben meist einen Pluspol und einen Minuspol.

Bei der Batterie bleibt die Polung immer gleich (*Gleichspannungsquelle*).

Dagegen wechselt bei der Steckdose die Polung in rascher Folge, in der Regel mit 50 Hz (*Wechselspannungsquelle*).

Modellvorstellung für den elektrischen Strom

1 Elektrizität aus der Folie?

Eine geriebene Folie wird der Lampe genähert – und die Lampe soll aufleuchten … Unmöglich?

V 1 Eine Klarsichtfolie wird kräftig mit einem Wolltuch gerieben und mit einer *Glimmlampe* abgetastet.

Die Glimmlampe muß leitend mit der Erde verbunden sein. (Sie ist „geerdet", wenn du einen ihrer Anschlüsse berührst oder mit einem Heizungs- oder Wasserrohr verbindest.) Was beobachtest du?

Du kannst den Versuch auch mit einem Polprüfer (Bild 2) durchführen.

V 2 Streife eine „geladene" Folie an einer Metallplatte ab, die durch Styroporblöcke gegen die Unterlage isoliert ist. Als Metallplatte eignet sich zum Beispiel der Boden einer Tortenform oder der Deckel einer Kuchendose.

Was geschieht, wenn du mit dem Zeigefinger (oder einer Glimmlampe) in die Nähe des Plattenrandes kommst oder diesen berührst?

V 3 Ob sich auch andere Körper mit Hilfe des Wolltuchs aufladen lassen?

a) Probiere es z. B. mit einem Bleistift, einem Plastikkugelschreiber und einem Glasstab.

b) Nähere die Körper nach dem Reiben auch kleinen Papierschnitzeln oder dem selbstgebauten Ladungsanzeiger (→ Bauanleitung).

V 4 Reibe einen *Metallstab* mit einer Plastiktüte oder einem Wolltuch.

a) Untersuche mit Glimmlampe und Ladungsanzeiger, ob der Stab geladen ist.

b) Umwickle ein Ende des Metallstabs mit einer Plastikfolie. Halte den Stab an dieser Isolierung, und wiederhole den Versuch.

c) Wie lassen sich die Beobachtungen erklären?

V 5 Wieder wird eine Klarsichtfolie mit dem Wolltuch gerieben. Dann wird die Folie einige Sekunden lang in aufsteigenden Wasserdampf gehalten. Überprüfe, ob die Folie noch geladen ist.

V 6 Ziehe einen geriebenen Stab (Glas oder Kunststoff) schnell durch eine Flamme. Ist er anschließend immer noch elektrisch geladen?

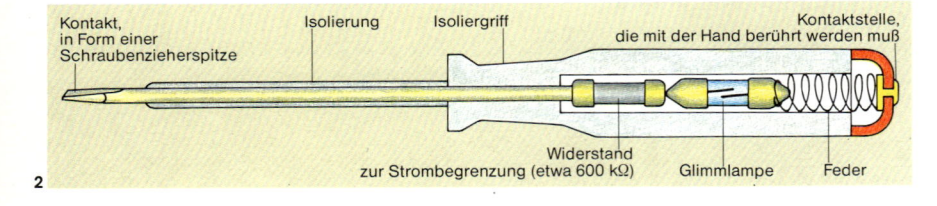

Bauanleitung: Ein einfacher Ladungsanzeiger

Du benötigst:
1 Grundbrettchen
(ca. 5 cm · 8 cm, 1 cm dick),
1 Streifen Zeichenpapier
(ca. 15 cm · 3 cm),
1 Korken,
1 Nähnadel,
1 Kappe von einem Filzschreiber.

So wird's gemacht:
Erst einmal faltest du den Papierstreifen der Länge nach. Dann schneidest du eine kleine Kerbe in die Mitte des Falzes.

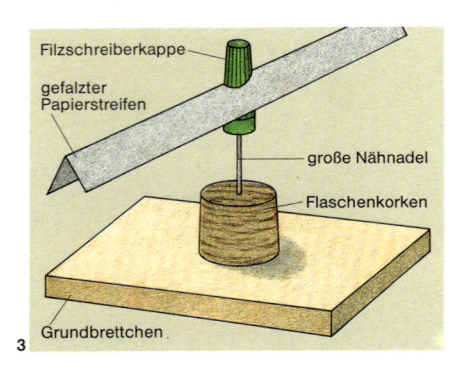

Die Kerbe muß gerade so groß werden, daß die Filzschreiberkappe von unten hineingesteckt werden kann.

Setze nun den Papierstreifen mit der Kappe auf die im Korken befestigte Nähnadel. Wenn du den Papierstreifen dann anstößt, wirst du sehen, wie leicht er sich drehen läßt. Den Korken klebst du auf dem Grundbrettchen fest (Bild 3).

Für die Versuche 8 u. 9 wird der Papierstreifen durch einen Steifen aus dicker Klarsichtfolie ersetzt.

2 Wenn zwei geladene Körper aufeinandertreffen ...

Die beiden Luftballons wurden mit einem Wolltuch gerieben ...

V 7 Schneide dir aus einem Müllbeutel (Kunststofffolie) einen schmalen Streifen zurecht. Falte ihn dann in der Mitte zusammen, und ziehe beide Hälften durch ein Wolltuch (Bild 5). Dadurch werden beide Folienhälften gemeinsam aufgeladen.

Beschreibe, welche Beobachtung du bei diesem Versuch machst.

V 8 Presse ein Blatt Papier fest gegen eine Klarsichtfolie. Trenne dann Papier und Folie, und nähere sie einzeln dem geladenen Folienstreifen des Ladungsanzeigers (→ Bauanleitung). Was stellst du fest?

V 9 Du brauchst z. B. eine Metallscheibe an einem isolierenden Stab aus Plexiglas. (Auch ein Tortenblech auf Styroporblöcken oder ein „Superball" sind geeignet.)

Klebe ein Stück Klebestreifen auf die Metallscheibe. Drücke den Klebestreifen fest an, und reiße ihn anschließend ab (Bild 6).

Nähere die Metallscheibe und den Klebestreifen dem geladenen Folienstreifen des Ladungsanzeigers.

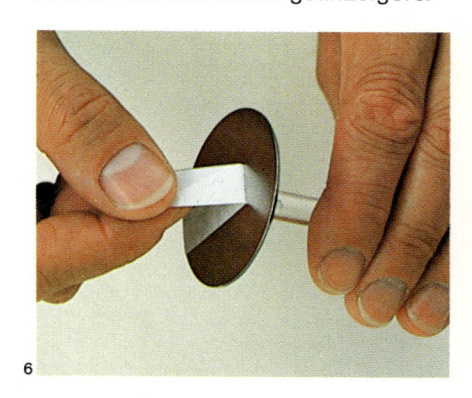

Info: Zwei Arten elektrischer Ladung

Schon im Altertum war bekannt, daß ein geriebener Bernstein eine merkwürdige Eigenschaft hat: Haare, Staub, Textilfasern und andere leichte Körper werden von ihm angezogen. (Das Wort *Elektrizität* ist abgeleitet von griech. *elektron*: Bernstein.)

Aber nicht nur bei Bernsteinen macht man solche Beobachtungen, sondern auch bei vielen anderen Körpern. Wenn man z. B. eine Schallplatte mit einem Wolltuch reibt, ist die Schallplatte in einem besonderen elektrischen Zustand. Man sagt: Sie ist *geladen*, oder sie trägt eine **elektrische Ladung**.

Daß ein Körper geladen ist, kann man z. B. mit Papierschnitzeln nachweisen, sie werden angezogen. Man erkennt den geladenen Zustand oft auch daran, daß Funken überspringen oder daß eine Glimmlampe aufblitzt.

Wenn sich zwei Körper berühren oder wenn sie durch einen elektrischen Leiter verbunden sind, kann Ladung von dem einen Körper auf den anderen übergehen.

Berührst du z. B. eine geladene Folie mit der Hand, geht Ladung auf deinen Körper über und – wenn du leitend mit der Erde verbunden bist – weiter auf die Erde. Das ist auch der Grund, warum ein Metallstab isoliert gehalten werden muß, wenn er aufgeladen werden soll.

In den Versuchen konntest du feststellen, daß sich zwei geladene Körper mal anziehen und mal abstoßen. Zwischen ihnen wirken also einmal anziehende und einmal abstoßende Kräfte.

Für dieses unterschiedliche Verhalten geladener Körper hat man folgende Erklärung:

Es gibt zwei unterschiedliche Arten von Ladung. Man nennt die eine Art **positive Ladung**, die andere **negative Ladung**.

Zwei positiv geladene Körper stoßen sich gegenseitig ab; das gleiche gilt für zwei negativ geladene Körper. Dagegen ziehen sich ein positiv geladener und ein negativ geladener Körper gegenseitig an.

Man sagt kurz: **Gleichnamig geladene Körper stoßen sich ab, ungleichnamig geladene ziehen sich an**.

Es ist nicht möglich, *einen* Körper allein aufzuladen, immer wird auch gleichzeitig ein zweiter aufgeladen.

Zum Beispiel läßt sich nach dem Reiben einer Schallplatte mit einer Plastikfolie auch auf dem „Reibzeug" eine Ladung nachweisen. Die Schallplatte wird positiv geladen, die Folie negativ.

Oft verliert das Reibzeug sofort wieder seine Ladung, weil es nicht isoliert ist. Die Ladung fließt z. B. über die Hand ab, die das Reibzeug hält.

Modellvorstellung für den elektrischen Strom

Info: Geladene Teilchen in Körpern

Was beim Laden geschieht, soll genauer erklärt werden:

Die Ladung eines Körpers ist immer auf geladene Teilchen zurückzuführen. Es gibt sowohl positiv als auch negativ geladene Teilchen (Ladungsträger).

Die positiv geladenen Teilchen haben in Körpern ihre festen Plätze. **Die negativen Ladungsträger dagegen können sich in vielen Körpern bewegen.**

Auf einem Körper, der uns ungeladen erscheint, sind positive und negative Ladungsträger in gleicher Anzahl vorhanden. Er ist weder positiv noch negativ geladen. Man sagt: Er ist **elektrisch neutral** (Bild 1).

Wenn man zwei neutrale Körper (z. B. durch Reiben) in engen Kontakt bringt, so kann es passieren, daß negative Ladungsträger des einen Körpers auf den anderen Körper überwechseln. Das hat zur Folge, daß der erste Körper weniger negative Ladungsträger als ursprünglich besitzt, der zweite aber nun einen Überschuß an negativen Ladungsträgern aufweist.

Wenn bei einem Körper die negativen Ladungsträger in der Überzahl sind, so ist er nicht mehr neutral, sondern **elektrisch negativ geladen** (Bild 2).

Umgekehrt ist ein Körper **elektrisch positiv geladen**, wenn bei ihm die positiven Ladungsträger überwiegen. Das ist dann der Fall, wenn er einen Teil seiner negativen Ladungsträger abgegeben hat (Bild 3).

Ein fester Körper kann nur dadurch positiv geladen werden, daß er negative Ladungsträger verliert, denn positive Ladungsträger *hinzufügen* kann man nicht.

Die **Kraftwirkung zwischen zwei elektrisch geladenen Körpern** läßt sich auf die Kräfte zwischen Ladungsträgern zurückführen: Nach außen sind jeweils nur die überzähligen Ladungsträger wirksam.

Zum Beispiel ziehen sich die überzähligen positiven Ladungsträger des einen Körpers und die überzähligen negativen Ladungsträger des anderen gegenseitig an. Zwischen den beiden Körpern wirkt eine Kraft, sie bewegen sich (wenn dies möglich ist) aufeinander zu.

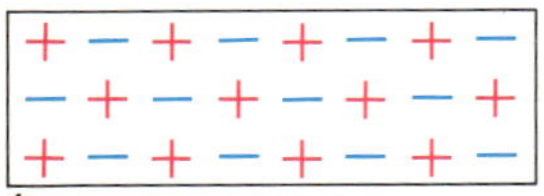

1 Positive (+) und negative (−) Ladungen in gleicher Zahl: Der Körper erscheint ungeladen (neutral).

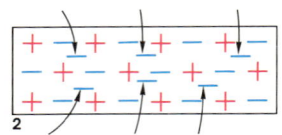

2 Die negativen Ladungen (−) sind in der Mehrzahl: Der Körper ist negativ geladen.

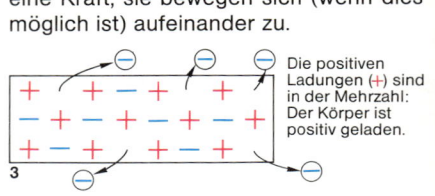

3 Die positiven Ladungen (+) sind in der Mehrzahl: Der Körper ist positiv geladen.

Info: Woher kommen die elektrischen Ladungsträger?

Da durch das Reiben keine elektrischen Ladungsträger erzeugt werden, nehmen wir folgendes an: **Die Ladungsträger sind von vornherein in den Körpern vorhanden** – und zwar in den Atomen, aus denen alle Körper aufgebaut sind.

Bild 4 zeigt das Modell eines Atoms (*nicht*, wie es wirklich aussieht). Im Atom gibt es zwei Bereiche: den **Atomkern** und die **Atomhülle**. Der Atomkern enthält positiv geladene Teilchen. Die Atomhülle setzt sich aus negativen Ladungsträgern zusammen, den **Elektronen**. Das Atom weist genauso viele positive wie negative Ladungsträger auf. Atome als Ganzes sind elektrisch **neutral**.

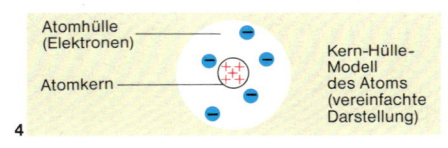

4 Atomhülle (Elektronen), Atomkern — Kern-Hülle-Modell des Atoms (vereinfachte Darstellung)

Erst bei der Berührung unterschiedlicher Körper kommt es vor, daß Elektronen aus den Atomhüllen des einen Körpers auf die Atomhüllen des anderen übergehen. Werden dann die Körper voneinander getrennt, so sind die Atome an den Übergangsstellen nicht mehr neutral: Die einen sind positiv geladen (weil bei ihnen die positive Ladung des Kerns überwiegt), die anderen negativ (weil bei ihnen die negative Ladung der Atomhülle überwiegt).

Aus Umwelt und Technik: Moderne Entstaubungsanlagen

Wenn im Ofen ein Kohlenfeuer brennt, bleibt nur ein kleines Häufchen Asche übrig. Stell dir aber vor, wieviel Asche in **Kohlekraftwerken** anfallen muß! Dort werden riesige Dampfkessel Tag und Nacht beheizt. Ein durchschnittliches Kohlekraftwerk verbraucht täglich 125 Waggons Kohle!

Die Kohle wird vor dem Verbrennen gemahlen und als Kohlenstaub in den Brennraum der Kessel geblasen. Es ist klar, daß so beim Verbrennen eine staubfeine Asche entsteht. Wenn man keine geeigneten Gegenmaßnahmen trifft, entweicht sie zusammen mit den heißen Verbrennungsgasen durch den Schornstein; sie fällt dann im Umkreis von vielen Kilometern als schädlicher „Staubregen" zur Erde zurück.

Der Rauch von Kraftwerken muß also „entstaubt" werden. Bloß – wie soll man das anstellen? Mit feinen Sieben oder Filtern im Schornstein ginge es vielleicht; doch dadurch würde der Zug im Schornstein vermindert, und das Feuer ginge schließlich aus.

Besser ist ein Verfahren, dessen Prinzip der Versuch von Bild 5 zeigt.

Bei diesem Verfahren spielt die **elektrische Ladung** eine wichtige Rolle.

Eine **Entstaubungsanlage** (Bild 6) setzt sich aus mehreren hintereinandergeschalteten *Filterzellen* zusammen. Jede dieser Filterzellen besteht aus zwei geerdeten Platten und einem dazwischengespannten Draht (Bild 7). Dieser Draht ist elektrisch negativ geladen.

Durch die Filterzellen strömt der Rauch. Dabei werden einige der Ascheteilchen von dem geladenen Draht angezogen – ähnlich wie der Rauch in Bild 5. Die meisten Ascheteilchen bewegen sich aber hin zu den geerdeten und damit ungeladenen Platten.

Der dünne Draht ist nämlich so stark negativ aufgeladen, daß ein Teil seiner Elektronen in die Umgebung des Drahtes abgesprüht wird („Sprühdraht"). Die abgesprühten Elektronen treffen auf die Teilchen der Flugasche und setzen sich auf diesen fest. Damit werden die kleinen Ascheteilchen selbst elektrisch negativ geladen.

Auch der Draht ist negativ geladen. Daher stoßen sich Draht und Ascheteilchen gegenseitig ab. Die Asche fliegt zu den geerdeten Platten und schlägt sich dort nieder. Da Platten und Draht ständig gerüttelt werden, fällt die Asche ab und wird mit Wasser aus den Filterzellen gespült.

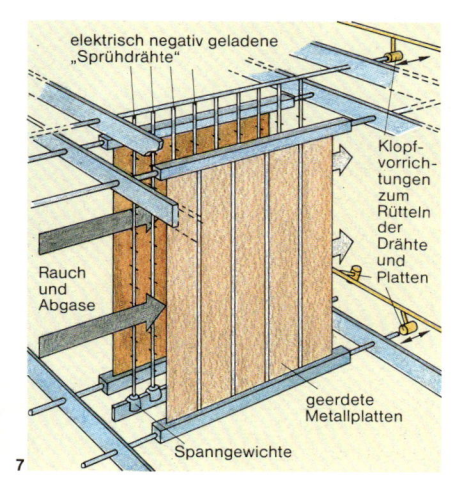

Aufgaben

1 Wie unterscheidet sich ein neutraler Körper von einem Körper, der elektrisch geladen ist?

2 Wann ist ein Körper positiv, wann negativ geladen?

3 Nenne verschiedene Möglichkeiten, wie du einen geladenen Körper wieder entladen kannst.

4 Eine Kunststoffolie wird mit einem trockenen Blatt Papier gerieben; das Papier bleibt aber anschließend auf der Folie liegen.
Wenn man nun die Folie samt Papier mit einer Glimmlampe abtastet, läßt sich keine Ladung nachweisen. Warum nicht?

5 Eine Folie wurde durch Reiben mit einem Wolltuch *negativ* aufgeladen. Wie kann man mit ihr die Ladungsart von Körpern bestimmen?

6 Körper können durch Reiben geladen werden. Wie können wir diesen Vorgang mit Hilfe der Elektronenvorstellung erklären?

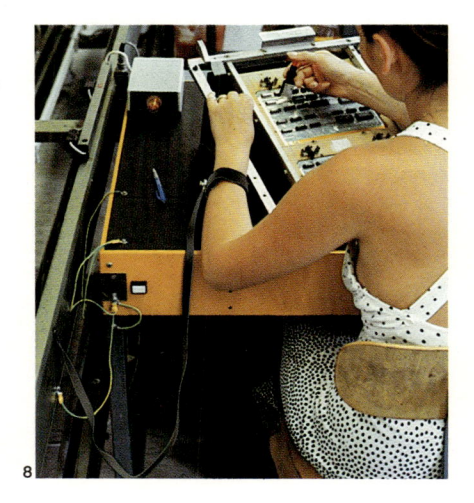

7 Integrierte Schaltungen (ICs) sind höchst empfindlich; selbst durch winzige Funkenüberschläge würden sie zerstört. Da sich aber die Arbeiterin (Bild 8) durch Reiben an ihrer Kleidung auflädt, hat man eine Gegenmaßnahme getroffen.
Beschreibe die Gegenmaßnahme.

8 Bei feuchtem Wetter gelingen manche Ladungsversuche nur sehr schlecht oder gar nicht. Gib dafür eine Erklärung.

9 Sicher hast du schon einmal beim Berühren einer Türklinke einen leichten „elektrischen Schlag" bekommen. Hast du eine Erklärung dafür?

Modellvorstellung für den elektrischen Strom

3 Der elektrische Strom in festen Leitern

Auch bei diesen beiden Beispielen spricht man in der Umgangssprache von *„Strom"*.
Was *strömt* hier jeweils?
Wie kann man feststellen, ob ein Strom groß oder klein ist?

Aufgaben

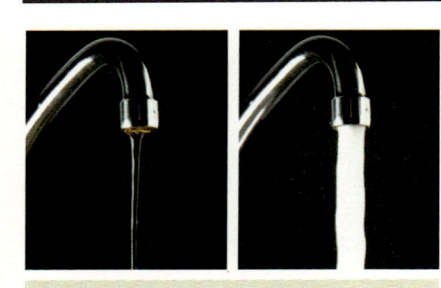

1 Die Bilder 3 u. 4 zeigen unterschiedliche **Wasserströme**. Plane einen **Versuch**, mit dem du herausfinden kannst, welcher von zwei Wasserströmen der größere ist.

2 Von zwei Quellen soll die mit der größten „Schüttung" (dem größten Wasserstrom) an die Wasserversorgung angeschlossen werden. Als Meßergebnisse liegen vor:
Quelle 1: 636 Liter in 12 Sekunden;
Quelle 2: 720 Liter in 15 Sekunden.
Für welche Quelle wird man sich entscheiden?

3 Im Gegensatz zu Wasserströmen kann man *elektrische* Ströme nicht sehen. Trotzdem läßt sich sofort sagen, in welchem dieser beiden *gleichen* Lämpchen (Bild 5) der Strom größer ist ...
Begründe deine Antwort.

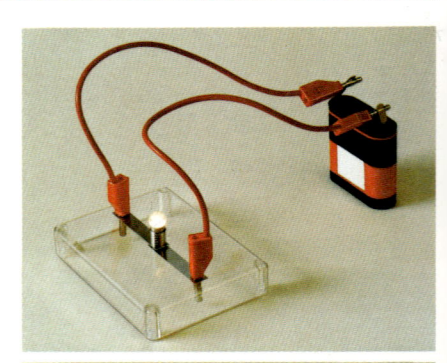

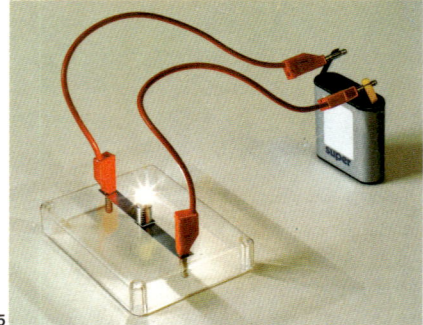

3 Hier siehst du sofort, welcher Wasserstrom der größere ist.

4 Bei diesen Wasserströmen wird es aber schon schwieriger ...

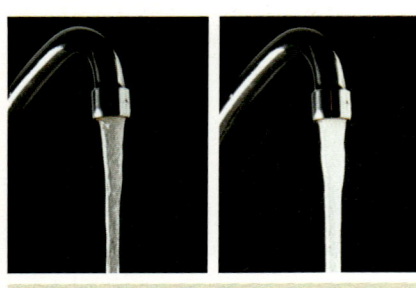

Info: Was strömt eigentlich im elektrischen Stromkreis?

Durch einen Schlauch oder ein Rohr strömt Wasser. Ob auch in den Leitern eines elektrischen Stromkreises etwas transportiert wird?

Bei der Beantwortung dieser Frage hilft der in Bild 6 gezeichnete Lehrerversuch. Als Stromanzeiger wird ein Glimmlämpchen verwendet. Bewegt man die Metallkugel zwischen den beiden Isolierklemmen hin und her, so leuchtet die Lampe immer wieder kurz auf – und zwar jedesmal, wenn die Kugel eine der Klemmen berührt.

Wir haben Glimmlampen als Anzeiger für fließende Ladung kennengelernt. Jedes Aufleuchten der Glimmlampe bedeutet also, daß für kurze Zeit **elektrische Ladungsträger** durch die Leitungen strömen. Dabei handelt es sich um *negative* Ladungsträger, also um **Elektronen**; nur diese können sich in Metallen bewegen.

Zwischen den Isolierklemmen werden die Elektronen mit Hilfe der Kugel transportiert: Die Kugel nimmt sie an der negativen Klemme auf und gibt sie an der positiven wieder ab. Außerhalb des Netzgerätes bewegen sich die Elektronen in Richtung vom Minuspol zum Pluspol. (Innerhalb des Netzgerätes werden die Elektronen vom Pluspol zum Minuspol getrieben.)

Verbindet man nun die beiden Isolierklemmen durch einen Leiter, so leuchtet die Lampe dauernd. Durch die Leitungen fließen nun ständig Ladungsträger.

In festen Leitern (wie Metalldrähten) sind die Atome regelmäßig angeordnet (Gitteratome). Zwischen den Atomen befinden sich „freie" Elektronen, die zu keinem Atom mehr gehören (Bild 7). In Bild 8 ist der Leiter mit den Polen einer Batterie verbunden,

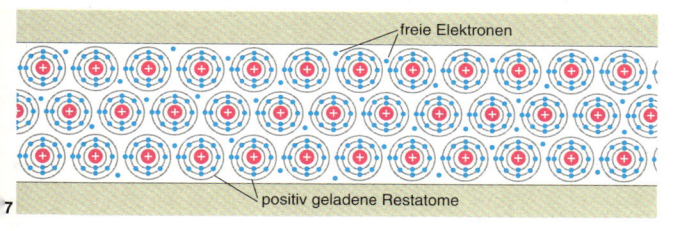

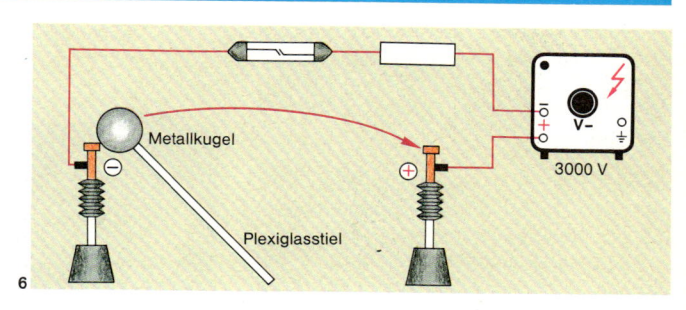

6

die Elektronen bewegen sich dann in Richtung zum positiven Pol der Batterie *(Elektronenstromrichtung)*.

Im 19. Jahrhundert wußte man noch nicht, daß die negativen Ladungsträger beweglich sind. Man legte die *technische Stromrichtung* als die Bewegungsrichtung positiver Ladungsträger fest: vom Pluspol über die angeschlossenen Leiter zum Minuspol.

Die Geschwindigkeit der Elektronen in einem Stromkreis ist sehr gering. Im allgemeinen kommt ein Elektron in einer Sekunde nur um Bruchteile von Millimetern voran.

Dazu ein Beispiel: Angenommen, die Drähte in einem Stromkreis aus Lämpchen und Batterie sind insgesamt 60 cm lang. Ein Elektron braucht dann mehr als 10 min, um von der Lampe durch die Batterie wieder zurück zur Lampe zu gelangen.

Trotzdem leuchtet das Lämpchen auf, sobald man den Stromkreis schließt; denn alle frei beweglichen Elektronen setzen sich im gesamten Stromkreis gleichzeitig in Bewegung.

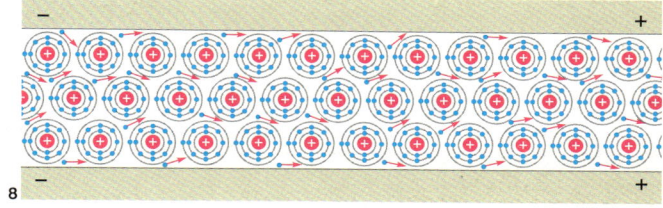

7 freie Elektronen / positiv geladene Restatome

8

4 Elektrischer Strom in Flüssigkeiten

In diesem Versuch zeigt das Meßgerät praktisch keinen Strom an. Woran kann das liegen?

V10 Welche Flüssigkeiten sind elektrische Leiter? Probiere es aus, wenn du es nicht weißt (Bild 9).

a) Was geschieht, wenn immer mehr Kochsalz in destilliertem Wasser gelöst wird?

b) Haben andere Salze die gleiche Wirkung?

c) Leiten die gleichen Salze, wenn sie noch ungelöst (in Kristallform) vorliegen?

d) Hat Zucker die gleiche Wirkung wie Kochsalz?

e) Überprüfe, ob verdünnte Säuren leiten. (Zum Beispiel sind Zitronensaft oder Essig verdünnte Säuren.)

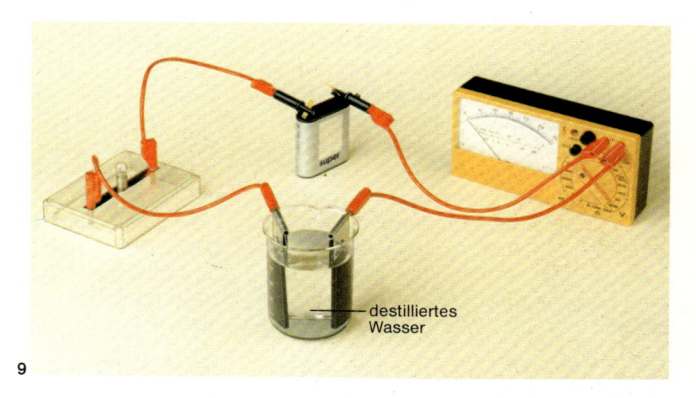

9 destilliertes Wasser

f) Was kannst du über die Leitfähigkeit von verdünnter Natronlauge sagen?

g) Sind die verschiedenen Öle ebenfalls gute elektrische Leiter?

Modellvorstellung für den elektrischen Strom

Info: So werden Flüssigkeiten elektrisch leitend

Wir wissen bereits, daß unter den *festen* Körpern nur diejenigen zu den elektrischen Leitern gehören, die *frei bewegliche Ladungsträger* (meist Elektronen) besitzen.

In leitenden Flüssigkeiten müssen also ebenfalls *Ladungsträger* vorhanden sein, die sich *bewegen* können.

Daß dies tatsächlich so ist, können wir uns am Beispiel einer Kochsalzlösung klarmachen:

Jeder Kochsalzkristall (Natriumchlorid, Bild 1) ist aus **positiven Natrium-Ionen** und **negativen Chlorid-Ionen** aufgebaut.

Wie neutrale Natriumatome zu Natrium-Ionen und Chloratome zu Chlorid-Ionen werden, ist in den Bilder 2 u. 3 dargestellt.

Damit die Ionen einen elektrischen Strom bilden können, müssen sie frei beweglich sein. Im Kristall sind sie aber an feste Plätze gebunden.

Die positiven und negativen Ionen werden beweglich, wenn sich der Salzkristall im Wasser löst (Bild 4).

Das Zerfallen und Auflösen eines solchen Ionenkristalls in frei bewegliche Ionen bezeichnet man als **Dissoziation**.

Je mehr Kristalle in Wasser dissoziieren, desto größer wird dort die Anzahl der der Ionen.

Auch andere Salze, deren Kristalle aus Ionen aufgebaut sind, können auf diese Weise dissoziieren.

Eine Flüssigkeit, die frei bewegliche Ionen enthält und damit elektrisch leitend ist, nennt man **Elektrolyt**.

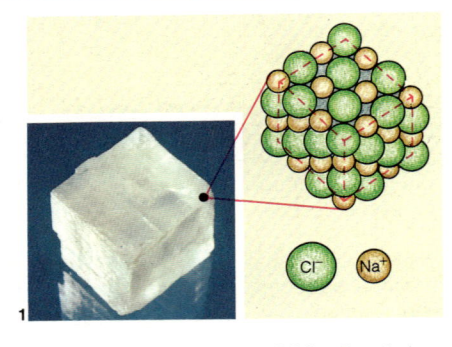

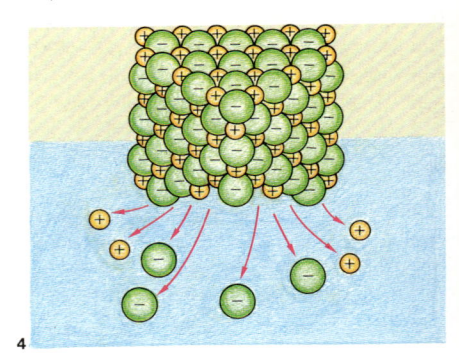

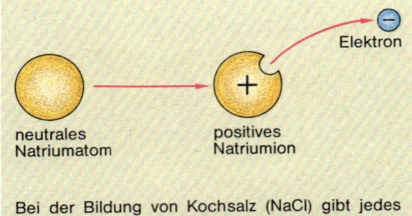

Bild 2: Bei der Bildung von Kochsalz (NaCl) gibt jedes Natriumatom (Na) ein Elektron an ein Chloratom (Cl) ab. Danach hat das Na-Atom eine negative Ladung *weniger* in der Atomhülle als positive Ladungen im Kern: Es ist ein positiv geladenes Teilchen, ein **positives Ion**, geworden (Kurzschreibweise: Na⁺).

Bild 3: Umgekehrt nimmt bei der Bildung von Kochsalz jedes Chloratom ein Elektron von einem Natriumatom auf. Daher hat es jetzt eine negative Ladung *mehr* in der Hülle als positive Ladungen im Atomkern: Es ist ein negativ geladenes Teilchen, ein **negatives Ion**, geworden (Kurzschreibweise: Cl⁻).

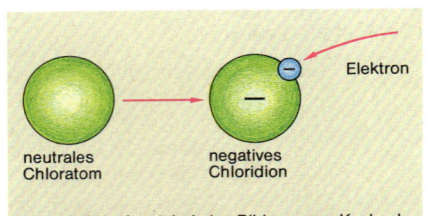

Info: Ionenströme in Flüssigkeiten

Wie kommt es zu einem **Ladungstransport** und damit zu einem elektrischen Strom im Elektrolyten?

Die beiden Kohlestäbe (Elektroden), die in den Elektrolyten eintauchen, sind mit dem Pluspol bzw. dem Minuspol der Batterie verbunden (Bild 5) und somit geladen.

Dadurch werden die Ionen im Elektrolyten angetrieben. Die *positiven Ionen* bewegen sich zu dem Kohlestab, der mit dem negativen Pol verbunden ist, zur **Kathode**. Sie heißen daher *Kationen*.

Die *negativen Ionen* bewegen sich in entgegengesetzter Richtung, und zwar zu dem Kohlestab, der mit dem positiven Pol verbunden ist, zur **Anode**. Negative Ionen werden auch *Anionen* genannt.

Durch den Elektrolyten fließen also **zwei entgegengesetzt gerichtete Ionenströme**.

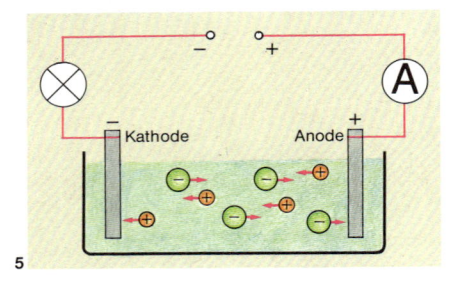

Vielleicht fragst du dich, ob sich die beiden entgegengesetzt gerichteten Ionenströme nicht gegenseitig aufheben?

Ein **Gedankenversuch** liefert darauf die Antwort:

In jedem der zwei Kästen, die du in Bild 6 siehst, befinden sich zehn Ionen – fünf positive Ionen und fünf negative; nach außen hin sind die beiden Kästen also elektrisch neutral.

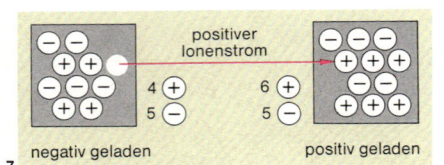

Stell dir nun einmal vor, daß vom *linken* Kasten aus ein *positives* Ion zum rechten Kasten hin transportiert wird (Bild 7). Ergebnis: Im linken Kasten überwiegen nun die negativen Ionen und im rechten Kasten die positiven.

Stell dir nun wieder vor, die Kästen seien – wie zu Beginn – elektrisch neutral. Jetzt wird aber vom *rechten* Kasten aus ein *negatives* Ion nach links transportiert (Bild 8). Ergebnis: Der linke Kasten erhält einen Überschuß an negativer Ladung und der rechte einen Überschuß an positiver.

In beiden Fällen erhältst du also *das gleiche Ergebnis:* Immer wird der linke Kasten negativ geladen und der rechte positiv. Die beiden entgegengesetzt gerichteten Ionenströme heben sich also in ihrer Wirkung nicht auf – vielmehr verstärken sie sich.

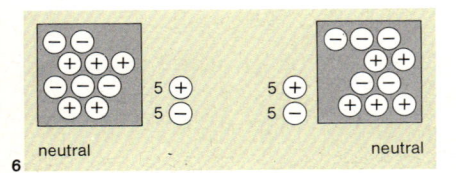

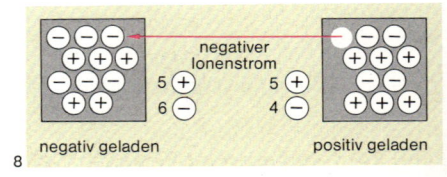

Modellvorstellung für den elektrischen Strom

Auf einen Blick

Atommodell

Um elektrische Vorgänge zu erklären, müssen wir das Teilchenmodell verfeinern: Wir stellen uns vor, daß Atome aus zwei Bereichen bestehen, dem **Atomkern** und der **Atomhülle**.

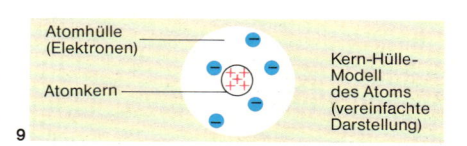

Bild 9: Kern-Hülle-Modell des Atoms (vereinfachte Darstellung) – Atomhülle (Elektronen), Atomkern

Der Atomkern enthält positiv geladene Teilchen, die Atomhülle besteht aus negativ geladenen Elektronen. Jedes Atom hat gleich viel negative und positive Ladung; es ist neutral.

Elektrisch geladene Körper

Jeder Körper hat positive und negative Ladungsträger. Wenn er beide in gleicher Anzahl besitzt, ist er elektrisch neutral.

In festen Körpern sind die positiven Ladungsträger an ihren Ort gebunden. Nur die negativen *Ladungsträger* (Elektronen) können den Körper verlassen.

Verliert ein neutraler Körper Elektronen (und damit negative Ladung), so überwiegen die positiven Ladungsträger: Der Körper ist **positiv geladen**.

Erhält er negative Ladungsträger, so ist er **negativ geladen**.

Wenn zwei Körper in engen Kontakt gebracht werden (z. B. durch Reiben), gibt der eine negativ geladene Teilchen an den anderen ab. Neue Ladungsträger werden dabei nicht erzeugt.

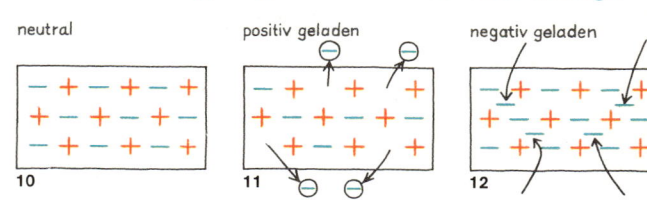

Bild 10: neutral. Bild 11: positiv geladen. Bild 12: negativ geladen.

Elektrische Ströme

Elektrische Ströme sind Ströme von elektrisch geladenen Teilchen. Sie stellen einen Ladungstransport dar.

In Metallen sind die beweglichen Ladungsträger die **Elektronen**.
In leitenden Flüssigkeiten sind die beweglichen Ladungsträger die **Ionen**: Werden aus der Hülle eines Atoms einzelne Elektronen herausgerissen, so ist der verbleibende Rest ein positiv geladenes Ion. Erhält ein neutrales Atom zusätzliche Elektronen, so entsteht ein negativ geladenes Ion.

In **Metalldrähten** besteht der elektrische Strom aus (negativ geladenen) *Elektronen*.
Die Elektronen fließen vom Minuspol zum Pluspol des Netzgerätes oder der Batterie (Bild 13).

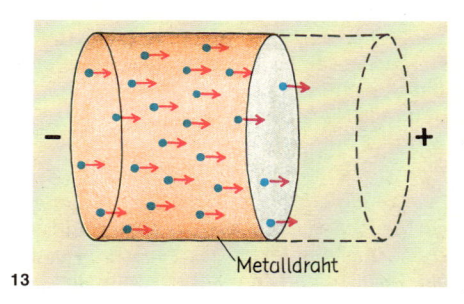

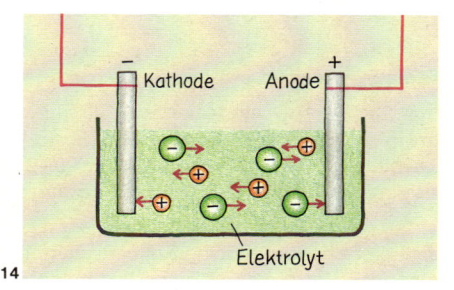

Bild 13: Metalldraht.
Bild 14: Kathode, Anode, Elektrolyt.

In **Elektrolyten** fließen zwei elektrische Ströme (Bild 14): Die *negativen Ionen* fließen zur Anode (verbunden mit dem Pluspol der Batterie), die *positiven Ionen* zur Kathode (verbunden mit dem Minuspol der Batterie).

Die **technische Stromrichtung** beschreibt die Bewegungsrichtung *positiv geladener Teilchen*. Die technische Stromrichtung ist also die Richtung eines Stroms, der **vom positiven Pol** eines Netzgerätes oder einer Batterie **zum negativen** fließt.

Sie wird heute noch verwendet, da es nur selten auf die wirkliche Bewegungsrichtung der Ladungsträger ankommt.

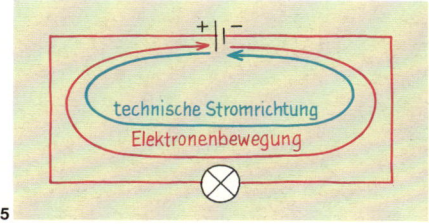

Bild 15: technische Stromrichtung, Elektronenbewegung.

Schutzmaßnahmen im Stromnetz

1 Die Erdung und ihre Gefahren

Keine Chance dem Stromunfall!

○ Von der Badewanne aus keinen Haartrockner oder das Radio bedienen! Heizgeräte oder Nachttischlampen gehören nicht ins Badezimmer.

○ Elektrogeräte (auch wenn sie ausgeschaltet sind) nicht so nahe an die Badewanne oder das Spülbecken legen, daß sie hineinfallen können!

○ Niemals angeschlossene Elektrogeräte mit Wasser reinigen!

○ Keine „Uralt"-Geräte anschließen!

○ Wenn man Elektrogeräte berührt, nicht gleichzeitig Wasserhähne, Heizungsrohre oder die Spüle anfassen!

○ Stecker nicht an der Leitung aus der Steckdose ziehen! Leitungen nicht durch Türritzen quetschen oder unter Teppiche legen!

○ Kein elektrisches Gerät anschließen, dessen Gehäuse oder Zuleitung beschädigt ist!

○ Elektrogeräte dürfen nur vom Fachmann (z. B. Elektro-Installateur) repariert werden!

○ Beim Reinigen von Deckenlampen und beim Glühlampenwechsel: Sicherung abschalten!

○ Wenn Kleinkinder im Haushalt sind, Steckdosen durch Einsatz sichern!

○ Keinerlei Elektrogeräte benutzen, wenn man barfuß auf Steinfußboden oder im Garten steht!

○ Von herabhängenden Freileitungen weiten Abstand halten! Maste nicht besteigen!
  In der Nähe von Leitungen keinen Drachen steigen lassen!

V 1 Bei Elektrounfällen fließt Strom durch den menschlichen Körper. Dabei spielt oft die „Erde" eine Rolle.

a) Wasserrohre stellen meist eine gut leitende Verbindung zur Erde dar. Ein Batteriepol wird über den menschlichen Körper mit der Wasserleitung verbunden (Bild 1). Ob ein Strom „zur Erde abfließt"?

b) Halte den Draht auch direkt an die Wasserleitung.

c) Wir erden einen Batteriepol über eine in den Boden gesteckte Stativstange (oder über den Blitzableiter). Zeigt das Meßgerät einen Strom an, wenn der andere Pol über den Menschen Kontakt mit der Wasserleitung hat?

d) Reicht es dabei aus, wenn die eine Hand anstelle der Wasserleitung den Erdboden berührt?

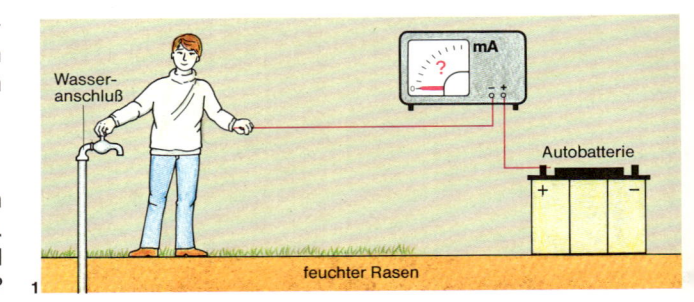

Info: Die Erdung des Stromnetzes

Wenn man einen Pol einer Batterie z. B. mit einer Wasserleitung verbindet, fließt kein Strom „zur Erde ab". Ein Strom fließt nur, wenn es eine leitende Verbindung zwischen den Polen der Batterie gibt. Es muß immer ein geschlossener Stromkreis vorhanden sein.

Daß die Erde bei elektrischen Schaltungen eine Rolle spielt, hat folgenden Grund: In unserem Stromnetz ist einer der beiden Leiter, die vom Elektrizitätswerk zur Steckdose führen, *geerdet*. Er hat an vielen Stellen des Netzes, z. B. am Hausanschluß, eine leitende Verbindung mit dem Erdreich. Diese Verbindung wird über Wasserrohre und in den Betonboden des Kellers eingelassene Drahtnetze (Fundamenterder) hergestellt.

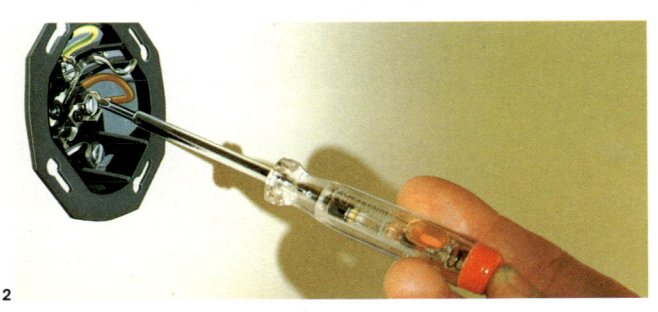

Den geerdeten Leiter bezeichnet man als **Neutralleiter**, der nicht geerdete Leiter heißt **Außenleiter**.

Welcher der Pole einer Steckdose mit dem Außenleiter verbunden ist, läßt sich in einem *Lehrversuch* zeigen. Am Außenleiter leuchtet die Glimmlampe des Polprüfers auf (Bild 2), am Neutralleiter dagegen nicht.

In Bild 3 ist der Stromkreis skizziert, der beim Leuchten der Glimmlampe geschlossen ist.

Die Erdung des Stromnetzes ist mit Gefahren verbunden: Wenn ein Mensch *nur den Außenleiter* berührt, wird bereits ein Stromkreis „über die Erde" geschlossen. Durch seinen Körper fließt ein Strom; es besteht Lebensgefahr.

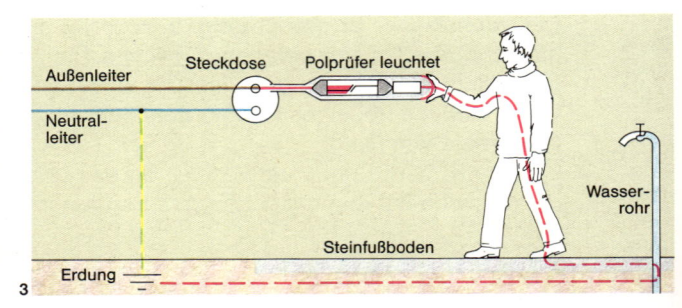

2 Der „Trick" mit dem dreiadrigen Kabel

Für den Stromkreis des Bügeleisens genügen zwei Leiter.
Wozu dient der dritte Leiter?

Info: Der Schutzleiter

Viele Elektrogeräte besitzen ein Metallgehäuse. Von solchen Geräten geht eine besondere Gefahr aus, denn der Außenleiter kann durch einen Defekt Kontakt mit dem Gehäuse bekommen. So kann zum Beispiel bei einem Bügeleisen der Außenleiter das Gehäuse berühren, wenn seine Isolierung beschädigt ist. Man spricht in einem solchen Fall von einem **Körperschluß,** weil der Metall*körper* des Bügeleisens an den Außenleiter angeschlossen ist.

Was in einem solchen Fall geschieht,
hängt davon ab, ob das Gerät – wie vorgeschrieben –
durch einen **Schutzleiter** gesichert ist oder nicht.

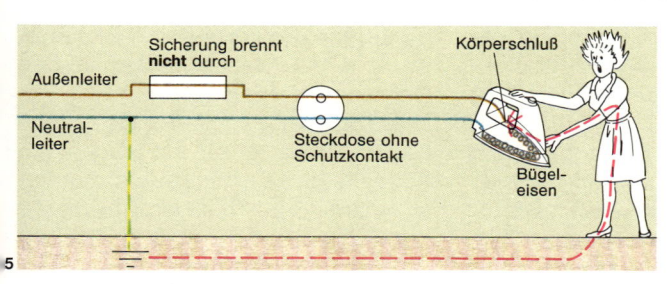

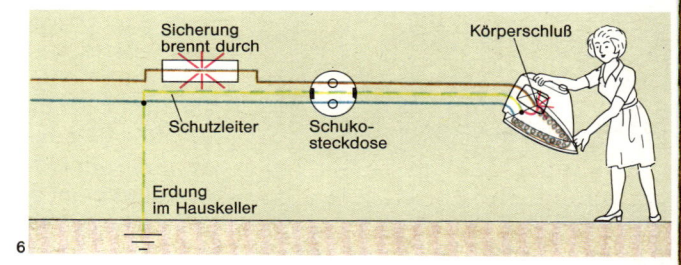

Fall 1: Das Gerät ist nicht gesichert.
   Berührt eine Person das Metallgehäuse, so schließt sie mit ihrem Körper einen Stromkreis (Bild 5).
   Der Außenleiter ist über den menschlichen Körper und die Erde (z. B. Steinfußböden, Wasser- oder Heizungsrohre) mit dem Neutralleiter verbunden.
   Es fließt ein Strom über den Körper. Verkrampfungen und Verletzungen können die Folge sein. Wenn gleichzeitig die Wasserleitung berührt wird oder der Fußboden gut leitet, kann der Strom sogar zum Tode führen.

Fall 2: Das Gerät ist mit einem Schutzleiter gesichert.
   Der Schutzleiter ist an das Gehäuse des Gerätes angeschlossen. Außerdem ist er am Hausanschluß mit dem Neutralleiter verbunden und geerdet (Bild 6).
   Der Außenleiter hat also über das Gehäuse des defekten Gerätes und den Schutzleiter direkten Kontakt mit dem Neutralleiter – es liegt ein Kurzschluß vor.
   Daher unterbricht die Sicherung innerhalb von 0,2 s den Stromkreis. Das Gehäuse hat nun keine Verbindung mehr zum Außenleiter. Die Gefahr ist beseitigt.

Der Schutzleiter verhindert also,
daß ein Gerät mit Körperschluß den Benutzer in Lebensgefahr bringt.

Aufgaben

1 Im Info zum Schutzleiter sind zwei Fälle beschrieben. Fertige jeweils eine Skizze an, und zeichne die Stromkreise ein.

2 Wieso sind die Folgen bei Elektrounfällen besonders schwerwiegend, wenn die eine Hand Kontakt mit dem Außenleiter, die andere Kontakt mit einer Wasserleitung hat?

3 Welche Aufgaben hat die Sicherung im Außenleiter? Warum darf eine Sicherung nicht in den Neutralleiter statt in den Außenleiter eingebaut werden?

4 Wenn man einen Schukostecker in eine Steckdose steckt, wird zuerst der Schutzleiter angeschlossen (Bild 4).

Wie erreicht man diesen Vorrang des Schutzleiters?
   Warum muß sichergestellt sein, daß der Schutzleiter zuerst angeschlossen wird?

5 Warum soll im Schutzkontaktstecker der Schutzleiter etwas länger sein als die beiden anderen Drähte?

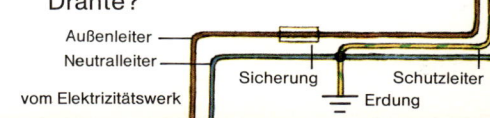

Schutzmaßnahmen im Stromkreis

Aus Umwelt und Technik: Die Schutzisolierung

Alle Elektrogeräte müssen so gebaut sein, daß man nicht unmittelbar Teile berühren kann, die zum Stromkreis gehören und eine Verbindung zum Außenleiter darstellen. Daher sind alle Teile des Stromkreises isoliert oder mit Abdeckungen versehen *(Basisisolierung)*.

Nun kann es passieren, daß der Schutz der Basisisolierung ausfällt. Zum Beispiel kann die Kunstoffisolierung von Leitungen mit der Zeit brüchig werden. Für diesen Fall ist ein zusätzlicher Schutz erforderlich, z. B. der Schutzleiter.

Aber nicht alle Geräte sind mit einem Schutzleiter versehen. So haben alle Geräte mit flachem Eurostecker keinen Schutzleiter. Sie besitzen statt dessen neben der Basisisolierung eine *zusätzliche* Isolierung.

Diese **Schutzisolierung** umschließt oft das gesamte Gerät. In der Regel handelt es sich dabei um die stabile Außenwand des Gerätes aus Kunststoff. Bild 1 zeigt ein solches Gerät und das Zeichen für schutzisolierte Geräte. Bei anderen Geräten sind im Innern des Gerätes zusätzliche Isolierungen angebracht.

Kunststoffgehäuse von Elektrogeräten, Schaltern und Steckdosen gehen gelegentlich zu Bruch. Die Schutzisolierung ist dann nicht mehr sichergestellt. Solche Geräte dürfen nicht mehr verwendet werden.

Aus Umwelt und Technik: Der Fehlerstrom-Schutzschalter

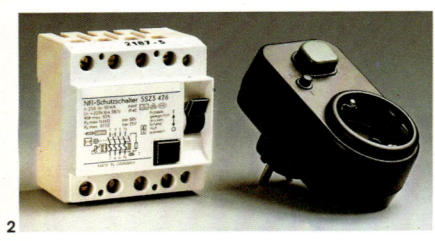

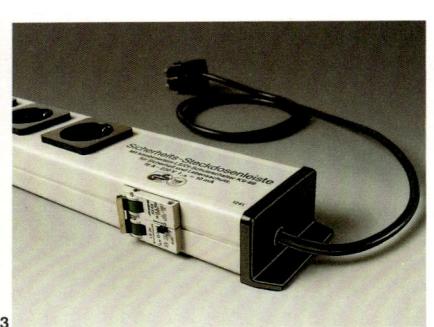

Der geerdete Schutzleiter ist ein wichtiger Schutz vor Elektrounfällen. Wenn der Außenleiter Kontakt mit dem Metallgehäuse eines Gerätes hat, ruft er einen Kurzschluß hervor. Die Sicherung unterbricht dann den Stromkreis und beseitigt die Gefahr.

In manchen Fällen bietet der Schutzleiter aber keinen Schutz, z. B.
- wenn ein Kleinkind eine Nadel in die Steckdose steckt,
- wenn man bei brüchiger Isolierung einen blanken Draht berührt,
- wenn man beim Lampenwechsel die Sicherung nicht abschaltet und in die Fassung greift.

Bei all diesen Elektrounfällen wird der Außenleiter direkt berührt. Über den menschlichen Körper und die Erde entsteht eine leitende Verbindung zum Neutralleiter, und es fließt ein Strom, der unter Umständen tödlich ist. Aber die Sicherung spricht nicht an, denn der menschliche Körper leitet nicht so gut wie ein Draht.

Solche lebensgefährlichen Unfälle können durch einen **Fehlerstrom-Schutzschalter** vermieden werden.

Diese Schutzschalter werden im Sicherungskasten installiert. Es ist aber auch möglich, einzelne Steckdosen mit einem Schutzschalter auszustatten (Bilder 2 u. 3).

Wie der Fehlerstrom-Schutzschalter funktioniert, kannst du dir am Beispiel einer Zentralheizung klarmachen (Bilder 4 u. 5):

Der Wasserstrom in den Rohren ist vor und hinter dem Heizkörper gleich. In jeder Sekunde fließt genauso viel Wasser durch das eine Rohr in den Heizkörper hinein wie durch das andere hinaus.

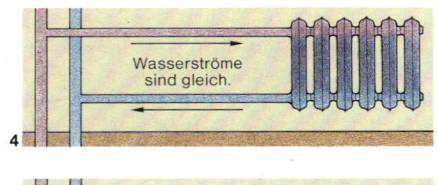

Hat der Heizkörper aber ein Leck, so sind die Wasserströme in den Rohren unterschiedlich groß.

Ähnlich ist es beim elektrischen Strom: Berührt ein Mensch den Außenleiter, so entsteht ein „Fehlerstromkreis". Ein Teil des Stromes – der *Fehlerstrom* – fließt z. B. über Fußböden und Rohrleitungen. Der Strom im Außenleiter ist dann größer als der Strom im Neutralleiter (Bild 6).

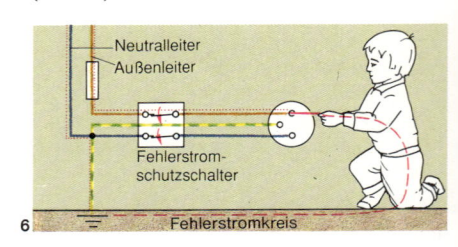

Im Fehlerstrom-Schutzschalter werden die Ströme in beiden Leitern miteinander verglichen. Wenn sie unterschiedlich groß sind, wird der gesamte Stromkreis in nur 0,03 s unterbrochen. Innerhalb dieser kurzen Zeit führt der Strom im menschlichen Körper noch zu keinen Gesundheitsschäden.

Wenigstens die Steckdosen in Badezimmern und Schwimmbädern sowie Steckdosen für Gartengeräte sollten mit dem Fehlerstrom-Schutzschalter gesichert sein.

Info: Wie wirkt der elektrische Strom auf den Menschen?

Der menschliche Körper leitet Elektrizität, jedoch viel schlechter als ein Metalldraht.

Der Strom bewirkt Verkrampfungen der Muskeln. Dies hängt damit zusammen, daß die Muskeln auch unter normalen Umständen durch elektrische Signale gesteuert werden, die über die Nervenbahnen übertragen werden.

Bei Unfällen mit Hochspannungsanlagen sind die Ströme so groß, daß auch die Wärmewirkung des Stromes eine Rolle spielt. Es kommt dann zu schweren Verbrennungen, die meist zum Tode führen.

Ob ein elektrischer Strom im Körper tödlich wirkt oder nicht, hängt davon ab,
○ **welchen Weg die Elektrizität im Körper nimmt,**
○ **wie groß der Strom ist und**
○ **wie lange er einwirkt.**

Befindet sich das Herz oder der Kopf im Stromkreis, so sind die Auswirkungen viel schlimmer, als wenn die Elektrizität z. B. nur durch Muskeln und Bindegewebe einer Hand strömt.

Eine Flachbatterie ruft natürlich einen viel kleineren Strom im Körper hervor als der Generator (oder Transformator), an den die Steckdose im Haushalt angeschlossen ist. Von entscheidender Bedeutung für die Größe des Stromes ist auch, welche Leiter den Stromkreis bilden. Sind sehr schlechte Leiter darunter (Teppiche, Gummisohlen …) ist der Strom kleiner als bei guten Leitern (Steinfußboden, Wasserrohre …). Es spielt auch eine Rolle, ob die Haut trocken oder feucht ist und wie groß die Berührungsfläche ist.

Bei kleinen Strömen empfindet man ein „Kribbeln" in den Händen und Handgelenken. Bei etwas größeren Strömen kommt es zu *Verkrampfungen* der Muskeln, was recht schmerzhaft sein kann. Unmittelbare Schäden durch den Strom sind bei kleinen Strömen nicht zu befürchten. Dennoch kann es durch Schreckreaktionen zu Stürzen und Verletzungen kommen.

Wird der Strom noch etwas größer, ist die Verkrampfung der Muskeln unerträglich stark. Ein defektes Gerät, das mit der Hand umfaßt wird, kann dann nicht mehr losgelassen werden (Loslaßschwelle). Unter sehr ungünstigen Bedingungen (großflächige Berührung) werden solche Ströme im Körper schon von einem Netzgerät hervorgerufen! Auch *Bewußtlosigkeit* kann auftreten.

Elektrounfälle „mit der Steckdose" führen unter Umständen zum Tode, weil die Ströme so groß sein können, daß es zum *Herzflimmern* kommt: Die einzelnen Fasern des Herzmuskels ziehen sich unregelmäßig und nicht mehr gleichzeitig zusammen. Die Pumpleistung des Herzens wird dadurch so gering, daß das Gehirn nicht mehr ausreichend mit Sauerstoff versorgt wird. *Bewußtlosigkeit* und *Atemstillstand* sind die Folgen.

Schnelle Hilfeleistung ist bei Elektrounfällen lebensrettend.

Wenn sich der Verunglückte noch im Stromkreis befindet, darf er auf keinen Fall berührt werden. Der Helfer wäre selbst in Lebensgefahr! Zuerst muß der Stromkreis durch Abschalten der Sicherung oder Betätigen des Hauptschalters unterbrochen werden.

Bei Atemstillstand müssen sofort Wiederbelebungsmaßnahmen durchgeführt werden (Atemspende und Herzdruckmassage).

Bei Bewußtlosigkeit muß der Verletzte in die stabile Seitenlage gebracht werden. Außerdem ist der Notarztwagen herbeizurufen.

Schutzmaßnahmen im Stromkreis

Alles klar?

1 Die Glimmlampe in einem Spannungsprüfer leuchtet auf, wenn sie an einem Ende Kontakt mit einem Außenleiter hat und am anderen Ende mit der Hand in Verbindung steht.
Gib dafür eine Erklärung.

2 Warum darf man in der Nähe von Freileitungen auf keinen Fall einen Drachen steigen lassen?

3 Die Oberleitungen der Eisenbahn sind Hochspannungsleitungen.
Wenn man sich ihnen nähert, kann durch die Luft hindurch ein Stromkreis über einen Funken geschlossen werden. Beschreibe den Stromkreis bei einem solchen Unfall.

4 Aus welchem Grund darf zum Löschen von brennenden Elektroanlagen auf keinen Fall Wasser verwendet werden?

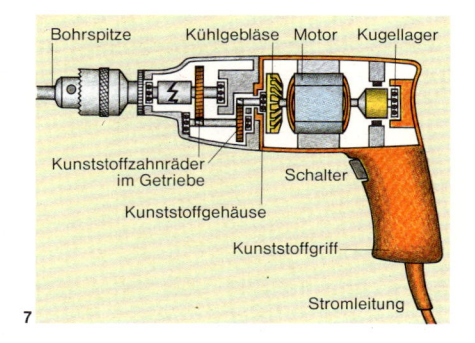

7 (Bohrspitze, Kühlgebläse, Motor, Kugellager, Kunststoffzahnräder im Getriebe, Kunststoffgehäuse, Schalter, Kunststoffgriff, Stromleitung)

5 Erläutere die Wirkungsweise des Schutzleiters bei Elektrogeräten. Welche Rolle spielt dabei die Sicherung?

6 Welche Geräte dürfen mit einem Eurostecker ausgerüstet sein?

7 Viele elektrische Bohrmaschinen besitzen keinen Schutzleiter – und trotzdem ist der Benutzer geschützt. Erkläre anhand von Bild 7, wie der Schutz erreicht wird.

8 Die einzelnen Drähte in Kabeln besitzen Isolierungen in unterschiedlichen Farben. Der Schutzleiter ist stets gelbgrün gekennzeichnet. Diese Markierung darf für keinen anderen Leiter verwendet werden. Wieso ist diese Vorschrift unbedingt einzuhalten?

9 Warum ist bei der Benutzung eines elektrischen Rasenmähers besondere Vorsicht geboten?

10 In der Nähe von Duschen, Waschbecken und Badewannen dürfen keine Steckdosen angebracht sein. Begründe!

11 In welchen Situationen schützt der Fehlerstrom-Schutzschalter?
In welchen Räumen sollte er möglichst installiert sein?

Anhang

Auswahl physikalischer Größen mit ihren Einheiten

Größe	Formelzeichen	Einheit		Weitere Einheiten		Beziehung
Temperatur	T ϑ (Theta)	Kelvin Grad Celsius	K °C			0 K $\triangleq$ −273,15 °C 0 °C $\triangleq$ 273,15 K
Länge	l	Meter	m	Seemeile	sm	1 sm = 1852 m
Fläche Querschnittsfläche	A S	Quadratmeter	m²	Ar Hektar	a ha	1 a = 100 m² 1 ha = 100 a = 10000 m²
Volumen	V	Kubikmeter	m³	Liter	l	1 l = 1 dm³ = 0,001 m³
Masse	m	Kilogramm	kg	Gramm Tonne	g t	1 g = 10^{-3} kg = 0,001 kg 1 t = 10^3 kg = 1000 kg
Dichte	ϱ (Rho)	Gramm durch (pro) Kubikzentimeter	$\frac{g}{cm^3}$			
Kraft	F	Newton	N			1 N = $1 \frac{kg \, m}{s^2}$
Druck	p	Pascal	Pa	Bar	1 bar	1 Pa = $1 \frac{N}{m^2}$ 1 bar = 10^5 Pa = 1000 hPa 1 mbar = 1 hPa = 10^2 Pa = 100 Pa
Arbeit Energie	W	Joule Newtonmeter	J Nm			1 J = 1 Nm = 1 Ws = $1 \frac{kg \, m^2}{s^2}$
Leistung	P	Watt	W			1 W = $1 \frac{Nm}{s} = 1 \frac{J}{s}$
Zeit	t	Sekunde	s	Minute Stunde Tag Jahr	min h d a	1 min = 60 s 1 h = 60 min = 3600 s 1 d = 24 h = 1440 min = 86400 s
Frequenz	f	Hertz	Hz			1 Hz = $\frac{1}{s}$
Geschwindigkeit	v	Meter durch (pro) Sekunde	$\frac{m}{s}$	Kilometer durch Stunde Knoten	$\frac{km}{h}$ Kn	$1 \frac{km}{h} = \frac{1}{3,6} \frac{m}{s}$ $1 \, Kn = 1 \frac{sm}{h} = 1,852 \frac{km}{h}$
Beschleunigung	a	Meter durch Sekunde hoch zwei	$\frac{m}{s^2}$			

Vielfache und Teile von Einheiten

Vorsatz	Giga-	Mega-	Kilo-	Hekto-	Deka-	Dezi-	Zenti-	Milli-	Mikro-	Nano-	Piko-
Vorsatzzeichen	G	M	k	h	D	d	c	m	µ	n	p
Faktor, mit dem die Einheit multipliziert wird	10^9	10^6	10^3	10^2	10^1	10^{-1}	10^{-2}	10^{-3}	10^{-6}	10^{-9}	10^{-12}

Verzeichnis der Bild- und Textquellen

ADAC, München: S. 51 (Sie fliegen noch ...); Anthony, Starnberg: 42.2; Archivi Alinari, Florenz (Italien): 6.1; Baader, München: 80.1; BASF, Ludwigshafen: 144.2 u. 3; Bavaria, Gauting: 28.2, 53.4, 62.3, 76.1, 87.3; Bayerisches Landesvermessungsamt, München (Flurkarte 1:5000, Blatt NO 60-29, Genehmigung Nr. 2933/94): 17.1; Bayernwerk, München: 127.5; Beuth Verlag, Berlin: DIN-Normen; BMW, München: 45.6; Bosch, Leinfelden: 150.7; BSR, Berlin: 157.4; Buckau-Walther, Köln: 173.6; Büdeler, Thalham: 153.10; CDZ-Film, Berlin: 75.6; Daimler-Benz, Stuttgart: 69.5, 129.6; DB, München: 134.4; Demag, Wetter: 165.14; DESY, Hamburg: 3 u. 4; Deutsche Poclain, Groß-Gerau: 134.3; Deutsche Steyr-Daimler-Puch-GmbH, Aschheim-Dornach: 121.3 (Traktor); Deutsche Verkehrswacht, Bonn: 70.4–7; Deutsches Museum, München: 68.2 u. 3, 75.3 u. 4, 91.3, 95.11, 102.3, 120.1, 123.11, 128.1, 153.9, 154.2; Walt Disney Productions, Frankfurt/M.: 140.1, 144.1; dpa, Frankfurt/M.: 42.3, 76.2 u. 4, 102.4, 112.2, 118.1, 163.16, 166.7; DVA, Stuttgart: 14.6; Eichdirektion Rheinland-Pfalz, Bad Kreuznach: 54.1; Eisch, Frauenau: 24.4; Engelhardt, Köln: 44.1 u. 2; eso, Tettnang: 78.1; Esser, Neuss: 148.1; Wilhelm-Foerster-Sternwarte, Berlin: 53.5; Gmeinder, Mosbach: 97.10; Göbel, Spielberg: 49.2; Gruner + Jahr, Hamburg: 42.5, 137.6; Historia-Photo, Hamburg: 123.10; Huber, Garmisch-Partenkirchen: 62.1, 174.2; Interfoto, München: 135.6; Horst von Irmer, Intern. Bildarchiv, München: 48.1, 64.10. u. 12; IVB Report, Heiligenhaus: 10.3; Keystone, Hamburg: 24.3; Knapp, Neuhausen: 42.6, 125.8; Krautkrämer, Köln: 37.7; Krupp Atlas Elektronik, Bremen: 37.5; Mahn, Hamburg: 44.4; Mannesmann Demag, Duisburg: 107.11; Mauritius, Mittenwald: 22.1, 35.5, 36.2, 38.1, 39.8, 42.7, 44.3, 58.1 u. 2, 90.2, 92.1, 102.5, 109.8, 177.9; Medenbach, Witten: 23.6; Messer Griesheim, Düsseldorf: 22.3; Miele, Gütersloh: 161.3; Offermann, Arlesheim (Schweiz): 23.5 u. 7; Opel, Rüsselsheim: 51.3, 61.3; Osram, München: 167.13; Pfletschinger/Angermayer, Holzkirchen: 98.6; Philips, Hamburg: 37.8; Polizeihubschrauberstaffel Bayern, Neubiberg (Freigabe-Nr. GS 300/243/86): 86.1; Preußischer Kulturbesitz, Berlin: 108.1, 161.2; PTB, Braunschweig: 13.3 u. 4, 14.7, 53.6; Ed. Albert Rene, Paris, Goscinny/Uderzo 1986: 88.1; Sambursky, Der Weg der Physik. Artemis Verlag, Zürich (Schweiz): S. 25 (Dalton über die kleinsten Teilchen); Sehen und Begreifen: Lernen im Deutschen Museum, Abt. Maß und Gewicht, Nr. 450, München: „Vom Gewichte": S. 54; Siemens, München: 37.9; Silvestris, Kastl/Obb.: 45.5, 81.4, 118.2; Simon, Essen: 16.1; STERN, Hamburg: 18.1, 26.1; Technische Universität, Inst. für Mechanik u. Spannungsoptik, Lehrstuhl C, München: 151.10; Thyssen, Duisburg: 22.2; Ullrich, Berlin: 101.5; USIS, Bonn: 42.1, 51.6 u. 7; Voith, Heidenheim: 125.9; VW, Wolfsburg: 121.3 (Pkw); Wolpert, Ludwigshafen: 60.1; ZEFA, Düsseldorf: 24.2, 28.1, 46.2, 50.4, 81.6, 98.1, 157.2 u. 3, 174.1; Zeiss, Oberkochen: 67.6. Alle anderen Fotos: Cornelsen Verlag (Budde, Fotostudio Mahler und Atelier Schneider), Berlin.

Für hilfreiche Unterstützung danken wir außerdem:
Cornelsen Experimenta, Berlin (Versuchsgeräte); fischerwerke Artur Fischer, Tumlingen (fischertechnik®-Schulprogramm); Studio tolon, Fürth (Bearbeitung einiger historischer Abbildungen).

Dichte fester und flüssiger Stoffe
(bei 20 °C)

Stoff	ϱ in $\frac{g}{cm^3}$
Styropor	0,015
Balsaholz	0,1
Kork	0,2 bis 0,4
Holz	0,4 bis 0,8
Butter	0,86
Eis (0 °C)	0,9
Gummi	0,9 bis 1,0
Stearin	ca. 0,9
Bernstein	1,0 bis 1,1
Plexiglas	1,2
Kunststoff (PVC)	ca. 1,4
Sand	ca. 1,5
Beton	1,5 bis 2,4
Kohlenstoff	
Graphit	2,25
Diamant	3,52
Glas	ca. 2,6
Aluminium	2,70
Granit	ca. 2,7
Marmor	ca. 2,8
Zink	7,13
Zinn	7,28
Eisen	7,87
Stahl	7,8 bis 7,9
Messing	ca. 8,5
Nickel	8,90
Kupfer	8,96
Silber	10,5
Blei	11,3
Gold	19,3
Platin	21,5
Benzin	ca. 0,7
Alkohol (Ethanol)	0,79
Terpentinöl	0,86
Wasser (4 °C)	1,00
Milch	1,03
Salzwasser	1,03
Glycerin	1,26
Schwefelsäure, konz.	1,83
Quecksilber	13,55

Dichte von Gasen
(bei 0 °C und 1013 hPa)

Stoff	ϱ in $\frac{g}{l}$
Wasserstoff	0,090
Helium	0,18
Erdgas	ca. 0,7
Methan	0,72
Luft	1,29
Propan	2,01
Butan	2,73

Sach- und Namenverzeichnis

ABS 69
Aggregatzustand 22, 27
Amplitude 7, 31, 41
Anhalteweg 84, 86
Anion 176
Anode 167 f., 176
Anpreßkraft (Normalkraft) 66, 71
Antiblockiersystem 69
Antiproportionalität 89
Antriebskraft 88
Aquaplaning 44, 70
Aräometer 143
Arbeit 112 ff., 121, 130 f.
Archimedes 142
Archimedisches Prinzip 141
Aristoteles 91
Atom 172, 175, 177
Atomhülle 172, 177
Atomkern 172, 177
Atomuhr 14
Auftriebskraft 140 f., 147
Außenleiter 178

Balkenwaage 53
Barometer 155
Batterie 169
Beschleunigung 83, 87 ff., 93
Beschleunigungsarbeit 115
Bewegung 76 ff.
Bewegungsenergie 122 ff.
Bezugssysteme 74 f.
Blitz 163, 166 f.
Bremsverzögerung 85
Bremsweg 84 f.

Cavendish, Henry 52
Curling 44

Dalton, John 25
Dampfmaschine 120
Delphin 38
Demokrit 25
DESY 4
Dichte 72 f.
Differenzverfahren 19
Dissoziation 176
Dosenbarometer 155 f.
Drehmoment 96, 103
Drehmomentgleichgewicht 96, 103
Dreiklang 32

Druck 132 ff.
– in Festkörpern 151
– in Gasen 149 f., 159
Druckluftgerät 150 f.
Druckpumpe 157
Durchschnittsgeschwindigkeit 80
Dur-Tonleiter 32

Echo 35, 37
Echolot 37
Echo-Ortung 38
Eichkolben 54
Eichwert 54
Eigenfrequenz 39, 41
Eigenschwingung 39
einfache Maschinen 106 ff.
Elektrolyt 168 f., 176 f.
Elektromagnet 166, 169
Elektron 172 ff., 177
Elektronenstromrichtung 175
Elektrounfall 160, 178, 180 f.
Elle 9
Energie 122 ff.
–, chemische 122
–, elektrische 122
–, innere 124, 131
–, kinetische 124, 131
–, potentielle 124, 131
Energieerhaltung 131, 126
Energieformen 122
Energiequelle 123
Energiespeicherung 131
Energieträger 124
Energieübertragung 124, 128, 130
Energieumwandlung 123 ff.
Entstaubungsanlage 172 f.
Erdung 178
Erregerfrequenz 39
Erstarren 22
Experiment 4 f.

Fachwerkbau 65
Fadenpendel 6
Fahrradantrieb 119
Fallbeschleunigung 92 f.
Fallschirmspringen 92
Federkonstante 59, 61
Federpendel 6

Fehlerstrom-Schutzschalter 180
feste Rolle 106
Flächenmessung 17 f., 21
Flaschenzug 105 ff., 111 f.
Fledermaus 38
Foucault, Léon 8
Freibordmarke 145
freier Fall 91 ff.
Frequenz 7, 31, 41

Galilei, Galileo 6, 75, 91
Gangschaltung 119
Gas 148 f., 158, 182
Gebrauchsnormale 54
Gegenkraft 47
Geräusch 29
Geschwindigkeit 76 ff.
Geschwindigkeitskontrolle 78
Gesetz von actio und reactio 47
Gewichtskraft 51 f., 55
Gitteratom 175
Gleichgewicht 100 ff.
Gleitreibungskraft 66 f., 71
Glimmlampe 163, 167
Glühlampe 167
Göpel 123
Gravitation 52, 55
Gravitationsgesetz 52
Grundgleichung der Mechanik 88 ff.
Grundgröße 15 f.
Guericke, Otto von 152 ff.

Haftreibungskraft 66 f., 71
Hangabtriebskraft 109
Hauptnormale 54
Hebel 94 f., 102
Hebelgesetz 94 f.
HERA 4
Hertz, Heinrich 7
Hertz (Hz) 7
Hörbereich 33
Hofmannscher Apparat 168
Hooke, Robert 59
Hookesches Gesetz 59, 61
Hubarbeit 115
Hydraulisches System 134, 146

ICE 90
Inch (in) 10
indifferentes Gleichgewicht 100, 103
Intervall 32
Ion 177
Isolator 163

Joule, James Prescott 113
Joule (J) 113, 115, 124

Kapselluftpumpe 158
Kathode 167 f., 176
Kation 176
Keil 110
Kepler, Johannes 75
Kilogramm (kg) 50, 53, 55
Kilowatt (kW) 117, 120
Klang 29
Knall 29
Knoten (kn) 79
Komponenten einer Kraft 64
Kondensieren 22
Kontrollnormale 54
Kopernikus, Nikolaus 75
Körper 22
Körperschluß 179
Kräftegleichgewicht 45 ff.
Kräfteparallelogramm 63
Kraft 42 ff., 57 ff., 88, 93, 106, 111 f.
Kraftmessung 56 f., 61
Kraftpfeil 43
Kraftwandler 96, 106, ff., 135, 146
Kran 107
Kristallbildung 23
Kubikmeter (m^3) 21, 19
Kurzschluß 165

labiles Gleichgewicht 100, 103
Ladung 170 ff.
Ladungsanzeiger 170
Ladungsträger 172, 175 ff.
Längenmessung 9 ff., 16
Lärmschutz 35
Lageenergie 122 f.
Lagesinnesorgan 101
Landmesser 12
Lasthebemagnet 165 f.
Lautstärke 30 f., 41
Leistung 116 ff.
Leiter 163
Leuchtdiode 167

Leuchtstofflampe 163, 167
Liter (l) 19
Luftdruck 152 ff.
Luftdruckmessung 154 f.

Manometer 133, 150
Masse 50 ff., 88
Massenanziehung 52, 55
Meile (mi) 10
Messner, Reinhold 156
Meter 13
Meter (m) 10, 16
Modell 23
Momentangeschwindigkeit 80

Neutralleiter 178
Newcomen, Thomas 120
Newton, Isaac 43, 52, 57, 89
Newton (N) 57, 61, 89
Newtonmeter (Nm) 124
Nichtleiter 163
Normalkraft (Anpreßkraft) 66, 71, 109
Normdruck 155

Oktave 32

Paradoxon des Schweredrucks 139
Parallelschaltung 162
Pascal, Blaise 133, 138
Pascal (Pa) 133
Pendel 6, 8, 126
Pendeluhr 14
Periodendauer 7
Perpetuum mobile 128
Proportionalität 58 f., 89
Pumpe 157 f.

Quadratmeter (m^2) 17, 21
Quarzuhr 14

Reaktionsweg 84, 86
Reaktionszeit 84 ff.
Reibung 66 ff.
Reibungsarbeit 115
Reifenprofil 70
Reihenschaltung 162
Resonanz 38 ff.
Resonanzkatastrophe 39
Resultierende 62 f.
Rolle 106, 108, 111
Rollreibung 67, 71
Rückstellkraft 46

Sanduhr 14
Satellit 75
Saturn 44
Satz von der Erhaltung der Energie 126, 131
Saugpumpe 157
Savery, Thomas 120
Schallausbreitung 34 f., 41
Schallerzeugung 28, 30, 41
Schallgeschwindigkeit 36
Schallreflexion 35
Schallschutz 35
Schallschwingungen 29
Schallwellen 35, 41
Schalter 161
Schaltzeichen 162, 183
Scheibenbremse 69
schiefe Ebene 108 ff.
Schmelzen 22
Schmelzsicherung 165, 169
Schraube 110
Schutzisolierung 180
Schutzleiter 179 f.
Schweredruck 135 ff., 146, 152 ff.
Schwerpunkt 99 f., 103
Schwimmblase 144
Schwimmen 142 f., 147
Schwingung 6 f., 29 ff., 39, 41
Schwingungsdauer 6 ff.
Seemeile (sm) 10
Seil 106, 111
Sekunde (s) 15 f.
Senkwaage 143
Sicherheitsabstand 86
Sicherheitsgurt 51
Sicherung 165, 169
Sonnenuhr 14
Spannarbeit 115
Spannenergie 122 ff.
Sparlampe 167
stabiles Gleichgewicht 100, 103
Stange 106, 111
Stempeldruck 132 f., 146
Stimme 29, 33
Stoff 22
Strahlungsenergie 122
Strom, elektrischer 174 f.
Stromkreis 161 f., 175
Stromunfall 178

Taster 161
Taucherkrankheit 137
Teilchenmodell 23 ff.
Tiefenrausch 137

Ton 29
Tonhöhe 30 f., 41
Tonleiter 32
Torricelli, Evangelista 155
Trägheit 49 f., 55

Überdruck 150
Überlaufverfahren 19
U-Boot 144
Uhr 14
Ultraschall 33, 37
Unterdruck 150
Urkilogramm 53 f.
Urmeter 10, 13

Vektorcharakter der Geschwindigkeit 80
verbundene Gefäße 139, 146
Verdampfen 22
Verformungsarbeit 115
Verkehrssicherheit 69 f.
Verzögerung 84 f.
Violine 40
Volumenmessung 18 ff.
Vorsatzzeichen 21
Voyager 2 44

Waage 53 ff.
Wägesatz 53
Wärmewirkung des elektrischen Stromes 164
Wagenheber, hydraulischer 134
Wasserkraftwerk 125, 127
Wasserorgel 151
Wasseruhr 14
Watt, James 120
Watt (W) 117, 120 f.
Wechselschalter 161 f.
Wechselwirkungsprinzip 47 f.
Weg-Zeit-Gesetz der gleichmäßig beschleunigten Bewegung 83
Wendel 167
Werkstoffprüfung 60
Wirkungsgrad 127, 130
Wirkungslinie der Kraft 62, 96

Zeitmessung 13 ff.
Zoll (") 10
Zungenfrequenzmesser 39